UMA TEORIA RETÓRICA DA NORMA JURÍDICA E DO DIREITO SUBJETIVO

2ª edição
(revisada e ampliada)

João Maurício Adeodato
Professor Titular da Faculdade de Direito do Recife.
Livre Docente, Doutor e Mestre em Filosofia
do Direito pela Faculdade de Direito da USP.
Pós-doutorado nas Universidades de Mainz e
Heidelberg pela Fundação Alexander von Humboldt.
Pesquisador 1 A do CNPq.

UMA TEORIA RETÓRICA DA NORMA JURÍDICA E DO DIREITO SUBJETIVO

2ª edição

(revisada e ampliada)

São Paulo

2014

Copyright 2014 By Editora Noeses

Fundador e Editor-chefe: Paulo de Barros Carvalho

Editora Assistente: Semíramis Oliveira

Gerente de Produção Editorial: Alessandra Arruda

Arte e Diagramação: Renato Castro

Designer de Capa: Ney Faustini

Revisão: Semíramis Oliveira

CIP – BRASIL.CATALOGAÇÃO-NA-FONTE

SINDICATO NACIONAL DOS EDITORES DE LIVROS, RJ.

A182u   Adeodato, João Maurício.

Uma teoria retórica da norma jurídica e do direito subjetivo / João Maurício Adeodato. São Paulo: Noeses, 2014.

456 p.

Inclui bibliografia.

1. Norma jurídica. 2. Direito subjetivo. 3. Dogmática jurídica. 4. Interpretação jurídica. 5. Argumentação jurídica. I. Título.

CDU - 340.132

2014

Todos os direitos reservados

Editora Noeses Ltda.
Tel/fax: 55 11 3666 6055
www.editoranoeses.com.br

¿Verdad o no?

Cuando era muchacho, Bertrand Russell soñó que entre los papeles que había dejado sobre su mesita del dormitorio del colegio, encontraba uno en el que se leía: "Lo que dice del otro lado no es cierto". Volvió la hoja y leyó: "Lo que dice del otro lado no es cierto". Apenas despertó, buscó en la mesita. El papel no estaba.

(Verdade ou não?

Quando era garoto, Bertand Russell sonhou que entre os papéis que havia deixado sobre sua mesinha do dormitório do colégio encontrava-se um em que se lia: "O que se diz do outro lado não é certo". Virou a folha e leu: "O que se diz do outro lado não é certo". Assim que despertou, buscou o papel na mesinha. O papel não estava lá.)

BORGES, Jorge Luis. **Libro de Sueños**, Madrid: Alianza Editorial, 2005, p. 219.

Para Tercio Sampaio Ferraz Junior

Agradecimentos a Paulo de Barros Carvalho e Tácio Lacerda Gama, em nome da Editora Noeses.

Agradecimentos ao Conselho Nacional de Desenvolvimento Científico e Tecnológico (CNPq), à Fundação de Amparo à Ciência e Tecnologia do Estado de Pernambuco (FACEPE), à Fundação Coordenadoria de Apoio ao Pessoal de Nível Superior (CAPES), à Fundação Alexander von Humboldt (AvH), à Faculdade de Direito da Ruprecht-Karls-Universität Heidelberg, à Faculdade de Direito do Recife (CCJ-UFPE) e à Faculdade Maurício de Nassau (FMN) por terem auxiliado no desenvolvimento das pesquisas do autor.

ÍNDICE

Apresentação à Segunda Edição.................................... **XIX**
Prefácio de Tercio Sampaio Ferraz Junior................ **XXIII**

INTRODUÇÃO
Pressupostos deste livro quanto a método, metodologia e metódica

1. A bipartição metodológica da filosofia para a possibilidade de uma filosofia do direito: conhecimento e ética na filosofia retórica 1
2. Os dois problemas daí decorrentes, desde o nascedouro ocidental, tornaram-se os mais importantes da filosofia e da teoria do direito.. 11
3. A tese da retórica como método, metodologia e metódica para enfrentar a opção entre descrição e prescrição ... 15
4. Resumo de conteúdo: este livro vai tratar dos problemas oriundos da bipartição, reduzindo-os a uma teoria da norma (como teoria do conhecimento) e a uma teoria do direito subjetivo (como teoria da fundamentação ética) 27

CAPÍTULO PRIMEIRO
O problema do conhecimento humano e seus três elementos irredutíveis

1.1. A problematização inicial: eventos como "coisa em si", significantes linguísticos e significados ideais 35

1.2. Pressupostos filosóficos para enfrentá-la: a retórica material como constitutiva da realidade 42

1.3. Estratégias metodológicas para enfrentá-la: 48

    1.3.1. Os tipos ideais e a renúncia às teses da correspondência e das definições omnicompreensivas ... 48

    1.3.2. Etnometodologia: o saber do não saber e o pensar por problemas 50

    1.3.3. Sísifo contra as etiologias e escatologias na concepção da história 53

1.4. Pressupostos sociológicos que vão propiciar as estratégias da dogmática jurídica no Ocidente: 55

    1.4.1. Digressão histórica para a centralização hierárquica do Leviatã 55

    1.4.2. Privatização das demais ordens sociais e pulverização da ética 59

    1.4.3. Autorreferência, formalização e procedimentalização são as soluções apresentadas pela modernidade 62

CAPÍTULO SEGUNDO
O problema do discernimento ético e de sua evolução diante da diferenciação do direito

2.1. Os abismos axiológicos e a infinita variação das preferências: monismos e dualismos 67

2.2. Pressuposto filosófico para enfrentá-los: a retórica estratégica como ação sobre a retórica material e um conceito analítico de ética 74

2.3. Estratégias metodológicas para enfrentá-los: tolerância, isostenia, ataraxia e a metáfora da intransponibilidade entre ser e dever ser 76

2.4. Diferenciação entre direito justo e direito posto: o esvaziamento de conteúdo ético nos fundamentos prévios do direito faz da legitimidade legitimação........... 83

2.5. Diferenciação e teses sobre a prevalência do direito subjetivo ou do direito objetivo: tentativas do positivismo para fundamentação externa dos direitos 97

CAPÍTULO TERCEIRO

Os níveis retóricos da dogmática jurídica para enfrentar os problemas do conhecimento e da ética

3.1. Dogmática jurídica existencial: os seres humanos não estão isolados, são apenas sós... 101

3.2. Dogmática jurídica estratégica: as opiniões que aqueles que lidam com o direito têm sobre a realidade constroem essa mesma realidade e ajudam a tornar a solidão comum 107

3.3. Retórica analítica sobre a dogmática jurídica: não há uma dogmática analítica... 112

3.4. Retórica analítica e ciência do direito: descrição da dogmática como método e metodologia....................... 119

3.5. Os postulados funcionais da atividade dogmática para tratar os dois problemas: do texto à norma concreta 122

CAPÍTULO QUARTO

Dos fatos juridicamente relevantes à concepção retórica dos eventos

4.1. Da oposição entre racionalismo e empirismo ao juízo sintético *a priori* 133

4.2. Irracionalidade do individual: linguagem jurídica e transformação do evento em fato juridicamente relevante ... 139

4.3. A efetividade ou a realidade da conduta é método, que já é relato, pois não há "acesso direto" a ela: o caminho (όδός) 147

4.4. A superação da dicotomia entre sujeito e objeto está na constituição retórica do "mundo dos métodos".... 158

CAPÍTULO QUINTO
Teoria da norma jurídica como ideia (significado)

5.1. Conceitos de norma jurídica.. 169
5.2. A importância inicial na investigação de seus elementos estruturais.. 178
5.3. Da estrutura à função da norma jurídica: promessa para redução atual de possibilidades futuras............. 182
5.4. A retórica prática ou estratégica é normativa: agir sobre o mundo e conduta como metodologia............... 194

CAPÍTULO SEXTO
Teoria da norma jurídica como expressão simbólica dotada de validade (significante)

6.1. O significado da norma precisa se expressar por símbolos.. 201
6.2. Significantes e significados diante de generalidade e individualidade... 206
6.3. A retórica dogmática para exclusão do problema ontológico: a diferenciação entre fontes materiais e fontes formais... 212
6.4. A racionalização hierárquica das fontes formais do direito como estratégia dogmática: primárias e secundárias... 215
6.5. A revolução do texto e a ilusão da objetividade as retóricas de pertinência, validade, vigência, eficácia jurídica e eficácia social................................ 222

CAPÍTULO SÉTIMO
Teoria da norma jurídica como decisão dotada de efetividade e o retorno ao mundo dos eventos

7.1. A tese de que só na decisão se constitui a norma jurídica 235

7.2. Os meios da etnometodologia: persuasão, engodo, autoridade e ameaça de violência 243

7.3. Sobrecarga do direito como principal ambiente ético comum para o controle do excesso de disponibilidade ética 250

7.4. Sobrecarga da decisão e do judiciário no direito estatal moderno 258

7.5. A encruzilhada do ativismo judicial dos tribunais superiores e o enfraquecimento do decisionismo estatal do dia a dia 265

CAPÍTULO OITAVO
Retórica da interpretação jurídica para além da confusão entre texto e norma

8.1. Crise do estudo do direito – doutrina – como crise sobre a indistinção de seus níveis: o problema da mentira e a cientificidade do direito 271

8.2. Os níveis básicos da dogmática estratégica: normas de conduta e normas sobre as normas de conduta 279

8.3. Generalização: vagueza, ambiguidade e porosidade da linguagem jurídica 283

8.4. A imprecisão da linguagem jurídica de segundo nível: os juristas e seus malabares de sentido 289

CAPÍTULO NONO
Retórica da argumentação jurídica para aquém de parâmetros externos

9.1. "Argumentar" é um meta-metanível em relação à hermenêutica reflexiva, de segundo nível, apresentada no capítulo anterior 301

9.2. A teoria da argumentação aqui é tópica e nada tem a ver com a teoria da argumentação correta contemporânea 306

9.3. *Ethos*, *Pathos* e *Logos* continuam fundamentando todos os argumentos, inclusive os jurídicos 310

9.4. A argumentação vista tecnicamente e as espécies de silogismos. A abdução do pragmatismo 316

CAPÍTULO DÉCIMO
Conclusão: o tratamento retórico do problema da fundamentação ética do direito e a possibilidade da ataraxia

10.1. Responsabilidade pela contingência e o problema do paternalismo na ética 331

10.2. Fundamentação como o quinto elemento da concretização dogmática: o problema da legitimidade em tempos de esvaziamento e pulverização éticos 340

10.3. Ceticismo, humanismo e historicismo nas origens da filosofia do direito: advogados tornam-se filósofos... 345

10.4. O problema da universalização de direitos subjetivos: direitos humanos e internacionalização do direito positivo 358

10.5. Retórica analítica como metódica jurídica. Os juristas como herdeiros dos sofistas e guardiães da democracia 365

Referências 371
Índice de nomes (onomástico) 393
Índice de conceitos básicos (analítico e remissivo)......... 407

APRESENTAÇÃO À SEGUNDA EDIÇÃO

A **retórica realista** que propus na primeira edição deste livro – e que veio sendo construída em outros anteriores – baseia-se em três teses básicas, todas pensadas em oposição a perspectivas prevalecentes na cultura ocidental contemporânea, no que diz respeito à retórica e à filosofia geral; inspiradas no filósofo cético helenista Sextus Empiricus, cujas obras sempre têm por títulos "contra" (*adversus*) as diferentes ciências que ele quer combater, foram aqui denominadas "contra os filósofos ontológicos", "contra os retóricos aristotélicos" e "contra os filósofos ontológicos e os retóricos aristotélicos".

Como o pano de fundo continua a ser argumentar contra a tirania da "verdade", provavelmente o conceito retoricamente mais bem-sucedido da cultura ocidental, procuro mostrar também a ingenuidade de abordagens supostamente científicas sobre a "realidade social", como nas ditas "ciências sociais" e, sobretudo, quanto a aspectos que chamam de "jurídicos", as quais pretendem literalmente "descobrir" leis que governariam peculiaridades e desenvolvimentos das sociedades humanas.

Para isso, ressalto uma distinção conceitual entre perspectivas empíricas e perspectivas normativas, além de um terceiro gênero, que já estava latente em minha crítica às escatologias na primeira edição, mas só agora foi tornado explícito.

Uma teoria **empírica** dirige-se ao passado e procura descrevê-lo tal como parece àquele que a expressa; é uma perspectiva menos ambiciosa, mas nem por isso livre de divergências, sobretudo quanto a sua suposta característica de abster-se de juízos de valor. Uma teoria **normativa** tem como vetor o futuro, para o qual procura prescrever otimizações, melhorias na visão de seu autor, quer modificar, dirigir, influenciar o ambiente e a conduta das pessoas, em geral com objetivos idealistas edificantes. Uma terceira variante, que se pode chamar de **escatológica**, é aquela que pretende utilizar o passado para descrever o futuro, isto é, compreender algo que ainda não existe a partir da observação daquilo que acredita ter acontecido; são as teorias de inspiração "científica", sobretudo as que pretendem inserir o direito nas ditas ciências sociais, para as quais é possível explicar a sociedade a partir da "descoberta" de "leis" (etiologias) e assim prever situações futuras (escatologias).

Nada disso tem sentido para uma filosofia retórica do direito como aquela proposta aqui e daí a retórica realista ter uma perspectiva empírica.

No sentido de melhor fundamentar as teses aqui defendidas, houve várias modificações e acréscimos em relação à primeira edição. A antropologia filosófica que vê o ser humano como carente, a qual fundamenta a retórica, foi mais detalhada, mostrando que a capacidade de viver em ambientes os mais diferentes, que caracteriza nossa espécie, não evidencia qualquer superioridade de sua "razão", porém sim a inadaptabilidade de sua pobreza de instintos diante dos estímulos do mundo e a compensação promovida por uma linguagem que constitui seu único meio ambiente, posto que jamais percebe quaisquer eventos, mas tão somente relatos sobre eles.

Assim, nada há além de solipsismo e vaidade para considerar o chamado *homo sapiens* como um *plus* biológico ou ético, a "coroa da criação". Os dinossauros, vírus, ácaros e bactérias parecem mais bem-sucedidos na luta pela vida.

Daí a fascinante aventura humana de construir seu próprio mundo. Os trechos que analisam o sociobiologismo e a neurofisiologia não pretendem, portanto, fazer ciência, mas tão somente mostrar que são argumentos como quaisquer outros.

Não conheço, na história da filosofia ocidental, uma filosofia tão radicalmente retórica como aquela proposta aqui, em que pese aos muitos precursores que tenho cuidado de mencionar. A tripartição adotada é inspirada em Ottmar Ballweg, sem dúvida, mas ele não é responsável por quaisquer dos desdobramentos sugeridos, pois, fiel à tradição aristotélica, sempre achou que a retórica se reduziria aos meios de persuasão e, por não buscar a verdade, não teria uma atitude filosófica.

Ballweg, por sua vez, assim como eu, inspira-se em Friedrich Nietzsche, o qual nos fala de três níveis: retórica como *dýnamis* (δύναμις), como *téchne* (τέχνη) e como *epistéme* (ἐπιστήμη). O leitor vai notar neste livro a grande influência da teoria do conhecimento de Nietzsche, mas não de sua ética, ainda que ele tenha se preocupado mais com ética do que com conhecimento. Outra influência marcante vem da sofística clássica, antes que Aristóteles advogasse a redução da retórica à persuasão, postura bem menos adequada a uma filosofia do direito.

A contribuição de Schopenhauer, assim como a de Aristóteles, não chega à retórica material, e daí à retórica como filosofia, porque acredita na verdade. Ambos têm o grande mérito de entender a retórica como estratégia, erística ou persuasiva, respectivamente, mas não dão o passo radical da retórica material, isto é, compreender a realidade do mundo como relato vencedor.

Muitos autores brasileiros são referidos, claro. Mas, com exceção de Tercio Sampaio Ferraz Junior, não menciono retóricos brasileiros porque, além de meus alunos, ainda muito jovens, eles simplesmente não existem. Uns poucos céticos brasileiros – ligados a instituições para estudo da filosofia, pois o ceticismo sempre esteve estranhamente ausente das faculdades de direito – já mencionei em outras obras. De toda forma, não fazem filosofia retórica e não são mais referidos neste livro.

Não é à toa que a solidão sempre foi companheira do filósofo.

Sem escola, nem de samba, o nome desta minha filosofia do direito não é, portanto, o mais importante. Poderia chamar de "retórica dialética" em lugar de "realista", posto que, como na dialética de Marx, sujeito e objeto modificam-se mútua e eternamente. Desisti de "dialética" por dois motivos: primeiro, essa palavra é utilizada por tantos e em tantos sentidos, tão diferentes quanto confusos; segundo porque a retórica realista dispensa completamente esse dualismo entre sujeito e objeto e os dissolve na linguagem.

Ao elevar a retórica ao nível de uma filosofia do conhecimento e da ética, a retórica realista radicaliza de modo que me parece definitivo as inserções de historicismo, ceticismo e humanismo e afasta de vez as certezas incutidas pelas concepções dominantes de senso comum, religião e ciência, seus milenares adversários, abrindo caminho para uma ética retórica da tolerância, como pretendo expor no futuro.

PREFÁCIO

Um prefácio não é uma introdução à obra que se prefacia. A introdução cabe ao autor da obra. Também não se trata de um currículo biográfico e bibliográfico do autor. Isso é tarefa editorial que compete a quem publica. Um prefácio é, como diz o étimo, um *pre-facere*, um *fazer antes*, que busca inspiração na obra e seu autor.

João Maurício Adeodato foi meu orientando, mas é, antes de tudo, alguém que pensa. Um pouco na linha reclamada por Schopenhauer (*Parerga und Paralipomena*, 1851), soube desenvolver essa capacidade rara de pensar, não sem esteio em experiências intelectuais pregressas, mas sem uma preocupação apenas livresca e erudita restrita a comentários do que dizem outros. Arranca, assim, da alma sua impressão da circunstância e a converte em conceito. Pensa como uma expressão de angústia intelectual: quer entender, mesmo que não encontre fundamentos para aquilo que entende.

Talvez aí o cerne temático da dúvida, quase um *Leitmotiv* para um autor que também é músico, capaz quiçá por isso de ter a sensibilidade para as práticas jurídicas, não como busca da justiça, mas como justiça da busca. Ou seja, da justiça como problema e não como resultado. Donde sua intransigente dúvida cética quanto a uma verdade essencial. O que não obsta uma preocupação constante de crítica. Mas crítica no sentido de *parrhesia*, como apontado por Foucault (em suas aulas na Universidade de Berkeley em 1986; v. *Diskurs und Wahrheit*, Berlin, 1996).

Parrhesia é uma antiga palavra grega que provém de *pan* (tudo) e *rhema* (o dito, o falado) e que aproximadamente significava *liberdade de falar tudo*, portanto, *de falar o que se pensa*, uma espécie de qualidade moral exigida para *saber a verdade* e, assim, para comunicá-la aos outros. *Saber a verdade* como ocorre, por exemplo, num processo judicial, não quando alguém fala a verdade e toma por verdadeiro o que fala, mas quando se aceita o "jogo" entre quem fala e diz a verdade e aqueles com quem se dialoga. *Saber a verdade*, portanto, como uma forma de *crítica* cuja função discursiva não é apresentar (*ex-por*) a verdade a alguém, mas abrir-se à concordância ou discordância do interlocutor ou de si próprio. E um abrir-se sem a premissa presumida da diferença gerada pela hierarquia das situações (por exemplo, argumento de autoridade) ou de alguma essência prevalecente (uma evidência axiomatizada). Daí, porém, uma certa incompatibilidade entre *parrhesia* e retórica, esta última, o centro temático deste livro de João Maurício Adeodato.

Uma incompatibilidade, contudo, própria de filosofias como a platônica, que encontra o problema principal do pensar na diferença entre o *logos* que diz a verdade e o *logos* incapaz de falar a verdade (*Fedro*). O que destituiu a retórica de um *status* cognitivo positivo, ao reduzi-la a mera *empiria*, como a "arte" dos cozinheiros... (*Gorgias*, 461e, 487^a-e, 491e). Platão pensava na retórica como uma forma discursiva monológica, cheia de artifícios, o que veio a marcar a relação com a filosofia na forma de uma exclusão. Mas que não prevaleceu inteiramente, quando se sabe que, entre os romanos, já no século II de nossa era, Quintiliano viria a falar, em sinonímia com a *parrhesia*, de *libera oratione* (*Institutio oratória*, Liv. IX), não como simulação e esperteza do orador, mas como uma figura dentre as figuras retóricas, capaz de persuadir sem apelo às emoções. Donde sua percepção filosófica como uma *arte de vida* (o perguntar e o responder socrático) em termos de uma conexão entre pensamento e realidade enquanto um processo de problematização.

UMA TEORIA RETÓRICA DA NORMA JURÍDICA E DO DIREITO SUBJETIVO

Nesse processo, a relação entre o *logos* verdadeiro e o *logos* incapaz da verdade toma outro rumo, que reabilita a retórica como uma espécie filosófica. Esse caminho, perfilhado por João Maurício Adeodato, leva a uma recusa radical da incompatibilidade entre filosofia e retórica, ao permitir uma *filosofia retórica*, cujo cerne está na dúvida metódica.

Metódica, sim, mas à moda de uma dúvida radical, capaz de duvidar da própria dúvida (Vilém Flusser. *A dúvida*, Rio de Janeiro, 1999). O que, se de um lado parece fechar o espaço da razão (é a dúvida cética no sentido kantiano), de outro não deixa de ser abertura para a persuasão como aquele "jogo" entre quem fala e diz a verdade e aqueles com quem se dialoga. Isto é, o jogo da *parrhesia*, em cujo âmago está um falar *livre* de qualquer autenticação intelectual (realidade, senso de realidade, essência, sanidade mental etc.). Uma espécie de niilismo programático, que, de certo modo, supera o sentido contraditório e paradoxal do argumento *tudo é duvidoso, inclusive a dúvida*. Supera porque não se coloca nem no plano sintático (V/F), nem no plano semântico (ser ou não ser), mas no pragmático, no qual o intelecto (*ego cogito*) não é *algo que pensa* (o *ego* como um *quid sintético* – o *eu empírico*) nem um *eu pensante* (o *eu transcendental*), mas, simplesmente, uma maneira como pensamentos ocorrem. Donde o abandono de toda metafísica, visível nesta obra de João Maurício Adeodato.

A maneira de ocorrência de pensamentos não é, pois, como uma teia de conceitos, capaz de inferência lógica (à moda aristotélica) ou capaz de constituir a realidade (à moda kantiana), nem opera como *adaequatio rei et intellectus* em qualquer forma de filosofia tradicional. A teia de pensamentos é, pragmaticamente, idêntica à própria dúvida: pensar é duvidar. E nisso o fundamento da *parrhesia* e sua dimensão retórica como exercício de *desautenticação* de qualquer *logos verdadeiro* como condição para aquele abrir-se à concordância ou discordância do interlocutor ou de si próprio.

Esse exercício não é conceitual (de *conceptus*: captar

com o *logos*), mas é *palavroso*, isto é, puro exercício da fala como organização (persuasiva, dissuasiva) de palavras. Com isso uma distinção como a saussureana entre *langue* e *parole* toma outro sentido: o sentido de hipótese institucional de articulação (língua, língua pátria, o direito como língua) e exercício articulado de um palavreado (fala, fala corrente, tomar decisões, legislar, sentenciar, argumentar processualmente).

Altera-se, com isso, como se percebe, a forma de apresentar o próprio *direito*, nas suas múltiplas *falas*. A começar da hipótese de uma unidade sistemática (norma fundamental, valor fundante, direitos fundamentais etc.). A retórica filosófica endereçada ao *direito* nem o unifica conceitualmente a partir de um *sujeito* (pessoa humana), nem com base em um *objeto*, seja um valor (dignidade) seja um dado empírico (a constituição positiva), nem como uma sequência de *predicados* (normas jurídicas como ordenamento). Não ignora essas articulações em triplicidade, mas não tenta superá-las em unidade (metafísica). *O direito (quid jus)* carece de significado, pois só pode ser expresso no "jogo" – *palavroso* – enquanto uma interrogação (*de jure*?) de muitas formulações: peticionar, contestar, arrazoar, sentenciar, legislar, constitucionalizar, classificar, distinguir, reconhecer, ignorar etc.

Desse ângulo o *direito* não passa de uma organização inarticulada, da qual se *arranca* um articulado: a lei, a sentença, o direito subjetivo, como um esforço – retórico – de articular o inarticulado (um pouco como o *deus sem nome, indizível, Jeová*, do qual Moisés *arranca* as tábuas da lei). Daí a importância da *conversação* (Grice) para o direito que, ao mesmo tempo em que o articula, de certo modo o "profana". Em outras palavras, a eventual variabilidade dogmática na construção racional da legislação, em sede hermenêutica, não repousa apenas nas dificuldades semânticas de se obter uma denotação e uma conotação mais precisas, mas no uso pragmático das codificações e suas decodificações no jogo da comunicação humana, conforme padrões de justiça com sua função interpretativa dos sistemas normativos: ora como fator de congruência, ora como fator de incongruência, que ora ilumina o sentido do direito, ora o atira nas sombras.

Afinal, esta obra de João Maurício Adeodato instiga não porque aponta para reconstruções retóricas do direito (tópica jurídica, teoria da argumentação), mas porque desconstrói até mesmo as próprias construções retóricas, ao fazer da retórica um objeto de si mesma, numa abdicação metafísica que faz do direito um objeto de si mesmo. Não à moda kelseniana ou de Cossio, mas em termos de direitos que, ao significar a si mesmos, produzem o direito sem significado.

Tercio Sampaio Ferraz Junior

INTRODUÇÃO

PRESSUPOSTOS DESTE LIVRO QUANTO A MÉTODO, METODOLOGIA E METÓDICA

> *1. A bipartição metodológica da filosofia para a possibilidade de uma filosofia do direito: conhecimento e ética na filosofia retórica. 2. Os dois problemas daí decorrentes, desde o nascedouro ocidental, tornaram-se os mais importantes da teoria e da filosofia do direito. 3. A tese da retórica como método, metodologia e metódica para enfrentar a opção entre descrição e prescrição. 4. Resumo de conteúdo: este livro vai tratar dos problemas oriundos da bipartição, reduzindo-os a uma teoria da norma (como teoria do conhecimento do direito) e a uma teoria do direito subjetivo (como teoria da fundamentação ética do direito).*

1. A bipartição metodológica da filosofia para a possibilidade de uma filosofia do direito: conhecimento e ética na filosofia retórica

Um livro de filosofia do direito que pretende trazer teses, sem se reduzir a relatos descritivos do direito positivo nem de doutrinas alheias, pode começar pelo conceito de tese. Uma tese pode começar a ser definida como uma opinião fundamentada sobre um ou mais problemas. Como haverá vários problemas, as formas de tratamento sugeridas para os mesmos, as teses, serão também muitas. Para melhor organizá-las, necessário estabelecer alguma hierarquia. Assim esta introdução se inicia por colocar as três teses básicas, que **definem o pensamento retórico para a filosofia do direito**, tal como aqui entendido; são como que pontos de partida, que se pretendem aplicáveis à filosofia e à filosofia do direito, aqui não apenas pressupostos, mas também tentativamente fundamentados.

Primeira tese de base (contra os ontológicos e os retóricos aristotélicos): retórica é filosofia, opõe-se a um tipo de filosofia, a filosofia ontológica, mas não se opõe à filosofia como um todo. Os ontológicos apossaram-se da filosofia a tal ponto que os próprios retóricos passaram a acreditar que não faziam filosofia, pois esta consistiria na busca da verdade. Mas se se prescinde do conceito de verdade, retórica é filosofia e filosofia é a busca da sabedoria, não da verdade. Por isso este livro pretende defender uma "filosofia retórica" e se distanciar da posição defendida por autores considerados "retóricos" como Chaîm Perelman, que preferem falar em uma "retórica filosófica", posto que aceitam a tese de que retórica e filosofia se separam, de que retórica não é filosofia.

Segunda tese de base (contra os ontológicos): retórica não se reduz a mero ornamento, enfeite do discurso, ainda que essa seja uma de suas importantes funções, e menos ainda se reduz a ornamentos antiéticos para enganar incautos, mas esta também constitui uma de suas habilidades. Em outras palavras: nem cuida somente da beleza e da sedução por si mesmas, nem cuida somente da beleza e da sedução para servir a uma "má" ética. A linguagem comum opõe retórica a ação, como se fazer "apenas" retórica não somente implicasse um jogo vazio de belas palavras, mas também de mentiras e meias-verdades. Retórica é em qualquer sentido uma forma de ação, sem dúvida, uma das mais civilizadas delas.[1]

Terceira tese de base (contra os retóricos aristotélicos): retórica não consiste apenas em persuasão, no estudo e aplicação de meios para persuadir, vai além disso. Nem sequer a retórica estratégica (que é apenas um tipo de retórica), na qual a persuasão ocupa sem dúvida o lugar principal, reduz-se às metodologias persuasivas. Esta tese, mais ainda do que a primeira, contradiz a maioria dos próprios retóricos.

Para situar a perspectiva retórica diante da filosofia do direito tradicional, pode-se tomar a divisão que esta faz da filosofia em ontologia, gnoseologia e axiologia. Carlos Cossio divide a gnoseologia em lógica jurídica formal e lógica jurídica transcendental, ampliando para quatro subdivisões, com essas duas lógicas somadas à ontologia e à axiologia.[2] Garcia-Maynez reúne a ontologia formal do direito e a lógica jurídica sob a denominação de teoria jurídica fundamental, à qual cabe a definição do que é o direito e de quais seus conceitos básicos; a segunda parte da filosofia do direito, a axiologia jurídica, "tem por objeto estudar os valores a cuja realização deve tender o direito".[3] Miguel Reale é outro que submete a divisão tradicional a crítica e sugere o termo ontognoseologia: ontologia e gnoseologia são inseparáveis, pois todo conhecimento é conhecimento de algo (*aliquid*), não se pode falar de objeto sem conhecimento nem se pode conhecer sem haver objeto; a separação entre gnoseologia e ontologia é metodológica, segundo se faça preponderar a perspectiva do sujeito (*a parte subjecti*) ou do objeto (*a parte objecti*).[4] Aí haveria dois setores

---

1. "A última crença é a crença na linguagem. Na dissolução dessa superstição a retórica é a última forma de iluminismo" (Der letzte Glaube ist der Glaube an die Sprache, in der Auflösung dieses Aberglaubens ist die Rhetorik die letzte Form der Aufklärung). BALLWEG, Ottmar. Entwurf einer analytischen Rhetorik. *In*: SCHANZE Helmut e KOPPERSCHMIDT, Joseph (*Hrsg*.). **Rhetorik und Philosophie**. München: Wilhelm Fink, 1989, p. 42.
2. COSSIO, Carlos. **La teoria egológica del derecho y el concepto jurídico de libertad**. Buenos Aires: Abeledo Perrot, 1964, 2. ed., p. 275 s.
3. "... tiene por objeto estudiar los valores a cuya realización *debe* tender el derecho". GARCIA-MAYNEZ, Eduardo. **Filosofía del derecho**. Mexico: Porrúa, 1974, p. 16-17.
4. REALE, Miguel. **Filosofia do direito**. São Paulo: Saraiva, 2002 (20. ed.), p. 30. A expressão *aliquid* é utilizada para indicar a ideia de que sujeito e objeto são irredutíveis um ao outro e que o objeto está fora do sujeito, que a ele se dirige no ato de conhecimento, como propõe HARTMANN, Nicolai. **Grundzüge**

básicos na filosofia do direito, quais sejam a ontognoseologia e a axiologia. Este livro concorda com Reale, na medida em que recusa a separação entre conhecimento e ontologia, entre sujeito e objeto. Mas, ao contrário do caminho de Reale, vai prescindir de ontologia, reduzindo-a a retórica.

Filosofia é pensar reflexivamente, mas nem todo tipo de pensamento reflexivo é filosófico. Filosofar significa pensar sobre basicamente duas questões: com que grau de certeza pode-se **saber** alguma coisa sobre o mundo em torno, aí incluídos os seres humanos, e, posto que a conduta humana não parece ser rigidamente determinada por causas, como se **deve agir** nesse mundo. A primeira questão compõe aquela parte da filosofia que em português chamamos gnoseologia,[5] a segunda é o campo da ética ou da axiologia. Se a ética é parte fundamental da filosofia, a filosofia é uma disciplina normativa, pelo menos uma parte dela.

Nos primórdios da filosofia ocidental não se pensava dessa maneira. Os assim denominados filósofos pré-socráticos tinham interesses mais semelhantes aos dos atuais teóricos de física, química, biologia ou astronomia, pareciam mais modernos cientistas. Foi a chamada "virada socrática" – denominação apenas parcialmente válida, posto que a nova atitude foi também adotada pelos sofistas – que colocou a ação humana no centro das preocupações filosóficas.

Parece então que a ética surge depois da gnoseologia, pelo menos no Ocidente, ou seja, a filosofia atenta antes para o mundo externo (é filosofia "da natureza") e, só depois de Córax e Sócrates, para o comportamento normativo diante do mundo. Essa nova atenção para com a ética possibilitou o aparecimento da ideia de normatividade e assim da filosofia do direito. O direito divide com outros ramos do saber a

---

einer **Metaphysik der Erkenntnis**. Berlin: Walter de Gruyter, 1949, p. 44 s.

5. Aqui cabem duas ressalvas. Em primeiro lugar, nos países de língua inglesa e alemã, por exemplo, não se faz comumente distinção entre gnoseologia (gênero) e epistemologia (espécie). Em segundo lugar, no que concerne ao português, muitos autores e dicionários sugerem o termo "gnosiologia". Opta-se aqui pela distinção entre gênero e espécie e pela grafia tradicional "gnoseologia", como sugere REALE, Miguel. **Filosofia do direito**. São Paulo: Saraiva, 2002 (20. ed.), *passim*.

preocupação gnoseológica. Mas a filosofia do direito não seria possível sem a axiologia, o trato dessa ideia de normatividade, ou seja, como se deve agir, a pergunta sobre se há modos bons e maus de ação ou se todos são indiferentes.

Um problema metodológico inicial da filosofia do direito, porém, de caráter geral, é o problema da circularidade, comum a vários outros setores do conhecimento: ora, cabe à filosofia do direito definir o que é o direito; mas como se pode fixar o objetivo da filosofia do direito sem saber o que é o direito? A solução é investigar os dois problemas ao mesmo tempo, circularmente. Isso leva à discussão da primeira tese de base elencada acima, qual seja, ao problema da verdade e da **relação entre retórica e filosofia**.

Nesses termos, se a filosofia procura a verdade, e a retórica não vê sentido nesse conceito, evidentemente a retórica está fora da filosofia. Ottmar Ballweg, por exemplo, separa retórica e filosofia segundo esse critério e exclui da filosofia correntes por vezes consideradas "filosóficas", tais como ceticismo, agnosticismo, voluntarismo, nominalismo, positivismo, pragmatismo e niilismo.[6]

Mas justamente a existência dessas várias correntes, oriundas da sofística na mais antiga tradição da filosofia ocidental, demonstra que nem toda a filosofia se reduz às concepções dominantes de busca da "verdade", absoluta ou não. Nesse sentido, a tradição aqui chamada retórica opõe-se a essa tradição principal, aqui chamada ontológica. Esse dualismo já marcou a cultura ocidental no confronto entre Parmênides e Heráclito, um dizendo que tudo permanece e nada muda, o outro dizendo que tudo muda e nada permanece.

Para entender esse dualismo entranhado no Ocidente e as bases da perspectiva retórica pode-se começar de uma separação, feita por Arnold Gehlen e seguida por Hans Blumenberg, sobre como os diversos filósofos e cientistas

---

6. BALLWEG, Ottmar. Phronetik, Semiotik und Rhetorik, *in* BALLWEG, Ottmar; SEIBERT, Thomas-Michael (*Hrsg.*). **Rhetorische Rechtstheorie**. Freiburg-München: Alber, 1982, p. 27-71.

explicam as relações entre o ser humano, sua linguagem e seu ambiente.[7] Reunir pensadores tão complexos sob apenas dois conceitos genéricos vai provocar imprecisões quanto às especificidades de cada pensamento, mas isso é inevitável em um campo amplo como o do estudo da filosofia ocidental. São os tipos ideais de Max Weber, pressuposto metodológico deste livro que vai ser explicado no próximo capítulo.

De um lado, a direção ontológica parte de uma antropologia que eles denominam "o humano como um **ser rico**"; de outro, a perspectiva retórica tem uma antropologia do "humano como um **ser pobre**".

Para a primeira, o aparato cognoscitivo do ser humano, comandado por sua racionalidade, é capaz de chegar a enunciados descritivos que todos são racionalmente compelidos a aceitar, desde que empregado com a devida competência. Conhecendo o mundo, o ser humano também é capaz de avaliá-lo objetivamente, isto é, chegar a enunciados sobre o certo, o correto e o justo que também se impõem pela razão.

Para a filosofia retórica, que parte de uma antropologia carente, a linguagem não é um meio para o mundo real, ela é o único mundo perceptível. Simplesmente não existem elementos externos a ela, que constitui o meio ambiente do ser humano. Todo objeto é composto pela linguagem, o que significa dizer que o conhecimento é formado por acordos linguísticos intersubjetivos de maior ou menor permanência no tempo, mas todos circunstanciais, temporários, autorreferentes e assim passíveis de constantes rompimentos.

Em que pese à tradição milenar de ambas as formas de ver o mundo, é certo que as ontologias têm prevalecido na cultura do Ocidente. Podem-se detectar **três regularidades** importantes nesse processo. Em primeiro lugar, o predomínio

---

7. GEHLEN, Arnold. **Der Mensch.** Seine Natur und seine Stellung in der Welt. **Wiesbaden: Akademische Verlagsgesellschaft, 1978.** BLUMENBERG, Hans. Antropologische Annäherung an die Aktualität der Rhetorik. *In*: BLUMENBERG, Hans. **Wirklichkeiten, in denen wir leben** – Aufsätze und eine Rede. Stuttgart: Philipp Reclam, 1986, p. 104-136.

das ontologias tem o poderoso apoio da religião[8] e da ciência[9]: embora por motivos diferentes e até contrárias em diversas características, ambas são avessas ao ceticismo da retórica e sua negação da objetividade do conhecimento. Em segundo lugar, o sucesso do pensamento ontológico pode estar também radicado naquela necessidade atávica do ser humano por segurança, no incômodo da dúvida, na ideia de justiça no campo ético. Em terceiro lugar é importante notar que a defesa de uma verdade é ela própria uma eficiente estratégia retórica para apoiar argumentos, esteja o orador consciente disso ou não: quando o jurista, por exemplo, aponta uma causalidade supostamente verdadeira, na subsunção de determinado caso à lei, passa a se apresentar como "cientista" (ou até sacerdote) e não como defensor de interesses, dogmas, doutrinas.[10]

Para as correntes ontológicas dominantes, tanto na tradição ocidental como na filosofia do direito atual, a linguagem é mero instrumento, um meio para a descoberta da verdade, que pode ser aparente, para umas, ou se esconder por trás das aparências, para outras, com todas as combinações e ecletismos. O comum é a ideia de que, com método, lógica, intuição, emoção e todo seu aparato cognoscitivo competentemente aplicado, é possível aos seres humanos chegar à verdade, que obrigaria todos os participantes do discurso à sua aceitação. Essa incondicionalidade, a busca do absoluto, consiste na "racionalidade". No que concerne à ética, a mesma perspectiva sobre a verdade equivale a justiça, correção moral e outras expressões laudatórias. Daí o aforismo de Nietzsche:

> A objeção, o saltar-para-o-lado, a alegre desconfiança, o gosto pela zombaria são sinais de saúde: todo incondicionado pertence à patologia.[11]

---

8. SCHMIDINGER, Heinrich (Hrsg.). **Wege zur Toleranz** – Geschichte einer europäischen Idee in Quellen. Darmstadt: Wissenschaftliche Buchgesellschaft, 2002.
9. SOKAL, Alan & BRICMONT, Jean. **Imposturas intelectuais** – o abuso da ciência pelos filósofos pós-modernos, trad. Max Altman. Rio de Janeiro e São Paulo: Record, 1999.
10. BALLWEG, Ottmar. Phronetik, Semiotik und Rhetorik. *In*: BALLWEG, Ottmar; SEIBERT, Thomas-Michael (Hrsg.). **Rhetorische Rechtstheorie**. Freiburg-München: Alber, 1982, p. 38-39.
11. „Der Einwand, der Seitensprung, das fröhliche Misstrauen, die Spottlust sind Anzeichen der Gesundheit: alles Unbedingte gehört in die Pathologie". NIETZSCHE, Friedrich Wilhelm. **Jenseits von**

A filosofia radicalmente retórica adotada aqui, tão acadêmica e assumidamente vinculada à citação de fontes e à separação entre o que é próprio e o que dos mestres e colegas, parte da separação de Hans Blumenberg entre as antropologias plena e carente, com o objetivo de distinguir em dois tipos ideais os filósofos ontológicos dos retóricos. Isso está claro. Só que Hans Blumenberg toma por base a obra de Arnold Gehlen (embora não o cite tanto quanto deveria), sobre a qual é importante uma pesquisa um pouco mais aprofundada para entender melhor as bases filosóficas daquela antropologia, com restrições, aqui adotada.[12]

Nenhuma dessas perspectivas é inteiramente adequada à filosofia retórica deste livro, que não se confunde com a antropologia filosófica de Gehlen nem com as vertentes teóricas do construtivismo radical ou do biologismo moral, ainda que referi-las já indique apreço.

A antropologia filosófica, o construtivismo radical e o biologismo moral parecem ter em comum o ponto de partida de que a necessidade humana de pensar e compreender não é "espiritual", mas sim, biológica. Em Gehlen, contudo, o entendimento dessa base biológica já aparece formulado retoricamente, pois uma das características mais importantes do ser humano é essa necessidade vital de formar uma imagem do mundo e de si mesmo, diante dos demais seres humanos, o que consegue **por meio da linguagem**. Isso porque ele é um *unfertiges Wesen*, um ente que não se encontra "pronto", posto que constitui a si mesmo, a pouco e pouco, na medida em que toma posições diante do mundo, um *stellungnehmendes Wesen*. A natureza o dotou da ação criativa para enfrentar suas deficiências biológicas.

Corroborando uma das teses deste livro, de que o ser

Gut und Böse – Vorspiel einer Philosophie der Zukunft, *in* COLLI, Giorgio – MONTINARI, Mazzino (*Hrsg.*): **Friedrich Nietzsche, Kritische Studienausgabe** – in fünfzehn Bände, vol. 5. Berlin: Walter de Gruyter, 1988, p. 100 (§ 154).

12. GEHLEN, Arnold. **Der Mensch** – seine Natur und seine Stellung in der Welt. Wiebelsheim: Aula-Verlag, 2009.

humano é normativo e que isso significa a invenção do futuro, esse ser improvável não vive no presente e por isso é carente (*Mängelwesen*), carente de instintos, dotado de uma *Instinktreduktion* que provoca um excesso de estímulos (*Reizüberflut*), situação antropológica que só pode ser enfrentada por meio da linguagem. A linguagem faz um filtro diante do mundo, literalmente uma fantasia (*Phantasie*), no sentido de que seu ambiente é produzido pelo próprio ser humano. Daí o caráter indireto (*Indirektheit*) de sua relação com o ambiente.

Por isso, como Gehlen afirma, já na introdução de sua obra principal, a antropologia constitui o "último capítulo da zoologia", pois precisa definir o que caracteriza o ser humano, sem apelar para definições biológicas, tais como possuir 46 cromossomos. Conclui que esse critério distintivo não é exatamente **a linguagem**, mas sim **um tipo especial de linguagem**: ainda que outros animais se comuniquem, somente o ser humano percebe sua fala como algo "objetivo", que se aparta dele e passa a fazer parte do ambiente, não constitui um prolongamento de si, porém algo sobre o que ele não tem controle. Com outro vocabulário, é o "espírito objetivo" de Nicolai Hartmann. Por isso os humanos colocam-se de maneira simultaneamente ativa e passiva diante dos sinais que articulam, para o que Gehlen utiliza a curiosa expressão "auto-ocupação alienada" (*entfremdeter Eigentätigkeit*).[13]

Assim, essa "pobreza de instintos" significa uma "riqueza" em criatividade de reações, pois o comportamento humano não vai decorrer causalmente dos estímulos do ambiente, vez que, por meio da linguagem, há um distanciamento do contexto atual em que se vê inserido. Em termos da retórica material adotada aqui, é esse fenômeno que permite dizer que o autorrelato (linguístico) **constitui a realidade**, isto é, a própria linguagem consigo mesmo – o pensamento – descarrega o animal humano da imediatidade (*Unmittelbarkeit*) do *habitat* natural a que os demais animais estão presos, pois o

---

13. *Idem*, p. 135.

ser humano não vive a partir de reflexos condicionados, mas sim envolto em símbolos linguísticos, por meio dos quais cria e domina o ambiente, controlando seu solipsismo diante da natureza.

A linguagem possibilita o descarrego da pressão do aqui e agora (*Entlastung vom Druck des Hier und Jetzt*), diz argutamente Gehlen, liberta o ser humano dos apetites e o faz dirigido ao futuro, pois sua ação desenvolve-se autonomamente e é em alto grau independente dos estímulos, é "livre" da situação e do ambiente (*situationsfrei, umweltentlastet*). Mais ainda, na interpretação criativa ousada aqui, os relatos internos ou autorrelatos (pensamento) e externos (controle público da linguagem), apenas artificialmente separáveis, criam esse "desempenho unificado" (*einheitliche Leistung*) que garante (relativamente) a percepção de cada um diante das percepções dos demais seres humanos circunstantes.[14]

Tanto Gehlen quanto Blumenberg defendem a tese de que essa "capacidade de agir" ou de "ação" (*Handlung*) do ser humano compensaria sua pobreza de instintos (*Instinktarmut*), as quais lhe retiram a possibilidade de chegar a evidências. Não há evidências e com isto este livro está, sobejamente argumentado, de acordo.[15]

Gehlen defende então a tese de que o conhecimento humano é uma **forma de ação sobre o ambiente** e que tanto um quanto a outra se originam na plasticidade de movimento, ínsita à inigualada capacidade de adaptação do ser humano ao ambiente – posto que ele o cria. Essa plasticidade é comprovada pela característica de que só o ser humano consegue tocar qualquer parte de seu corpo.[16]

Conclui-se que a ideia central do autor é que o ambiente

---

14. *Idem*, p. 196.
15. BLUMENBERG, Hans. Antropologische Annäherung na die Aktualität der Rhetorik. *In*: BLUMENBERG, Hans. **Wirklichkeiten, in denen wir leben** – Aufsätze und eine Rede. Stuttgart: Philipp Reclam, 1986, p. 108, 110, 114 e 117.
16. GEHLEN, Arnold. **Der Mensch** – seine Natur und seine Stellung in der Welt. Wiebelsheim: Aula-Verlag, 2009, p. 132.

do ser humano não é a natureza, mas a linguagem:

> ...somente no caso dos seres humanos, o mundo da percepção, que nós todos temos em comum, é trabalhado autonomamente."; "A tese fundamental, sem a qual a experiência humana permanece ininteligível, é o caráter comunicativo dessa ex periência.[17]

2. Os dois problemas daí decorrentes, desde o nascedouro ocidental, tornaram-se os mais importantes da teoria e da filosofia do direito

Assim, este livro vai enfrentar dois dos mais importantes temas da filosofia e da teoria do direito: os problemas do **conhecimento do direito** (aqui visto como uma teoria da norma) e do **seu conteúdo ético** (aqui visto como uma teoria do direito subjetivo).

Nesse sentido, o problema da norma para a filosofia do direito pode ser assim resumido: como é que uma previsão geral de decisão para um conflito futuro e individual, um símbolo linguístico como um texto legal ou contratual (mas também gestos, palavras, imagens), pode garantir a "adequação", a "justiça", a "racionalidade" dessa mesma decisão. Em outras palavras, em que medida a previsão normativa genérica e idealizada controla a decisão única e concreta.

E o problema do direito subjetivo pode ser colocado da seguinte maneira: se há direitos que as pessoas detêm por serem humanas, direitos cujo conteúdo ético está acima de qualquer poder constituinte originário, válidos em si mesmos, ou se os direitos subjetivos são criados pelas escolhas do direito positivo, daquelas pessoas que têm poder de transformar suas convicções éticas em direito. Ou seja, se há e quais são os limites éticos que se impõem ao poder de criar o direito, ou se esse poder tem total disponibilidade para suas escolhas.

Tal constitui a problematização do presente livro.

---

[17] Idem, p. 164: „....allein beim Menschen die Wahrnehmungswelt, die wir alle gemein haben, eine selbständig erarbeitete ist." E p. 165: "Die Grundthese, ohne welche die menschliche Erfahrung unverständlich bleibt, ist die vom **kommunikativen Charakter** dieser Erfahrung."

Para tratar dessa problematização, vão se defender **mais duas teses**, correspondentes respectivamente aos campos da teoria do conhecimento e da ética.

A **tese sobre a teoria do conhecimento** dirá o seguinte: como o direito é um fenômeno empírico, isto é, é percebido sensivelmente, seu conhecimento consiste em relacionar adequadamente três elementos irredutíveis um ao outro, o que, aliás, é comum a toda e qualquer ciência empírica: os eventos do mundo real, únicos e irrepetíveis; os significantes linguísticos da comunicação (orais, gestuais, textuais, pictóricos), as expressões simbólicas; e os significados desses significantes, as ideias de razão. Cada um desses termos é carregado de sentidos diferentes ao longo do debate filosófico no Ocidente e todos precisarão de definição.

No que se refere ao conhecimento especificamente do direito, esses três elementos têm seus correspondentes: os eventos juridicamente relevantes, de caráter real, cujos relatos fornecem a base empírica do direito, são os fatos jurídicos individuais; os significantes que se referem a esses eventos, também de caráter real, e constituem outra espécie de relatos, correspondem à milenar metáfora das fontes do direito; e os significados normativos que essas fontes tentam expressar, de caráter ideal, formam o terceiro elemento.

Quanto à **tese sobre a ética**, por seu turno, três subdivisões serão necessárias. De um lado, uma **hipótese de cunho histórico**, a de que houve um progressivo esvaziamento de conteúdo ético previamente definido nos fundamentos do direito positivo, um fenômeno característico da civilização ocidental que ganhou muitos nomes, tais como crescente formalização ou procedimentalização do direito, evolução de uma organização social menos para uma mais autopoiética, da transcendência à imanência etc. Vai-se procurar mostrar essa transformação ética das relações entre direito, religião e moral por meio da evolução da poderosa ideia de direito natural, até o positivismo.

De outro lado, a **hipótese de caráter sociológico** de que se pode detectar um aumento progressivo na complexidade social e que isso se revela no distanciamento entre o direito e as demais ordens normativas, mormente a moral e a religião, tradicionalmente tão ligadas a ele.

Finalmente, a **hipótese com ênfase na linguística**, no sentido de que esse aumento na complexidade social provoca também um distanciamento entre os significantes e os significados jurídicos, ou seja, entre as fontes do direito e os conceitos normativos que procuram expressar, dificultando o sucesso da comunicação.

Para tratar os dois problemas abaixo, tomar-se-ão dois pares de oposições, aplicando a mesma tipologia ideal sugerida pela sociologia compreensiva de Max Weber.

Primeiro problema (gnoseológico): num extremo, aquelas correntes que defendem que as características específicas do caso concreto ou do texto prévio,[18] desde que competentemente interpretadas, levam a uma única decisão correta, diante da qual todas as demais seriam desvios técnicos ou éticos. Desvios técnicos ocorreriam por ignorância ou incompetência, por exemplo, quando os responsáveis pela decisão desconhecem a lei e/ou as circunstâncias do caso (incompetentes); desvios éticos, como o nome diz, diriam respeito à intenção desviante, à vontade consciente de não seguir determinadas normas éticas (desonestos). No outro extremo, as correntes que defendem que a decisão concreta é inteiramente casuística e indutiva, funcionando o texto apenas como uma justificação *a posteriori* para uma decisão encontrada por outros meios. Os fundamentos das decisões devem ser procurados no ambiente social, nos preconceitos pessoais dos responsáveis por proferi-las, nos interesses inconfessáveis, nos motivos e impulsos mais obscuros, jamais em deduções a partir

---

18. Faz-se aqui uma redução metonímica para simplificar e falar de "texto". Mas fique claro que o texto é apenas uma das formas de expressões simbólicas (significantes), ao lado da linguagem oral, da linguagem gestual, da linguagem pictórica e quaisquer outras formas de comunicação que porventura possam ser usadas na linguagem humana.

de textos previamente estabelecidos.

Este é o problema filosófico da norma jurídica.

Segundo problema (axiológico): de um lado, as filosofias que pregam estar o direito positivo subordinado a normas válidas em si mesmas, isto é, será injusto e ilegítimo, se em desacordo com elas. Essas filosofias tendem a um pan-racionalismo, pregando, por exemplo, a universalização de certos direitos e conteúdos éticos. Do outro lado a tese positivista da total disponibilidade ética, vale dizer, os detentores do poder constituinte positivo podem quaisquer escolhas éticas, pois elas não têm limites que se imponham por si mesmos.

Este é o problema filosófico do direito subjetivo.

Depois de situada a problematização, esta introdução precisa colocar o objeto da obra.

Retomando mais uma distinção tradicional, pode-se dizer que o objeto material de um estudo é o algo (*aliquid*) para o qual a atenção do sujeito se dirige, ao passo que o objeto formal consiste na atitude (*Einstellung*) que o sujeito adota diante do objeto material, os critérios e estratégias para conhecê-lo. Assim o engenheiro e o arquiteto podem investigar um mesmo objeto material, uma senzala, mas seu objeto formal será distinto, da mesma maneira que o químico e o sociólogo observam diferentemente uma mesma aliança de ouro.

No caso deste livro, o objeto material é o vocábulo "direito" e expressões equivalentes, como "conjunto de normas jurídicas", e os objetos formais são dois: do lado do conhecimento, a atitude do **ceticismo** no sentido de Sextus Empiricus, conhecida por ceticismo pirrônico; do lado da ética, a **tolerância** para com as preferências humanas e seus conceitos corolários como autodeterminação ou combate ao paternalismo. Esses objetos formais constituem dois pilares da postura retórica.

Não é demais insistir que essa separação entre conhecimento e ética é apenas didática e conceitual (ideal).

O termo "direito", o "objeto material", deve ser entendido como direito positivo, no sentido de um fenômeno que pode ser percebido empiricamente, pelos órgãos dos sentidos – muito embora não se reduza a essa dimensão empírica – ou seja, faz parte do mundo dos eventos. Tal concepção, positivista, não significa entender que o direito se reduz à lei (positivismo legalista) ou ao Estado (positivismo estatalista), mas já se afasta das acepções idealistas da palavra, no sentido de um direito válido em si mesmo, um direito natural "correto" ou regras de "racionalidade" como critério para avaliação do direito positivo.

A atitude retórica diante do direito não se confunde tampouco com a do positivismo normativista, pois não tem pretensões de pureza metodológica, considera a neutralidade dos órgãos judicantes uma mera estratégia, separa texto e norma, não acredita na fórmula silogística para aplicação da lei, em suma, é positivista e aproxima-se de certas formas de realismo linguístico. A postura positivista diante do direito não pode ser reduzida, assim, a suas primeiras manifestações modernas, tais como a da Escola da Exegese ou mesmo a de Kelsen. A postura retórica opõe-se à ontológica, posto que recusa verdades éticas acima do mundo empírico e procura investigar os procedimentos circunstanciais, variáveis, autopoiéticos que vão conformar, criar, constituir o objeto material. Este trabalho pretende investigar como isso ocorre.

3. A tese da retórica como método, metodologia e metódica para enfrentar a opção entre descrição e prescrição

Uma parte importante na defesa de uma tese é qual sua concepção sobre como devem ser os métodos, isto é, sua metodologia. Problematizar métodos é atitude que faz parte da teoria do conhecimento, o que a torna uma atitude filosófica. Esta obra também procura oferecer um **novo marco teórico para o problema metodológico**, separando claramente as retóricas de método e metodologia diante do conceito de retórica metódica. Isso vai ajudar no enfrentamento de outro problema tradicional da gnoseologia jurídica: se cabe à teoria descrever o direito enquanto dado empírico ou prescrever como nortear esse dado empírico, visando a sua otimização; em outras palavras: se o jurista deve dizer como o direito efetivamente acontece ou sugerir como ele deveria ser.

O marco teórico aqui é assim a retórica, tomada em um sentido próprio e específico, tripartido em retóricas material (método), estratégica (metodologia) e analítica (metódica).[19] Essa visão da retórica, aqui chamada de **realista**, inspira-se, sobretudo, em Friedrich Nietzsche, que a coloca em três níveis: retórica como *dýnamis* (δύναμις), como *téchne* (τέχνη) e como *epistéme* (ἐπιστήμη).[20] Esse é também o caminho escolhido por Ottmar Ballweg.[21] No sentido proposto aqui é possível empregar a palavra retórica de três diferentes formas, ou seja, dinâmica (material, existencial), técnica (prática, estratégica) e epistemológica (analítica, científica).

Um problema que essa concepção tripartida da retórica enfrenta é a separação entre razão descritiva e razão prescritiva ou a separação entre ser e dever (ser). Os paradigmas da ciência contemporânea são certamente descritivos. Essa concepção tem raízes nas ciências da natureza e em seu notório progresso e prestígio a partir da era moderna, concentradas na classificação descritiva do ambiente físico e biológico em que está inserido o ser humano.

A distinção entre o conhecimento **descritivo** e o **prescritivo** começa com a proposta de David Hume de separar ser e dever, encampada por Kant. Essa separação tem uma larga tradição na filosofia do direito: não se podem inferir ou deduzir prescrições de descrições, disseram Hume e Kant, e Kelsen a

---

19. ADEODATO, João Maurício. **A retórica constitucional** – sobre tolerância, direitos humanos e outros fundamentos éticos do direito positivo. São Paulo: Saraiva, 2010 (2. ed.), cap. 1.
20. NIETZSCHE, Friedrich. Rhetorik. Darstellung der antiken Rhetorik; Vorlesung Sommer 1874, dreistündig. **Gesammelte Werke**. Band 5. München: Musarion Verlag, 1922, S. 291.
21. BALLWEG, Ottmar. Entwurf einer analytischen Rhetorik, *in* SCHANZE, Helmut (Hrsg.). **Rhetorik und Philosophie**. München: Wilhelm Fink, 1989.

isso adicionou outros argumentos.

Ao transformar a separação numa intransponibilidade entre ser e dever ser, Kelsen aponta uma incongruência básica na ética de Kant. Em seus termos, Kant não chega ao dualismo ser e dever porque o dever moral é também produto da razão (pura), a mesma razão cuja função é conhecer o ser. Isso é incoerente com a afirmativa expressa de Kant de que a razão prática é produto da vontade. Kant chega à distinção no momento de aplicação da razão, segundo ela se dirija ao pensamento ou à vontade. Mas, para Kelsen, a diferença é na essência da própria razão, entre o conhecer e o querer, pois o conhecimento é "receptivo" e o querer é "produtivo":

> O conceito, em si contraditório, de razão prática, que é simultaneamente conhecer e querer e no qual, portanto, é suprimido o dualismo entre ser e dever, é o fundamento da ética kantiana.

E logo adiante:

> O conceito kantiano de razão prática é assim o resultado de uma inadmissível confusão de duas faculdades humanas, essencialmente diferentes uma da outra e também distinguidas pelo próprio Kant.[22]

Visto sob perspectiva retórica, o problema diz respeito à sintaxe da linguagem prescritiva. Ocorre que a forma sintática – a estrutura –, pela qual o enunciado se apresenta, nem sempre permite dizer com segurança se se trata de uma descrição ou prescrição, pois pode-se expressar uma prescrição normativa com o verbo "ser", por exemplo. Da mesma maneira o critério semântico não parece suficiente. De acordo com

---

22. KELSEN, Hans. **Allgemeine Theorie der Normen**. Wien: Manz-Verlag, 1990, p. 63-64: „Der in sich widerspruchvolle Begriff der praktischen Vernunft, die zugleich Erkennen und Wollen ist, und in dem daher der Dualismus von Sein und Sollen aufgehoben ist, ist die Grundlage der kantschen Ethik." „Der kantsche Begriff der praktischen Vernunft ist somit das Resultat einer unzulässigen Vermengung zweier voneinander wesentlich verschiedenen und auch von Kant selbst unterschiedenen Vermögen des Menschen."

ele, não se pode atribuir um sentido de verdadeiro ou falso aos enunciados prescritivos, mas somente aos descritivos. Contudo, há enunciados que não podem ser ditos verdadeiros ou falsos, como os metafísicos, e nem por isso constituem prescrições. Resta o **critério pragmático**, que constitui um dos marcos teóricos da filosofia retórica sobre o direito: se não há distinção sintática ou semântica rigorosa entre as linguagens prescritiva e descritiva é o contexto, o uso no caso concreto, que vai determinar esse sentido. A isso se retornará no capítulo quarto adiante.

Conclui-se que a tese de o direito fazer parte da linguagem prescritiva é pacífica para quem aceita a diferenciação sugerida por Hume.

Mas a partir daí os positivistas se dividem entre aqueles que entendem a atitude do estudioso do direito como prescritiva e os que a veem como descritiva. Para Kelsen, por exemplo, muito embora a ciência jurídica tenha por objeto um dever ser (a norma jurídica), ela é descritiva como qualquer ciência; ela descreve normas jurídicas (*Rechtsnormen*) por meio de proposições jurídicas (*Rechtssätze*), também chamadas de proposições normativas ou juízos normativos.

> As *normas* jurídicas não são juízos, quer dizer, enunciados sobre um objeto dado ao conhecimento. Elas são, em seu sentido próprio, mandamentos e, como tais, comandos, imperativos; mas não apenas comandos, pois também são permissões e atribuições de poderes; em todo caso, não são ensinamentos, como por vezes se afirma, identificando o direito com a ciência do direito. O direito prescreve, permite, confere poderes, não "ensina" nada.[23]

Mas a particularidade mais importante da "ciência do direito", para a retórica, independentemente da divisão

---

23. KELSEN, Hans. **Reine Rechtslehre**. Wien: Verlag Österreich, 2000, p. 73: „Rechts *normen* sind keine Urteile, das heißt Aussagen über einen der Erkenntnis gegebenen Gegenstand. Sie sind, ihrem Sinne nach, Gebote und als solche Befehle, Imperative; aber nicht nur Gebote, sondern auch Erlaubnisse und Ermächtigungen; jedenfalls aber nicht – wie mitunter, Recht mit Rechtswissenschaft identifizierend, behauptet wird – Belehrungen. Das Recht gebietet, erlaubt, ermächtigt, es, lehrt' nicht."

entre enunciados prescritivos e descritivos, é que a opinião que se tem sobre a realidade jurídica conforma esta mesma realidade. A interferência do cientista sobre o objeto é tal que existe a zona cinzenta da "doutrina", que é considerada "fonte" do direito (certamente uma fonte material, se não formal). Quer dizer, a ciência do direito é também normativa em um sentido literal, pois o que ela acha que o direito "é" vai constituir as características do direito: se a ciência do direito considera a raça uma fonte do direito, a raça passa a ser uma fonte do direito. Mas isso não é privilégio dos cientistas, juristas, doutrinadores. Também constitui o direito aquilo que sindicatos, banqueiros, motoristas e artistas acham que o direito é.

É daí indefinida a extensão de termos como "jurídico" ou "normativo". Na linguagem deste livro, tais adjetivos têm pelo menos um sentido material e um sentido estratégico. No sentido material, o discurso jurídico é inerente ao direito, faz o próprio direito, esse é um sentido que se poderia dizer "ontológico", não fosse a carga da tradição sobre a palavra; em outra acepção, significa-se um discurso sobre o direito, um discurso que tem o direito, no primeiro sentido, por objeto. No primeiro sentido, a expressão discurso "jurídico" designa a linguagem das fontes do direito, ou, metaforicamente, a linguagem da lei, da jurisprudência, dos costumes e contratos, todos convergindo na linguagem do processo decisório que trata os conflitos; no segundo sentido, a mesma expressão designa a linguagem da doutrina, da teoria dogmática sobre o direito expresso pelas fontes.[24]

Não se deve confundir essa dicotomia com discursos prescritivos e descritivos, insista-se: diz-se descritivo um discurso que procura somente transmitir informações e prescritivo, aquele que se dirige a modificar, dirigir, influenciar a conduta das pessoas. É nessa direção que vai a mencionada distinção kelseniana entre proposição jurídica e norma jurídica ou, para

---

24. GUASTINI, Riccardo. **Das fontes às normas**, trad. Edson Bini. São Paulo: Quartier Latin, 2005, p. 45-47.

outros, entre doutrina (descritiva) e fonte do direito (prescritiva). Neste livro a perspectiva é diferente, pois o doutrinador também participa da composição da norma (Müller), assim como o legislador, o juiz e até a sociedade aberta dos intérpretes do direito posto (Häberle), conforme será visto no capítulo terceiro adiante.

Aqui vai ser aplicado um conceito próprio de retórica para defender a ideia de que verdade e justiça únicas, corretas, são ilusões altamente funcionais e que os acordos precários da linguagem não apenas constituem a máxima garantia possível, eles são os únicos. Além de serem temporários, autodefinidos e circunstanciais, referentes a promessas que são frequentemente descumpridas em suas tentativas de controlar o futuro, esses acordos são tudo o que pode ser chamado de racionalidade jurídica.

Lembrem-se as três reduções metonímicas e as três teses de base: a primeira opõe-se à equiparação entre filosofia e ontologia e consequente separação entre retórica e filosofia; a segunda vai contra os adversários da retórica, que a reduzem a seus aspectos estratégicos e ornamentais; e a terceira contradiz muitos dos próprios retóricos, que tomam por base a tradição da retórica aristotélica, os quais pretendem reduzir a retórica a consenso e persuasão, que constituem apenas uma parte dela, ainda que muito importante. Esse o sentido da retórica como marco teórico da presente obra.

É assim que a retórica, para lá de sua função persuasiva e de suas falácias ilusórias, pode também servir para adequar melhor o ser humano a seu meio, tanto no que respeita ao conhecimento dos relatos descritivos quanto no relacionamento ético com os demais seres humanos.

Por sua força sedutora e seu relativismo, os retóricos sempre se viram às voltas com exigências de justificação ética. Aqui há uma relação com o problema de distinguir entre descrições e prescrições. Isso porque a abordagem prescritiva, por sua própria finalidade, no sentido de dizer como os eventos deveriam ocorrer para otimizá-los, traz uma pretensão de correção axiológica, ética. Ela opõe-se, por exemplo, a abordagens funcionalistas, que se interessam em descrever como as estratégias aplicadas obtêm sucesso na consecução de determinado objetivo, sem pretensão de corrigir, de melhorar o fluxo dos eventos.

O mais difícil de fazer entender, talvez por não se encaixar no uso comum da palavra, é o primeiro sentido da retórica, o **material**, ou **existencial**. Significa considerar que tudo aquilo que se chama de "realidade", a sucessão temporal de eventos únicos e irrepetíveis, consiste em um **relato vencedor**, um fenômeno linguístico cuja apreensão é retórica, conforme será visto no capítulo quarto.

A retórica material não quer dizer apenas que o conhecimento do mundo é intermediado pelo aparato cognoscitivo do ser humano, como sugeriu Kant, ou mesmo intermediado pela linguagem, como quer a linguística mais tradicional. Significa dizer que **a própria realidade é retórica**, pois toda percepção se dá na linguagem. A retórica material compõe a relação do ser humano com o meio ambiente, é o conjunto de relatos sobre o mundo que constitui a própria existência humana. A pergunta mesma sobre alguma "realidade ôntica" por trás da linguagem não tem qualquer sentido, pois o ser humano é linguisticamente fechado em si mesmo, em um universo de signos, sem acesso a qualquer "objeto" para além dessa circunstância.

Isso não implica que a realidade seja subjetiva, pelo menos no sentido de **dependente de cada indivíduo**, muito pelo contrário. O maior ou menor grau de "realidade" de um relato vai exatamente depender dos outros seres humanos, da possibilidade de **controles públicos da linguagem**. Nesse sentido podem existir demônios, buracos negros, *quarks*, ego e superego. Só que essas regras de controle da retórica material, conforme mencionado acima, são condicionadas, circunstanciais e tanto mais mutáveis e ambíguas quanto mais complexo e diferenciado seja o meio social. Por isso não se pense que este livro defende uma arbitrariedade da linguagem. A linguagem tem uma função de controle e a exerce reduzindo complexidade; logo, não pode ser errante, ao talante de cada um, precisa apresentar regularidades; mas essas regularidades são muito variáveis, imprevisíveis, construídas para as exigências do momento.

Em outras palavras, a frase "quero que esse argumento seja efetivamente demonstrado e não apenas retoricamente alegado" nada significa. Não existe qualquer fundamentação que não seja retórica, como este trabalho procura demonstrar. Mas dizer que toda comunicação é vaga e ambígua, defender que os acordos linguísticos são entimemáticos, autopoiéticos, circunstanciais e momentâneos não significa compreender todos os textos e palavras como igualmente vagos e ambíguos. Cabe à dogmática jurídica tecnológica (segundo nível linguístico, metodológico e estratégico) e à ciência do direito (terceiro nível linguístico, metódico e analítico) tentar reduzir essas inevitáveis imprecisões.

A retórica material aqui exposta procura colocar de maneira clara uma visão de mundo estranha ao senso comum, mas que não é tão inusitada quanto parece na filosofia. Um exemplo é dado pelo conceito de *warranted assertability* do pragmatismo de John Dewey; observe-se a crítica de Bertrand Russell a ele:

> Mas se a verdade, ou melhor, a "assertividade garantida" depende do futuro, então, na medida em que se ache em nosso próprio poder alterar o futuro, está em nosso próprio poder alterar o que se deve asseverar. Isso amplia o sentimento de poder e liberdade humanos. César atravessou o Rubicão? Eu consideraria uma resposta afirmativa como inalteravelmente necessária para um evento passado. Dr. Dewey decidiria se responder sim ou não mediante uma apreciação de eventos futuros e não há qualquer razão para que esses eventos futuros não possam ser dispostos pelo poder humano, de modo que tornem mais satisfatória

uma resposta negativa. Se eu achar muito desagradável a crença de que César atravessou o Rubicão, não é necessário que me deixe tomar de estúpido desespero; posso, se tiver habilidade e poder suficientes, arranjar um ambiente social em que a afirmação de que ele não atravessou o Rubicão terá "assertividade garantida".[25]

Ora, o exemplo combatido por Russell poderia perfeitamente estar neste livro... Há muitos pensadores que podem ser ditos retóricos sem se aperceberem disso, chegando mesmo perto da tese da retórica material, como Dewey, ainda que isso não permita concluir que a assertividade garantida equivalha exatamente à constituição retórica da realidade defendida aqui.

O estudo da retórica material procura descrever como a linguagem constitui a realidade, apesar de o senso comum levar a crer que essa realidade independe da linguagem. Para a retórica, a linguagem expressa o ambiente ensimesmado do ser humano, como que um autismo ou solipsismo mais ou menos coletivo que lhe fornece sua própria realidade. A linguagem transforma em "realidade" fantasmas, bruxas, previsões do futuro e meteorologia; faz de Plutão um planeta ou não, cria quasares pulsando e buracos negros; a linguagem jurídica faz de uma ação um crime ou não e de um audiolivro um CD de músicas, mesmo que este não contenha qualquer nota musical, com o fito de provocar a incidência tributária. A linguagem faz tudo em seus acordos, imposições, falácias. Como a concepção da retórica material serve para compreender o

---

25. "But if truth, or rather 'warranted assertability' depends upon the future, then, in so far as it is in our own power to alter the future, it is in our own power to alter what should be asserted. This enlarges the sense of human power and freedom. Did Caesar cross the Rubicon? I should regard an affirmative answer as unalterably necessitated by a past event. Dr. Dewey would decide whether to say yes or no by an appraisal of future events, and there is no reason why these future events could not be arranged by human power so as to make a negative answer the more satisfactory. If I find the belief that Caesar crossed the Rubicon very distasteful, I need not sit down in dull despair; I can, if I have enough skill and power, arrange a social environment in which the statement that he did not cross the Rubicon will have 'warranted assertability'". RUSSELL, Bertrand. **History of Western Philosophy** – and its Connection with Political and Social Circumstances from the Earliest Times to the Present Day. London: Routledge, 1993, p. 780.

direito será visto no capítulo terceiro.

A **retórica estratégica** trabalha com as metodologias, seu objetivo é conformar a retórica material, interferir sobre ela, fixar-lhe diretrizes, dizer como ela deve ser. A retórica estratégica é composta, literalmente, de metodologias, de "teorias sobre os métodos", métodos esses que compõem a retórica material. As metodologias são orientações para conseguir objetivos. A metodologia do direito, os ensinamentos dogmáticos para o sucesso das práticas jurídicas, não foge à regra.

No que diz respeito ao direito, a retórica estratégica desenvolve procedimentos em duas direções básicas, só didaticamente separáveis, que serão examinadas nos capítulos oitavo e nono adiante: uma teoria da interpretação e uma teoria da argumentação. Para efeitos deste livro, fazem parte da interpretação os procedimentos dirigidos a chegar a uma proposta de solução para o abismo gnoseológico, isto é, o abismo entre significantes e significados (linguagem) e eventos, construindo uma compatibilização entre fontes do direito e o caso concreto sob discussão. E fazem parte da argumentação as estratégias que têm por objetivo trazer os circunstantes para determinada interpretação, dando-lhe consistência por força do controle público da linguagem no plano da própria retórica material. A dogmática jurídica estratégica também será comentada no capítulo terceiro adiante.

A **retórica analítica** é a metódica utilizada aqui. Ficará claro porque não constitui um método ou uma metodologia, justamente por tomar os métodos e as metodologias como objeto de seu estudo. Ela consiste numa forma de abordagem que se presta à filosofia do direito e a muitos outros campos, inclusive no estudo dos paradigmas das ciências biológicas e matemáticas, pois descreve uma situação do próprio conhecimento humano e de sua linguagem. Também a ciência é um meta-acordo linguístico sobre um ambiente linguístico comum, o qual também é acordado.

UMA TEORIA RETÓRICA DA NORMA JURÍDICA E DO DIREITO SUBJETIVO

No campo do direito, a retórica material está nos eventos (métodos), na dogmática jurídica no sentido de linguagem-objeto, ou seja, como os problemas são efetivamente tratados, como os conflitos são efetivamente "resolvidos"; a retórica estratégica está nas diversas teorias que compõem a dogmática jurídica como ciência dogmática do direito (metodologias), as quais explicitam como se deve compreender e lidar com a dogmática material. Não existe uma dogmática jurídica no sentido analítico e essa atitude pode ser dita zetética, na oposição à dogmática sugerida por Theodor Viehweg. Isso porque a atitude dogmática tem como função precípua guiar ações e decisões por meio da constituição de opiniões (*doxa*, daí *dokein*); ela coloca fora de discussão uma série de postulados, exatamente seus dogmas. Já a atitude zetética ou investigativa (*zetein*) visa descrever algo e todas as suas afirmações permanecem sendo questionáveis (*zetemata*). A denominação "analítica" aqui é para ressaltar que os conceitos de Viehweg e desta obra não são os mesmos, embora se assemelhem; por exemplo, Viehweg afirma que a atitude científica sobre o direito compõe-se de um somatório das duas atitudes.[26]

Notam-se também semelhanças com a distinção entre abordagens descritivas ou prescritivas, assim como aquela entre ser e dever, quando Kelsen afirma que o ser tem função receptiva e o querer, produtiva. Pode-se também dizer que "no enfoque zetético predomina a função informativa da linguagem. Já no enfoque dogmático, a função informativa combina-se com a diretiva e esta cresce ali em importância".[27] As especificidades da retórica analítica como metódica, dentro da acepção genérica de zetética, serão também observadas no terceiro capítulo.

A perspectiva retórica como um todo não pode tomar a distinção entre atitudes descritivas e prescritivas como pontos

---

26. VIEHWEG, Theodor. Dogmática jurídica y cetética jurídica en Jhering, *in* VIEHWEG, Theodor. **Topica y filosofia del derecho**, trad. Jorge M. Seña. Barcelona: Gedisa, 1991, p. 141-149, p. 146.
27. FERRAZ Jr., Tercio Sampaio. **Introdução ao estudo do direito** – técnica, decisão, dominação. São Paulo: Atlas, 2008 (6. ed.), p. 19.

de partida, pois envolve necessariamente ambas: enquanto a retórica analítica é descritiva, as retóricas estratégica e material são prescritivas (ou normativas). Um conhecimento "descritivo" parece trazer consigo as qualidades procuradas pelos ontologismos: distanciamento entre o observador e o objeto, atinência aos eventos, neutralidade axiológica etc., no que a atitude retórica não acredita. Mas o retórico tem obrigação de tentar separar a abordagem analítica das abordagens normativas do mundo real e para isso precisa de uma metodologia própria, a qual será aqui sugerida nos capítulos primeiro (metodologia analítica para enfrentar o problema do conhecimento) e segundo (metodologia analítica para lidar com a questão axiológica).

Na medida em que procura estudar não apenas a retórica material, mas também as retóricas estratégicas que a ela se dirigem, o estágio analítico cuida para que o retórico não confunda o primeiro com o segundo plano e fique enredado na convicção de que o mundo real "é" como o filósofo gostaria que fosse ou que esteja "evoluindo" na direção por ele prescrita, supostamente "detectada", surpreendida em sua essência. Aliás, separar a retórica em material, estratégica e analítica já resulta de uma aplicação dessa última perspectiva, que garante contra as escatologias e etiologias das ontologias.

Uma maneira de fazer retórica analítica é observar a porosidade – ou evolução histórica do uso – dos conceitos: ver, por exemplo, que o conceito de "alma" tem data de nascimento, estudar os debates para lhe dar significado, as retóricas metodológicas conflitantes, as quais se dizem descritivas da ontologia já como estratégia. O mesmo se pode fazer com qualquer conceito, tais como "mente" e "espírito", ou observar como surgiram as ideias de um Deus criador, de um purgatório, de um limbo ou de um inferno como "lugar" de condenação para as más almas...

Sendo filosófica e centrada nos aspectos do *logos* do discurso, a atitude retórica deste livro precisa ser analítica. Não pretende afirmar como a realidade jurídica deveria ser, que ela se afastou "dos trilhos da resposta correta". Como não objetiva descobrir ou construir regras com validade própria, acima do direito materialmente positivado, o que considera resquícios do jusnaturalismo, pode ser dito que advoga uma tese positivista, desde que se entenda a expressão no contexto aqui mesmo colocado. Situando-se no debate brasileiro, por exemplo, não se trata de dizer como o Supremo Tribunal Federal ou a súmula vinculante deveriam funcionar, mas sim detectar as estratégias que fazem com que efetivamente funcionem assim ou assado. Evita assim o caráter meta-empírico dos jusnaturalismos, pois se a realidade material deveria ser diferente, o critério do que deveria ser é fixado por quem propõe a estratégia otimizadora.

Um grande problema para a perspectiva analítica e metódica da retórica jurídica é encontrar uma linguagem adequada para se expressar, uma dificuldade para quem tenta escapar da concepção de que a linguagem tem um sentido imanente, determinado por objetos exteriores a ela mesma, pois a linguagem comum, assim como a científica e a filosófica, está impregnada pelo sucesso das ontologias e dos racionalismos na civilização ocidental. Sem negar a importância dessa tradição, apela-se a outra tão antiga e importante quanto ela e mais adequada a uma filosofia do direito, uma teoria da norma jurídica, uma teoria do direito subjetivo.

4. Resumo de conteúdo: este livro vai tratar dos problemas oriundos da bipartição, reduzindo-os a uma teoria da norma (como teoria do conhecimento) e a uma teoria do direito subjetivo (como teoria da fundamentação ética)

Aceitando-se como ponto de partida a bipartição das concepções de linguagem em essencialista (ou "realista") e convencionalista, a norma jurídica e o direito subjetivo são aqui analisados convencionalmente.[28] Isso significa que o objeto específico deste trabalho não deve ser expresso na pergunta

---
28. *Idem*, p. 12-16.

por o que são a norma e o direito subjetivo, mas sim: quais os sentidos em que são usadas ambas as expressões hoje, agora? Como surgiram esses sentidos, como ganharam essas características e atributos que se diz terem hoje? Em que contextos são significativamente empregados? O trabalho pretende compreender essas perguntas no contexto da linguagem cotidiana e da filosofia do direito.

Necessário nesta introdução fazer uma distinção também metodológica: este é um trabalho de filosofia do direito e não de história da filosofia do direito. É importante dizer isso porque hoje cada vez mais os dois campos de estudo se confundem. Wilhelm Dilthey tinha mesmo a opinião de que filosofia é história da filosofia. Nicolai Hartmann dizia que os problemas não têm história, os filósofos divergem nas respostas, mas os problemas são perenes e por isso mais importantes; a essa metodologia ele chamou a "metafísica dos problemas" e ela será vista logo no primeiro capítulo.

Filosofia significa tentar oferecer uma resposta para uma questão de determinado tipo ou "natureza"; fazer história da filosofia, por outro lado, significa tentar entender e explicar a resposta que este ou aquele filósofo ofereceu para aquela questão de determinado tipo ou natureza. Assim, a história da filosofia tem um objeto muito mais definido e pode-se até dizer uma ciência empírica, pelo menos uma espécie de literatura empírica, visto que parte de dados empíricos, como textos ou vídeos feitos por aquele autor e seus comentadores e doxógrafos. A filosofia mesma, aquela pretendida aqui, procura responder a essas questões. A filosofia na academia se tornou uma história da filosofia, coletâneas de fichamentos, acúmulos doxográficos, resumos e copiões. Aqui buscam-se as próprias questões da filosofia do direito. Exemplo: a história da filosofia investiga o que significa norma em Kelsen, a filosofia retórica tenta responder o que "significa" a palavra norma e a filosofia ontológica, o que "é" norma.

Parte-se aqui da firme convicção de que os problemas mais importantes para os males humanos são tratados pelas chamadas ciências humanas e sociais, incluindo sua função ética ao lado da gnoseológica. Com todo o progresso tecnológico e os otimismos axiológicos, não parece claro um progresso "para melhor" na civilização. Ultrapassar desafios tecnológicos não é o principal fator de bem-estar dos seres humanos. Com o devido respeito pelos tecnocratas que consideram filosofia desocupação diletante e pautam-se por uma concepção característica de eficiência, prolongar a vida curando doenças é pouco e parece razoável afirmar que a vida humana seria melhor e mais longeva se equacionadas a fome e a sujeira ambiental, por exemplo.

Dentro desses conhecimentos "humanos e sociais", por vezes colocados como ciência de um e de outro tipo, o direito é dos mais importantes e, como será examinado no sétimo capítulo, suas funções crescem e sobrecarregam-se seus órgãos na era contemporânea, ainda que os governos e as universidades não deem a devida atenção a seu estudo. Dentro desses conhecimentos jurídicos, menos atenção ainda têm a filosofia e a teoria geral do direito.

Saindo da visão dogmática, a filosofia e a teoria geral do direito tocam nos campos vizinhos da sociologia e da ciência política, dentre outros, e têm como ponto crucial a percepção de que o direito limita o poder e assim o controla, reduzindo a complexidade social.

A palavra "poder" é ainda mais ampla do que o direito. O poder parece ser a maior das paixões do ser humano, um animal gregário e político, condenado dentro de sua própria linguagem. Por isso deter poder modifica o comportamento, divide os seres humanos entre os que têm e os que não têm poder. Mais que dinheiro, sexo ou beleza, que são apenas meios para adquirir e exibir poder. Para os propósitos da retórica, tem poder quem está em condições de obter acordo de outra pessoa, mesmo se isso implica algo que essa outra pessoa não desejaria ou evita algo que ela desejaria: condições de torturar, de se fazer amar, de conseguir um prato de comida, suprir necessidades, satisfazer desejos. Basta observar as modificações que a circunstância de deter um pouco, muito pouco de poder exerce sobre as pessoas comuns, medianas, seja um juiz, coordenador de curso universitário, burocrata.

A origem desse poder está na biologia e na antropologia humanas e pode ser chamada de uma acentuada **capacidade de adaptação** ou "pobreza de instintos", nos termos de Gehlen e Blumenberg, já referidos, vez que seus instintos não condicionam os seres humanos. Esse é o caso porque o ser humano não tem mais um *habitat* seu, se é que já o teve, e não é à toa que a etimologia revela *habitat* como o sentido inicial da palavra grega *ethos*. O ambiente do ser humano é a linguagem, a qual molda e adapta o mundo a ele, um mundo que vai se interpor entre ele e a natureza, entre ele e um ambiente não-linguístico, o qual ele ignora inteiramente.

Por isso Hannah Arendt, ainda que sobre bases completamente distintas, opõe ao ser humano primitivo, o *homo laborans* que supostamente interage com a natureza, o *homo faber* que fabrica o mundo, entendido como o conjunto de objetos por meio dos quais domina a natureza que lhe é hostil.

Nesse mundo "artificialmente" criado, o decisivo é o reconhecimento pelos outros seres humanos, o **poder de criar** a realidade, interferir no controle público da linguagem, que é o mais próximo do que se pode denominar um *habitat* humano. E o direito tem papel crucial nesse controle público, embora concorra com outras instâncias de constituição do ambiente.

Este livro concentra-se então sobre os dois problemas principais mencionados: um opõe a tese das normas válidas em si mesmas e a tese da total disponibilidade de escolhas éticas; o outro investiga em que medida textos gerais justificam decisões concretas. Para examiná-los, dez capítulos agora resumidos.

O **primeiro capítulo** trata do conhecimento do mundo, o problema gnoseológico de conciliar os três elementos irredutíveis uns aos outros, como o ser humano se relaciona com o ambiente e consigo mesmo, o que significa falar de um "sujeito" diante de um "objeto". Para lidar com eventos, significantes e significados, adota uma postura retórica e expõe em que consistem as estratégias metodológicas do livro. Finalmente, para entender o contexto, resume as estratégias metodológicas que propiciaram a dogmatização do direito na modernidade.

O **segundo capítulo** procura fazer análise semelhante em relação ao problema do discernimento ético, estabelecendo pressupostos teóricos e estratégias metodológicas adotadas nesta obra para enfrentar o abismo axiológico. Seguindo o mesmo padrão do primeiro capítulo, procura resumir a evolução que permitiu o aparecimento das atuais estratégias dogmáticas para tratamento do problema ético e resguardo dos direitos subjetivos.

O **terceiro capítulo** trata dos três níveis retóricos da dogmática jurídica e como ela enfrenta esses dois problemas (gnoseológico e ético), como trata de dirimir conflitos do mundo dos eventos determinando significados normativos às fontes significantes do direito. No nível material, coloca-se o isolamento linguístico do ser humano, que o torna solipsista e ensimesmado; no nível estratégico, a dogmática jurídica constrói um controle público que determina os relatos mais bem-sucedidos; o nível analítico vai descrever os postulados funcionais da dogmática jurídica para ir dos significantes normativos do texto à norma decisória concreta.

O **quarto capítulo** aborda o primeiro dos três fatores envolvidos no conhecimento, o evento único e irrepetível que a retórica material busca apreender, e como tratar esse lado empírico do conhecimento jurídico; para isso traz uma concepção própria dos fatos no direito, a concepção retórica dos eventos e da irracionalidade do individual. Essa retórica de primeiro nível é apresentada como um conjunto de métodos, literalmente "caminhos" escolhidos para constituir a realidade.

Chega-se então aos três sentidos aqui destacados da

expressão "norma jurídica": norma como significado, promessa ideal para o futuro; norma como significante, expressão simbólica positivada no passado, fonte do direito; e norma como decisão do caso concreto, evento que interfere em outros eventos, fato, norma aplicada no presente. Essas acepções serão respectivamente observadas nos capítulos quinto, sexto e sétimo.

O **quinto capítulo** expõe assim o primeiro dos três sentidos em que aqui se detecta o emprego da expressão norma jurídica, o de mais difícil compreensão: a norma como promessa, uma via que a razão humana estabelece para lidar com a angústia diante do futuro, para controlar o que ainda não aconteceu. Essa acepção da norma jurídica vai justamente corresponder ao segundo dos três elementos do abismo gnoseológico, o significado ideal que a linguagem comunica. Na análise da norma sob esse prisma, procuram-se isolar os seus componentes estruturais e expor essa sua função de garantir promessas independentemente de seu cumprimento.

No **sexto capítulo** é abordado o segundo sentido em que é utilizado o termo norma jurídica, como expressão simbólica, significante linguístico, fonte do direito. O significado normativo é comunicado diante de eventos empíricos por meio de textos, sons e gestos, mas na concepção retórica esses significantes não se confundem com os eventos propriamente ditos, pois permanecem no tempo além dos eventos e adquirem uma "vida própria", ensejando a construção de novos significados diante de novos eventos enquanto permanecem "fisicamente" inalterados, como a lei ou as palavras utilizadas nos contratos e juramentos. Esses significantes jurídicos, as fontes do direito, são hierarquizados pela dogmática, ainda que não haja acordo sobre essa hierarquia, que é determinada a cada caso.

No **sétimo capítulo** será estudado o terceiro sentido da expressão norma jurídica: como decisão concreta, uma determinação de um significado jurídico diante de um conflito eventual e de um sistema de fontes do direito dogmaticamente estabelecido. Essa decisão precisa ser dotada de efetividade, ou seja, precisa interferir no mundo dos eventos para não se confundir com a segunda acepção de norma jurídica, de promessa ideal para controle atual do futuro. Aplicada à dogmática contemporânea, a teoria retórica da decisão mostra uma sobrecarga nas funções do direito dogmático e, dentro dele, uma sobrecarga nas funções dos órgãos estatais encarregados da decisão concreta, mormente o poder judiciário.

O **oitavo capítulo** chega ao primeiro problema específico da teoria do direito já anunciado: em que medida um significante como um texto geral prévio pode fundamentar uma decisão concreta. Para tratar disso a retórica jurídica parte da distinção entre texto e norma, que até hoje é simplesmente ignorada pela hermenêutica tradicional ainda praticada pelos profissionais do direito. A imprecisão da linguagem não é uma disfunção, como o é a incoerência, por exemplo. Para tratar dela é necessária uma teoria da interpretação, o primeiro dos dois procedimentos metodológicos da retórica estratégica.

O **nono capítulo** cuida do segundo procedimento metodológico, a teoria da argumentação jurídica, e procura fazer uma ponte entre o primeiro problema da filosofia e da teoria do direito, o problema hermenêutico examinado no capítulo anterior, e o segundo problema, o da fundamentação ética, a ser visto no próximo e último capítulo. A argumentação objetiva obter adesão dos circunstantes para determinada interpretação, diante de várias opções possíveis. É estudada aqui em seus fundamentos e técnicas mais comuns, já colocados pela filosofia grega clássica.

O **décimo capítulo** vai tratar da fundamentação ética do direito, o que envolve o problema da legitimidade e procura responder àquela pergunta: se há direitos subjetivos acima daqueles concedidos pelo ordenamento jurídico positivo, ou se só há os direitos positivados em cada sistema jurídico. Esse tema abarca o problema do paternalismo, numa dimensão interna de cada Estado, e o problema da universalização dos direitos humanos, numa dimensão internacional. A proposta deste trabalho para a práxis consiste em enxergar o mundo com os olhos céticos e humanistas da retórica e garantir a mitigação e o rodízio do poder jurídico e político, numa democracia institucionalizada, na qual os indivíduos que exercem esse poder tenham pouca ou nenhuma importância.

A filosofia do direito é a vanguarda do conhecimento jurídico. Depois dela vem a teoria geral do direito, como hermenêutica da dogmática, e só na retaguarda atua a dogmática. Toda dogmática foi antes filosofia. Jhering sugeriu as bases hermenêuticas do conceito de posse antes que a dogmática fixasse esse conceito e Tobias Barreto também fez sugestões normativas, de retórica estratégica, sob uma aparência de descrições filosóficas ou científicas, tais como a defesa da mulher nos estudos superiores. Não se pode subestimar a importância dos estudos filosóficos sobre o direito.

CAPÍTULO PRIMEIRO

O problema do conhecimento humano e seus três elementos irredutíveis

> *1.1. A problematização inicial: eventos como "coisa em si", significantes linguísticos e significados ideais. 1.2. Pressuposto filosófico para enfrentá-la: a retórica material como constitutiva da realidade. 1.3. Estratégias metodológicas para enfrentá-la: 1.3.1. Os tipos ideais e a renúncia às teses da correspondência e das definições omnicompreensivas; 1.3.2. Etnometodologia: o saber do não saber e o pensar por problemas; 1.3.3. Sísifo contra as etiologias e escatologias na concepção da história. 1.4. Pressupostos sociológicos que vão propiciar as estratégias da dogmática jurídica: 1.4.1. Digressão histórica para a centralização hierárquica do Leviatã; 1.4.2. Privatização das demais ordens sociais e a pulverização da ética; 1.4.3. Autorreferência, formalização e procedimentalização são as soluções apresentadas pela modernidade.*

1.1. A problematização inicial: eventos como coisa em si, significantes linguísticos e significados ideais

O embate entre os que relevam o evento e os que

enfatizam a ideia na teoria do conhecimento é mais antigo na tradição ocidental, pois vem dos primeiros filósofos da natureza. Muito depois, só no século XX, em que pese a diversos precursores, é que aparecem a ênfase na linguagem e a separação entre o significante e o significado linguísticos. Desde o início da história da filosofia ocidental, porém, ficou clara a oposição entre essas duas grandes tendências, que aqui são chamadas a **tradição racionalista** de Parmênides e a **tradição empirista** de Heráclito.

Para Parmênides o movimento é uma ilusão, daí que a mudança não existe, é composta apenas de aparências, não faz parte do ser.

> Ao apartar abruptamente os sentidos e a aptidão de pensar abstrações, portanto a razão, como se fossem duas faculdades completamente separadas, ele dilacerou o próprio intelecto e encorajou àquela separação totalmente errônea entre "espírito" e "corpo" que, especialmente desde Platão, pesa como uma maldição sobre a filosofia.[29]

Platão depois tomou essas abstrações como formas primeiras e imutáveis e as chamou de "ideias", Descartes falou de ideias inatas e entre os dois filósofos muitos outros seguiram o fio da meada dessa tradição. A característica dos racionalismos é que o conhecimento é imanente, está na própria natureza racional humana. Na filosofia do direito, tal tendência desemboca no pensamento de autores que acreditam que há critérios corretos (justos) por si mesmos e que conduzem a decisões corretas nos casos concretos.[30]

---

29. NIETZSCHE, Friedrich. Die Philosophie im tragischen Zeitalter der Griechen, *in* NIETZSCHE, Friedrich. **Nachgelassene Schriften 1870-1873**, *in* COLLI, Giorgio – MONTINARI, Mazzino (*Hrsg.*): **Friedrich Nietzsche, Kritische Studienausgabe** – in fünfzehn Bände, vol. 1. Berlin: Walter de Gruyter, 1988, § 10, p. 843: „dadurch daβ er die Sinne und die Befähigung Abstraktionen zu denken, also die Vernunft jäh auseinander riβ, als ob es zwei durchaus getrennte Vermögen seien, hat er den Intellekt selbst zerstrümmert und zu jener gänzlich irrthümlichen Scheidung von ‚Geist' und ‚Körper' aufgemuntert, die, besonders seit Plato, wie ein Fluch auf der Philosophie liegt."

30. STRECK, Lenio. **Verdade e consenso**. Constituição, hermenêutica e teorias discursivas – da possibilidade à necessidade de respostas corretas em direito. Rio de Janeiro: Lumen Juris, 2009, 3. ed. (revista, ampliada e com posfácio). ALEXY, Robert. **Theorie der juristischen Argumentation**. Frankfurt a. M.: Suhrkamp, 1983. DWORKIN, Ronald. **Taking rights seriously**. London: Duckworth, 1994.

UMA TEORIA RETÓRICA DA NORMA JURÍDICA E DO DIREITO SUBJETIVO

Para Heráclito, por outro lado, o conhecimento deve se concentrar na mudança e é a permanência que constitui uma ilusão, pois ninguém pode tomar banho nas águas do mesmo rio, "tudo passa, nada permanece" (πάντα ῥεῖ οὐδεν μένει – pánta rheī oúden ménei – na síntese tardia de seu pensamento). Heráclito chega então a seus dois postulados, suas duas negações básicas:

> A princípio ele negou a dualidade de mundos inteiramente diversos, que Anaximandro havia sido forçado a admitir; não separava mais um mundo físico de um metafísico, um reino das qualidades determinadas de um reino da indeterminação indefinível. Agora, depois desse primeiro passo, não podia mais ser impedido de uma audácia muito maior da negação: negou completamente o ser. (...) Mais alto do que Anaximandro, Heráclito proclamou: "Não vejo nada além do vir-a-ser. Não vos deixeis enganar! É vossa curta vista, não a essência das coisas, que vos faz acreditar ver terra firme em alguma parte no mar do vir-a-ser e do perecer. Usais nomes das coisas como se elas tivessem uma duração rígida: mas nem mesmo a corrente em que entrais pela segunda vez é a mesma que da primeira vez."[31]

A antropologia carente exposta na introdução tem acompanhado, no mais das vezes, as concepções empíricas e não é à toa que ceticismo e empirismo aparecem por vezes juntos na organização de livros e enciclopédias de filosofia.[32] A ênfase sobre a constante mutabilidade dos eventos leva a uma maior desconfiança da razão como instrumento adequado ao conhecimento. Esta a linha que vai desembocar no

---

31. NIETZSCHE, Friedrich. Die Philosophie im tragischen Zeitalter der Griechen, in NIETZSCHE, Friedrich. **Nachgelassene Schriften 1870-1873**, in COLLI, Giorgio – MONTINARI, Mazzino (Hrsg.): **Friedrich Nietzsche, Kritische Studienausgabe** – in fünfzehn Bände, vol. 1. Berlin: Walter de Gruyter, 1988, § 5º, p. 823-823: „Einmal leugnet er die Zweiheit ganz diverser Welten, zu deren Annahme Anaximander gedrängt worden war; er schied nicht mehr eine physische Welt von einer metaphysischen, ein Reich der bestimmten Qualitäten von einem Reich der undefinirbaren Unbestimmtheit von einander ab. Jetzt, nach diesem ersten Schritte, konnte er auch nicht mehr von einer weit gröβeren Kühnheit des Verneinens zurückgehalten werden: er leugnete überhaupt das Sein. (...) Lauter als Anaximander rief Heraklit es aus: ‚Ich sehe nichts als Werden. Laβt euch nicht täuschen! In eurem kurzen Blick liegt es, nicht im Wesen der Dinge, wenn ihr irgendwo festes Land im Meere des Werdens und Vergehens zu sehen glaubt. Ihr gebraucht Namen der Dinge als ob sie eine starre Dauer hätten: aber selbst der Strom, in den ihr zum zweiten Male steigt, ist nicht derselbe als bei dem ersten Male.'"
32. **Philosophie von Platon bis Nietzsche** (CD Rom). Ausgewählt und eingeleitet von Frank-Peter Hansen. Berlin: Digitale Bibliothek, 1998.

empirismo de Locke, no ceticismo de Berkeley e Hume e na filosofia retórica do presente livro.

A existência dessas duas tradições primeiras deve-se a um dos condicionamentos do ato de conhecimento, uma relação bem peculiar que o ser humano desenvolve com o ambiente. Trata-se da incompatibilidade entre os eventos do mundo real de Heráclito e as ideias de razão de Parmênides. Por isso Heráclito coloca sua outra famosa metáfora: "Não é possível entrar duas vezes no mesmo rio" (ποταμῷ οὐκ ἔστιν ἐμβῆναι δὶς τῶι αὐτῷ – Potamoi ouk estin embenai dis toi autoi).[33]

Os eventos, tais como entendidos aqui, constituem aquelas nebulosas que o senso comum chama de realidade, os objetos e acontecimentos do mundo real, aparentemente externos aos seres humanos. Os sujeitos são confrontados com esses eventos e não conseguem entender-se uniformemente a respeito deles. Os relatos linguísticos que os humanos constroem sobre eles são comumente chamados de "fatos", cuja "veracidade" vai depender de acordos também construídos. Eles parecem, nas vivências cotidianas pelo menos, ocorrer "objetivamente", independentemente desse mesmo senso comum humano: o fogo queima e a água ferve a cem graus.

Como tais eventos são fluidos, posto que individuais, únicos e irrepetíveis, os humanos desenvolveram uma capacidade de apreensão, para lidar com eles, uma faculdade que se convencionou chamar, com grande imprecisão, de "razão", ideias de razão, tais como descritas por Platão. Essa capacidade é hoje investigada pelas redes neurais da ciência da computação, pela psicologia, pela física quântica, pela teoria da linguagem... Em suma parece haver uma faculdade humana, representada por diferentes palavras ao longo dos séculos, que constrói uma divisão entre dados empíricos contingentes e essências racionais supostamente universalizadas. A mente humana faz com que os eventos se cristalizem em imagens

---

33. O número do fragmento, na edição canônica de Diels e Kranz, é 22 B 91. Há variações em torno da mesma metáfora em outros fragmentos, em especial o 22 B 12 e o 22 B 49 a.

ideais, abstrai sua individualidade, humaniza-os, numa operação de alta complexidade.

Mas essa construção ideal da mente jamais corresponde precisamente aos eventos fugidios e sobre isso tanto Parmênides e Platão quanto Heráclito e Demócrito estavam de acordo. Daí Kant ter falado da coisa em si. Há uma incompatibilidade entre a mente humana, que só constrói generalidades, e um mundo real que é irracional porque jamais se repete.

E o trajeto humano no ambiente enfrenta outro problema, mais difícil: essas generalizações que são feitas diante dos eventos são solipsistas, autoconstituídas também em outro nível: além de não corresponderem aos eventos por seguirem seus próprios critérios, as abstrações feitas pelos diferentes seres humanos a partir dos eventos do mundo circundante não parecem seguir um padrão definido entre os próprios humanos. Todos parecem compartilhar dessa "razão", mas cada um e cada grupo "percebem" os eventos, ou seja, eliminam elementos em detrimento de outros, de modos inteiramente diversos.

Para lidar com essas diferentes apreensões do meio eventual os seres humanos desenvolveram a linguagem, o intermédio entre as ideias de razão, o mundo real e os outros seres humanos que, aliás, fazem parte fundamental desse mundo real. Os seres humanos comunicam-se porque não conseguem perceber o mundo dos eventos de forma homogênea e porque não conseguem transmitir diretamente suas generalizações mentais aos outros seres humanos. Daí o **duplo solipsismo**: o da espécie humana, com seus matizes de nações, comunidades e times de futebol, e o de cada indivíduo diante dos demais dentro da mesma espécie humana.

Tem sido aposta à retórica realista colocada neste livro a objeção de que ele afirma que o evento é criado pela linguagem e, ao mesmo tempo, que o problema do conhecimento é composto de três elementos irredutíveis um ao outro, um dos quais é o evento. Isso configuraria uma contradição. Trata-se de objeção simples de responder, pois confunde os níveis retóricos, ou seja: o evento como um dos elementos do conhecimento é o **problema**, existe no plano da retórica material, pois o senso comum fala de fatos e pressupõe eventos, assume que eles existem em si mesmos. A postura da retórica realista, no sentido de que a linguagem (significantes e significados) constitui o evento, é uma proposta de **solução**, está no plano da retórica analítica.

Mas esta obra não adere ao solipsismo (*solus* + *ipse*) filosófico, que é uma variante mais radical do idealismo e considera que não somente não existe um mundo exterior independente da consciência, como também defende que essa consciência é individual, a própria consciência do sujeito cognoscente. A retórica filosófica aqui defendida procura mostrar que não existe um mundo exterior independente da **linguagem** (e não da **consciência**). E distancia-se ainda mais do solipsismo como perspectiva teórica, na medida em que entende que a linguagem não pode ser individualizada. Mas a retórica admite uma antropologia solipsista, compreendendo que os seres humanos tendem ao solipsismo e que o controle público da linguagem, no qual o direito desempenha papel importante, é a ferramenta contra o individualismo na percepção do mundo e também na ética.

Em suas origens os termos solipsismo e egoísmo se confundiam (na semelhança dos termos *ipse* e *ego*), mas no século XIX já se firmara a diferenciação, colocando solipsismo como uma teoria do conhecimento e o egoísmo como seu correspondente na ética, a postura de que o bem de cada um é o melhor para todos.[34]

Assim, este livro não se insere na corrente filosófica do solipsismo, ainda que parta de uma antropologia solipsista, ou seja, apenas admite que os seres humanos são solipsistas.

Isso porque as generalizações ideais são idiossincráticas e

---

34. RITTER, Joachim e GRÜNDER, Karlfried (Hrsg.). **Historisches Wörterbuch der Philosophie**. Basel / Stuttgart, Schwabe & Co., Band IX, 1998, p. 1018.

precisam da linguagem para cristalizar ("objetivar") as diferentes percepções dos eventos em relatos linguísticos desenvolvidos para lidar com o ambiente comum. As ideias de razão voltam ao mundo dos eventos por meio da linguagem, o código básico para tentar lidar com os problemas advindos dessas diferentes percepções. Nesse sentido pode-se dizer que o ser humano é porque se comunica.

Um paradoxo que releva dessas relações entre a vida da mente e o mundo da experiência é que só é experiente quem reconhece de alguma forma uma experiência anteriormente vivida. Aí jaz o axioma empirista. E esse reconhecimento é conseguido mediante uma operação mental complexa de adequação entre ideias e eventos, que envolve elementos privilegiados na observação do caso e ignorância de outros. Em termos da metafísica, reduz um número infinito de "entes" individuais a um "ser" generalizado. Só que essa essência genérica é ideal e está na mente humana, não existe no mundo "real".

Daí a perplexidade de Platão ao perceber essa capacidade da razão humana de generalizar a contingência, ou seja, abstrair os atributos individualizadores dos objetos e acontecimentos e construir uma "ideia". Platão ter adicionado um caráter ontológico e uma "realidade" a essas ideias é irrelevante aqui, pois o foco é no fenômeno da incompatibilidade. O que interessa é que a razão humana constrói a ideia de "caneta" a partir da percepção de um sem-número de diferentes canetas, todas únicas em sua individualidade, e é essa ideia que permite não somente a cada ser humano reconhecer um objeto individual sem jamais tê-lo percebido antes, como também comunicar-se com outros seres humanos utilizando-se do significante que expressa esse significado ideal. Daí Agostinho vai dizer que significar consiste em *signa facere*, fazer sinais, e que a palavra "pedra" é um sinal enquanto significa algo, mas esse algo, aquilo que ela indica, não é um sinal.[35] E

---

35. SANTO AGOSTINHO. **De magistro** (Do mestre), trad. Angelo Ricci, Coleção *Os Pensadores*. São Paulo: Abril Cultural, 1973, p. 297.

os eventos jamais correspondem exatamente à ideia, da mesma maneira que um triângulo expresso no quadro não é igual à ideia de triângulo, nem um cavalo real pode coincidir com sua imagem ideal.

Há também ainda outro abismo que o conhecimento humano do universo precisa enfrentar: essas ideias de razão precisam da linguagem (que é também empírica) para lidar com a realidade (empírica), mas essa linguagem não consegue transmitir precisamente nem os eventos nem as ideias. Os significantes da linguagem constituem o elo entre a esfera ideal da mente humana e a esfera real dos eventos. Eles são gerais como o significado ideal que transmitem, mas inserem-se no mundo real como ato de comunicação, por vias reais e como tais únicas, como textos, sons e gestos. Mas há uma diferença entre signos e eventos, mesmo que o signo se torne parte de um evento ao ser comunicado.

1.2. Pressupostos filosóficos para enfrentá-la: a retórica material como constitutiva da realidade

A relação dos humanos com o mundo lhes parece direta e imediata, mas pesquisas da neurobiologia já vêm há mais de vinte anos demonstrando que não é assim. Não existe qualquer dado empírico que separe sua percepção sensorial do mundo do próprio ser humano. Essa característica de ser o mundo objetivamente "dado" ao ser humano tem frequentemente sido colocada pelos filósofos e teóricos do conhecimento em oposição a um mundo subjetivo de opiniões, hipóteses e teorias. O fato de um "dado" ser sempre tomado como um "dado" ("contra fatos não há argumentos") constitui um notório círculo vicioso que a perspectiva retórica procura romper.

Novas pesquisas sobre o cérebro humano apontam para um claro contraste entre como ele efetivamente lida com o ambiente e essa perspectiva, milenar e profundamente arraigada no senso comum, de que o mundo está lá para ser observado tal como é, "dado". A psicologia da percepção também tem desempenhado papel importante, ao revelar que **o dado é construído** e que não existem propriamente ilusões e decepções perceptivas, o que implicaria uma experiência "correta", mas sim diferentes percepções.

Tais "ilusões" não ocorrem apenas em casos nos quais os limites sensoriais e perceptivos em geral são levados a extremos, em situações-limite ou programadas, como no caso dos cães de Pavlov, mas parecem ser muito mais comuns e parte do dia a dia de humanos e animais a ele mais próximos. Daí a conclusão: os órgãos dos sentidos constroem o mundo "externo" da melhor maneira que podem, para melhor adaptar a vida nele.

A multiplicidade de percepções demonstrada pela observação sensorial só é confirmada quando as pesquisas tomam como ponto de partida o próprio cérebro humano, frustrando a esperança em uma central receptora que fornecesse a unidade da perspectiva correta. Isso porque se tem demonstrado que o estímulo neuronal emitido pelos órgãos dos sentidos chega ao cérebro de forma inespecífica. A eletrofisiologia conclui na direção da impossibilidade de determinação de uma relação causal entre impulsos sensoriais e reações cerebrais. Os órgãos dos sentidos traduzem a infinita multiplicidade dos estímulos do mundo dos eventos em estímulos bioelétricos, pois o cérebro somente pode entender essa linguagem (até a linguagem dos hormônios precisa ser assim traduzida, para que possa fazer efeito nas células nervosas do cérebro). E tampouco esses estímulos bioelétricos, que são também multifacetados e circunstanciais, podem explicar-se por relações de causa e efeito, sujeito e objeto.

As pesquisas experimentais apontam na mesma direção:

> Uma prova da inespecificidade dos potenciais (estímulos) nervosos é a possibilidade, com um único e mesmo estímulo elétrico artificial em diferentes áreas do cérebro, de provocar diferentes alucinações sensoriais, p. ex., sensações visuais no córtex posterior, auditivas no córtex temporal,

somatosensoriais no assim chamado lobo pós-central.[36]

Quer dizer, para o cérebro existem apenas as mensagens neuronais que vêm dos órgãos dos sentidos, mas não os órgãos dos sentidos em si mesmos, os quais o cérebro não percebe, da mesma maneira que, para o expectador do cinema, a câmera não existe nem é percebida. Assim: o que chega ao córtex ínfero-posterior (occipício) é uma impressão visual, totalmente independente da "origem real" da mensagem, do sinal de origem. O cérebro transforma estímulos físicos e químicos em impulsos nervosos sob condições próprias, faz sua própria realidade.

Isso leva à estranha verificação de que o cérebro, ao invés de ser "aberto ao mundo", como parece ao senso comum, é em certo sentido um sistema fechado em si mesmo, que interpreta e avalia sinais neuronais segundo critérios desenvolvidos por ele próprio, de cujas origens e significados "verdadeiros" nada de confiável ele (cérebro) sabe. Em outro sentido ele é aberto às experiências do mundo dos eventos, que vão influenciar seu desenvolvimento. O ambiente sensorial percebido pelos seres humanos é uma construção do cérebro, que nada tem a ver com uma pretensa "realidade", ainda que não seja, de modo algum, uma construção inteiramente arbitrária.[37]

Apenas porque a maioria das questões científicas apresenta pouco ou nenhum interesse, há um maior acordo sobre os temas científicos. Mas também a chamada verdade racionalmente cogente é retórica. Acontece que, quando o relato vencedor vai significar uma questão grave para as pessoas cujos relatos concorrem, ou seja, quem vencer terá grande

---

36. ROTH, Gerhard. Erkenntnis und Realität: das reale Gehirn und seine Wirklichkeit, *in* SCHMIDT, Siegfried J. **Der Diskurs des radikalen Konstruktivismus.** Frankfurt a.M.: Suhrkamp, 1987, p. 233: „Ein Beweis für die Unspezifität der Nervenpotentiale ist die Möglichkeit, mit ein und demselben künstlichen elektrischen Reiz in unterschiedlichen Gebiete des Gehirns ganz unterschiedliche sensorischen Halluzinationen hervorzurufen, z. B. im Hinterhauptcortex visuelle Empfindungen, im temporalen Cortex auditorische, im sog. Postcentralen Gyrus somatosensorische."
37. *Idem*, p. 235.

vantagem e quem perder terá grande desvantagem na vida, haverá grandes comoções, paixões, desejos... Aí é que se vê a fragilidade desses acordos.

Isso também na esfera interna, cujo relato solipsista entra em frequente confronto com o controle público da linguagem, que são os relatos externos concorrentes. Assim, um sujeito pode dizer a si mesmo que é um grande jurista e achar todos os demais idiotas, enquanto os outros podem achá-lo um tolo desagradável. Esses relatos entram em conflito e a vitória de um deles vai depender de inúmeros fatores. Uma mesma situação pode ser definida como autoconfiança de um gênio incompreendido ou como loucura de um chato medíocre.

Mas como é que, se o engenheiro faz os cálculos erradamente a ponte cai, ou seja, como há correspondência entre as ideias da razão e o mundo dos eventos? Esse é dos fenômenos mais surpreendentes da razão humana e sinaliza a forte sedução exercida pelas matemáticas e pelas ontologias sobre as diversas teorias do conhecimento na filosofia ocidental. Nicolai Hartmann tem uma resposta ontológica ao apresentar uma teoria do ser em camadas que têm apoio no mundo ideal, do qual fazem parte as ideias da razão. É por isso que o mundo da natureza conduz-se como se conhecesse as regras matemáticas, por exemplo, pois as "categorias ideais" das matemáticas perpassam a realidade "de baixo para cima" e a determinam: o ser real, por seu turno, é regido por muitas outras categorias, mas não pode contrariar o ser ideal.[38]

O mundo real também é constituído por camadas e as "mais baixas" determinam as "mais altas", com uma espécie de compensação ontológica: as mais baixas são menos complexas, mas condicionam as mais altas; estas não interferem naquelas. Assim, só existe a esfera espiritual (que Hartmann considera real, ainda que influenciada pela idealidade dos valores) se houver uma base psíquica, a qual necessita do orgânico, o qual necessita do inorgânico, todos sujeitos às

---

38. HARTMANN, Nicolai. **Zur Grundlegung der Ontologie**. Berlin: Walter de Gruyter, 1965, p. 82 s.

determinações matemáticas do ser ideal.

A filosofia retórica considera que eventuais acordos sobre os fenômenos empíricos não são ontologicamente determinados, mas sim construídos pela retórica material. Nada obstante, independentemente da solução ontológica ou retórica apresentada, o problema é claro: a linguagem do mundo real, isto é, o que hoje os cientistas chamam de impulsos físicos e químicos ("sensoriais"), não consegue ser diretamente compreendida pela linguagem "neuronal" do cérebro.

Assim a cognição humana pode ser dividida em **três grandes setores**: o mundo circundante, o "mundo das coisas", dos objetos em torno; o mundo do corpo e das experiências que ele transmite, o "mundo corporal", como a dor, o calor e o frio; e o mundo dos pensamentos, sentimentos, imaginação, o "mundo espiritual". Pessoas saudáveis normalmente separam com nitidez esses três níveis da experiência. Pessoas com doenças mentais, tipo esquizofrenia, tendem a confundi-los.[39]

É este o sentido da autorreferência da retórica material: não existe uma instância de controle externa e objetiva em relação à linguagem. Um psicótico sente sua conduta tão "confirmada" pelo mundo quanto uma pessoa sã e só um observador externo consegue separá-los. E essa "normalidade" do observador externo só se constitui com o acordo de um grande número de outros indivíduos. "Uma loucura que a maioria das pessoas têm da mesma forma não pode ser encarada como loucura."[40] Assim como seus cérebros, os seres humanos não têm qualquer experiência de que existe algo entre eles e o mundo exterior, uma instância mediadora, e o senso comum os leva a perceber o ambiente como um "dado" empírico. Mas essa mediação é claramente feita pela linguagem e é sempre interessante lembrar como a teoria do conhecimento demorou a perceber isso.

---

39. ROTH, Gerhard. Erkenntnis und Realität: das reale Gehirn und seine Wirklichkeit, *in* SCHMIDT, Siegfried J. **Der Diskurs des radikalen Konstruktivismus**. Frankfurt a.M.: Suhrkamp, 1987, p. 234-236.
40. *Idem*, p. 245: „Ein Verrücktsein, das die meisten Leute in gleicher Weise besitzen, kann nicht als Verrücktsein angesehen werden".

UMA TEORIA RETÓRICA DA NORMA JURÍDICA E DO DIREITO SUBJETIVO

O que aqui se pensa como o caráter constitutivo da realidade, processado pela linguagem, é denominado retórica material, uma ideia inspirada pela leitura da obra de Friedrich Nietzsche, sugerida a princípio por Ottmar Ballweg e aqui desenvolvida, aperfeiçoada e transformada em marco teórico. A retórica material é assim o primeiro plano da realidade, a maneira como os humanos constroem o ambiente no qual ocorre a comunicação. Ela constitui a condição antropológica de ser humano, é o único dado ontológico que pode ser associado ao universo do *homo sapiens*, um ser que só percebe o meio linguisticamente, até no diálogo consigo mesmo que forma seu pensamento.

Agostinho ensina que "mesmo sem emitir som algum, nós falamos enquanto intimamente pensamos as próprias palavras em nossa mente."[41] No mesmo sentido Hannah Arendt vai dizer que:

> Nada pode ser em si e ao mesmo tempo para si, com exceção do dois-em-um que Sócrates descobriu como a essência do pensamento e Platão traduziu para a linguagem conceitual como o diálogo silencioso – *eme emautō* – entre mim e mim mesmo.[42]

Em outras palavras, mesmo a linguagem intrassubjetiva, o diálogo interno que caracteriza o pensamento, é retórico, composto de relatos que o sujeito se diz (autorrelatos). Por outro lado, na exteriorização também retórica do pensamento, só o ser humano consegue separar de si mesmo aquilo que ele próprio diz, consegue perceber o seu próprio discurso como um algo diferente de si mesmo, como se o orador fosse a um só tempo também um receptor da mensagem que acaba de emitir. Talvez esse seja o mais claro traço distintivo entre a

---

41. SANTO AGOSTINHO. **De magistro** (Do mestre), trad. Angelo Ricci, Coleção *Os Pensadores*. São Paulo: Abril Cultural, 1973, p. 294.
42. ARENDT, Hannah. **The life of the mind** / **Thinking**. New York / London: Harcourt Brace Jovanovich, 1978, p. 185: "For nothing can be itself and at the same time for itself but the two-in-one that Socrates discovered as the essence of thought and Plato translated into conceptual language as the soundless dialogue eme emautō – between me and myself."

comunicação humana e a comunicação que ocorre entre outras espécies animais.

Isso quer dizer que o conhecimento não pode ser obtido em isolamento, como quer uma forte tradição ocidental que vai de Sócrates a Descartes. Não apenas o conhecimento, mas a realidade mesma é intersubjetiva, posto que o ser humano conhece apenas relatos próprios e relatos oriundos de outros da mesma espécie. Isso vai ser mais detalhado no capítulo quarto.

1.3. Estratégias metodológicas para enfrentá-la:

1.3.1. Os tipos ideais e a renúncia às teses da correspondência e das definições omnicompreensivas

"Cognoscibilidade" é palavra relacionada com "razão". Mas também envolve outros conteúdos de sentido (semânticos), tais como "emoção", "repetição", "demonstração" etc. Daí a proposta de compreender a expressão gnoseologia como gênero, dividindo o conhecimento em emotivo, comum (vulgar), epistemológico (científico, tentativamente neutro) e muitos outros, cuja análise não é objetivo aqui.

Para tratar o abismo gnoseológico sugere-se aqui, mais uma vez, a adoção da metodologia dos tipos ideais, que Max Weber construiu, como mais adequada ao conhecimento de fenômenos sociais como o direito. Mas a inadequação dos conceitos ideais ao mundo real é aqui estendida a todos os campos do saber e não apenas a uma sociologia compreensiva dirigida aos fatos sociais. O pensamento de Weber denota suas origens kantianas, pois considera incognoscível a realidade em si mesma, em sua individualidade concreta.

Como visto, a razão humana enfrenta o mundo real circundante por meio de generalizações linguísticas que se dividem em significantes e significados. Os eventos reais são individualizados e essa individualidade é inapreensível pelo ser humano, posto que seu ato gnoseológico implica necessariamente uma abstração dos elementos contingentes que compõem os eventos reais, na construção de "gêneros" ou "classes" de objetos, os quais, em homenagem a Platão, podem-se chamar de ideais, obviamente sem a conotação ontológica proposta por ele através das expressões ideia (ἰδέαι, *idéai*) e forma (εἴδη, *eídê*). Como jamais há correspondência completa entre essas ideias humanas e os eventos reais, devido à incompatibilidade ontológica entre eles, vai-se aqui propor uma estratégia metodológica (inspirada nos *Idealtypen* de Weber) de caráter meramente aproximativo, generalizações que reconhecidamente reúnem eventos únicos em significações ideais.

> Semelhantes construções típico-ideais se dão, por exemplo, nos conceitos e "leis" da teoria econômica pura. Expõem como se desenvolveria uma ação humana constituída de determinada maneira, se fosse rigorosamente orientada para finalidade racional, sem perturbação alguma de erros e emoções, e além disso claramente para um só fim (a economia).[43]

Aqui os tipos ideais, os conceitos, não são apenas metodologia, contudo, pois são considerados a forma retórica constitutiva do próprio pensamento. Por meio de uma complexa operação mental, de caráter analógico, o ser humano consegue construir uma ideia de "mesa", por exemplo, que não corresponde a qualquer das mesas individuais existentes, como Nietzsche a todo tempo insiste. Essa atitude de Weber é dita compreensiva (*verstehende*) porque procura captar sentidos nos eventos por meio de generalizações mentais, ideais.

Por outro lado, também na construção dos tipos ideais da sociologia compreensiva, Weber procura tratar o direito e

---

43. WEBER, Max. **Wirtschaft und Gesellschaft** – Grundriss der verstehenden Soziologie. Tübingen: J. C. B. Mohr/Paul Siebeck, 1985, § 1º, I, p. 4: „Solche idealtypischen Konstruktionen sind z. B. die von der reinen Theorie der Volkswirtschaftslehre aufgestellten Begriffe und ‚Gesetze'. Sie stellen dar, wie ein bestimmt geartetes, menschliches Handeln ablaufen würde, wenn es streng zweckrational, durch Irrtum und Affekte ungestört, und wenn es ferner ganz eindeutig nur an einem Zweck (Wirtschaft) orientiert wäre."

o poder de uma forma não-axiológica, não ideológica, numa tentativa de neutralidade, pois o que procura:

> Não é um sentido de alguma maneira objetivamente "correto" ou um sentido "verdadeiro" metafisicamente fundamentado. Nisso está a diferença das ciências empíricas do agir: da sociologia e da história diante de todas as dogmáticas: ciência do direito, lógica, ética, estética, as quais querem investigar o sentido "correto", "válido" em seus objetos.[44]

Neste livro, a compreensão da metodologia dos tipos ideais ajuda a evitar as definições omnicompreensivas, que têm a pretensão de esgotar a "essência" do objeto observado, ignorando a necessária incompatibilidade entre eventos, significantes e significados, julgando ver no ambiente um princípio diretor, um conceito-guia que forneceria a chave para compreensão do mundo, tal como a dialética hegeliana ou a teoria dos sistemas.

1.3.2. Etnometodologia: o saber do não saber e o pensar por problemas

Para ajudar a tratar do problema do conhecimento, além da estratégia dos tipos ideais, a postura etnometodológica pode se apoiar na aporia da consciência do problema, o saber do não saber, e no pensamento problematizante de Nicolai Hartmann, também sugerido por Theodor Viehweg. O paradoxo é que o ser humano apreende os objetos que o rodeiam ao mesmo tempo em que percebe que esses mesmos objetos permanecem não apreendidos, ou, na linguagem de Hartmann, "Como pode ocorrer a objetação do transobjetivo sem que este, enquanto tal, seja superado, quer dizer, seja transformado em objetivizado?"[45] Em outras palavras, o

---

[44]. *Idem*, p. 1-2: „Nicht etwa irgendein objektiv ‚richtiger' oder ein metaphysisch ergründeter ‚wahrer' Sinn. Darin liegt der Unterschied der empirischen Wissenschaften vom Handeln: der Soziologie und der Geschichte, gegenüber allen dogmatischen: Jurisprudenz, Logik, Ethik, Aesthetik, welche an ihren Objekten den ‚richtigen', ‚gültigen' Sinn erforschen wollen."
[45]. HARTMANN, Nicolai. **Grundzüge einer Metaphysik der Erkenntnis**. Berlin: Walter de Gruyter,

aparato cognoscitivo humano é inadequado ao mundo, o que constitui uma fraqueza do conhecimento, mas a consciência dessa inadequação fornece uma compensação que fortalece o conhecimento; isso decorre da consciência do irracional e não se confunde com a inverdade, a qual é consequência de uma inadequação por erro do sujeito.

A tendência à sistematização preconcebida é um problema que tem a ver com a índole da própria filosofia. Como pretende uma análise e uma explicação totalizadoras, um conhecimento sem limites definidos sobre o mundo circundante, a filosofia é um campo cujos estudiosos tendem ao exagero. Por isso mesmo pessoas de inteligência mais metódica e rigorosa tendem a afastar-se dela, assim como as sonhadoras, a aproximar-se. Daí a tendência dos filósofos de construírem sistemas holísticos dos quais os problemas particulares se vão deduzir. Mas a história da filosofia é mais uma história de erros, no que concerne às soluções.[46] São minoria aqueles que perseguem os problemas, os heurísticos.

Mesmo sendo maioria os filósofos sistemáticos, observa-se que, em que pese a seus sistemas diferirem e mesmo se contradizerem completamente, os problemas sobre os quais se debruçam apresentam-se muito semelhantes. Por isso a filosofia do direito deve concentrar-se sobre os problemas, assim como todo tipo de filosofia. Isso porque a primeira condição para ser um filósofo é contestar as soluções apresentadas pelos demais e colocar suas próprias soluções.

Essa perspectiva heurística, problematizante, contra as holísticas e as teorias sistematizantes é aqui chamada de etnometodologia, um conjunto de estratégias explicativas que,

---

1949, p. 70 s. e 444 s. „Wie kann Objektion des Transobjektiven stattfinden, ohne daβ dieses als solches aufgehoben, d. h. zum Objizierten gemacht würde?" Os neologismos "objetação" e "objetivizado" são necessários para evitar confundi-los com "objeção" ou "objetivação", que têm outro significado. Cf. ADEODATO, João Maurício. **Filosofia do direito** – uma crítica à verdade na ética e na ciência (em contraposição à ontologia de Nicolai Hartmann). São Paulo: Saraiva, 2013, p. 243.

46. HARTMANN, Nicolai. Der philosophische Gedanke und seine Geschichte, *in* HARTMANN, Nicolai. **Abhandlungen zur Philosophie-Geschichte** (**Kleinere Schriften**, Bd. II). Berlin: Walter de Gruyter, 1957.

como qualquer metodologia, pretende conformar, influir sobre a retórica material. O termo vem de "etnia", ou grupo social culturalmente (ou biologicamente) homogêneo, pois os signos (significantes) se referem a conjuntos de significados multifacetados (contextos) dentro da linguagem de uma etnia. No caso da expressão "etnometodologia", a "etnia" original passa a referir-se a qualquer comunidade ou grupo social e a suas estratégias ou metodologias.

A etnometodologia é uma sociologia do dia a dia, isto é, interessa-se por aspectos da vida social cotidiana que de tão comuns, evidentes, normais, corriqueiros, passam despercebidos.[47] No entanto são os mais importantes para a constituição da retórica material, que não se faz de feitos exemplares ou grandes atitudes, mas sim do cotidiano mais comezinho. Trata-se de uma metodologia tópica, que observa as estratégias utilizadas na luta pela construção retórica da realidade, a interpretação do discurso mais bem-sucedida, as compensações edificadas sobre os fracassos.

Uma abordagem etnometodológica de um estudo sobre o poder judiciário, por exemplo, não se concentraria em fixar qualidades genéricas que a instituição deveria ter, como neutralidade, sinceridade ou honestidade, a partir das quais se deduzem as regras de conduta dos magistrados. A etnometodologia se concentraria em observar o horário de efetivo trabalho dos magistrados, quantos despachos e sentenças são produzidos em determinado tempo, como se comportam os funcionários, se há interferências externas sobre as decisões, em suma, procuraria descrever as atividades diárias dos envolvidos e de suas interações com o ambiente. As pessoas estão acostumadas com certos fatos corriqueiros, como, por exemplo, essas se relacionarem bem com aquelas, mas não tanto com aquelas outras colegas em determinado ambiente de trabalho. A abordagem etnometodológica se dedicaria a investigar esse fenômeno de simpatias e antipatias e tentaria

---

47. PATZELT, Werner J. **Grundlagen der Ethnomethodologie** – Theorie, Empirie und politikwissenschaftlicher Nutzen einer Soziologie des Alltags. München: Wilhelm Fink, 1987, p. 10.

discutir correlações entre ele e o funcionamento do poder judiciário.

1.3.3. Sísifo contra as etiologias e escatologias na concepção da história

A mudança de mentalidade que vai ocorrer com Copérnico leva a uma "dupla significação do céu", quando a cosmologia geocêntrica e a antropologia da determinação são a pouco e pouco substituídas por uma astronomia proveniente da observação. O cosmos deixa de ser um mistério divino e passa a obedecer a leis que os seres humanos podem compreender. Daí as significações: por um lado (gnoseológico), o triunfo da razão sobre os sentidos, já que a realidade não é o que parece à percepção sensível; por outro lado (ético), o ser humano não está mais no centro do universo, no qual a própria mãe Terra ocupa posição insignificante.

Daí a ambiguidade da situação humana na mudança de perspectiva em relação ao céu na história da ciência (astronomia) ou, mais ainda, seu paradoxo: a um, o ser humano perde a importância que lhe dava a escolástica; a dois, ele precisa ser grande para responder ao desafio de cuidar da Terra e de si mesmo diante da imensidão do cosmos.[48] Essa ideia abalou a religião institucionalizada e as filosofias ontológicas.

Mesmo com a nova concepção do universo, as etiologias e escatologias permanecem na visão moderna da história, dominada pelos sucessos da ciência e contrária ao humanismo e ao estudo da retórica. Esse cientificismo vê os fatos históricos em termos de causa e efeito, o passado como causa do presente (etiologia) e, por isso mesmo, é possível prever os fins da história, o presente como causa do futuro (escatologia). E ainda se alia a um injustificado otimismo, que incluiu pensar o presente como superior ao passado e a ideia de que sempre

---

48. BLUMENBERG, Hans. Die Zweideutigkeit des Himmels, *in* BLUMENBERG, Hans. **Die Genesis der kopernikanischen Welt**, Bd. 1. Frankfurt a. M.: Suhrkamp, 1996, p. 24.

se evolui para melhor. Para combater os postulados ontológicos das etiologias e escatologias, este livro adota assim uma perspectiva que denomina sisífica. Se Sísifo, supliciado pelos deuses, não sabe até onde conseguirá carregar a pedra montanha acima, a humanidade tampouco pode saber aonde vai chegar, pois o presente é construído paulatinamente. Sísifo representa a humanidade, a pedra é a história e a montanha íngreme é o mundo.[49]

A retórica é contra a etiologia porque não acredita em uma teoria sobre a origem das coisas estribada no conceito de causalidade. Não a causalidade entre fenômenos aparentes, como o fogo e o calor, que pode ser aceita na medida do senso comum, mas aquela que pretende relacionar efeitos perceptíveis a causas imperceptíveis. A etiologia também pretende associar causas específicas a efeitos específicos, quando nada pode garantir esse isolamento diante da multiplicidade de fenômenos.

A retórica é contrária às concepções escatológicas porque não acredita que a história tenha um fim ou finalidade detectável, o que também se relaciona com o ceticismo a respeito das causas. Pode-se aprender muito com a história, mas não se pode prever o futuro, que não existe. Mais ainda, a concepção retórica parte da suposição de que os fenômenos históricos jamais se repetirão e todo evento é único.

Apenas para dar um exemplo, o processo de esvaziamento axiológico dos fundamentos do direito positivo, com a perda de prestígio do jusnaturalismo, que será visto no próximo capítulo, não deve ser visto como algo inexorável. É fenômeno contingente da civilização ocidental, não há um devir histórico incontornável. As escatologias acalmam os seres humanos, que são condenados a pensar sobre o inefável, sobre seu futuro, sobre aquilo que não existe e jamais existirá, posto que quando vier será presente. Por isso as escatologias

---

49. ADEODATO, João Maurício. **Ética e retórica** – para uma teoria da dogmática jurídica. São Paulo: Saraiva, 2012. Sobre Sísifo, p. 300; sobre os argumentos de Enesidemo e Sextus Empiricus contra a etiologia, p. 407 s.

atrapalham as filosofias.

> Nesse sentido vivemos ainda na Idade Média, a história é sempre ainda uma teologia disfarçada: como, do mesmo modo, o terror sagrado com que o leigo em ciência trata a casta científica é um terror sagrado herdado do clero.[50]

1.4. Pressupostos sociológicos que vão propiciar as estratégias da dogmática jurídica no Ocidente

1.4.1. Digressão histórica para a centralização hierárquica do Leviatã

Depois de expor as estratégias, é útil compreender a história dos pressupostos sociológicos que foram propiciando o desenvolvimento da dogmática jurídica, associando-os com a história das ideias. Para tanto siga-se a lição de Georg Jellinek, que considera **quatro ideias** definitivas para a construção do Estado moderno no Ocidente: unidade (*Einheit*), liberdade burguesa (*bürgerliche Freiheit*), liberdade política (*politische Freiheit*) e nacionalidade (*Nationalität*).[51]

Essas novas características que o poder político adquiriu na modernidade são tão marcantes que muitos reservam a expressão "Estado" para a organização do poder na modernidade, considerando a expressão "Estado moderno" redundante.

Em comparação com o Estado moderno, esse poder político pré-moderno tinha funções rudimentares: defesa contra inimigos externos e manutenção da paz interna. Para se

---

50. NIETZSCHE, Friedrich Wilhelm. **Unzeitgemässe Betrachtungen II**, *in* COLLI, Giorgio – MONTINARI, Mazzino (*Hrsg.*): **Friedrich Nietzsche, Kritische Studienausgabe** – in fünfzehn Bände, vol. I. Berlin: Walter de Gruyter, 1988, p. 305 (Von Nutzen und Nachteil der Historie für das Leben, § 8): „In diesem Sinne leben wir noch im Mittelalter, ist Historie immer noch eine verkappte Theologie: wie ebenfalls die Ehrfurcht, mit welcher der unwissenschatliche Laie die wissenschaftliche Kaste behandelt, eine vom Clerus her vererbte Ehrfurcht ist".

51. JELLINEK, Georg. Die Entstehung der modernen Staatsidee. Vortrag gehalten im Frauenverein zu Heidelberg am 13. Februar 1894, *in* JELLINEK, Georg. **Ausgewählte Schriften und Reden**, Bd. 2. Berlin: O. Häring, 1911, p. 45-63. Também JELLINEK, Georg. **Allgemeine Staatslehre**, 2. Aufl. Berlin: O. Häring, 1905, p. 243 s. e 495 s.

transformar no Estado moderno, três forças precisavam ser combatidas, atrás de cada qual jazia uma ideia poderosa: a Igreja, o Sacro Império Romano e os estamentos, as castas sociais do Medievo.

O Estado moderno surge assim, quase que naturalmente, pela via da monarquia absoluta, pois só um rei poderoso teria condições de combater o papa, o imperador e os senhores feudais. Maquiavel foi o primeiro a reconhecer essa conexão entre o Estado moderno e a monarquia absoluta, como será comentado no próximo capítulo.

A unificação da língua também tem tudo a ver com a luta pelo poder e a obtenção da unidade de que o futuro Estado iria necessitar. Tomando o caso da França, um dos primeiros exemplos de Estado moderno, na Idade Média havia duas línguas no território que hoje constitui a França: a *langue d'oui* e a *langue d'oc*. Esta última, a provençal, era mais culta e tinha uma literatura mais desenvolvida, a crer em Jellinek, mas foi a *langue d'oui* que prevaleceu por imposição dos reis do norte da França. Em virtude da monarquia absoluta o Estado moderno se unificou e passou a pretender o monopólio do direito.

Ao constituir-se esse Leviatã, aparece outra ideia fundamental para a formação do mundo contemporâneo: a ideia de indivíduo e de sua liberdade, de direitos que não foram concedidos pelo Estado, mas que o indivíduo tem por si mesmo, direitos que caracterizam sua personalidade enquanto ser humano livre. Contra a monarquia absoluta levanta-se a liberdade. Claro que a humanidade já conhecera diversas espécies de liberdade, mas a nova realidade agora era exigi-la de um soberano.

O fenômeno da reforma protestante foi decisivo nessa nova mentalidade, de que o rei e a Igreja não devem nem podem controlar as consciências individuais, pois a fé é um assunto entre o indivíduo e Deus. O rei que quer dominar as consciências é um tirano e como tal deve ser combatido. O Estado deve ser o mais imperceptível possível, só apresentar-se quando a lei for desobedecida: na medida em que o cidadão cumpre a lei, não deve sequer sentir a presença do Estado. Essa nova liberdade precisa ser garantida pelo Estado e é paradoxal, porque significa também ter direitos e estar livre da intervenção do Estado. A ideia de Locke tornou-se mais forte do que a de Hobbes.

Um terceiro elemento na formação do Estado é que a liberdade burguesa torna-se liberdade política, pois essa ideia de liberdade não seria mesmo nova se não viesse acompanhada da de igualdade e seu corolário político, a democracia. Na Idade Média e até na Antiguidade já se criara a noção de que o povo seria a fonte da legitimidade do direito, mas o povo havia de uma vez por todas outorgado essa legitimidade aos que efetivamente detinham o poder. Novidade era agora a perspectiva de que o povo permanecia como titular do direito e fiscal periódico dos detentores do poder. E a ideia revolucionária de que a lei estava acima do soberano, então já não mais absoluto. Agora não se tratava apenas de evitar a interferência do Estado na vida do cidadão, mas sim da participação do cidadão nas decisões.

Talvez o mais importante, aquele quarto elemento que traz o amor, a fidelidade, a crença no valor do Estado é a ideia de nacionalidade. Todas as tentativas cosmopolitas de um império único na Europa tinham falhado, até Napoleão Bonaparte, e a ideia universalista da Igreja Católica também já fora superada. Itália e Alemanha, ainda que tardiamente, unificam-se em torno de um Estado-nação. E na nacionalidade um dos componentes mais importantes é a língua: os próximos falam a mesma língua.

A pouco e pouco foram-se atribuindo mais e mais tarefas ao Estado, a ponto de Jellinek já falar de um Estado "social" no século XIX, depois do "democrático", um Estado que precisa "cuidar" de seus cidadãos. Nos anos 1970, Bobbio, por sua vez, já menciona a passagem do Estado "garantista" para o Estado "dirigente" (*dirigista*) e a consequente metamorfose do direito de um instrumento de *controllo sociale* para um instrumento de *direzione sociale*.⁵²

A *Stufenbau* de Adolf Julius Merkl, a estrutura piramidal adotada por Hans Kelsen, constitui uma metáfora adequada para essa necessidade de um centro produtor de normas, a pretensão de monopólio da *juris dictio*, uma instância final que não apenas "resolva" todo e qualquer problema juridicamente relevante como também elimine do âmbito jurídico o irrelevante. Ou seja: o Leviatã decide sempre e decide tudo, nada se lhe escapa.

Isso levanta duros protestos de Nietzsche, especificamente contra a pretensão de o Estado representar algo como um "povo": "Estado chama-se o mais frio de todos os monstros frios. Friamente também ele mente; e essa mentira rasteja de sua boca: 'Eu, o Estado, sou o povo'".⁵³

Com o Leviatã nasce uma filosofia jurídica para satisfazer a necessidade de separar o direito das demais estruturas sociais normativas, um direito que precisa de uma ciência, com objeto e método específicos, uma estrutura hierárquica de suas fontes, dentre as quais precisam sobressair as estatais, dados o monopólio da jurisdição e o império da lei. Daí o positivismo estatal que culmina em Kelsen: não apenas a expressão "direito positivo" é redundante, argumenta ele, "direito positivo" tem que ser "estatal", não existe esse dualismo entre Estado e direito.⁵⁴ Daí, por exemplo, são tidos como ilícitos reiterados os costumes *contra legem*.

Em sentido semelhante vem a autopoiese do direito, em outra metáfora, dessa vez transposta da biologia por Niklas Luhmann, algum tempo depois. Sim, pois o Estado só pode pretender monopolizar o direito se este estiver funcionalmente

---

52. BOBBIO, Norberto. **Dalla struttura alla funzione** – Nuovi studi di teoria del diritto. Milano: Edizioni di Comunità, 1977, p. 7.

53. „Staat heißt das kälteste aller kalten Ungeheuer. Kalt lügt es auch; und diese Lüge kriecht aus seinem Munde: ‚Ich, der Staat, bin das Volk.' NIETZSCHE, Friedrich Wilhelm. **Also sprach Zaratustra** – ein Buch für alle und keinen, *in* COLLI, Giorgio – MONTINARI, Mazzino (*Hrsg.*): **Friedrich Nietzsche, Kritische Studienausgabe** – in fünfzehn Bände, vol. 4. Berlin: Walter de Gruyter, 1988, p. 61 (Von neuen Götzen).

54. KELSEN, Hans. **Reine Rechtslehre**. Wien: Verlag Österreich, 2000, p. 289.

diferenciado de religião, moral, ciência, etiqueta, política etc., numa relativa emancipação que o imunizaria de interferências diretas dos demais subsistemas do meio social (alopoiese).

Não se pode prever o fim do Estado e de seu direito dogmaticamente organizado, construir escatologias. É no mínimo arriscado dizer que o direito dogmático da modernidade, embora enfrente disfunções graves, esteja à beira da extinção por conta de uma ordem jurídica internacional apoiada em corporações trans e multinacionais ou, nos âmbitos externo e interno, de procedimentos de conciliação e mediação que salvariam a dogmática de suas sobrecargas e falhas funcionais ao preço de dividir sua pretensão de monopólio da jurisdição. Mas certamente essa forma de Estado, que acompanha o direito dogmaticamente organizado, passa por grandes mudanças em nossos dias e precisará de novas estratégias de adaptação.

1.4.2. Privatização das demais ordens sociais e pulverização da ética

Vista a evolução do Estado moderno, que centralizará a produção do direito, é preciso ver a evolução que a sociedade vai paralelamente atravessar.

A tese que vê na história das ideias do Ocidente um progressivo "esvaziamento" de conteúdo ético[55] pode ajudar a entender o surgimento da concepção positivista, que em um século varre da esfera pública e da práxis jurídica o milenar jusnaturalismo, o qual passa a se abrigar em filosofias universalistas; na prática do direito, seja nos tribunais dos kelsenianos ou nas favelas dos alternativos, só é direito o empírico e vence a tese da total disponibilidade ética que caracteriza o positivismo. Mas essa prática, como sempre ocorre nos assuntos humanos, veio acompanhada de uma teoria e evoluiu junto com ela, no sentido de que se tornam ambas, prática e teoria, mais e mais complexas.

---

55. Sugerida em ADEODATO, João Maurício. **O problema da legitimidade** – no rastro do pensamento de Hannah Arendt. Rio de Janeiro: Forense-Universitária, 1989, p. 29 s.

Esse esvaziamento de conteúdo ético nos fundamentos do direito positivo não pode ser dissociado de dois aspectos: em primeiro lugar refere-se à esfera pública, ou seja, as demais ordens éticas continuam importantes na esfera privada; depois, não significa que o direito não tenha qualquer conteúdo ético, mas sim que ele não está mais subordinado a uma ética prévia, que ele constrói seus próprios parâmetros.

A retirada das outras ordens éticas da esfera pública faz com que o direito se torne o único ambiente ético comum com significação na esfera pública, conforme será examinado no sétimo capítulo, o que lhe causa uma sobrecarga para a qual a dogmática da modernidade não se tem mostrado devidamente preparada. As demais ordens normativas, que numa sociedade primitiva cooperam com o direito, estão tão pulverizadas numa sociedade complexa que perdem sua importância social.

A *École d'Exegese* francesa, primeira escola positivista, institucionaliza esse esvaziamento de conteúdo axiológico. Em lugar dos conceitos de difícil manuseio, como a vontade geral de Rousseau, o parâmetro assumido é o voto, o espelho do princípio da maioria. Ela abandona critérios de conteúdo ético e procedimentaliza a criação do direito, mais ou menos como a prática dogmática é até hoje: o direito passa a ser produto da validade formal de competências e ritos.

Assim a lei criada pelo legislativo ou pelo executivo e as decisões e jurisprudências produzidas pelo judiciário têm como base filosófica que o direito é fruto de decisões, em cuja base estaria o voto do próprio povo. O justo institucionaliza-se: não é mais este ou aquele padrão de conduta determinados – como a idade de 21 anos para votar ou a alíquota de 27,5 por cento para o imposto de renda – mas sim aquilo que alguns indivíduos, previamente indicados por regras de um procedimento (competência da autoridade), decidem seguindo regras de novo procedimento (rito de elaboração). Com essas características o conteúdo do direito modifica-se continuamente, pois outras maiorias sucederão as atuais: não só o direito

UMA TEORIA RETÓRICA DA NORMA JURÍDICA E DO DIREITO SUBJETIVO

justo, mas sua própria mutabilidade institucionaliza-se.

Essas novas características do direito positivo vêm acompanhadas de mudanças significativas no meio social, todas no seio de um aumento de complexidade nas inter-relações sociais. As diferenças entre os indivíduos na sociedade complexa chegam a níveis nunca dantes alcançados e as opiniões sobre o que é correto são assim tão pulverizadas que cada grupo tem sua ética. Isso provoca um distanciamento cada vez maior entre o texto normativo significante e a norma jurídica significada e faz mais difícil prever como será a decisão concreta, tornando mais e mais obsoletas as concepções exegéticas, literais, filológicas, o que aumenta a importância daquele que decide no caso concreto, o papel do ato, da vontade de decidir. Esse fenômeno social vai enfraquecer a crença na possibilidade de textos controlarem decisões casuísticas, o que significa diminuir a importância da legislação tradicional, exercida pelo poder legislativo. E vai aumentar a força do judiciário, que fica por sua vez sobrecarregado e não consegue corresponder, conforme será visto no capítulo sétimo.

A globalização vem dificultar ainda mais os acordos éticos, pois os interesses econômicos em conflito e os diferentes ambientes culturais são obrigados a conviver e lidar com suas mútuas intolerâncias. O indivíduo é isolado não apenas no mundo, mas seu próprio meio social passa a ser um lugar estranho. Começa a solapar-se o paradigma da dogmática jurídica:

> Surgida com a expansão do capitalismo concorrencial ou mercantil, com a institucionalização das formas político-jurídicas do Estado liberal-burguês, com o primado do direito sobre a política, com o papel integrador da cidadania democrática e com a afirmação de uma identidade nacional forjada em torno de uma história, de uma língua e de uma cultura comuns, a dogmática certamente constitui o

que há de mais paradigmático no âmbito do pensamento jurídico moderno.[56]

Torna-se cada vez mais reconhecido que os textos não são capazes de controlar inequivocamente os conflitos concretos; como cada grupo social e mesmo cada indivíduo veem diversamente o que é correto, as expressões genéricas das leis ordinárias e constituições precisam ser concretizadas, num processo sobre o qual o legislativo que as criou não tem qualquer controle. No Brasil isso é agravado por um legislativo inoperante e um judiciário agressivo, fazendo do decisionismo casuísmo.

1.4.3. Autorreferência, formalização e procedimentalização são as soluções apresentadas pela modernidade

Se considera o pensamento também um diálogo consigo mesmo, este livro parte assim do princípio de que não são possíveis cognições não-linguísticas. Neste ponto contradiz um dos pressupostos do chamado construtivismo radical, em torno da teoria sistêmica de Maturana, Varela, Luhmann, ainda que seja compatível com outros importantes pressupostos dessa linha de pensamento, conforme discutido acima. Com efeito, ainda que admitam que a linguagem, assim como toda conduta, tem por função precípua a manutenção da autopoiese, falam da existência de condutas não-linguísticas, com funções orgânicas e operativas, tais como o que Schmidt chama de "sentir", uma forma de cognição sem linguagem.[57]

Certamente os autores filiados a essa corrente não concordariam com o conceito de retórica material, que é um dos pilares do presente livro, no qual não cabem realidades extralinguísticas ou realidades "de primeira ordem" diante das quais a linguagem seria uma realidade "de segunda ordem".

---

56. FARIA, José Eduardo. **O direito na economia globalizada**. São Paulo: Malheiros, 2000, p. 51.

57. SCHMIDT, Siegfried J. Der radikale Konstruktivismus: Ein neues Paradigma im interdisziplinären Diskurs, *in* SCHMIDT, Siegfried J. (*Hrsg.*). **Der Diskurs des radikalen Konstruktivismus**. Frankfurt a. M.: Suhrkamp, 3. Auflage, 1990, p. 11-88, p. 32-33 e 61 s.

UMA TEORIA RETÓRICA DA NORMA JURÍDICA E DO DIREITO SUBJETIVO

Aqui as realidades de primeira ordem já são consideradas linguísticas, não há sentido em uma teoria dos objetos em si ou ontologia. Isso será visto mais de perto no capítulo quarto adiante.

Numa tradição diversa, porém no mesmo sentido, Blumenberg fala da "pobreza da linguagem" para expressar o pensamento como uma experiência humana fundamental (*Grunderfahrung der Armut der Sprache*). Nesse contexto, haveria três formas de ver a relação entre pensamento e linguagem: a tese tradicional, de que a linguagem não consegue expressar o pensamento em toda sua riqueza, o que resulta na possibilidade de múltiplas interpretações, conforme advoga a atual hermenêutica jurídica dominante; a tese da possibilidade de correspondência exata, se a linguagem for competentemente utilizada, como sugerem Descartes e Husserl, além da Escola da Exegese; e a tese da filosofia da linguagem contemporânea, de uma "poética imanente", segundo a qual a linguagem seria mais rica de possibilidades do que o pensamento.[58]

A filosofia retórica realista que informa este livro, como visto, considera que há uma incompatibilidade entre pensamento (ideia) e expressão linguística, porém, como ambos são constituídos pela linguagem, isso não significa qualquer superioridade ou menor amplitude entre um e outra, antes resultando do conflito entre os autorrelatos e o relato circunstancial e temporariamente vencedor do controle comum da linguagem, essencial à comunicação.

Mas o construtivismo radical toma base na cibernética e essa direção é perfeitamente compatível com este livro. A palavra "cibernética" é atribuída a Norbert Wiener e sua equipe, que a entendem como "o estudo (comparativo) de controle e comunicação no animal e na máquina", definição ampla e conciliável com a perspectiva retórica. Por exemplo, a defesa que os construtivistas fazem de que a concepção

---
[58]. BLUMENBERG, Hans. Sprachsituation und immanente Poetik. *In*: BLUMENBERG, Hans. **Wirklichkeiten, in denen wir leben** – Aufsätze und eine Rede. Stuttgart: Philipp Reclam, 1986, p. 137 s.

biológica dos sistemas vivos deve considerá-los sistemas históricos.[59] Se até os sistemas biológicos têm história, a história da cultura humana não pode ser vista de forma etiológica nem escatológica, conforme já ressaltado. Quer dizer, o cérebro humano não se encontra pronto e acabado em suas conexões com o mundo externo, ele tem uma história que se constrói a partir desses contatos.

> Parece impossível que nossos genes especifiquem a estrutura exata de nossos cérebros; por outro lado, é muito mais provável que eles determinem padrões de crescimento mais ou menos abertos para os efeitos modificadores da experiência. Além disso, mesmo se as conexões fossem estritamente determinadas, nós não conhecemos o mecanismo pelo qual o cérebro pode reconhecer universais, p. ex., reconhecer a letra A em muitas posições e apesar de muitas distorções.[60]

O **antropomorfismo gnoseológico** do ser humano o leva a crer que "a realidade" é aquilo que ele percebe como tal. Mesmo quando leva em consideração a pessoa do outro, não percebe o controle público dos relatos discursivos, a retórica material. A convicção na própria interpretação é uma das grandes vantagens adaptativas do ser humano, mas é ao mesmo tempo o lado animal que o afasta da filosofia, é o trágico do senso comum. Empiricamente, gnoseologicamente, não se pode chegar a uma racionalidade cogente. Só aos problemas, aqui chamados de "abismos", pois que a "racionalidade cogente": 1. ou se refere ao mundo lógico, interno do ser humano, mesmo assim enfrentando o abismo entre significante e significado, como na matemática pura, e aí a racionalidade cogente fica mais simplificada e a rigor não existe no mundo real

---

59. *Idem*, p. 23.
60. ARBIB, Michael A. **Brains, machines and mathematics**. New York, San Francisco, Toronto, London: McGraw Hill, 1964, p. 47-48: "It appears impossible that our genes specify the exact structure of our brains; rather, it is much more likely that they determine patterns of growth more or less open to the modifying effects of experience. Furthermore, even if the connections were strictly determined, we do not know the mechanism whereby the brains can recognize universals, e. g., recognize the letter A in many positions and despite many distortions."

dos eventos; 2. ou é apenas um acordo sobre determinado relato a respeito de eventos supostamente empíricos ("fatos"), não importa o grau "científico" de demonstrabilidade dos meios de persuasão; são apenas meios de persuasão.

Aumentar a complexidade quer dizer que os relatos sobre o mundo tornam-se mais e mais imprevisíveis, posto que mais e mais relatos são admitidos e compreendidos no discurso. Não só os discursos que ganham a luz pública são a cada passo mais vagos e ambíguos, como também expressões tradicionais vão se tornando mais e mais imprecisas ao longo do tempo. Em sociedades menos complexas os acordos linguísticos admitidos (retórica material) são mais estáveis, em menor número (quantidade) e menos diferentes (qualidade), isto é, a realidade é construída **como se fosse** uniformemente percebida.

Sempre houve e haverá esse abismo entre as significações da linguagem humana e as ideias significadas que ela almeja transmitir. Mas nas sociedades menos complexas esse abismo é resolvido de antemão, por exemplo, por uma proibição homogênea de discutir sobre certos relatos. Escolhe-se um relato sobre a retórica material e a retórica estratégica consiste exatamente na confirmação da versão oficial e na proibição de questionamentos a respeito.

Aumentar a complexidade significa questionar os relatos materiais e sofisticar cada vez mais os critérios de decisão para fixar o acordo sobre o relato vencedor em detrimento dos demais. Os critérios são tão complexos que se tornam ininteligíveis para quem não seja neles adestrado, por vezes num longo processo, que levou à criação de um novo e importante subsistema social que se pode chamar de educação, no sentido de *Bildung*.

Qual o papel da "racionalidade normativa" (norma jurídica como ideia de razão) no controle dessa complexidade será assunto do quinto capítulo.

Assim, o aumento de complexidade, interna (a cargo do

Leviatã) e externa (pela globalização), dificulta a compatibilização das expectativas humanas em relação ao futuro, as quais se tornam fragmentadas, individualizadas, idiossincráticas. Chama-se esse fenômeno, aqui, de pulverização ética. Como as expectativas são cada vez mais mutuamente incompatíveis, outras ordens éticas importantes (moral e religião, por exemplo), que tradicionalmente serviam de amortecedores para os conflitos sociais, perdem progressivamente seu papel na esfera pública. Sem amortecedores, o direito fica sobrecarregado, conforme se verá no capítulo sétimo.

Também com o aumento de complexidade, o processo mental de atribuição de significados a significantes linguísticos torna mais difícil a comunicação, pois há um distanciamento cada vez mais incontrolável. Aí as pessoas apelam a significantes ocos, extremamente vagos e ambíguos, sobretudo na esfera pública, palavras que nada significam e que cada qual entende como quer. Cada indivíduo reage diferentemente aos mesmos significantes da língua comum. Como a realidade é a retórica material, que depende dessas relações entre significantes e significados, essa mesma realidade torna-se fugidia, com o seguido rompimento de acordos linguísticos que, de frágeis que sempre são, tornam-se inapreensíveis na sociedade complexa. Isso será visto também no capítulo sétimo, com a sobrecarga da decisão concreta, pois o direito não fica imune a esse fenômeno do distanciamento entre significantes e significados.

Por isso o direito na sociedade complexa se formaliza em procedimentos autorreferentes: justa (correta, eticamente verdadeira) não é mais esta ou aquela escolha ética, mas sim o que quer que uma autoridade competente e um rito adequado decidam, de acordo com regras fixadas pelo próprio direito positivo.

CAPÍTULO SEGUNDO

O problema do discernimento ético e de sua evolução diante da diferenciação do direito

> 2.1. Os abismos axiológicos e a infinita variação das preferências: monismos e dualismos. 2.2. Pressuposto filosófico para enfrentá-los: a retórica estratégica como ação sobre a retórica material e um conceito analítico de ética. 2.3. Estratégias metodológicas para enfrentá-los: tolerância, isostenia, ataraxia e a metáfora da intransponibilidade entre ser e dever ser. 2.4. Diferenciação entre direito justo e direito posto: o esvaziamento de conteúdo ético nos fundamentos prévios do direito faz da legitimidade legitimação. 2.5. Diferenciação e teses sobre a prevalência do direito subjetivo ou do direito objetivo: tentativas do positivismo para fundamentação externa dos direitos.

2.1. Os abismos axiológicos e a infinita variação das preferências: monismos e dualismos

Este capítulo procura introduzir o segundo problema da filosofia do direito destacado no presente livro, qual seja, se há normas válidas em si mesmas, conteúdos axiológicos prévios que garantam direitos subjetivos, ou se o direito positivo tem sob seu poder uma total disponibilidade ética, escolhas sem limites superiores, e os direitos subjetivos só têm sentido se garantidos pelo direito objetivo.

Essa questão, já anteriormente chamada de "abismo axiológico"[61], decorre das reações extremamente seletivas que os humanos demonstram em relação aos estímulos do mundo real, não apenas enquanto espécie animal, mas, sobretudo, como indivíduos. Cada ser humano não apenas avalia esses estímulos diferentemente, mas também os percebe de formas únicas, pessoais e por vezes incompatíveis.

Defender a tese de que há direitos subjetivos acima do direito positivo, inerentes à condição humana, enfrenta o problema de que os seres humanos divergem sobre quais seriam esses direitos e essas divergências são muitas vezes inconciliáveis, envolvidas por interesses circunstanciais por sua vez também incompatíveis. Defender a tese da total disponibilidade ética incondicionada nos fundamentos do direito positivo, entendendo as escolhas originárias como dependentes da luta por esses interesses históricos, por seu turno, traz a admissão de quaisquer conteúdos éticos para o direito, pois a história mostra que empalar criminosos e recolher pessoas a campos de concentração são opções justas e devidas para alguns grupos humanos. Diante das divergências sobre quais são esses direitos subjetivos acima do direito positivo, os grupos entram em conflito e a tese vencedora impõe-se coercitivamente como direito positivo.

Os pensadores ocidentais ofereceram as mais diversas soluções para essa divisão da filosofia e para a suposta emancipação da ética, uma separação entre o mundo do ser e o do dever ser, enunciados descritivos e prescritivos, ontologias e deontologias, natureza e cultura, havendo aqueles que negam essa separação.

Pode-se tentar aqui resumir essas formas de tratar a questão lançando mão de alguns tipos ideais para colocá-las

---

61. ADEODATO, João Maurício. **Ética e retórica** – para uma teoria da dogmática jurídica. São Paulo: Saraiva, 2012, p. 228 s.

em "ismos" ou grandes caixas conceituais, grosseiras, mas inevitáveis.

Para aqueles que separam as esferas do ser e do dever ser, como Kant e Kelsen, os quais são aqui chamados de **dualistas**, há uma esfera da axiologia, ou teoria dos valores, cujo conhecimento demanda atitudes diferenciadas em comparação com aquelas relativas ao mundo do ser. Os dualistas dividem-se nas correntes **objetivista** e **subjetivista**. Para a primeira, como o nome diz, os valores não estão ao alvedrio da pessoa ou grupo social, mas há um critério superior a sua vontade para determinar o correto e o incorreto, pois os objetos axiológicos trazem um valor próprio, independente do arbítrio.

O objetivismo pode ser dito **essencialista**, cujos defensores, como Max Scheler e Nicolai Hartmann, acreditam que os valores são eternos e assim infensos a tempo e espaço, quer dizer, não variam na história e são literalmente descobertos ao longo da evolução cultural das nações. O objetivismo axiológico é **historicista** quando defende a tese de que os valores são objetivos, mas são criados pela civilização ao longo da história, modificando-se no tempo e no espaço. Uma variante dessa tendência, defendida por Miguel Reale, argumenta que alguns valores mais importantes, ao serem incorporados pela história, tornam-se definitivos, tornam-se "invariantes axiológicas".[62]

Para a concepção filosófica **subjetivista**, cada pessoa ou grupo social atribui livremente valores ao mundo em redor, numa atitude arbitrária que não pode ser racionalizada em termos do que é correto ou incorreto. O valor existe, os seres humanos atribuem qualidades como justo, correto, bom e belo, mas não há critério objetivo para separar valor de desvalor, ficando ao bel-prazer de cada um o que considerar valioso.[63]

---

62. REALE, Miguel. Invariantes Axiológicas. **Estudos Avançados** n. 5 (13). Rio de Janeiro: 1991.
63. ORTEGA Y GASSET, José. "¿Qué son los valores?", in ORTEGA Y GASSET, José. **Las etapas del cristianismo al racionalismo y otros ensayos**. Santiago: Pax, 1936.

Os **monistas** consideram que é ilusória essa separação entre ser e dever ser: o que se chama de ética, a esfera dos valores, pertence ao mesmo mundo que a física e a química. Para os monistas **materialistas**, as leis da física, que governam a matéria, também se aplicam à esfera da ética e só a ignorância sobre elas faz com que os dualistas tenham criado esse outro mundo; comumente tendem ao determinismo, negando a liberdade de escolha. Mais curioso é o monismo **espiritualista**, que defende a ideia de que a matéria é uma ilusão, pois o universo é imaterial, constituído pela consciência, um produto do espírito. Desde o espiritualismo de Leibniz, essa é a tendência que mais contraria o senso comum. Farias Brito, filiado a essa corrente, é claro e enfático:

> O que há atrás de tudo o que vemos e percebemos, o que constitui o fundo e a realidade íntima de todas as cousas é, pois, o ser sensível e ativo, o ser consciente, ou, numa palavra, o espírito. Este é o que rigorosamente constitui o que se chama existência, o ser verdadeiro. E todos os demais fatos ou cousas que consideramos como diferentes do espírito, as cousas de ordem objetiva que se representam no espaço, que ocupam um lugar e podem ser postas em movimento, são apenas fenômenos ou maneiras do ser, manifestações exteriores do espírito mesmo: o que tudo quer dizer que o espírito é a "coisa em si", a realidade fundamental, a essência de todas as cousas.[64]

Nos dias atuais essa tendência permanece viva e atuante, recebendo influxos da física quântica; independentemente de seu grau de seriedade e aceitabilidade no ambiente da ciência física, do ponto de vista filosófico perdura a ideia que defende uma consciência constitutiva da matéria.[65]

No direito, as consequências da escolha por uma ou outra dessas tendências axiológicas aparecem claramente. Um

---

[64]. BRITO, Raimundo de Farias. **O mundo interior** – ensaio sobre os dados gerais da filosofia do espírito. Brasília: Senado Federal, 2006, p. 368. Também **Finalidade do mundo** – estudos de filosofia e teleologia naturalista. Rio de Janeiro: Instituto Nacional do Livro, 1957, 3 Volumes.

[65]. GOSWAMI, Amit; REED, Richard E.; GOSWAMI, Maggie. **O universo autoconsciente** – como a consciência cria o mundo material, trad. Ruy Jungmann. São Paulo: Aleph, 2008.

juiz objetivista historicista procura nos membros da comunidade sobre a qual tem jurisdição as posturas éticas mais adequadas, as quais podem até não ser compatíveis com as suas próprias; um juiz essencialista tende a algum tipo de fundamentalismo e busca impor as convicções a que aderiu pessoalmente, que julga serem intrinsecamente corretas; já um julgador subjetivista deve tender ao ceticismo e aos "valores" mais convenientes no momento e no caso.

Mais algumas palavras devem ser escritas sobre essa separação didática entre filosofias monistas e dualistas. Sabe-se de concepções que buscam entender os fenômenos éticos em termos físicos, a partir da mesma causalidade, que regeria todo o universo. As filosofias tradicionais separam ser e dever ser, afirmam, apenas porque a causalidade "ética" é mais complexa; caso se conseguissem determinar todas as circunstâncias causais relevantes para o efeito em questão, esse monismo mecanicista ou fisicalista acreditaria poder determinar se alguém gostaria mais da poesia de Joaquim Cardoso ou de João Cabral ou se torceria pelo Sport ou pelo Náutico.

Porque o estudo dessas cadeias causais físicas e fisioquímicas parece hoje longe de poder ser determinado, poucos filósofos do direito e da ética em geral têm demonstrado interesse nessa direção, embora existam. Já no que diz respeito ao monismo biologista, como a **sociobiologia** dos anos setenta[66] e muitas outras teorias precursoras, permanece sempre atual sua tentativa de reduzir o âmbito da ética ou do valor a cadeias causais orgânicas, dentro do que hoje se denomina **biologismo moral**, aqui brevemente resumido.[67]

Sua tese central é que a ênfase sobre condutas tradicionalmente incluídas no âmbito da ética, isto é, consideradas "boas", na realidade não decorrem de "valores pertinentes a uma esfera autônoma de dever ser", mas sim de reações químicas orgânicas provocadas por hormônios específicos.

---

66. WILSON, Edward. **Da natureza humana**, trad. G. Florsheim e E. Ambrosio. São Paulo, EDUSP, 1981.

67. CHURCHLAND, Patricia. **Braintrust**: What neuroscience tells us about morality. Princeton: Princeton University Press, 2012.

Ao mesmo tempo, seus estudos detectam comportamentos "bons", tais como coerência na ação, companheirismo para com o semelhante ou respeito aos mais velhos, também nas mais diversas espécies de animais, não apenas primatas, mas também pássaros. Ora, isso contradiz inteiramente a filosofia jurídica de Kant, talvez o pensador mais importante da modernidade, e de Farias Brito, Nicolai Hartmann, Giorgio Del Vecchio, Hans Kelsen ou Miguel Reale, apenas alguns exemplos de discípulos seus, para os quais só o ser humano pode ser inserido na esfera da ética. Em outras palavras, para o biologismo moral, o bom e o justo constituem respostas hormonais bem-sucedidas a estímulos no meio ambiente. Em termos de uma literatura mais simplória, que na interpretação da retórica filosófica só confirma o conceito de retórica material, fala-se numa "molécula moral", cujas conexões químicas gerariam amor e prosperidade.[68]

Claramente não é retórica essa fundamentação biológica da complexidade dos fenômenos éticos.

Mas não são as hipóteses mais propriamente intelectuais da sociobiologia, oriundas de uma observação mais tosca de formas societárias de abelhas e formigas, que fundamentam essa filosofia orgânica da ética preconizada hoje, com base em técnicas mais sofisticadas de observação e mensuração. O caráter inovador do atual biologismo moral é a suposição de que as boas ações da ética tradicional são efeitos de reações químicas cerebrais, por cujo intermédio hormônios, como oxitocina e arginina vasopressina, dentre outros, ao ocorrerem no cérebro, conduzem a um estado de satisfação natural que se associa a condutas como a proteção da prole e a assistência ao próximo. Assim, as atitudes virtuosas nada mais seriam do que um mecanismo biológico da natureza para garantir a sobrevivência dos mais aptos.

Por meio de estímulos elétricos, experimentos realizados em laboratório levaram pesquisadores do respeitado

---

68. ZAK, Paul J. **The moral molecule**: the source of love and prosperity. London: Penguin, 2012.

Massachusetts Institute of Technology a concluir que avaliações costumeiramente colocadas no campo da ética nada mais são do que resultados de cadeias causais orgânicas. Esses pequenos choques foram aplicados na região temporal do cérebro, situada na parte superior e posterior à orelha direita da cabeça dos seres humanos, com o objetivo de interromper o fluxo das referidas substâncias naquele local e assim comprovar a hipótese de que elas estão inequivocamente ligadas aos julgamentos morais sobre os motivos internos que levam alguém a se comportar dessa ou daquela maneira.

Os pesquisadores mostraram a certo número de voluntários uma cena na qual uma pessoa retirava um pó de um lugar em que estava escrito "substância tóxica" e o colocava na bebida de outrem, dando-lhe de beber. Embora o agente e a vítima não soubessem disso, a substância era inteiramente inócua. Pois bem: verificaram que os voluntários cuja junção têmporo-parietal tinha sido exposta aos estímulos elétricos não consideraram a referida conduta condenável, haja vista que não produzira quaisquer **efeitos** danosos, ignorando as óbvias **motivações internas** do agente; já os voluntários cujos cérebros não foram manipulados avaliaram a ação como condenável pela clara **intenção** de causar dano à vítima.

Os cientistas concluíram que os choques bloqueadores da interferência daqueles compostos químicos interferiram de forma decisiva nos juízos morais das cobaias: os atingidos tenderam a ignorar o papel do dolo, historicamente importante nos debates jurídicos e morais, ao passo que os demais julgaram-no fundamental.[69] Apesar de contrária à moral cristã do Ocidente, que consideraria esses agentes moralmente maus, é curioso observar a semelhança entre a percepção dessas cobaias manipuladas pelos choques elétricos e a dogmática jurídica penal vigente, inclusive no Brasil, a qual define essa ação como "crime impossível" e daí insusceptível de punição.

---

69. Revista **Proceedings of the National Academy of Sciences** (2009). Fonte: http://www.bbc.co.uk/portuguese/noticias/2010/03/100330_julgamentomoralg.shtml. Acesso em 30 de março de 2010, 08:19 h (Brasília).

2.2. Pressuposto filosófico para enfrentá-los: a retórica estratégica como ação sobre a retórica material e um conceito analítico de ética

Para lidar com essas divergências axiológicas, é necessário colocar aqui mais detalhadamente o esteio filosófico (retórico) deste livro.

O segundo nível da retórica é o da retórica estratégica. Esta retórica tem a retórica material como objeto e objetivo, no sentido de que consiste em um conjunto de conhecimentos que visam ensinar a lidar com a retórica material. A retórica estratégica observa a retórica material e constrói uma teoria sobre como interferir nessa mesma retórica material. Por isso situa-se no plano de uma metodologia, uma teoria sobre os métodos (caminhos) da retórica material, um conjunto de estratégias dirigidas ao sucesso no mundo "real", aos relatos sobre eventos, aos "fatos". Esses dois níveis aplicam-se também à ética.

A definição mais comum é que "ética" constitui o conjunto de conhecimentos no plano da metalinguagem – na terminologia deste livro a retórica estratégica – que se dirige à "moral", a qual está no plano da linguagem-objeto.[70] Em outras palavras, a ética seria um discurso sobre uma moral. A proposta aqui é que tanto a expressão ética quanto o termo moral devem ser colocados nos planos da linguagem (tradicionalmente da ontologia) e da metalinguagem (gnoseologia), ou seja, ambos os termos designam tanto os caminhos efetivos (métodos) que as pessoas escolhem quanto o estudo e os conhecimentos sobre eles. Aqui a relação semântica entre ética e moral, por seu turno, é a de gênero e espécie. As demais espécies são as tradicionais ordens normativas, dentre as quais se destacam religião, direito, política e etiqueta, cada uma delas com sua respectiva retórica estratégica, ou seja, sua metalinguagem.

---

70. Para o conceito de linguagem-objeto, sem as implicações aqui atribuídas, v. VILANOVA, Lourival. **Lógica jurídica**. São Paulo: Bushatsky, 1976, p. 51; e BORGES, José Souto Maior. **Obrigação tributária** – Uma introdução metodológica. São Paulo: Saraiva, 1984, p. 91.

A palavra ética, porém, tem também um sentido de metódica, que lhe é dado pela retórica analítica, uma atitude gnoseológica que se situa em um terceiro plano, posto que observa as relações entre a ética estratégica (metodologia) e a ética material (métodos). A palavra axiologia é ambígua, tem sido usada tanto num sentido estratégico quanto num sentido analítico, a depender do autor, o que autoriza a falar em uma axiologia metodológica e em uma axiologia metódica.

Com os crescentes antagonismos éticos da sociedade complexa e a escassez de consensos, surge a estratégia da procedimentalização: cria-se, coercitivamente, uma arena de relatos comuns, regras procedimentais sem qualquer conteúdo ético, segundo as quais os conteúdos éticos podem se enfrentar.

Daí as regras do sistema que disciplinam a validade e a eficácia jurídica de outras regras e decisões que compõem o sistema. Esses são os mais importantes componentes do ordenamento jurídico positivo, não as regras sobre opções éticas de conduta, o chamado direito "material".

O interessante é que essas regras de validade não têm conteúdo valorativo, são formais, mas vão possibilitar que se façam as opções éticas, que todo direito tem, pois todo direito material consagra por definição um conteúdo ético, por isso o direito é uma espécie do gênero ética. Nenhum direito surge *ex nihilo*, sempre representará uma tentativa de impor a todos um conteúdo ético que não é o de todos. Ou, nos termos de Miguel Reale, a toda norma corresponde um valor, pois "As normas jurídicas, longe de serem mero reflexo daquilo que no fato já se contém, envolvem uma tomada de posição opcional e constitutiva por parte de quem a emana ou positiva..."[71]

Como tanto a necessidade de acordo formal quanto de

---

71. REALE, Miguel. **O direito como experiência** – introdução à epistemologia jurídica. São Paulo: Saraiva, 1968, p. 201; e CARVALHO, Paulo de Barros. **Direito tributário** – linguagem e método. São Paulo: Noeses, 2008, p. 174.

acordo material são conceitos que só têm sentido dentro do ordenamento, um poder constituinte propriamente dito, rigorosamente originário, não se sujeita a quaisquer regras.

Só cabe falar de validade depois de postas as regras procedimentais. Mesmo a chamada validade material (acordo com os conteúdos das fontes superiores) depende da fixação de procedimentos sobre **como** serão feitas as escolhas de conteúdo ético (o **que**) e **quem** (competência) vai fazer essas escolhas. Aí tem-se a teoria tradicional sobre a inconstitucionalidade, por exemplo.

Materialmente, assim, todo direito positivo "resolve" de alguma forma o abismo axiológico.

2.3. Estratégias metodológicas para enfrentá-los: tolerância, isostenia, ataraxia e a metáfora da intransponibilidade entre ser e dever ser

Assim falou Zaratustra: "Este sinal eu vos dou: cada povo fala sua língua de bem e mal: o vizinho não a entende. Sua própria língua ele inventou para si mesmo em costumes e direitos."[72]

Se os seres humanos não acordam sobre o que chamam de "fatos", entendidos como relatos de retórica material que se firmam como preponderantes, mais difícil ainda concordarem a respeito de divergências de cunho ético sobre esses mesmos fatos.

A intolerância parece ser uma tendência atávica no estado atual de evolução da grande maioria dos seres humanos, no sentido de sua predisposição para impor suas maneiras de ver o mundo (sua retórica material) aos demais seres humanos, em geral mediante o uso da expressão "verdade" e

---

72. NIETZSCHE, Friedrich Wilhelm. **Also sprach Zaratustra** – ein Buch für alle und keinen, *in* COLLI, Giorgio – MONTINARI, Mazzino (*Hrsg.*): **Friedrich Nietzsche, Kritische Studienausgabe** – in fünfzehn Bände, vol. 4. Berlin: Walter de Gruyter, 1988, p. 61 (Von neuen Götzen): „Dieses Zeichen gebe ich euch: jedes Volk spricht seine Zunge des Guten und Bösen: die versteht der Nachbar nicht. Seine Sprache erfand es sich in Sitten und Rechten."

seus termos derivados e associados. Mais ainda é agravada essa predisposição quando acompanhada da inspiração missionária de que os outros, que eventualmente não partilham das mesmas maneiras de ver o mundo – os "errados" – a elas podem e devem ser convertidos.[73] A origem desse sentimento, a necessidade de se aferrar a uma verdade, inclusive na ética, pode estar nas incertezas do futuro diante da certeza da morte.

Para superar esse impulso milenar, que também adquire caráter cultural na história, é necessário que haja um espaço público como foro para divergências de opinião. Esse espaço público precisa ser garantido pelo direito, pois só uma ameaça coercitiva pode enfrentar a intolerância atávica. Mas o direito coercitivo não é suficiente, nunca é. Necessário também que as pessoas sejam educadas numa **ética de inclusão e tolerância**, duas maneiras de dizer a mesma coisa, pois "tolerar" aqui não deve ser entendido como "suportar", mas sim como "aceitar" o outro e a divergência inexorável da intersubjetividade. Sim, pois os abismos entre as faculdades cognitivas dos seres humanos e o mundo demonstram claramente a irracionalidade das convicções definitivas e inquestionáveis, ou seja, da ideia de verdade.

A dúvida saudável é a premissa inicial do ceticismo, a convicção de que os atos humanos e os eventos percebidos processam-se casualmente, ou seja, sempre podem ocorrer de modo diferente e vão admitir interpretações diversas. Da perspectiva do conhecimento, sempre são possíveis enunciados opostos sobre um mesmo evento e não há critério que possa distinguir os corretos dos incorretos: argumentos contrários podem apresentar "igual força", a dúvida trazida pela **isostenia**.[74]

Um autor pode ser cético a respeito da possibilidade de conhecimento factual, no plano do verdadeiro ou falso, e da

---

73. LIMA, Alexandre José Costa. Como reconhecer um herege: a epistemologia do fanatismo e os fundamentos da tolerância. **Revista da Faculdade de Direito de Caruaru**, vol. 37, n. 1, jan/dez 2006, p. 33-52.

74. SEXTUS EMPIRICUS. **Grundriβ der pyrrhonischen Skepsis** (*Pyrrhonian Hipotiposes*), eingeleitet und übersetzt von Malte Hossenfelder. Frankfurt a. M.: Suhrkamp, 1985, p. 140.

possibilidade de conhecer o bem e o mal, no plano da ética. Há aqueles que são céticos na gnoseologia e na axiologia, há os que o são em um lado, mas não no outro, e há aqueles que acreditam tanto na verdade quanto no bem em si.

"Saudável" é uma dúvida que não paralisa, não é dogmática, aceita acordos temporários sobre o mundo e adapta-se de forma contingente a um ambiente também casuístico. A dúvida dogmática é permanente e criticada desde as origens da filosofia ocidental, sob o clássico argumento: se nada é verdadeiro, pelo menos essa frase o é. De todo modo, nenhuma das formas de ceticismo autoriza dizer que a dúvida cética só floresce em períodos turbulentos de desagregação social e que é abraçada por pessoas desesperançadas e sem expectativas quanto ao futuro.

A isostenia e a suspensão de juízos definitivos levam o cético a se afastar de qualquer perturbação, a tentar manter-se impassível diante dos acontecimentos. A negação dessa *taraché* consiste exatamente na convicção de que as coisas acontecem aleatoriamente e que a melhor atitude diante do mundo é a **ataraxia**, a imperturbabilidade. Claro que estando no ambiente, o cético não pode ser infenso a qualquer perturbação diante das vicissitudes da vida, mas a ataraxia é o ideal a ser perseguido.

A modesta recusa da verdade, relacionada às atitudes de isostenia e ataraxia, deve assim conduzir à tolerância, no sentido de reconhecer e aceitar perspectivas normativas diferentes e mesmo opostas sobre como o mundo tem sido no passado e deve vir a ser no futuro. A tolerância constitui uma postura ética que combate pretensões de impor convicções e as relativiza, enfraquecendo possibilidades de conflito. O direito precisa garantir o mais possível a pluralidade de opiniões e combater a intolerância.

A inserção da ideia de tolerância no ambiente humano tem como uma de suas principais funções o lidar eficientemente com as imensas diferenças entre os relatos do ambiente, dentre os quais aqueles que definem os próprios seres humanos. Essas desigualdades podem ser classificadas em três tipos ideais de circunstâncias, quais sejam, as **genéticas**, as **ambientais** e as **momentâneas**.[75]

As circunstâncias genéticas ocorrem pelas condicionantes biológicas que afetam diversamente os diferentes seres humanos, alguns dos quais gozam de boa saúde, enquanto outros padecem das piores doenças geneticamente herdadas; alguns são intelectualmente mais aptos do que outros e essa diferença pode ser muito grande; o corpo de uns indivíduos produz substâncias que os mantêm em geral alegres e bem-dispostos, ao passo que outros são deprimidos e encontram dificuldades nos atos mais comezinhos da vida cotidiana; alguns são seguros de si, outros se sentem inferiores... A lista de possibilidades é literalmente infinita.

As vicissitudes ambientais dizem respeito ao meio social em que nascem e vivem os seres humanos, em um mundo extremamente desigual e nesse ponto independente de quaisquer méritos individuais. Certas pessoas são condenadas a florescer dentro de estruturas sociais nas quais não existem suportes mínimos para subsistência, saúde, educação, segurança, amor e carinho, enquanto outras desfrutam dessas condições em supérfluo.

Finalmente, outro grupo de circunstâncias imponderáveis é o que comumente se denomina infortúnio ou fortuna, azar ou sorte. Dentro da infinita imprevisibilidade dos eventos, a possibilidade de sofrer acidentes, agressões, ser vítima de doenças adquiridas, ou de isso acontecer com entes próximos e queridos é grande.

Sem contar que esses elementos do acaso combinam-se e fazem-se ainda mais inesperados: o ser humano nascido

---

75. Classificação colocada em ADEODATO, João Maurício. **A retórica constitucional** – sobre tolerância, direitos humanos e outros fundamentos éticos do direito positivo. São Paulo: Saraiva, 2010, p. 124-125. A utilização de "momentâneas", em lugar da expressão "vicissitudes", anteriormente empregada para a terceira modalidade, deve-se a hoje reconhecer que todas as três circunstâncias são de vicissitudes, não apenas os momentos de sorte e azar.

num meio social propício pode ter disfunções genéticas ou azares momentâneos que o prejudiquem de forma irrecuperável, ao mesmo tempo em que é comum ver alguém bem constituído geneticamente em um ambiente que lhe nega as mínimas oportunidades de desenvolvimento. Sem contar que o azar está sempre à espreita de todos, inclusive dos até então sortudos, vaidosos e arrogantes.

É justamente esta a função da tolerância de acordo com a perspectiva retórica que informa todo este livro: frear e mitigar a institucionalização da intolerância – oriunda das supostas superioridades e inferioridades geradas pelas desigualdades – e fazer da filosofia do direito sua aliada nessa tarefa, pois, como aqui se insiste a todo tempo, o direito é fator poderoso na constituição da realidade. A tolerância compensa as desigualdades e estabiliza as frustrações decorrentes das vicissitudes.

Pelo menos na civilização ocidental, a necessidade de tolerância começa a ser pregada pelos espíritos mais esclarecidos quando entram em choque os grandes monoteísmos, todos insistindo na validade absoluta de suas crenças. Fácil perceber como essa pretensão de exclusividade, estranha ao politeísmo anterior, levaria a intolerância e conflito, o que de fato vem a ocorrer entre judaísmo, cristianismo e islamismo.

Muitos conflitos depois, a complexidade e a pulverização ética da sociedade ocidental contemporânea demandam tolerância como uma necessidade funcional crescente. Agora em um contexto de opções éticas mais e mais fragmentárias, muito diferente da homogeneidade presente em sociedades mais primitivas, a intolerância dificulta a harmonização dos conflitos que o direito precisa assegurar.

Uma quarta e última estratégia para enfrentar o abismo axiológico aqui é aceitar a **intransponibilidade entre ser e dever ser**. Não exatamente com as pretensões de cientificidade de Kant ou de Kelsen, porém como uma metáfora, uma hipótese provisória em favor das posições dualistas. Aos monismos que defendem ser a ética física ou quimicamente determinada cabe o ônus da prova. No estado atual das ciências biológicas, físicas e químicas não se conseguem demonstrar relações causais na esfera axiológica.

Separar ser e dever ser é estratégia ética na medida em que a esfera do dever ser vai fazer uma projeção para o futuro, numa esfera de mútuas promessas, função da norma a ser discutida no capítulo quinto.

Aceitar a instransponibilidade entre ser e dever ser significa então recusar a etiologia e a escatologia também no plano da ética. As opções éticas estão à disposição do ser humano, são sua responsabilidade e só por sua vontade o mundo dos eventos é normatizado. Em linguagem kelseniana, aceitar que não se podem retirar normas de fatos, pois uma opção normativa tem que ter por base outra opção normativa, conforme exposto na introdução.

Separar as esferas de ser e dever (ser) não é o mesmo que diferenciar as formas de abordagem descritiva e prescritiva, apesar de sua íntima relação. Isso porque, como bem mostrou Kelsen, também a esfera do dever ser pode ser descrita. A abordagem prescritiva (normativa) é uma forma de adaptação do ser humano ao ambiente e faz parte da chamada razão humana para controlar as incertezas do futuro.

Apesar da importância estratégica da distinção, a retórica realista a descarta. Nem mesmo no sentido do exemplo de que acidentes geográficos podem-se exclusivamente descrever.[76] Quando alguém diz que está descrevendo algo, o que pretende é que seu relato seja aceito, vença a concorrência de outros relatos. Quando se pretende prescrever algo, por outro lado, ocorre o mesmo, quer-se que o que é dito efetivamente seja, torne-se aquilo que se diz que deve ser.

Pretender superar a tese de que a distinção entre ser e

---

[76]. Diferentemente do que afirma ROBLES, Gregorio. **Teoria del derecho** – fundamentos de teoria comunicacional del derecho, vol. I. Madrid: Civitas, 1998, p. 116.

dever ser corresponde a uma "realidade" não significa que a retórica realista analítica recuse a distinção entre **perspectivas** ou formas de abordagem (*approaches, Einstellungen*) empíricas e normativas. Mais ainda, pretende assumir uma perspectiva empírica.

Uma teoria **empírica** dirige-se ao passado e procura descrevê-lo tal como parece àquele que a expressa; é uma perspectiva menos ambiciosa, mas nem por isso livre de divergências, sobretudo quanto a sua suposta característica de abster-se de juízos de valor. Uma teoria **normativa** tem como vetor o futuro, para o qual procura prescrever otimizações, melhorias na visão de seu autor, isto é, quer modificar, dirigir, influenciar o ambiente e a conduta das pessoas. Uma terceira variante, que se pode chamar de **escatológica**, é aquela que pretende utilizar o passado para descrever o futuro, prever algo que ainda não existe a partir da observação daquilo que aconteceu, descobrir no passado "leis" que lhe permitiriam prever o curso dos eventos no futuro.

No que concerne à filosofia do direito, a questão axiológica envolve a noção de legitimidade, cuja evolução no Ocidente pode ser vista como um caminho que vai progressivamente da crença em conteúdos éticos prévios dos jusnaturalismos até a total disponibilidade ética dos positivismos, num processo descontínuo, é certo, sisífico, porém facilmente perceptível, antes chamado de um "progressivo esvaziamento de conteúdo axiológico nos fundamentos do direito positivo". O direito perde referências éticas externas, a legitimidade torna-se legitimação e passa a identificar-se não somente com a legalidade, mas com a validade mesma do direito positivo: justo, ético, legítimo é aquele direito produzido por autoridade competente segundo um rito de elaboração prescrito pelo próprio ordenamento jurídico. Não há mais o intrinsecamente justo, substantivado na expressão "legitimidade", mas sim um processo, uma ação legitimante, "legitimação", levada a efeito internamente pelo próprio sistema jurídico.[77]

A civilização ocidental vem construindo meios de resolver esses dois abismos. A seguir deve-se ver como se deu essa evolução e como o jusnaturalismo e o juspositivismo tentaram resolver tanto o problema gnoseológico quanto o axiológico no direito.

2.4. Diferenciação entre direito justo e direito posto: o esvaziamento de conteúdo ético nos fundamentos prévios do direito faz da legitimidade legitimação

Para que a visão histórica do direito não se apresente de forma escatológica e etiológica, mas tampouco se reduza a descrever e datar eventos no fluxo do tempo, é preciso que haja um fio condutor, uma ideia ou conceito que ilumine esse fluxo e o torne compreensível. Essa ideia aqui é a evolução da indiferenciação para a diferenciação ética, de menor para maior complexidade social, evolução que não implica qualquer juízo de valor. Claro que o simples fato de se criarem denominações diferentes para as ordens éticas já indica diferenciação, mas aqui parte-se da observação que, em sociedades menos complexas, moral, religião, direito, política, etiqueta não se distinguem nitidamente. Para acompanhar essa evolução pode-se tomar a lenta, mas progressiva **separação entre o direito justo e o direito posto** – a princípio subordinados a concepções de política, de moral, de religião – ligada a uma das dicotomias mais importantes na história do direito ocidental, vale dizer, o embate entre jusnaturalismo e juspositivismo.

Definindo genericamente os termos, começando pelo **jusnaturalismo**, para entender o que têm em comum Sófocles, Cícero ou Tomás de Aquino, em que pese às diferenças entre suas filosofias, ressaltem-se três características necessárias e uma contingente.

Em primeiro lugar, a doutrina do direito natural parte

---

77. LUHMANN, Niklas. **Legitimation durch Verfahren**. Frankfurt a.M.: Suhrkamp, 1983.

do princípio de que o direito positivo tem um fundamento de legitimidade externo e superior, ou seja, há uma ordem jurídica que não se confunde com aquela empiricamente observável e que serve como critério para avaliá-la eticamente. O jusnaturalismo não nega a existência do direito positivo, pelo contrário, a pressupõe, pois este é um dado indiscutível da vida social. O juspositivismo é que nega o direito natural. Mas a metáfora milenar que relaciona o direito à "natureza" quer significar que esse direito está acima dos desígnios humanos e não é inventado pela vontade do poder dos governantes.

Em segundo lugar, por isso mesmo, o direito natural é o elemento limitador do poder, pois os governantes são guardiães e não criadores do direito positivo. Eles devem descobrir esses princípios diretores de justiça na natureza do mundo, assim como descobrem as leis biológicas ou astronômicas, sem poder modificá-las. Sobre em que consiste essa natureza divergem muito os jusnaturalistas, porém estão todos de acordo a respeito dessa função reguladora que a superioridade do direito natural deve impor ao direito positivo.

Finalmente, o direito natural tem um conteúdo ético definido, pressupõe uma distinção entre o bom e o mau, o justo e o injusto, distinção essa que é dada previamente e válida em si mesma, não resulta de quaisquer funções políticas ou procedimentos, pois a justiça não é fruto de escolha ou decisão de governantes ou governados. Até aí estão também de acordo todos os jusnaturalistas.

Uma quarta característica não é comum a todos e divide os jusnaturalistas: refere-se à imutabilidade do direito natural, sua invariabilidade no tempo e no espaço históricos e, consequentemente, à sua universalidade. Para os que defendem um "direito natural de conteúdo variável", os quais podem ser inseridos na axiologia do objetivismo histórico mencionado acima, as diversas civilizações percebem diversamente o direito natural, o que leva a diferentes concepções de justiça positiva.

UMA TEORIA RETÓRICA DA NORMA JURÍDICA E DO DIREITO SUBJETIVO

Já é preciso muita diferenciação social para que os governados avaliem as opções dos governantes como justas ou injustas, isto é, que tenham claro um critério superior que lhes sirva de parâmetro. Numa sociedade indiferenciada, as decisões do poder efetivo são os únicos dados disponíveis, pois aquele é o único poder conhecido, aquele que se revela por intermédio do direito positivo, o único direito que há. Assim, nos primórdios da civilização tem-se a **fase da indiferenciação**, na qual simplesmente não há consciência da distinção entre direito posto e direito justo. Com efeito, para que uma comunidade conceba que as regras impostas pelo poder dos governantes podem não ser as regras corretas, é preciso um alto grau de sofisticação, de complexidade social. Só há espaço para uma única ordem possível e esta é a ordem existente, não tem sentido perguntar por seu fundamento.

Com a diferenciação entre o direito positivo e o natural, aparece a ideia de que há uma ordem imanente à natureza, acima do arbítrio dos governantes, a qual fornece o fundamento obrigatório do direito positivo. Por isso a Antígona de Sófocles tem direito de enterrar o irmão. Pode-se chamar essa fase de **jusnaturalismo cósmico**, no qual o fundamento do direito faz parte de uma ordem universal, acima do próprio deus demiurgo, de sabedoria e poder limitados e imperfeitos, que não a criou e por isso a ela também se submete. Daí que, no *Timeu* de Platão, o demiurgo não cria a realidade e apenas modela a matéria caótica preexistente, de acordo com essa ordem perfeita e eterna.[78]

Deve ser enfatizado que o argumento de Sófocles é muito anterior à dicotomia direito natural *versus* direito positivo ou legitimidade *versus* legalidade; o direito superior a que Antígona se refere é sem dúvida um direito consuetudinário e, como tal, positivo, ainda que acima do direito emanado do tirano. Aqui se insiste, inobstante, que esse direito costumeiro pré-aristotélico está acima do direito posto pelo poder efetivo

---

78. PLATO. **Timeu**. **The works of Plato**, trad. J. Harward, Col. Great Books of the Western World. Chicago: Encyclopaedia Britannica, 1990, vol. 6.

porque de acordo com um direito cósmico, daí **natural**.

Começa então um longo caminho no sentido de uma diferenciação cada vez mais evidente, a qual vai levar de um direito justo de caráter nebuloso e vedado ao conhecimento humano até uma justiça que vale por decisão do direito positivo e por ele pode ser a todo momento modificada. Esse processo se confunde com a própria civilização ocidental no que concerne à filosofia do direito.

Pode-se dizer que, numa primeira fase, há uma diferenciação ontológica, mas não gnoseológica. Isso significa que o ser humano percebe, intui que há um ordenamento jurídico acima do direito positivo, mas não tem acesso aos critérios que fazem essa diferenciação, não consegue compreendê-los e muito menos lidar com eles. O direito justo emana de Deus, deve prevalecer sobre o direito posto e empiricamente perceptível, mas as determinações divinas não estão ao alcance humano.

Com o alvorecer do Cristianismo aparece o **jusnaturalismo teocrático**, que pode ser exemplificado pela obra de Agostinho. Deus continua sendo o fundamento do direito natural, mas agora se trata de um deus criador e todo-poderoso; embora esteja claro que o direito de Deus não se confunde com o direito dos homens, não é dado a estes perceber os desígnios superiores. Assim é que todos os seres humanos estão condenados ao fogo do inferno por força do pecado original; mas Deus, em sua infinita misericórdia, escolhe alguns e os salva para si. Só que não se podem compreender as "razões" dessas escolhas: a redenção é uma graça e ninguém a recebe ou é condenado por quaisquer méritos ou deméritos. Essa visão desanimadora é companheira de uma época de alta instabilidade social, com os bárbaros ameaçando a cristandade de fora e as heresias por dentro, e ajuda a compreender o caráter sombrio do processo penal na alta Idade Média.

A concepção de que as almas dos seres humanos individuais serão julgadas para a eternidade em consequência de suas ações na vida terrestre é posterior, companheira de uma Igreja mais confiante e bem-sucedida no mundo, com uma percepção mais lógica e racionalista do direito natural em suas relações com o direito positivo. Nessa fase, os desígnios de Deus já podem ser compreendidos, é certo, mas não por todos. Nada que vem de Deus é irracional, mas a razão continua não sendo suficiente para compreendê-lo. É o direito natural de uma Igreja Católica Apostólica Romana vencedora, superior aos governos seculares e pacificada no combate a heresias e apostasias. Além da razão, é necessária a autoridade da revelação e só na Santa Madre Igreja essas duas vias convergem para o conhecimento da justiça divina. É o **jusnaturalismo teológico**, divino e lógico, que tem a Igreja como elo entre o direito natural e o direito secular dos governantes. Para Tomás de Aquino, o direito divino por essência, a *lex aeterna*, segue a ideia da *Cidade de Deus* de Agostinho e permanece intangível para o mundo. O direito divino por participação, a *lex naturalis*, é o fundamento do direito positivo, a *lex humana*, por intermédio dos eflúvios que este capta daquele. Só que tal inspiração, apesar de racional, não é percebida por todos e precisa da revelação que só a Santa Madre Igreja pode facultar; por isso a obra do Doutor Angélico dedica-se a conciliar a obra de Aristóteles e as escrituras sagradas da Igreja de Roma. Daí a *auctoritas* da Igreja como fundamento de legitimidade da *potestas* dos governantes seculares. Antes mesmo da poderosa síntese de Aquino, conciliando os ensinamentos católicos com os de Aristóteles, a prática política já demonstrava essa superioridade, já que, na decadência geral da civilização que ocorreu durante as incessantes guerras a partir do século VI na Europa, só a Igreja preserva alguma cultura, em que pese aos fanatismos. O papa Gregório Magno admoesta reis e príncipes bárbaros e distribui sua legitimidade divina aos poderes seculares e a seu direito positivo, considerando-se herdeiro da autoridade da Roma antiga, inclusive acima do imperador.[79] É assim essa fase mais um passo no caminho

---

79. RUSSELL, Bertrand. **History of Western Philosophy** – and its Connection with Political and Social

da mundanização do direito, posto que agora o justo é não apenas perceptível, ele é claramente acessível pelo menos a uma parcela escolhida de seres humanos.

A revolução causada pelas 95 teses de Lutero marca como que uma declaração de decadência da Santa Madre Igreja, um ataque que vem de dentro, fundamentos religiosos que serão de pronto aproveitados pela pragmática política. Foi pelo apoio dos governantes seculares, fartos da política papista, que a Igreja de Roma não conseguiu eliminá-lo. Com Lutero um aliado de peso: a imprensa, que lhe possibilitou viabilizar o primeiro *best-seller* da história ocidental, com sua tradução da Bíblia para o alemão, que alcançou a extraordinária marca de duzentos mil exemplares vendidos antes de sua morte.[80]

O direito justo tem sua origem em Deus sim, argumentam os protestantes, mas exatamente por isso todo e qualquer ser humano, igualmente dotado por Deus de razão, pode perceber o direito natural, sem intermediação do clero que o catolicismo construíra e impusera. É o direito natural **antropológico**. Nem a vontade do próprio Deus, contudo, tem a justiça à sua mercê, como dito na famosa frase de Hugo Grotius: "O direito natural é tão imutável que nem sequer Deus o pode modificar. Porque, embora seja imenso o poder de Deus, podem-se, contudo, assinalar algumas coisas as quais não alcança."[81] Foi assim que os pensadores e juristas do século XVII cooperaram para a secularização da esfera pública, com a separação do direito e da política das amarras da teologia, pois as regras do direito natural forneceriam as bases da organização social mesmo que Deus não existisse.[82]

No plano do direito positivo, o direito natural

Circumstances from the Earliest Times to the Present Day. London: Routledge, 1993, p. 377 s.

80. FIEDLER, Teja; GOERGEN, Marc. **Die Geschichte der Deutschen** – von den Germanen bis zum Mauerfall. München: der Hörverlag, 2008, CD 2.

81. GROTIUS, Hugo. **O direito da guerra e da paz** (De Juri Belli ac Pacis). Introdução de António Manuel Hespanha, trad. Ciro Mioranza. Ijuí: Ed. Unijuí, 2004, 2. vols., v. 1, p. 41 e 81.

82. ARENDT, Hannah. The Concept of history – ancient and modern, *in* ARENDT, Hannah. **Between past and future** – eight exercises in political thought. New York: Penguin, 1980, p. 70.

antropológico vem fornecer subsídios filosóficos e ideológicos para a crescente necessidade de separação entre os poderes espiritual e temporal, a qual marca a perda de poder da Igreja e a ascensão do Estado moderno. O Estado moderno vai unir o poder do Imperador ao dos nobres locais, cuja anterior separação sempre cooperou para o poder da Igreja, pretendendo o monopólio na produção última do direito, conforme visto no capítulo passado.

Isso traz pelo menos duas diferenças importantes em relação ao direito natural da Igreja: a um, há uma distinção gnoseológica, pois o direito justo é passível de conhecimento pela razão humana; a dois, há uma diferença ontológica, pois essa razão não é transcendente, mas faz parte da própria condição humana. E Deus continua como seu criador, mas o direito natural se aproximara mais da humanidade.

Essa ideia vem cooperar com a politização da igualdade, sim, pois em tese todos os seres humanos são dotados dessa razão que lhes permite descobrir o direito justo, mas sua aplicação prática revela um elemento desagregador.

Se Deus fala a todos igualmente e os seres humanos efetivamente divergem sobre os resultados dessa conversa, o problema é decidir sobre o critério para sanar as divergências sobre o direito justo que vai inspirar o direito positivo. Está-se de acordo sobre a desnecessidade de um clero hierarquicamente organizado para uniformizar as divergências, mas a razão de Deus parece iluminar os humanos desigualmente, posto que divergem sobre posturas éticas de toda natureza.

Cabe aqui comentar que esse "todos iguais" não sinalizava ainda uma democracia moderna. Só era dada cidadania política nesse sentido aos ricos e outras formas de elite, como se vê nos institutos do voto capacitário, censitário, múltiplo, familiar, além de discriminações para com negros, mulheres, imigrantes etc.

Kelsen prefere denominar o jusnaturalismo teológico de

"metafísico" e o antropológico de "racional".[83] Acontece que o jusnaturalismo de Grotius tem também sua metafísica, do mesmo modo que a doutrina teológica de Tomás de Aquino pretende uma racionalidade tão universal a ponto de buscar conciliar-se com a filosofia de Aristóteles. Daí as denominações escolhidas aqui: teológico e antropológico em lugar de divino e racionalista ou metafísico.

A última fase do jusnaturalismo pode ser chamada de **contratualista**, defendida por filósofos preocupados com o trinômio sociedade civil, Estado e governo. Como vai desembocar na teoria da democracia e ensejar a vitória do positivismo, também pode ser chamado de jusnaturalismo **democrático**. Em Rousseau, Locke e mesmo no chamado absolutismo de Hobbes, o poder emana de um contrato ideal de que fazem parte todos os cidadãos em pé de igualdade.

Em diferentes graus, no que concerne ao direito, os contratualistas desconfiam da universalidade do voto e do princípio da maioria. O critério para o direito justo não deve ser procurado no direito positivo (por isso são ainda jusnaturalistas), nem nas maiorias circunstanciais que o sistema *one man, one vote* pode produzir. Assim apelam a instâncias como a "Vontade Geral" de Rousseau, a qual deve guiar as escolhas éticas sem confundir-se com a vontade da maioria, mas mostra-se de tal forma vaga que não há como direcioná-la politicamente, ou seja, pode-se utilizá-la para justificar qualquer decisão, pois ela não tem um portador definido nem um tradutor inequívoco.

É em um contexto de complexidade social crescente e de fragmentação das opções éticas que se revela a alta flexibilidade do princípio da maioria. Ele surge restrito a cidadãos de posses, do sexo masculino, desigual de diversas maneiras, mas a universalidade e a igualdade do voto passam a acompanhar de modo crescente a formalização procedimental

---

83. KELSEN, Hans. **A Justiça e o Direito Natural** (Apêndice à 2. ed. da **Teoria Pura do Direito**, 1960), publicado separadamente com tradução de J. B. Machado. Coimbra: Arménio Amado, 1976, p. 1819.

da legitimidade, a legitimação.

A maioria fixa as regras de competência e de rito e a partir daí o conteúdo ético do direito passa a ser decidido de acordo com esses procedimentos: o justo não é exatamente esse ou aquele conteúdo ético, como proibir ou permitir a tortura ou o aborto, mas sim o conteúdo ético circunstancial ditado pelos procedimentos. Aí o direito passa a se modificar cada vez mais radical e rapidamente, ampliando a indeterminação de seus postulados funcionais mais básicos, tais como normas e procedimentos decisórios constitucionais.

Maquiavel e Hobbes podem ser considerados precursores do realismo, corrente positivista contemporânea que, dentre outras características e diferenças, admite a possibilidade de **qualquer conteúdo ético** para o direito. Assim Maquiavel explicita claramente a relação não apenas entre direito e coercitividade, como também entre direito e violência:

> Porque não há confronto algum entre um homem armado e um desarmado; e não é lógico que um que está armado obedeça voluntariamente a um que está desarmado, e que o Príncipe desarmado possa viver seguro entre servos armados. Porque havendo sofrimento nos servos armados e desconfiança nos príncipes desarmados, não é possível que trabalhem bem juntos.[84]

Ao construir sua doutrina a partir da observação dos eventos ao seu redor, sem preocupações teológicas e acadêmicas, Maquiavel é o primeiro a verificar a defasagem entre a filosofia jusnaturalista e a realidade, na qual o soberano não está submetido a freios morais externos.

Importante ressaltar que Maquiavel não ignora as

---

84. MACHIAVELLI, Niccoló. **Il Principe** e pagine dei Discorsi e delle Istorie, a cura di Luigi Russo, traduzione in italiano moderno di Giuseppe Bonghi. Firenze: Sansoni editore, 1967 (13. ed.), cap. XIV, p. 38: "Perché non c'è alcun confronto tra un uomo armato e uno disarmato; e non è logico che uno che è armato obbedisca volentieri a uno che è disarmato, e che il Principe disarmato possa vivere al sicuro fra servitori armati. Perché essendoci insofferenza nei servitori armati e diffidenza nei principi disarmati, non è possibile che operino bene insieme."

virtudes humanas como a bondade e a solidariedade, mas as considera externas à política, posto que exercício da bondade não tem lugar na política, é prejudicial ao poder. Mais ainda, a bondade é incompatível com a política, pois uma comunidade formada exclusivamente por homens bons é um paraíso, não uma sociedade política. É curioso como antecipa admiravelmente o que estava por vir na modernidade.

Outro importante precursor do realismo é Thomas Hobbes, cuja defesa do absolutismo, curiosamente, fundamenta-se numa teoria contratualista e na soberania popular. O Estado constitui-se como resultado do contrato social e, por não ser parte, não se obriga sequer a ele. Os cidadãos, não suportando o estado de natureza do homem como lobo do homem, entregam ao soberano todos os seus direitos naturais. Logo, não há direitos acima da soberania constituinte, nenhuma amarra prévia às opções do Leviatã, também um postulado básico do positivismo que estava por vir.

A antropologia individualista e mecanicista de Hobbes pode ser dita pessimista, pelos que dela não compartilham, ou realista, pelos que com ela concordam. As paixões egoístas dos seres humanos só arrefecem diante do medo de um mal maior, diante das ameaças do estado de natureza, antes, ou diante das ameaças do soberano, depois do contrato social:

> Pois as leis da natureza, como justiça, sanidade, modéstia, misericórdia e, em suma, fazer aos outros o que fosse feito a si mesmo, por si mesmas, sem o medo de algum poder que provoque sua observância, são contrárias às nossas paixões naturais, as quais nos levam a parcialidade, orgulho, vingança e assemelhados. E acordos, sem a espada, não passam de palavras e não têm força alguma para dar segurança a um homem.[85]

---

85. HOBBES, Thomas. **Leviathan** or Matter, form and power of a state ecclesiastical and civil. Col. Great Books of the Western World. Chicago: Encyclopaedia Britannica, 1990, v. 21, p. 39-283, cap. XVII, p. 99: "For the laws of nature, as *justice, sanity, modesty, mercy*, and, in sum, *doing to others as we would be done to*, of themselves, without the terror of some power to cause them to be observed, are contrary to our natural passions, that carry us to partiality, pride, revenge, and the like. And Convenants, without the sword, are but words and got no strength to secure a man at all."

UMA TEORIA RETÓRICA DA NORMA JURÍDICA E DO DIREITO SUBJETIVO

Outro importante contratualista, John Locke, vê o início do direito positivo de forma diferente. Enquanto o contrato de Hobbes constitui o direito e desaparece da vida pública, só podendo ser questionado no caso de o soberano não conseguir garantir a própria sociedade civil e o direito à vida dos cidadãos, o contrato de Locke permanece na esfera pública como limitação ao poder do soberano, que é parte dele e a ele está submetido. Foi o pensamento de Locke que mais impregnou o constitucionalismo que triunfou no Ocidente enquanto filosofia política e o correspondente positivismo democrático enquanto filosofia jurídica. A dogmática moderna optou pelo positivismo, pois os argumentos e decisões precisam se reportar a fontes do direito válidas e pertinentes, a regras positivas. Ela instrumentalizou a separação entre a criação e a aplicação do direito, conforme será visto adiante.

No plano do direito positivo, verifica-se uma ascensão da lei como a fonte do direito estatal por excelência, expressão fiel da vontade do povo, escrita e legislada por seus legítimos representantes, monopólio último do Estado na produção do direito positivo, o único direito. Aí aparecem **dois problemas** importantes: o do progressivo distanciamento entre o texto geral prévio e o significado da lei diante do caso concreto e o do princípio da separação de poderes diante da criação do direito pelo judiciário.

A diferença entre significante e significado perpassa todo este livro e vai ser retomada. O que se quer ressaltar agora é como a crescente complexidade social e a pulverização das expectativas e interesses fazem com que os mesmos textos legais venham a adquirir os mais diversos significados nas decisões concretas, isto é, como a complexidade social aumenta as possibilidades de criar significados para os mesmos significantes.

Esse distanciamento aparece nitidamente na relação entre os conceitos de lei e norma, por exemplo. No começo do positivismo, lei e norma são praticamente sinônimos e não há consciência da distinção linguística entre significante e significado:

> A aplicação do direito consiste no enquadrar um caso concreto em a norma jurídica adequada. Submete às prescrições da lei uma relação da vida real; procura e indica o dispositivo adaptável a um fato determinado.[86]

Entende-se "norma" como um significante já portador de um significado intrínseco, "correto". Depois Kelsen vai dizer que o texto é uma "moldura" que separa as possibilidades de decisões devidas das indevidas, mas que, dentro das duas ou três devidas, não é possível distinguir uma única correta, ou seja, que um mesmo significante pode ter vários significados (*Rahmentheorie*). E hoje autores como Friedrich Müller afirmam que a interpretação da norma jurídica é constitutiva da própria norma jurídica, ou seja, o texto legal é apenas um "dado de entrada" para a construção do significado normativo diante do caso concreto.[87]

O segundo problema diz respeito à criação do direito pelo poder judiciário. Com efeito, a separação de poderes é um princípio relevante no direito ocidental e uma metarregra tão importante no sistema brasileiro que foi alçada à categoria de cláusula pétrea. De acordo com os primeiros positivistas, como Montesquieu, cabe ao judiciário decidir somente quando provocado, restrito ao caso concreto, e agir com competência técnico-jurídica, neutralidade e retidão ética, em total submissão à literalidade da lei. Isso o liberta do debate sobre o conteúdo ético das regras jurídicas, sua responsabilidade é aplicar decisões alheias (do poder legislativo), "subsumir fatos a normas".

Na observação desses dois problemas, o positivismo pode ser classificado em **três grandes tendências** ou correntes, cada uma das quais com várias escolas, cujas principais teses são resumidas logo abaixo: as teorias da única decisão correta, dedutivistas, como a Escola da Exegese francesa, ou indutivistas,

---

86. MAXIMILIANO, Carlos. **Hermenêutica e aplicação do direito**. Rio de Janeiro / São Paulo: Freitas Bastos, 1957, p. 19.
87. MÜLLER, Friedrich. **Strukturierende Rechtslehre**. Berlin: Duncker & Humblot, 1994, p. 251 s.

como a de Ronald Dworkin; as teorias da moldura, autorreferentes, como a de Hans Kelsen, ou heterorreferentes, como a de Robert Alexy; e as teorias realistas, em seus diversos matizes.

Para quem defende a tese da única decisão correta, a separação de poderes é inquestionável e determina que o poder legislativo crie o direito e o poder judiciário o aplique, devendo haver uma inibição recíproca e harmônica nessa relação. No plano hermenêutico, esses pensadores consideram que a interpretação do direito pode e deve ser evitada – o que ocorre quando a lei é competentemente elaborada – ou pelo menos ser a mais literal possível, quando for inevitável. No que diz respeito à iniciativa de agir, o judiciário só pode se pronunciar ao ser provocado por terceiros, ao passo que o legislativo tem a iniciativa e o monopólio da criação do direito. Por isso mesmo, a responsabilidade pelas escolhas éticas cabe ao poder legislativo, escolhido pelo povo, uma vez que o juiz é um funcionário burocrático que não pode ser responsabilizado por suas decisões, desde que tomadas de acordo com a lei. Depois, como a criação do direito só se dá mediante a atividade do legislador, não há consciência da distinção entre o texto da lei e a norma jurídica, que é tida como sinônimo desse mesmo texto e como sempre dotada de generalidade, enquanto que a sentença e a decisão executiva não são consideradas normas jurídicas ou fontes de normas jurídicas. Finalmente, de uma perspectiva argumentativa, a aplicação da lei é considerada dedutiva e silogística e é por isso mesmo que só há uma resposta correta.[88]

Essas teorias da única decisão correta partem de uma antropologia iluminista de confiança na "racionalidade" e seus corolários, tais como objetividade, cientificidade, neutralidade, adequação, correção etc. Essa maneira de ver a realidade jurídica começa a ruir com um fenômeno anterior à atual expansão no poder dos juízes, qual seja o crescimento

---

[88]. Ressalte-se que Dworkin hoje defende a tese da única resposta correta sob uma perspectiva indutiva, ou seja, a partir das características únicas e irrepetíveis do caso concreto é que cada caso só possibilitaria uma decisão justa. DWORKIN, Ronald. **Taking rights seriously**. London: Duckworth, 1994, p. 31 s. e 68 s.

do executivo, que mais e mais precisa de normas jurídicas genéricas, rápidas e eficientes, criadas por ele mesmo. Na filosofia do direito o romantismo vai combater a única resposta correta ao enfatizar a vontade e o sentimento em detrimento da "frieza" da razão iluminista.

Para as teorias da moldura, portanto, o caso concreto pode ter decisões diferentes e igualmente corretas, servindo a lei para balizar e separar as poucas decisões corretas, as que ficam "dentro", das muitas incorretas, as que ficam "fora da moldura" da lei; as diferenças entre as decisões igualmente corretas são devidas a fatores juridicamente irrelevantes, que não devem ser levados em consideração no estudo do direito, tais como a personalidade, as experiências pessoais de vida ou o ambiente social do julgador. Sob o ponto de vista da classificação das normas jurídicas, a generalidade não é mais vista como caráter essencial, isto é, as normas jurídicas também podem ser individuais. Daí que a lei não se confunde com a norma, a sentença é espécie de norma jurídica e o julgador cria e aplica o direito simultaneamente, assim como o legislador, num processo de criação-aplicação normativa que vai até a norma fundamental de Kelsen, que é ideal e pressuposta para impedir o regresso ao infinito. Como há várias decisões justas possíveis e a interpretação é sempre necessária, alguma ambiguidade e vagueza toda lei terá. Em comum com as teses da única resposta correta pode-se dizer que os defensores da teoria da moldura continuam a ver a decisão dedutivamente e a não levar em consideração a distinção entre significantes e significados, entre fontes do direito (p. ex., textos de lei) e norma.

As teorias da moldura são aqui denominadas autorreferentes se consideram que o procedimento fixado pela moldura é fruto do direito positivo, da vontade dos poderes envolvidos segundo as regras por eles mesmos fixadas. As teorias da moldura heterorreferentes defendem que o procedimento e os resultados adequados (decisões corretas) estão acima da vontade dos poderes estabelecidos e das eventuais regras de direito positivo, vêm de uma instância superior como "razão prática" ou "agir comunicativo".

A partir de uma antropologia mais cética e relativista, as teorias realistas defendem que todo argumento pode ter o mesmo peso que seu contrário (isostenia) e daí que todo texto pode ser interpretado em direções opostas, não há qualquer garantia de objetividade na comunicação, que é autorreferente. O processo de tomada de decisão é considerado sempre indutivo e a lei serve, no máximo, para expor e justificar uma decisão já tomada por outros meios. Toda norma jurídica é assim individual, casuística, e o legislador faz apenas um texto, um dado de entrada para a construção da norma no caso concreto. Não é que a norma seja um gênero do qual a lei, o contrato, a jurisprudência, o costume sejam espécies: essas fontes do direito são consideradas expressões simbólicas, signos linguísticos que procuram expressar sentidos e alcances, isto é, significados normativos.

2.5. Diferenciação e teses sobre a prevalência do direito subjetivo ou do direito objetivo: tentativas do positivismo para fundamentação externa dos direitos

Nos termos da teoria dogmática, o direito subjetivo consiste na faculdade de agir, de fazer, de omitir, de obrigar ou impedir outros de agir e de omitir, desde que garantida pelo direito objetivo. O problema do direito subjetivo foi estudado por autores importantes dos séculos XIX e XX e sua prevalência revela-se em sua progressiva constitucionalização, fenômeno ainda em curso nos dias de hoje.

Na perspectiva da filosofia do direito, na esteira do debate entre jusnaturalismo e juspositivismo, o problema fundamental a respeito é se há direitos subjetivos válidos por si mesmos, prévios e superiores ao direito positivo, ou se os direitos subjetivos são concedidos pelo direito objetivo posto, conforme colocado na introdução deste livro. Aí tem-se a controvérsia da prevalência do direito subjetivo sobre o objetivo ou vice-versa, para cuja análise pode-se tomar como ponto de partida os contratualismos de Rousseau e Hobbes.

Para Jean-Jacques Rousseau o ser humano traz direitos subjetivos do estado de natureza, os quais o Estado, por ser a outra parte no contrato social, deve respeitar e proteger. Esses direitos dos cidadãos limitam a ação do Estado:

> Vê-se por essa fórmula que o ato de associação encerra um engajamento recíproco do público com os particulares e que cada indivíduo, firmando um contrato, por assim dizer, consigo mesmo, encontra-se engajado sob uma dupla relação, a saber, como membro do soberano diante dos particulares e como membro do Estado diante do soberano.[89]

Já para Hobbes o direito objetivo deve prevalecer, como visto, já que o Estado não está submetido ao contrato social, por não ser parte, mas resultado dele. As partes são os cidadãos, que abdicam de todos os seus direitos e os transferem ao Leviatã.

O debate que daí se segue vê surgir teorias que tentam conciliar a existência de direitos subjetivos acima do arbítrio do Estado e seus governantes, ideia herdada dos jusnaturalismos, com as exigências por um fundamento empírico para o direito e por um caráter científico no estudo do direito positivo, colocadas pelos juspositivismos. Do ponto de vista ético, era necessário distinguir direito de arbítrio e se defender da acusação de que o positivismo legitimaria quaisquer conteúdos éticos. Um novo arsenal teórico precisava ser construído para compreender e respaldar o cidadão diante do Leviatã: o direito subjetivo precisa de um fundamento acima do direito

---

[89]. ROUSSEAU, Jean-Jacques. **Du contract social** ou principes du droit politique. Amsterdam: chez Marc Michel Rey, 1762, Ch. VII: "Du Souverain – On voit par cette formule que l'acte d'association renferme un engagement réciproque du public avec les particuliers, et que chaque individu, contractant, pour ainsi dire, avec lui-même, se trouve engagé sous un double rapport; savoir, comme membre du souverain envers les particuliers, et comme membre de l'État envers le souverain."

UMA TEORIA RETÓRICA DA NORMA JURÍDICA E DO DIREITO SUBJETIVO

objetivo, mas um **fundamento empírico** que seja verificável e não metafísico.

Esta é a nova ideia trazida pela Escola Histórica: a base dos direitos subjetivos é a **vontade humana**, não a vontade metafísica ou uma vontade racional idealizada, mas a vontade como fenômeno psíquico real e observável. O direito à vida e à propriedade, por exemplo, não são concessões do Estado, mas existem porque os seres humanos têm vontade de exercê-los.[90]

Para fazer frente a objeções de que o direito subjetivo não pode provir da vontade porque seres humanos incapazes de comunicar sua vontade, como crianças e deficientes, e os que não manifestam sua vontade sobre certos direitos, simplesmente por desconhecê-los, não deixam de ter os direitos subjetivos, Rudolf von Jhering introduz o conceito de **interesse**. O interesse consiste numa objetivação da vontade, aquilo que o direito considera seria a vontade de uma pessoa naquela situação. A finalidade é responsável pelo surgimento do direito subjetivo, na medida em que todo direito é visto como meio para determinado fim, segundo uma ética utilitarista guiada pelo critério do custo / benefício.

Assim o herdeiro tem direito à herança porque tal é seu interesse juridicamente protegido, ainda que não saiba de sua existência e dessarte não tenha qualquer vontade de exercê-lo. O interesse é o momento substancial do direito subjetivo e sua forma é a proteção da faculdade de agir, a possibilidade de reclamar em juízo.[91]

O debate traz novas críticas, no sentido de que há interesses mútuos que não trazem consigo direitos subjetivos, como no caso de negócios ilegais, e de que o direito subjetivo não se fundamenta em interesses substanciais, mas sim na proteção

---

90. SAVIGNY, Friedrich Carl von. **System des heutigen Römischen Rechts**. Berlin: Veit, 1840, Bd. 1, §§ 4 s., S. 7 f.
91. JHERING, Rudolf von. **Geist des romischen Rechts auf den verschieden Stüfen seiner Entwickelung**. Leipzig: Breitkopf & Härtel, Bd. III, 3. Auflage, p. 338.

jurídica garantida pela ordem jurídica positiva, o direito objetivo. Assim a *Interessenjurisprudenz* estaria retornando à tese de Hobbes, que faz depender do objetivo o direito subjetivo.

O *Tratado das Pandectas* de Regelsberger decide-se por uma **definição eclética**: além de um interesse juridicamente protegido, o direito subjetivo precisa da manifestação da vontade e de uma faculdade de agir para se constituir. George Jellinek também prefere combinar Savigny e Jhering, afirmando que "vontade e interesse ou bem compõem juntos o conceito de direito"[92], assim como Bernhard Windscheid, para quem o direito subjetivo é "um poder da vontade garantido pela ordem jurídica".[93]

Já no século XX, a teoria chamada **monista** recusa esse debate de prevalência do direito objetivo ou subjetivo. Essa é uma falsa dicotomia, pois não se pode separar um do outro, só fazem sentido juntos, argumenta Kelsen: por um lado só se pode chamar uma pretensão de direito se ela está garantida pelo direito objetivo; por outro, as regras gerais do direito objetivo só tem sentido se garantirem pretensões e incidirem sobre relações jurídicas concretas.[94]

A oposição entre direito subjetivo e objetivo substitui a oposição entre direito natural e direito positivo, que vai desembocar na solução do constitucionalismo, qual seja, na positivação de declarações de direitos subjetivos ditos fundamentais, enfraquecendo ambas as oposições: os direitos naturais tornam-se positivos e os direitos subjetivos só têm sentido se garantidos pelo direito objetivo. Os pretensos direitos subjetivos naturais, não protegidos pelo direito objetivo, são também enfraquecidos, mas permanecem como ideologias, preferências éticas momentaneamente derrotadas na luta pela positivação.

---

92. JELLINEK, Georg. **System der subjektiven öffentlichen Rechte**. Tübingen: J. C. B. Mohr/Paul Siebeck, 1905 (zweite durchgesehene und vermehrte Auflage), p. 44.

93. WINDSCHEID, Bernhard: **Lehrbuch des Pandektenrechts**. Frankfurt a. M.: Rutten & Loening, 1891, § 37, p. 87 s.

94. KELSEN, Hans. **Allgemeine Staatslehre**. Wien: Österreichische Staatsdruckerei, 1993, p. 55.

CAPÍTULO TERCEIRO

Os níveis retóricos da dogmática jurídica para enfrentar os problemas do conhecimento e da ética

> *3.1. Dogmática jurídica existencial: os seres humanos não estão isolados, são apenas sós. 3.2. Dogmática jurídica estratégica: as opiniões que aqueles que lidam com o direito têm sobre a realidade constroem essa mesma realidade e ajudam a tornar a solidão comum. 3.3. Retórica analítica sobre a dogmática jurídica: não há uma dogmática analítica. 3.4. Retórica analítica e ciência do direito: descrição da dogmática como método e metodologia. 3.5. Os postulados funcionais da atividade dogmática para tratar os dois problemas: do texto à norma concreta.*

3.1. Dogmática jurídica existencial: os seres humanos não estão isolados, são apenas sós

Aqui vai sugerir-se transportar a tripartição da metódica retórica para a dogmática jurídica, buscando mostrar como os três níveis retóricos funcionam no direito moderno. As reflexões a seguir também devem ajudar a compreender o que este livro quer dizer com semelhante tripartição.

Para Hannah Arendt, a pluralidade constitui uma das condições básicas da vida humana e a cultura ocidental clássica sempre teve consciência disso: na concepção grega clássica, apenas na *polis* o ser humano é efetivamente humano e para os romanos só ao estar entre seus semelhantes – *inter homines esse* – ele pode perceber a realidade. Ao pensar consigo mesmo, porém, a pluralidade é reduzida a uma dualidade, um diálogo interno do indivíduo, no qual o ser humano faz companhia a si próprio. Para esse estado do pensamento é necessário estar em **solidão**, mas em solidão o ser humano também dialoga, também constitui retoricamente a realidade, pois a atividade mental é reflexiva. Diferente é o estado de **isolamento**, no qual o ato de pensar, esse diálogo consigo mesmo, não existe. O indivíduo isolado é incapaz de pensar e assim deixa de ser humano.

> As atividades mentais... especialmente o pensar – o diálogo silencioso do eu consigo mesmo – pode ser entendido como uma efetivação da dualidade original ou a separação entre mim e mim mesma que é inerente a toda consciência... A vida da mente, na qual eu faço companhia a mim mesma, pode ser silenciosa, mas nunca é calada e nunca pode ser completamente alheada de si mesma, por causa da natureza reflexiva de todas as suas atividades.[95]

A solidão requer que a pessoa esteja só, sem dúvida, mas o isolamento mostra-se muito mais claramente quando se está junto a outras pessoas, mas sem qualquer comunicação com elas. Sem um diálogo consigo mesmo é que o ser humano perde contato com seus semelhantes, mesmo que esteja fisicamente próximo a outros. A solidão pode se transformar em isolamento, o que ocorre quando uma pessoa se vê privada da própria companhia, o que vai fatalmente acarretar o distanciamento

---

95. ARENDT, Hannah. **Thinking (The life of the mind,** one vol. edition). New York / London: Harcourt Brace Javanovich, 1978, p. 74-75: "Mental activities... specially thinking – the soundless dialogue of the I with itself – can be understood as the actualization of the original duality or the split between me and myself which is inherent in all consciousness... The life of the mind in which I keep myself company may be soundless; it is never silent and it can never be altogether oblivious of itself, because of the reflexive nature of all its activities." Cf. também a p. 185.

das demais pessoas, cuja companhia "salva da dualidade, da equivocidade e da dúvida".[96]

Nesse sentido vai o controle público da linguagem que a retórica procura investigar, pois, ao se comunicar, a pessoa constitui a retórica material e são as convenções dessa comunicação que fazem, que compõem o que se chama de "realidade". Ora, o direito positivo é parte dessa realidade, isto é, dessa retórica material. Uma das formas de manifestação dessa realidade é a dogmática jurídica, um conjunto de métodos de organização do direito positivo desenvolvido a partir da modernidade.

A dogmática jurídica pode então ser definida como uma retórica dos métodos do direito positivo. Este livro procura examinar como a dogmática jurídica constitui a própria realidade do direito, na medida em que o define e controla, e como ela procede a essa manipulação, enfrentando o problema do conhecimento e o problema do discernimento ético, ou seja, enfrentando os abismos gnoseológico e axiológico no direito positivo.

A palavra "método" é aqui entendida como em suas origens gregas, o "caminho"[97]: o caminho que os seres humanos constroem para lidar com o mundo à sua volta. Nesse sentido a dogmática jurídica é uma forma de organização da linguagem do direito.

Procura-se assim aqui aplicar a tripartição retórica definida na introdução, que é filosófica e de caráter geral, especificamente à dogmática jurídica.

A dogmática material é a interpretação momentaneamente preponderante em determinado contexto. A "ciência do direito" tem um sentido estratégico e outro analítico, ambos com a função de fixar regras pelas quais um símbolo

---

96. ARENDT, Hannah. **Totalitarianism (The origins of totalitarianism**, v. 3). New York / London: Harcourt Brace Javanovich, 1973, p. 476.

97. RITTER, Joachim e GRÜNDER, Karlfried (*Hrsg.*). **Historisches Wörterbuch der Philosophie**. Basel – Stuttgart, Schwabe & Co., Band X, 1998, p. 1304-1332.

significante atrai outro, controlando relativamente seus significados. E a dogmática tem um sentido material, no primeiro nível, e um sentido estratégico, no segundo.

A dogmática material é empírica, sem dúvida. Mas não deve ser identificada com o empirismo. Locke, que pode ser considerado o fundador do empirismo moderno, argumentou que não existem ideias inatas porque o conhecimento e as próprias ideias vêm da experiência, contrariando Platão, a Escolástica e Descartes, dentre outros. No terceiro capítulo ("livro") de seu *Ensaio sobre o entendimento humano*, intitulado *Das palavras*, defende a convicção de que tudo o que existe é particular e que as essências genéricas dos escolásticos são "apenas palavras", numa posição nitidamente nominalista, condizente com uma das teses das filosofias retóricas. Locke é perspicaz ao avaliar o contexto das palavras:

> Mas embora as palavras, tal como usadas pelos homens, nada mais possam significar, de forma própria e imediata, do que as ideias que estão na mente daquele que fala, eles emprestam a elas, em seus pensamentos, uma referência secreta a duas outras coisas:[98]

A primeira delas é que os seres humanos pensam que as palavras que marcam suas ideias fazem-no da mesma maneira nas mentes dos outros com os quais se comunicam. A segunda é que os seres humanos supõem que as palavras se referem à realidade de coisas. Ora, essas suposições não são de modo algum óbvias.

George Berkeley nega até a realidade material, cuja existência dependeria da percepção que se tem dela. Mas Locke e Berkeley não servem a uma dogmática material, por raciocinarem sempre em termos de sujeito e objeto, ou seja, há uma realidade a ser experienciada, uma "estrutura da realidade"

---

[98]. LOCKE, John. **An essay concerning human understanding**. Col. Great Books of the Western World, vol. 33. Chicago: Encyclopaedia Britannica, 1993, p. 253: "But though words, as they are used by men, can properly and immediately signify nothing but the ideas that are in the mind of the speaker; yet they in their thoughts give them a secret reference to two other things".

UMA TEORIA RETÓRICA DA NORMA JURÍDICA E DO DIREITO SUBJETIVO

empírica. Berkeley chega a responder à objeção de que, de acordo com sua teoria, um objeto material só existiria se alguém o estivesse percebendo, argumentando que os objetos existem continuamente porque Deus os percebe e os comunica ao senso comum da percepção humana. Mesmo assim Berkeley, tal como Locke, não se considera um cético.[99] Convicções religiosas podem tê-los impedido de chegar a tanto...

Para compreender retoricamente a dogmática material e diferençá-la da visão empírica, é preciso entender que ela é constituída de acordos linguísticos que não podem ser chamados de objetos. A dogmática é aqui tida como conhecimento empírico na medida em que os "objetos" de que trata são sempre tomados como uma produção do processo de conhecimento, são construídos numa interação inseparável, que impossibilita dizer o que está dentro e o que está fora dos participantes do discurso. Seu conhecimento empírico é aquele que divide com as demais pessoas. Essa intersubjetividade não significa que o conhecimento é um processo independente do sujeito e assim determinado pelo objeto, mas sim que o conhecimento é socialmente construído.

Ou seja, rejeita-se a ideia "realista" de que a linguagem é simplesmente uma forma neutra de refletir ou descrever o mundo "exterior". A perspectiva da retórica analítica não vê os textos como veículos, meios para descobrir alguma realidade que subjaz à linguagem, além ou debaixo ou por trás dela. Não há nada aí, além da linguagem. Essa "virada linguística" ocorreu na literatura, nas artes, na ciência e a expressão surgiu para designar justamente a tomada de consciência ocidental contra o preconceito realista da língua.

Pode-se reclamar contra o "abuso da ciência" por alguns filósofos pós-modernos[100], que utilizariam indevidamente teorias científicas de forma supostamente incorreta. Mas isso

---

99. BERKELEY, George. **Três diálogos entre Hilas e Filonous em oposição aos céticos e ateus**, trad. Antônio Sérgio. Col. *Os Pensadores*. São Paulo: Abril Cultural, 1984, p. 45-119.

100. SOKAL, Alan e BRICMONT, Jean. **Imposturas intelectuais** – o abuso da ciência pelos filósofos pós-modernos. Rio de Janeiro / São Paulo: Record, 1999.

não tem relação com a virada linguística.

Claro que toda linguagem concreta precisa reduzir vagueza e ambiguidade, mais ainda a linguagem científica, tal como será pressuposta aqui. Mas ela preenche suas funções por meio de paradigmas, exemplos, indícios, dados empíricos, entimemas, ou seja, não apela à noção de verdade nem dispõe de critérios racionalmente cogentes, além da própria linguagem.

A lei também faz o real, como Calígula e Incitatus, como negar nacionalidade ou humanidade a seres humanos e exemplos prosaicos do dia a dia: a medida provisória número 449 de 03 de dezembro de 2009 foi convertida na lei número 11.941 de 27 de maio de 2009. No art. 12, § 7º, considera-se domicílio o endereço eletrônico atribuído ao contribuinte. Esta lei, que versa sobre um dos vários REFIS existentes no direito tributário brasileiro, é exemplo também daquelas rabilongas, com disposições finais que nada têm a ver com o tema da lei: esta autorizou a União a conceder subvenções aos usineiros, aos produtores de cana-de-açúcar do Nordeste e do Rio de Janeiro.

Em outras palavras, a dogmática jurídica material cria também seus duendes, como um "princípio da salvabilidade do crédito tributário", nos dias atuais, ou o "paraíso dos conceitos" de que falou Rudolf von Jhering.[101]

Obsessão pela clareza significa que a filosofia precisa tentar reduzir vagueza e ambiguidade a ponto de distinguir-se da arte, ou seja, da literatura e da poesia. Os escritores e literatos provavelmente não concordariam em se denominar "artistas", eles estão mesmo mais próximos da filosofia. A maioria dos filósofos, apesar dessa proximidade, tampouco gostaria de ver sua faina chamada de literatura ou arte, menos ainda de ouvir comentar, por desconstrutivistas, que para bem compreender a vida a diferença entre ler Balzac e Kant é que este não tem talento literário...

---

101. JHERING, Rudolf von. **Scherz und Ernst in der Jurisprudenz** – Eine Weihnachtsgabe für das juristische Publikum (Leipzig, 1924). Darmstadt: Wissenschaftliche Buchgesellschaft, 1988, p. 255-256.

3.2. Dogmática jurídica estratégica: as opiniões que aqueles que lidam com o direito têm sobre a realidade constroem essa mesma realidade e ajudam a tornar a solidão comum

A expressão "dogmática jurídica", foi dito, também pode ser entendida no metanível de uma metodologia, uma teoria sobre os métodos. Do mesmo modo que no uso da palavra "física", dentre tantas outras, que também expressa dois níveis: de um lado significa o que ocorre com o ambiente, com o universo, como ao dizer que as marés e os buracos negros são fenômenos físicos; de outro lado, significa o conjunto de conhecimentos, expressos por enunciados, que permitem ao ser humano abordar e lidar com aqueles fenômenos, como ao dizer que massa atrai massa na razão inversa do quadrado da distância. Nos termos deste livro, sentido de método e sentido de metodologia. Assim o positivismo é uma doutrina, uma teoria dogmática (no sentido metodológico) sobre a dogmática jurídica (no sentido material de uma dogmática de métodos).

O primeiro nível do duplo solipsismo dos seres humanos, o isolamento do mundo, é assim superado e se transforma numa solidão de que os envolvidos compartilham. É nela que o diálogo consigo mesmo, que Agostinho e Arendt, por exemplo, detectam no pensamento, vai poder constituir-se em termos de significados.

A dogmática jurídica conforma retoricamente a realidade, como toda linguagem, mas essa forma, apesar de se direcionar de modo imprevisível e aleatório, não está à disposição de cada indivíduo; ela obedece a um controle comum que resulta de concordâncias momentâneas – literalmente: a cada momento, a cada caso – sobre significados específicos diante de casos concretos. Assim alguns significantes pré-fixados (fontes do direito) são confrontados com significações divergentes, atribuídas pelos diversos atores, em torno das quais as argumentações e decisões seguem procedimentos. A dogmática jurídica metodológica desenvolve, estuda, aplica estratégias que objetivam ter sucesso nesses procedimentos.

O primeiro registro do uso da palavra "metodologia" aparece em M. Eifler (*Methodologia particularis Synthesin et Analysin thematicam proponens*, publicado em 1643), um professor de lógica e metafísica de Königsberg. A discussão em torno do termo concernia sempre à interpretação e atualização dos *Analytica posteriora* de Aristóteles.[102]

Nos próximos cem anos, o termo não recebeu acolhida específica, parecendo à grande maioria dos autores que as reflexões sobre o método de abordagem dos objetos do conhecimento não necessitariam de uma nova disciplina além da lógica e da dialética, as quais deveriam cuidar das regras para descoberta da verdade e suas regras.

Neste livro, como já enfatizado, a metodologia consiste nas estratégias para construção de métodos. Esta dimensão retórica da dogmática, a **prática**, ou **estratégica**, é reflexiva no sentido de que tem a retórica material como alvo, compõe-se do conjunto de estratégias que visam interferir sobre aqueles métodos e modificá-los, influir sobre eles para ter sucesso em determinada direção escolhida. Por isso é pragmática e teleológica. Ela corresponde ao nível da **metodologia**, já que observa como funciona a retórica material e a partir daí constrói doutrinas, teorias (*logias*) que buscam conformar os métodos do primeiro nível retórico. A metodologia transforma esses métodos em objetos de estudo e faz com que determinadas concepções sobre o ambiente circundante apareçam como "o mundo", relatos privilegiados, vencedores no sentido de obterem mais crença e adesão. A eficácia é seu critério, fruto da observação de que métodos funcionam ou não na práxis.

Essas metodologias podem ser ensinadas, delas fazem parte a tópica, a teoria da argumentação, as figuras de linguagem e de estilo e, no direito, as doutrinas dogmáticas. Elas tratam justamente de quais *topoi* aparecem mais frequentemente em um discurso, quais métodos são empregados para

---

[102]. RITTER, Joachim e GRÜNDER, Karlfried (*Hrsg.*). **Historisches Wörterbuch der Philosophie**. Basel – Stuttgart, Schwabe & Co., Band X, 1998, p. 1379-1386.

esse ou aquele efeito, como os lugares-comuns retóricos são construídos e trabalhados, que táticas, palavras, gestos melhor produzem os efeitos desejados.

Como já dito, a perspectiva retórica vê como obstáculos as concepções **etiológica** e **escatológica** da história, que a veem, respectivamente, como causal, isto é, previsível, e progressiva, ou seja, o presente é melhor do que o passado e o futuro tende a ser melhor ainda. Isso parece ser uma consequência da perspectiva cartesiana e das vitórias da ciência moderna no domínio da natureza. Para a retórica, a história é composta de relatos exemplares do passado, no sentido grego de "contar uma história", os quais devem servir de exemplo para o futuro apenas porque as pessoas tendem a acreditar que o passado se repete. Mas, como diz Nietzsche, esses processos históricos não podem ser definidos, pois "Todos os conceitos nos quais se compõe semioticamente um processo inteiro escapam à definição; definível é somente aquilo que não tem história."[103]

A visão histórica da retórica é assim relativa e imprevisível, precisa conformar-se com o fato de que não se pode compreender ou prever qualquer evento que "tenha" história, pois a história é humana e o que é humano não pode ser causalmente observado.

A análise do discurso procura detectar – pode-se até dizer desmascarar – estratégias falaciosas empregadas pelo autor escolhido. Para isso deve sintetizar suas afirmações e seus argumentos, tentando ver se apresentam fundamentações explícitas ou se pressupõem "verdades" ocultas na esfera do silêncio. A mero título exemplificativo, listam-se aqui algumas delas, mais óbvias e frequentes nos argumentos jurídicos, que ajudam a compreender em que consiste a dogmática

---

103. NIETZSCHE, Friedrich. **Zur Genealogie der Moral** – Eine Streitschrift, *in* COLLI, Giorgio – MONTINARI, Mazzino (*Hrsg.*): **Friedrich Nietzsche Kritische Studienausgabe** – in fünfzehn Bände, vol. 5. Berlin: Walter de Gruyter, 1988, p. 245-424 (II, 13, p. 317): „alle Begriffe, in denen sich ein ganzer Prozess semiotisch zusammenfasst, entziehen sich der Definition; definirbar ist nur Das, was keine Geschichte hat."

estratégica ou prática. Seu estudo detalhado e informado por pesquisa empírica, revelador e científico, na medida do possível, não cabe num livro como este.

A **estratégia do argumento factual** apresenta "fatos" como evidências e não como "meros" argumentos de tese, ainda que essa distinção não resista à análise retórica. Um exemplo de argumento de tese é "a sociedade funcionará mais eficientemente se a riqueza for mais equitativamente dividida". Um exemplo de argumento factual é "aqueles que detêm 90% da riqueza compõem 30% da população", supostamente mais forte. Mas, como dito, a retórica metódica não vê distinção essencial entre esses dois tipos de argumentos, ambos necessitando da crença para confirmação. O nível da retórica material inclui os argumentos "fáticos", maneiras diversas de ver "materialmente" a "realidade", em um discurso supostamente descritivo.

Pela **estratégia da negativa**, muitas vezes o autor diz logo o que não pretende, visando proteger-se contra eventuais críticas de que há lacunas naquele ponto, pois sabe que ali estão suas falhas ou que seu discurso vai sugerir algo que ele não quer ou diz que não é. Por exemplo, defende a aplicação literal da lei, mas começa por se eximir da pecha de positivista exegético.

A **estratégia da vagueza** é outro recurso poderoso perante os incautos. Claro que quanto mais preciso o discurso, menos acordo ele atrairá. *A contrario sensu*, quanto menos diga efetivamente, mais acordo. Quando esses termos vagos trazem uma conotação positiva no âmbito da retórica estratégica, mais eficazes ainda. Quem poderia ir contra frases como "uma efetiva distribuição de justiça", ou "uma posição ponderada, responsável e sem fanatismos". Isso não quer dizer nada, mas o orador atrai simpatia para o que vai defender efetivamente, como, por exemplo, mudanças no processo eletivo para administradores da universidade pública (o que já é mais preciso e de acordo mais difícil). Além de qualificar positivamente o próprio discurso, desqualifica quem eventualmente dele discordar. A mesma estratégia se observa quando o orador atribui a seus adversários expressões semelhantemente vagas, mas que trazem conotações negativas, tais como "ortodoxo", "ideológico", "fanático" e assim por diante.

A estratégia de falar por sujeito indefinido ou indefinível articula afirmações que atraem apoio para o orador como representante autorizado de outrem, estratégia comum e surpreendentemente eficaz. Assim diz-se que "o povo quer", "a universidade não aceita" ou "os trabalhadores sabem disso", ainda que seja óbvio a qualquer observador mais atento que nenhum orador detém essa autoridade hermenêutica.

Outro ponto importante na retórica estratégica, no caso, na metodologia dogmática, é o *kairos*, o momento certo de fazer o direito no tempo, sobretudo no que diz respeito a seu início, modernamente textualizado nas constituições. Mas não apenas nelas, cada elaboração jurídica de textos, atos, decisões é constrangida pela inserção inexorável no fluxo do tempo.[104] É semelhante ao conflito que ocorre com cada ser humano, premido entre seus impulsos e instintos internos ("de baixo"), seus valores e ideais ("de cima"), as experiências e condicionamentos de seu passado ("de trás") e suas expectativas e projeções para o futuro ("de frente"), na "cruz antropológica da decisão".[105]

Ressalte-se mais uma vez que esses níveis retóricos se interpenetram, não são separáveis de forma rígida, a não ser analiticamente, pois uma estratégia utiliza análises e uma teoria retórica analítica pode se tornar o foco de estudo de outra análise. Assume-se aqui que a postura retórica pode dar outra contribuição além de seu nível estratégico e ornamental (metodológico) no estudo da dogmática, ou seja, além de sua ajuda para o sucesso da comunicação. A atitude metódica da retórica

---

104. KIRSTE, Stephan. Constituição como início do direito positivo – a estrutura temporal das constituições, trad. de João Maurício Adeodato, Torquato Castro Jr. e Graziela Bacchi Hora. **Anuário dos Cursos de Pós-Graduação em Direito** n. 13. Recife: Editora Universitária da Universidade Federal de Pernambuco, 2004, p. 111-165.
105. BRUGGER, Winfried. Würde, Rechte und Rechtsphilosophie im antropischen Kreuz der Entscheidung, *in* BRUGGER, Winfried; NEUMANN, Ulfrid; KIRSTE, Stephan. **Rechtsphilosophie im 21. Jahrhundert**. Frankfurt a. M.: Suhrkamp, 2008, p. 50-71.

pode propiciar mais conhecimento das relações humanas, eventualmente legitimar suas regras, testando seu acordo com as regras do jogo, por exemplo (a lei e outras fontes de normas jurídicas, no caso do direito), além de fornecer apoio à aceitação de decisões.

3.3. Retórica analítica sobre a dogmática jurídica: não há uma dogmática analítica

Ver a retórica analítica como uma **metódica** ajuda a sustentar a tese de que a retórica vai além de seus aspectos metodológicos e assim combate duas reduções tradicionais: de um lado, aquela apontada pelos adversários da retórica, para os quais ela serve para enfeitar a linguagem, seduzir e enganar os incautos; do outro lado, aquela defendida por alguns retóricos, no sentido de que ela se dirige exclusivamente à persuasão. Em suma, ambas as teses reduzem metonimicamente a retórica a seu nível estratégico, muito importante, sem dúvida, mas jamais único.

Isso porque a retórica metódica tem exatamente como seu objeto imediato essas estratégias, dentre as quais sobressaem-se o engodo e a persuasão, ressaltadas pelos reducionismos mencionados. Claro que, como essas estratégias dirigem-se à retórica material, esta também é analisada pela retórica metódica. Trata-se assim de uma meta-metalinguagem, ou metalinguagem de segundo nível. Trata-se também de uma teoria, mas não sobre os métodos efetivamente aplicados, como faz a retórica metodológica, mas sim sobre o funcionamento das metodologias sobre os métodos.

Essa tripartição pode ser compatibilizada com a bipartição entre linguagem e metalinguagem, pois esta relação ocorre entre a dogmática metódica ou analítica e a dogmática estratégica ou metodológica, assim como entre a dogmática metodológica e a dogmática material ou existencial.

> No primeiro caso, a implicação situa-se em nível de metalinguagem, isto é, num nível de linguagem *sobre* a linguagem

do Direito positivo, falando *acerca* (sic) de algo que ocorre no Direito positivo. No segundo caso, a implicação é *usada* no Direito positivo, adquire a prescritividade sobre o comportamento do intérprete e aplicador do Direito, *que não tinha como estrutura lógica*. Aqui, coloca-se no nível da *linguagem-objeto*; ali, no nível da metalinguagem.[106]

A postura da retórica como metódica é crítica quanto ao conhecimento dado e é cética sobre a correspondência autêntica entre as observações humanas e a realidade do mundo, aceitando a inacessibilidade da "coisa em si" que já está em Kant. Mas há elementos novos, os quais Kant, ainda debitário do ontologismo, não investigou. Por exemplo, a ideia de que as maneiras pelas quais o ser humano compreende o mundo são histórica e culturalmente específicas e relativas, isto é, que o conhecimento é socialmente construído e que:

> nossas maneiras atuais de compreender o mundo são determinadas não pela natureza do mundo em si mesmo, mas pelos processos sociais, ... o que implica questionar nossos próprios pressupostos e as maneiras como nós habitualmente damos sentido às coisas. Implica um espírito de ceticismo e o desenvolvimento de uma "mentalidade analítica".[107]

A atitude metódica é analítica, que não é mais dogmática. A retórica tem três níveis, mas a dogmática só tem dois porque, no terceiro nível, ela já se transforma em algo mais próximo do que se pode denominar uma ciência sobre o direito. Isso porque é descritiva e assume uma pretensão de neutralidade, exatamente por não ser normativa. Seu objeto material são os outros dois níveis retóricos, o material e o estratégico, assim como, sobretudo, as relações entre eles.

Ao considerar a dogmática jurídica de uma perspectiva

---

106. VILANOVA, Lourival. **As estruturas lógicas e o sistema do direito positivo**. São Paulo: Revista dos Tribunais, 1977, p. 192-193.
107. GILL, Rosalind. Análise de discurso, in: BAUER, Martin W. e GASKELL, George. **Pesquisa qualitativa com texto, imagem e som** – um manual prático. Petrópolis: Vozes, 2005, p. 244-270.

analítica, a postura retórica vai de encontro às duas posturas reducionistas já mencionadas quanto à retórica em geral: a um, contra as ontologias jurídicas, a redução da dogmática a seu âmbito metodológico, a suas estratégias de sedução a qualquer preço, como o engodo e a mentira; a dois, contra os próprios retóricos tradicionais, a redução da retórica dogmática a suas estratégias de persuasão. Tanto ontólogos quanto retóricos reduzem a dogmática a sua dimensão estratégica, esquecendo suas funções e aplicações materiais e analíticas. Esta é aqui denominada uma metódica da dogmática jurídica. A metódica é uma teoria, uma visão da dogmática, mas não uma teoria metodológica como as teorias dogmáticas, aquelas que objetivam interferir sobre os métodos que constituem o mundo real, já que o foco da metódica consiste nas relações entre essa dogmática metodológica e a material. É a análise metódica que vai mostrar a importância do engodo, ressaltado pelo reducionismo adversário da retórica, e da persuasão, ressaltada pelo reducionismo dos próprios retóricos.

    A análise de discurso realça então a metáfora da "construção", no sentido de que o discurso é feito a partir de recursos que já existem previamente na linguagem jurídica, que a atividade dogmática implica uma escolha diante de um sem-número de possibilidades e que essa seleção depende do profissional que a faz. As pessoas lidam com o mundo de forma indireta, complexa, retardada, seletiva e, sobretudo, metafórica[108] e os modelos tradicionais, concepções "realistas", que veem a linguagem como um meio para objetos dados, precisam ser abandonados para uma devida compreensão do fenômeno jurídico. Além disso, o discurso dogmático deve ser visto como um discurso orientado para a ação, ou seja, como uma prática social. Os juristas empregam sua linguagem para conseguir resultados, literalmente, para "fazer coisas": condenar, perdoar, obter vantagens econômicas, guarda de filhos, menos impostos e assim por diante.

---

108. BLUMENBERG, Hans. Antropologische annäherung an die aktualität der rhetorik. **Wirklichkeiten in denen wir leben** – Aufsätze und eine Rede. Stuttgart: Philipp Reclam, 1986, p.104-136, p. 115.

Observa-se assim que não há, por definição, uma dogmática analítica, o que configuraria uma *contradictio in terminis*, pois tanto a dogmática material quanto a dogmática estratégica têm caráter normativo e uma atitude analítica não admite isso. Se não, observe-se.

As diferentes versões que as pessoas apresentam para os "mesmos fatos" não provêm necessariamente de algumas serem mentirosas ou enganadoras, mas simplesmente dos contextos de experiência, da retórica material, pois todo discurso é circunstancial e determinado pelo contexto.

O que significa a frase "o testemunho foi falso"? Se dita por alguém que acaba de testemunhar a respeito do próprio testemunho pode ser uma confissão. Se dita pelo promotor à testemunha pode ser uma acusação. Se dita pelo magistrado pode ser uma sentença.

E o que quer dizer a frase "meu carro está quebrado"? Se dita a um colega na saída de uma reunião é pedido de carona. Se o interlocutor é alguém que vendeu aquele mesmo carro há três dias, é uma repreensão, um pedido de compensação. Se dita a alguém com quem se tinha marcado um encontro ao qual se chega atrasado, é um pedido de desculpas, uma explicação.

As respostas a essas colocações serão também contextuais. Imagine-se a progressão dessas trocas de mensagens. Isso porque o discurso procura sempre estabelecer uma versão vencedora sobre o ambiente, diante de versões contraditórias e muitas vezes conflitantes, sobretudo o discurso jurídico. Resta óbvio que generalizações e noções de verdade objetiva devem ser vistas com toda desconfiança. Sempre há pressupostos ocultos por trás delas e a análise retórica procura explicitá-los, desmascarando-as. Mais um motivo para que não faça sentido falar de uma dogmática analítica.

A **análise de conteúdo** é um dos tipos de **análise de texto**. Assim, analisam-se os textos produzidos em determinado contexto para compreender a época em que foram produzidos. O direito faz parte desse contexto que constituiu aquela época que se pretende estudar. Essa técnica permite então uma inferência de um texto para seu contexto social. É curioso que juristas e faculdades de direito estejam ainda hoje apartados de uma metodologia tão eficaz para estudo do direito, para a práxis da defesa de posições em juízo, para a elaboração de pareceres, em suma, para o trabalho jurídico com textos e para a hermenêutica, tanto em termos de uma teoria quanto de uma prática eficazes. Os filósofos e juristas, como qualquer pessoa – ainda que se pretendam observadores mais privilegiados – utilizam-se da linguagem para representar e constituir o mundo, como conhecimento e como autoconhecimento.[109]

Nesse tipo de análise, para a pesquisa qualitativa, as vias clássicas da persuasão retórica: *ethos*, *pathos* e *logos* são úteis para compreender, classificar e criticar a linguagem textual analisada. Depois é importante especificar o problema, ou seja, pelo menos dois caminhos antagônicos para chegar às teses. O problema é composto de hipo-teses, ou seja, teses fracas, que serão submetidas a discussão para se transformarem em teses propriamente ditas. Em terceiro lugar, a tese do autor do texto estudado, isto é, a afirmação que é apresentada por ele como resultado da argumentação. Isso no nível da retórica estratégica, que envolve o autor escolhido e seu contexto.

A análise do discurso do autor escolhido deve tentar sintetizar suas afirmações e seus argumentos, tentando ver se ele apresenta fundamentações explícitas ou se pressupõe "verdades" ocultas na esfera do silêncio. A análise retórica procura desmascarar essas estratégias.

Autores que tratam do tema sugerem a seguinte tripartição para a atitude da retórica analítica, a qual não deve ser confundida com aquela aqui defendida: retórica entendida como ato de persuadir, retórica como análise dos atos de persuasão e retórica como uma cosmovisão sobre o poder

---

[109] BAUER, Martin W. Análise de conteúdo clássica: uma revisão, *in* BAUER, Martin W. e GASKELL, George. **Pesquisa qualitativa com texto, imagem e som** – um manual prático. Petrópolis: Vozes, 2005, p. 189-217.

UMA TEORIA RETÓRICA DA NORMA JURÍDICA E DO DIREITO SUBJETIVO

persuasivo do discurso.[110] Essa visão, logo se percebe, apoia-se na concepção tradicional da persuasão como objetivo de toda retórica.

Por isso, em primeiro lugar, esquece a dimensão constitutiva da retórica material e a toma apenas como estratégia, esquece que a realidade é retórica, também a realidade jurídica. Depois, o sentido da retórica como ato de persuadir é o mais importante, mas apenas uma das estratégias da retórica metodológica. A terceira distinção é que análise retórica e retórica como cosmovisão não constituem dois níveis diferentes, como a tripartição acima faz parecer, mas fazem parte da retórica analítica ou metódica, o terceiro nível.

Não é demais insistir que esses três níveis retóricos da dogmática jurídica se interpenetram, pois no final das contas até o discurso metódico vai ser comunicado e pode também vir a influir na dogmática dos métodos e assim se constituir em uma metodologia.

Em que pese à notória preponderância da retórica estratégica e, dentro dela, da estratégia da persuasão, a análise retórica tem uma grande tradição, de 2.500 anos. Sempre criticou discursos como os dos tribunais e dos políticos. Aí foi se estendendo a textos escritos, foi-se o martelo comunista, e hoje vai até imagens e gestos, linguagens não-verbais, imagéticas de jovens nos you-tubes da vida...

A tradição aristotélica identifica **três tipos de retórica** na chamada teoria da estase sobre os discursos, segundo a dimensão temporal a que se dirigem: o forense, o deliberativo e o epidítico. Os **cânones de análise** observam as partes componentes do discurso e são cinco: invenção, disposição, estilo, memória e apresentação. Aí tem-se **quatro critérios** para examiná-los: o objetivo, o auditório, a situação e o tempo.

A retórica forense dirige-se a acontecimentos passados

---

110. LEACH, John. Análise retórica, in BAUER, Martin W. e GASKELL, George. **Pesquisa qualitativa com texto, imagem e som** – um manual prático. Petrópolis: Vozes, 2005, p. 293-318.

e o orador procura fazer o auditório crer que esses acontecimentos se deram segundo sua versão e com as consequências que a eles atribui. Aristóteles pensava no discurso dos tribunais, composto de defesas e acusações. A retórica deliberativa tem o tempo futuro por horizonte e o orador procura mostrar que o rumo que sugere é o melhor, ela é apropriada ao discurso político e dela fazem parte o conselho e a persuasão. A retórica epidítica ou panegírica concentra-se no presente, serve para louvar ou censurar, adequada a discursos para conceder prêmios ou para orações fúnebres.

Para decompor analiticamente o discurso, a retórica clássica separa a invenção (*inventio*), responsável por emprestar plausibilidade aos argumentos, investigando sua origem, como os oradores criam e utilizam esses argumentos diante de seus objetivos. É a parte mais geral, aquela que vai direcionar o discurso pelas vias de *ethos*, *pathos* e *logos*.

A disposição (*dispositio*) explora como o discurso está organizado, a arrumação de suas formas, se ele parte de afirmações gerais ou específicas (dedutiva ou indutivamente), por exemplo, e como essa organização pode influir sobre o auditório, se argumentos considerados fortes devem vir antes dos fracos e vice-versa.

O estilo (*elocutio*) é a parte que procura adequar o pensamento a suas formas de expressão, ou seja, relaciona forma e conteúdo do discurso, como se pode ver na diferença entre o artigo jornalístico e a poesia, ou o discurso jurídico e o discurso científico, por exemplo. Se o discurso se dá na primeira ou na terceira pessoa é outro exemplo. Essa forma vai revelar conteúdos como o grau de intimidade ou distanciamento que o orador assume com o ouvinte, dentre muitos outros.

A memória (*memoria*) é um cânone que analisa em que extensão o orador retém as informações pertinentes, domina o conteúdo de sua fala, ou seja, dispõe das informações relevantes que o tema suscita. Na retórica clássica o bom orador deveria ser capaz de repetir seu discurso de forma a mais

UMA TEORIA RETÓRICA DA NORMA JURÍDICA E DO DIREITO SUBJETIVO

igual possível em diferentes ocasiões.[111]

A apresentação (*pronunciatio*) é cânone da análise retórica quando esta observa a forma do discurso a partir do seu meio de transmissão, isto é, se é escrito, oral, por carta, e-mail, numa mesa de bar ou em uma cerimônia formal, numa conversa a dois ou perante diferentes auditórios. Refere-se ao controle sobre contenção ou exuberância, postura da voz, sobriedade ou excesso, elegância no falar, no escrever.[112]

Além dos cânones, detectar as figuras de linguagem tem importância crucial na análise retórica da dogmática jurídica. Não se trata apenas de uma questão de estilo, em que pese à sua grande importância. De uma perspectiva pragmática, o efeito que provocam na conduta humana vai mostrar claramente a relação entre a dogmática material e a dogmática estratégica.

A mais importante das figuras de linguagem, diz-se, é a metáfora. Para muitos autores, na linha de Nietzsche, ela reuniria todas as figuras de linguagem, em última instância, pois toda linguagem é metafórica.[113]

3.4. Retórica analítica e ciência do direito: descrição da dogmática como método e metodologia

A retórica **analítica** é a que mais se aproxima do que tradicionalmente se tem chamado a postura científica, na medida em que procura descrever, abstraindo-se de atitudes valorativas, como funcionam tanto a retórica material quanto

---

111. E muito se chama atenção para o papel do direito na preservação da memória: KIRSTE, Stephan. O direito como memória cultural. **Revista do Mestrado em Direito** – Direitos Humanos Fundamentais, ano 8, n. 2. São Paulo: Unifieo, 2008, p. 125-143. Tradução de João Maurício Adeodato a partir de KIRSTE, Stephan. Der Beitrag des Rechts zum kulturellen Gedächtnis. **Archiv für Rechts - und Sozialphilosophie**, 94 (2008), Heft 1, S. 47-69.

112. Para isso conferir a obra clássica que continua sendo publicada integrando as de Marco Túlio Cícero, muito embora hoje seja considerada apócrifa: **Retórica a Herennio**. Obras Completas de Marco Tulio Cíceron (em 16 tomos). Madrid: Librería y Casa Editorial Hernando, 1928, tomo III.

113. CASTRO JR., Torquato. **A pragmática das nulidades e a teoria do ato jurídico inexistente**. São Paulo: Noeses, 2009, p. 67 s. WINTER, Steven L. Transcendental nonsense, metaphoric reasoning, and the cognitive stakes for Law. 137 **University of Pennsylvania Law Review** 11. Pittsburg: University of Pennsylvania, april 1989.

a retórica estratégica, quer tipificando-as isoladamente, quer estudando-as em suas inter-relações. Caracteriza-se assim pela atitude descritiva e pela correspondente tentativa de neutralidade. A metódica não pretende a atitude normativa, conforme reiterado.

O problema desemboca no conceito de dogmática jurídica como ciência, um passado de muitas páginas sobre um problema hoje menos relevante. A retórica analítica aplicada ao direito é uma tentativa de concepção de ciência, ou melhor, de conhecimento, para falar mais modestamente. Talvez fique mais claro dizer que aqui se pretende uma atitude **de pesquisa** sobre o direito; no caso do direito nacional estatal, sobre a dogmática jurídica.

A "ciência do direito" contemporânea corresponde, assim, ao estudo analítico das relações entre a metodologia dogmática e os métodos dogmáticos. Difere de Kelsen, por exemplo, para quem o que aqui se chama metodologia dogmática, o conjunto de conhecimentos para lidar e interferir com o direito "real", consiste na própria ciência do direito, a ciência dogmática do direito.

Claro que tudo depende do conceito de ciência, da hierarquia estabelecida para os diversos tipos de conhecimento, do grau de interferências bem-sucedidas daquele tipo de conhecimento no ambiente. Ao "homem de letras" contemporâneo, acostumado ao domínio das ciências "exatas" e das tecnologias na academia e na ciência, pareceria bizarra a queixa de Francis Bacon contra as ciências retóricas como o direito: *nullius in verba* (nada de palavras), dizia ele, criticando os "excessos retóricos". O sucesso da tecnologia é fenômeno recente e ainda restrito. Com o novo conceito tecnológico de ciência, os antigos temas dos humanistas precisaram se revestir das novas linguagens, novos métodos e estratégias a eles concernentes, metodologias.

A grande maioria das pesquisas sociais se baseia na entrevista, que é um método estabelecido e bem definido.

Mas mesmo os pesquisadores sociais, muito mais avançados metodologicamente do que os juristas, não dão a mesma importância aos textos. Como aqui se sugere a análise de texto como ferramenta para estudo da dogmática jurídica em seus dois níveis, os diversos métodos de entrevista são deixados de lado por razões óbvias, pois trata-se de uma metodologia do tipo presencial, que não cabe numa tese filosófica. Nesse sentido distancia-se a metódica retórica aqui proposta para as ciências sociais.

Há problemas básicos a serem considerados na **escolha dos textos** e o primeiro deles é justamente o da amostragem, ou seja, a quantidade e a qualidade de textos a serem estudados como representativos dos métodos que a análise quer relevar, ou seja, como selecionar; pode haver uma quantidade de textos impossível de ser tratada no tempo da pesquisa ou os textos metodológicos das estratégias doutrinárias podem ser de difícil acesso. Um segundo problema diz respeito à relação entre os conceitos e critérios de análise escolhidos pelo pesquisador e o período histórico a que eles se aplicam, vale dizer: se os conceitos e critérios do analista são amplos demais – ampliar é a tendência para poder atingir unidade e coerência – ficam vagos; se são específicos demais tendem a valer apenas para determinados casos tratados pela dogmática; a mudança da sociedade brasileira pode se revelar tema amplo demais, enquanto que a análise de texto dos discursos de Ruy Barbosa contra a redação de Clóvis Beviláqua pode não ter o significado inicialmente esperado pelo pesquisador do Código Civil de 1916. Em terceiro lugar, o pesquisador ou pesquisadora precisa meditar sobre em que medida os autores e textos escolhidos efetivamente refletem o ambiente, a retórica material mais consensual possível naquele momento, cuidando também para que a influência da doutrina não seja exacerbada ou minimizada na constituição da dogmática material.

A retórica analítica não adota os critérios científicos das ciências sociais em geral, os quais enfatizam uniformidade e consistência, além de quantificação, no levantamento dos dados. Ela é mais flexível e reconhece expressamente a interferência do pesquisador sobre seu objeto, apesar da busca constante de neutralidade descritiva. A retórica analítica não reivindica senão umas poucas afirmações de validade universal, diferentemente das ciências, pois seu discurso é relativo não apenas ao orador, mas também ao auditório. E também ao ambiente. Se a adequação das teses está condicionada pelo espaço, pelo tempo e pelos sujeitos envolvidos, então deve dar-se mais atenção ao particular e casuístico do que às afirmações de caráter geral.

Atitudes normativas, que buscam otimizar o campo de estudo, dizendo, por exemplo, como o direito deve ser, são vistas com desconfiança. Mas mesmo a postura descritiva, mais adequada ao pesquisador, é tida como meramente tentativa, já que, em última análise, qualquer descrição é mesmo uma prescrição, na medida em que visa obter alguma conduta do auditório, alguma reação desejada pelo orador, em suma: visa sugerir-lhe algo. Daí insista-se que os três níveis se interpenetram.

3.5. Os postulados funcionais da atividade dogmática para tratar os dois problemas: do texto à norma concreta

Ubi societas ibi jus, reza o famoso brocardo. Cada comunidade humana constitui esse fenômeno que, um tanto imprecisamente, chama-se o direito positivo, o direito empiricamente perceptível. Embora seja observável em toda sociedade, o direito positivo, como as próprias sociedades em que se encontra, organiza-se dos mais diversos modos. Assim existe um direito positivo entre os indígenas da Amazônia hoje e existiu outro tipo de direito entre os indígenas norte-americanos de mil anos atrás; regras jurídicas identificáveis entre os iranianos de hoje não estavam presentes na Pérsia de Dario; e assim por diante. Cada uma dessas formas de direito positivo tem suas características.

Pois bem. O direito dogmaticamente organizado é um fenômeno característico das sociedades complexas da modernidade, um direito construído para atender as necessidades desse tipo de sociedade. Ele apresenta várias peculiaridades, muitas das quais têm sido descritas pelos mais diversos autores aqui referidos e outros. A seguir serão brevemente expostas as fases pelas quais o direito dogmático trata os conflitos que lhe chegam, mostrando como lida com os dois grandes problemas filosóficos do direito, expostos na introdução deste livro: o problema das escolhas éticas do direito e o problema de relacionar as regras gerais prévias com os casos concretos individualizados.

Para isso pode-se partir das descrições de Tercio Ferraz e Ottmar Ballweg. As formas de esses autores exporem o tratamento dogmático dos conflitos jurídicos não são excludentes, muito pelo contrário: complementam-se, posto que cada uma atenta para aspectos diferentes do mesmo fenômeno. Outra ressalva é que as fases são colocadas em série, mas apenas para efeitos de clareza na exposição. Parece óbvio que a interpretação e a argumentação, para dar um exemplo, interpenetram-se e não podem ser rigorosamente separadas, assim como não se podem apartar a interpretação e a sugestão de decisão.

Para descrever o direito dogmaticamente organizado, com base em Theodor Viehweg e Niklas Luhmann, Tercio Ferraz ressalta dois postulados básicos.[114] Em primeiro lugar, a inegabilidade dos pontos de partida das séries argumentativas utilizadas ou o "princípio da proibição da negação", isto é, a exigência de que toda e qualquer decisão e correspondente interpretação jurídica precisam se reportar expressamente a um ou mais "dogmas" do sistema, as habitualmente chamadas "normas jurídicas"; um argumento não vale por ter sua procedência sido cientificamente demonstrada em laboratório, ou por ser de

---

114. FERRAZ Jr., Tercio. **Função social da dogmática jurídica**. São Paulo: Revista dos Tribunais, 1980, p. 95 s.; e FERRAZ Jr., Tercio. **Introdução ao estudo do direito** – técnica, decisão, dominação. São Paulo: Atlas, 2008, p. 25 s.

acordo com determinados mandamentos religiosos ou morais. Ele vale somente na medida em que se reporta às regras do próprio sistema jurídico dogmático. Esse o dogma principal da dogmática.

Em segundo lugar, a obrigatoriedade de decidir todo e qualquer conflito, ou seja, ou a situação é irrelevante ou o sistema lhe oferece uma solução. Esse dogma, que também constitui a espinha dorsal do sistema, é chamado a proibição do *non liquet*.

Também inspirado em Viehweg, Ottmar Ballweg vai transformar esses dois postulados de base em quatro, os constrangimentos (*Zwänge*) dogmáticos.[115]

Inicialmente o sistema dogmático precisa fazer o que o autor denomina "estabelecer" (positivar) "normas" (jurídicas), o *Normsetzungszwang*, pois a dogmática começa a se constituir a partir desse procedimento. É preciso antes de tudo fixar as regras de base, aquelas que definem quem vai e como vai fixar outras regras para decidir os casos individuais. Não pode haver dogmática sem um sistema de regras (supostamente) explícitas. Note-se que aqui a preocupação é com o primeiro problema da filosofia do direito, ou seja, fixar as regras máximas, iniciais, do direito positivo, enquanto a atenção de Tercio Ferraz desloca-se mais para o segundo problema, o apelo às regras diante do conflito concreto.

O segundo constrangimento dogmático é o *Deutungszwang*, a obrigatoriedade de interpretar as regras positivadas na fase anterior, isto é, dizer o que significam. Imagina-se que esse constrangimento se dê diante do caso, mas o autor não explicita claramente o que entende por interpretação. De toda forma, aceita a distinção entre significante e significado e parte do princípio de que as regras positivadas não podem

---

[115]. BALLWEG, Ottmar, Entwurf einer analytischen Rhetorik, *in* SCHANZE, Helmut (Hrsg.). **Rhetorik und Philosophie**. München: Wilhelm Fink, 1989, p. 229 e s.; VIEHWEG, Theodor, Notizen zu einer rhetorischen Argumentationstheorie der Rechtsdisziplin, *in* **Rechtsphilosophie oder Rechtstheorie?** Darmstadt: Wissenschaftliche Buchgesellschaft, p. 315-326.

apresentar uma só interpretação. O terceiro é o constrangimento a decidir, *Entscheidungszwang*, e neste a ideia coincide com a de Tercio Ferraz sobre a proibição do *non liquet*.

Com o quarto constrangimento Ballweg quer chamar atenção para o elemento axiológico da dogmática jurídica, que não pode simplesmente decidir assim ou assado, para o problema da legitimidade com que todo direito positivo precisa lidar. É a obrigatoriedade de fundamentar, *Begründungszwang*, a necessidade de justificar as regras e as decisões delas decorrentes.

Mais uma prova de que esses constrangimentos não podem ser a rigor separados é que na dogmática jurídica, adverte Ballweg, o constrangimento à fundamentação é exatamente resolvido pelo apelo aos outros três constrangimentos, o que equivale a dizer que uma decisão concreta será justa (devidamente fundamentada) quando embasada em uma norma jurídica posta pelo **primeiro constrangimento** a fixar regras, interpretada por meio do segundo constrangimento e criada pelo terceiro.

Este livro tenta também cooperar para o debate sobre o funcionamento da dogmática jurídica e parte da separação entre texto e norma, no rasto da metódica estruturante de Friedrich Müller[116], tentando simplificá-la na direção de uma teoria da decisão, uma teoria da interpretação e uma teoria da argumentação, temas dos capítulos sétimo, oitavo e nono, respectivamente. Aqui sugerem-se quatro passos ou estágios, com as ressalvas acima mencionadas sobre seu caráter didático. O débito para com os constrangimentos de Ottmar Ballweg, Tercio Ferraz Junior e Theodor Viehweg também salta aos olhos.

Isso não significa renunciar à crítica: o objetivo pedagógico dessa descrição do procedimento dogmático procura se apartar de Ballweg, que inclui a atividade legislativa – a qual não é dogmática, mas sim anterior –, e a necessidade de

---

116. *V.* item 7.1. adiante.

fundamentação – pois esta é aqui considerada como resultado do próprio procedimento dogmático, não é parte dele –, assim como evitar os muitos detalhes das onze fases da teoria estruturante de Friedrich Müller.

Uma comunicação entre dois ou mais indivíduos chega ao direito dogmático quando é relacionada com uma ou mais fontes do direito. Isso quer dizer que o primeiro constrangimento diante das divergências é selecionar, dentro de um universo de textos positivados que constituem o ordenamento jurídico, aqueles que vão servir de base à decisão dogmática sobre o caso. Esses textos precisam ser adequados ao caso, de acordo com mecanismos complexos de seleção: por exemplo, se o caso diz respeito a conflito de vizinhança, o Código Penal, as instruções normativas do Banco Central ou a Consolidação das Leis do Trabalho serão desde já excluídas desse processo seletivo de redução de complexidade. Os textos escolhidos precisam também ser válidos, isto é, elaborados de acordo com as regras de produção do sistema dogmático (autoridade e rito), e vigentes, ou seja, aptos a satisfazer esse primeiro constrangimento de servir de base ao prosseguimento do processo decisório dogmático.

Esses textos devem ser escolhidos dentre um emaranhado de outros textos dotados de validade, os quais por isso mesmo compõem o ordenamento jurídico, textos produzidos por administradores públicos e privados, por legisladores, por magistrados, burocratas de uma maneira geral, e hierarquizados de acordo com metarregras que por sua vez demandam interpretação. Esses textos, invocados pelos participantes do discurso dogmático, serão dados de entrada para interpretações e argumentações que pretendem dar o significado deles diante do caso concreto, decidindo-o, isto é, constituindo-o no plano da retórica material.

Para interpretar e argumentar contra essas fontes escolhidas é preciso escolher outras fontes do mesmo ordenamento, também qualificadas como adequadas ao caso e válidas. É assim procedente a expressão inegabilidade dos pontos de partida, os argumentos em confronto precisam pertencer a um mesmo sistema de textos, este é o dogma básico da dogmática jurídica: para negar um ponto de partida é preciso apelar a outro ponto de partida.

Exigir essas interpretações, o **segundo passo** na subdivisão aqui sugerida, quer dizer que a dogmática jurídica demanda que os participantes sugiram qual o sentido e o alcance dos textos aos quais apelam, tendo em vista o caso concreto, combatendo-lhes a ambiguidade e a vagueza. Não basta indicar os textos, é necessário dizer o que significam diante do caso concreto, pois o texto não "tem" um sentido "próprio" ou "adequado", mas uma infinidade deles é possível. Só no final do processo de concretização a dogmática se constrange a fixar um sentido relativamente definitivo: até a coisa julgada, e por vezes depois dela, todos os operadores jurídicos, mesmo os magistrados, fornecem meras sugestões concorrentes pela decisão que lhes parece adequada.

Vagueza e ambiguidade, além de outras formas de imprecisão linguística, estratégicas ou não, constituem-se em características centrais do discurso na concepção retórica da linguagem, não são disfunções ou fruto da incompetência de mau oradores ou auditórios. As inconsistências, que resultam nas antinomias do sistema jurídico, e as incompletudes, que se mostram nas lacunas, decorrem dessa incompatibilidade entre significantes e significados. Isso será visto mais de perto no capítulo oitavo adiante.

O direito dogmático trabalha essas imprecisões na medida em que distancia-se dos eventos que pretende controlar, qualificando-os, transformando-os em "conceitos normativos" com mais ou menos flexibilidade em termos de alcance e sentido. Os significantes hermenêuticos, os textos, permanecem aparentemente os mesmos e procuram garantir a continuidade do discurso, mas seu significado continua a variar ao longo dos procedimentos dogmáticos.

O **terceiro passo** é a argumentação. Tem-se então, em

primeiro lugar, o orador e o ouvinte ou audiência. Um orador (ou "ator") é um partícipe do discurso que emite uma opinião fundamentada, isto é, argumentos.[117] Para que esses argumentos não apareçam simplesmente como opiniões (teses), podem ser mascarados sob "fatos", conforme mencionado acima a respeito da estratégia do argumento factual. Um exemplo de argumento de tese sobre a dogmática jurídica é "uma sociedade estará tanto mais apta a dogmatizar seu direito quanto mais autopoieticamente organizada esteja". Um exemplo de argumento factual é "o direito brasileiro não é dogmaticamente organizado na medida em que o número de pobres condenados é várias vezes maior do que a proporção de pobres em liberdade".

Mas, como dito, a análise não vê distinção essencial entre esses dois tipos de argumentos. O fundamental é que os argumentos se reportem aos textos inicialmente apontados e constituam um produto aparentemente coerente com as significações hermenêuticas construídas.

O discurso dogmático é um todo sistemático que pode ser decomposto (analisado) em várias unidades, tais como letras, palavras e fonemas, do mesmo modo como o discurso musical e o pictórico reúnem unidades específicas. Para a dogmática o elemento mais importante a ser isolado e estudado são os argumentos.

Com a **decisão definitiva** o processo de determinar o significado das fontes alegadas chega ao seu termo e o caso concreto é juridicamente conhecido e avaliado, isto é, "normatizado". Antes disso, repita-se, todos os participantes do discurso, inclusive os magistrados nas sucessivas instâncias, apenas sugerem decisões que lhes parecem corretas e assim retroalimentam a discussão. Não se pense que "decisão definitiva" implica que a divergência tenha sido levada a juízo, basta que a relação jurídica esteja consolidada, como pode ser

---

117. LIAKOPOULOS, Miltos. Análise argumentativa, *in* BAUER, Martin W. e GASKELL, George. **Pesquisa qualitativa com texto, imagem e som** – um manual prático. Petrópolis: Vozes, 2005, p. 218-243.

o caso de um contrato devidamente cumprido, do qual ninguém reclamou.

Assim, enfatiza-se aqui o conflito e a lide judicial para melhor esclarecer a ação dogmática. Mas claro que todas as situações jurídicas definidas sem a intervenção dogmática do Estado, desde que de acordo com os cânones de seu sistema, consideram-se devidamente concretizadas, como ocorre nos casos em que a prestação normativa é cumprida espontaneamente e constitui um evento juridicamente relevante sobre o qual não há conflito. Não apenas coisas julgadas, mas também "atos jurídicos perfeitos" ou "direitos consumados" têm seus significados garantidos pelo sistema dogmático. Por isso têm razão Müller e Häberle ao dizer que a constituição se concretiza também ao largo dos tribunais.[118]

Deixa-se aqui de lado o quinto passo do procedimento dogmático, tal como sugerido por Ballweg, a necessidade de fundamentação, por se entender que os passos antes da decisão definitiva constituem exatamente a fundamentação dogmática, sua resposta ao abismo axiológico e à questão da legitimidade. Separar a fundamentação como estágio ou constrangimento à parte parece admitir a separação entre legalidade e legitimidade afastada pelo positivismo e pela dogmática jurídica, assim como pela atitude retórica.

O leitor poderia agora pensar que, diante de uma lide, cada parte envolvida no discurso dogmático escolhe fontes diversas e daí as interpreta e argumenta diferentemente, para daí sugerir cada qual uma decisão. Isso acontece muito, mas nem sempre é assim. Para isso é ilustrativo observar os votos dos magistrados do Supremo Tribunal Federal, por exemplo. Pode haver coincidência de algumas ou até de todas as fontes alegadas e a divergência começar na interpretação; e pode haver coincidência nas fontes e na interpretação, com divergência na argumentação. E pode haver acordo quanto aos

---

118. MÜLLER, Friedrich. **Juristische Methodik**. Berlin: Duncker & Humblot, 1997. HÄBERLE, Peter. Die offene Gesellschaft der Verfassungsinterpreten, *in* **Verfassung als öffentlicher Prozeß**. Materialien zu einer Verfassungstheorie der offenen Gesellschaft. Berlin: Duncker & Humblot, 1978, p. 155-181.

três constrangimentos, mas na fase da decisão surgir a divergência. O essencial é que haja conflito pelo menos no quarto passo, na hora de sugerir a decisão, caso contrário não se está diante de um procedimento dogmático, pois sem divergência não há lide. O que não pode ocorrer é o acordo alcançar todos os quatro constrangimentos.

A análise retórica da dogmática jurídica mostra que ela constrói o direito caso a caso, vale dizer, que o direito não é previamente dado, mas também que essa construção não é "livre", precisa respeitar "regularidades", "constrangimentos" ou como se os queira denominar, métodos da retórica material e metodologias divergentes sobre como tratá-los.

Como tem uma visão retórica do conceito, este livro procura os significados mais importantes com que a expressão "norma jurídica" é utilizada. A expressão não faz parte do vocabulário comum, mas na dogmática jurídica aparece com três sentidos que serão explorados no presente livro: norma como significante ou expressão simbólica, a chamada fonte do direito, como quando se identificam os conceitos de norma e lei; norma como significado ideal, unidade de um tipo de comunicação racional que promete para controlar agora o futuro; e norma como significado "real" (eventual), o retorno ao mundo dos eventos propiciado pela decisão concreta efetivamente constitutiva da realidade.

Este livro é justamente elaborado a partir dessa concepção, pois o capítulo oitavo trata da interpretação, o nono da argumentação e o décimo da fundamentação.

Lembrando que o capítulo quinto trata da norma jurídica como significado ideal e promessa, o sexto como fonte do direito e o capítulo sétimo a vê como decisão concreta. Os três sentidos de "norma jurídica" aqui.

O próximo capítulo, o quarto, vai mostrar o que aqui se entende sobre o mundo dos eventos, constituídos em fatos pelo discurso humano, dentro do qual estão o discurso jurídico em geral e o discurso jurídico-dogmático. O "direito"

– neste trecho entendido como a dogmática jurídica estatal – parte do mundo dos eventos (com o conflito) e a ele volta, depois de seus procedimentos, com uma decisão que, se bem-sucedida, se constituída em relato vencedor, tornar-se-á evento, influenciará no curso dos eventos.

CAPÍTULO QUARTO

Dos fatos juridicamente relevantes à concepção retórica dos eventos

> 4.1. Da oposição entre racionalismo e empirismo ao juízo sintético a priori. 4.2. Irracionalidade do individual: linguagem jurídica e transformação do evento em fato juridicamente relevante. 4.3. A efetividade da conduta é método, que já é relato, pois não há "acesso direto" a ela: o caminho (ὁδός). 4.4. A superação da dicotomia entre sujeito e objeto está na constituição retórica do "mundo dos métodos".

4.1. Da oposição entre racionalismo e empirismo ao juízo sintético *a priori*

Para os defensores da aqui denominada tradição platônica, sobre o caráter ilusório da mudança observado por Parmênides, no sentido de que o conhecimento independe do mundo dos eventos, cópia imperfeita do mundo das ideias, só os juízos analíticos são *a priori*, pois o mundo das ideias preexiste ao mundo real, tese depois continuada pelos escolásticos medievais sob a denominação de *universalia ante rem*. Nessa tradição subjetivista também se podem inserir as ideias inatas de René Descartes.

Para os defensores da tradição objetivista do empirismo, desde a mudança incessante do mundo sensível, de Heráclito, até a antropologia do sujeito como folha de papel em branco na qual a experiência imprime o saber, de John Locke, e o sensualismo de Thomas Hobbes, o conhecimento vem de fora para dentro e o sujeito não interfere no ser dos objetos. Mas mesmo Locke e outros empiristas ingleses modernos são colocados por Bertrand Russell como subjetivistas, talvez com menos coerência do que em Descartes, pois "A filosofia moderna, no entanto, conservou, em sua maior parte, uma tendência individualista e subjetiva."[119]

Immanuel Kant pretende colocar o problema em termos lógicos. Para isso coloca o enunciado (*Satz*) como uma espécie de juízo (*Urteil*), criticando aqueles que definem um enunciado como "um juízo que se expressa por meio de palavras", isto é, põem o enunciado como uma **espécie** de juízo por critérios **formais**. Para Kant, as modalidades dos juízos permitem classificá-los em problemáticos, assertórios e apodíticos, segundo acompanhem a consciência da simples **possibilidade** do juízo, a consciência de sua **efetividade** ou a consciência de sua **necessidade**, respectivamente. O juízo problemático é o juízo propriamente dito, ao passo que o juízo assertório constitui o enunciado. Aqui se trata de uma distinção de conteúdo e não meramente formal; por isso o ser humano precisa julgar antes de afirmar.[120]

Sua estratégia parte de duas distinções em voga no debate da época. A primeira é que uma proposição ou enunciado (*Satz*) pode ser classificada externamente, quanto à sua relação com a experiência sensível, em *a posteriori* ou *a priori*; e pode ser classificada internamente, quanto à relação entre

---

119. RUSSELL, Bertrand. **History of Western Philosophy** – and its connections with political and social circumstances from the earliest times to the present day. London: Routledge, 1993, p. 481: "Modern philosophy, however, has retained, for the most part, an individualistic and subjective tendency."

120. KANT, Immanuel. **Logik** – ein Handbuch zu Vorlesungen, *in* WEISCHEDEL, Wilhelm (*Hrsg.*). KANT, Immanuel. **Schriften zur Metaphysik und Logik II**. Werkausgabe – in zwölf Bände. Frankfurt a.M.: Suhrkamp, 1977. vol. VI, § 30 (p. A 168-170), p. 539-540.

seu sujeito e seu predicado, ou seu antecedente e seu consequente, em sintética ou analítica.

Uma proposição é *a posteriori* se só pode ser confirmada em confronto com a experiência sensível, precisa passar pelos órgãos dos sentidos e é fruto da percepção do mundo dos fatos. Afirmar que "o nível das ondas do mar em relação à praia sobe e desce diariamente" é uma proposição *a posteriori*.

Uma proposição é *a priori* se independe da experiência, tal como ocorre no conhecimento das matemáticas. O próprio entendimento (*Verstand*) produz, testa e confirma a proposição *a priori*, que é sempre geral e necessária, genericamente válida (*allgemeingültig*): "se A é menor do que B e B é menor do que C, A é menor do que C" é um exemplo.

Uma proposição é chamada de **sintética** justamente porque expressa uma síntese com a experiência, só pode ser avaliada a partir de dados externos, isto é, a adequação entre seus sujeito e predicado depende de confronto com o mundo dos fenômenos. A água ferve a cem graus é uma proposição sintética. A proposição sintética não tem o mesmo grau de certeza da proposição analítica porque não é logicamente necessária, isto é, os fatos da experiência poderiam ocorrer de modo diferente do que efetivamente parecem à observação humana, fazem parte de um mundo externo à consciência, percebido empiricamente por meio dos órgãos dos sentidos.

Uma proposição **analítica** é aquela na qual o predicado que se diz já está contido na compreensão do próprio sujeito. Tem caráter logicamente tautológico, pois o predicado apenas explicita o que necessariamente compõe o sujeito, e nada revela que não já estivesse nele. São as proposições das matemáticas, guiadas pelo princípio da não-contradição, as quais levaram Platão a dizer que todo conhecimento é recordação (*anamnesis*). A proposição "o raio é a metade do diâmetro" é um exemplo.

Por isso Kant denomina os juízos sintéticos de "juízos de ampliação" (*Erweiterungsurteile*), pois trazem novo conhecimento, e os juízos analíticos de "juízos de explicitação" (*Erläuterungsurteile*), apenas esclarecem relações necessariamente presentes. Isso porque não se pode saber que a água ferve a cem graus pela análise ou decomposição lógica do conceito de "água", para ficar no exemplo, e a fervura na temperatura observada aumenta empiricamente o conhecimento que o sujeito tem daquele objeto. Já o conceito de raio está contido no de diâmetro, assim como em outras deduções geométricas.

Kant procura resolver a oposição milenar entre racionalismo e empirismo estabelecendo uma problematização sobre essas duas dicotomias (*a priori* ou *a posteriori*, sintética ou analítica), na sua famosa questão se são possíveis juízos sintéticos *a priori*. E começa por uma simples equivalência: aquilo que provém da experiência sensível, enfatizado pelos empiristas, é a **matéria**, mas as determinações do pensamento puro, independentes dos órgãos dos sentidos, essas constituem a **forma** do conhecimento. As duas dicotomias vão servir para demonstrar essa equivalência que a metafísica "tradicional" (pré-kantiana) intuiu, mas não esclareceu devidamente.

Antes da "virada copernicana" de Kant parece haver um acordo sobre o que ele quis problematizar: assim como toda proposição analítica é *a priori*, toda proposição sintética é *a posteriori*. Isso mantinha racionalistas e empiristas inconciliáveis, na sequência de Parmênides e Heráclito. O conhecimento transcendental, argumenta Kant, precisa da experiência e só com ela se completa, mas não se resume a ela, pois uma proposição *a priori* não é anterior à experiência sensível em um sentido temporal, mas expressa as condições dessa própria experiência. O filósofo dá exemplos: "todos os corpos são extensos" (juízo analítico e *a priori*); "todos os corpos são pesados" (juízo sintético e *a posteriori*); e "todo acontecimento

UMA TEORIA RETÓRICA DA NORMA JURÍDICA E DO DIREITO SUBJETIVO

tem uma causa" (juízo sintético e *a priori*).[121]

Engenhosamente, a primeira Crítica de Kant visa demonstrar que, embora toda proposição analítica seja mesmo *a priori*, nem toda proposição sintética é *a posteriori*, ou seja: **são possíveis proposições sintéticas *a priori***. Chega assim ao conceito de **transcendentalidade**, que não se confunde com os de transcendência e imanência da discussão metafísica tradicional (Heráclito *versus* Parmênides). Quer dizer, ter experiência dos eventos externos é indispensável, mas essa experiência será inevitavelmente determinada pelas faculdades internas da própria condição humana; o ser humano jamais pode afirmar algo dos eventos em si mesmos, que Kant chamou a coisa em si (*das Ding an sich*), pois está condicionado a percebê-los humanamente. Mesmo o acordo de todos os seres humanos sobre o mundo não lhes permite dizer que o mundo é *an sich* assim.

> O que quer que possa ter uma relação com os objetos em si, em separado de toda essa receptividade de nossa sensibilidade, permanece para nós totalmente desconhecido. Nada conhecemos além de nossa maneira de percebê-los, segundo uma forma que nos é própria, a qual tampouco necessariamente condiciona todo e qualquer ser, mesmo que condicione todo ser humano. É somente com ela que temos que nos haver.[122]

Dessa maneira, à semelhança de Agostinho, Kant é levado a construir uma teoria da experiência sensível, que ele chamou de estética transcendental, na qual o espaço e o tempo

---

121. KANT, Immanuel. **Kritik der reinen Vernunft I**, *in* WEISCHEDEL, Wilhelm (*Hrsg.*). KANT, Immanuel. **Werkausgabe** – in zwölf Bände. Frankfurt a.M.: Suhrkamp, 1977, vol. III, p. B11-B12 / A7-A8, p. 52-53. Ressalte-se que a analítica e a dialética transcendentais não interessam neste contexto. Sobre elas v. ADEODATO, João Maurício. **Filosofia do direito** – Uma crítica à verdade na ética e na ciência (em contraposição à ontologia de Nicolai Hartmann). São Paulo: Saraiva, 2013, p. 61 s.

122. KANT, Immanuel. **Kritik der reinen Vernunft I**, *in* WEISCHEDEL, Wilhelm (*Hrsg.*). KANT, Immanuel. **Werkausgabe** – in zwölf Bände. Frankfurt a.M.: Suhrkamp, 1977, vol. III, p. B60 / A 43, p. 87: „Was es für eine Bewandtnis mit den Gegenstände an sich und abgesondert von aller dieser Rezeptivität unserer Sinnlichkeit haben möge, bleibt uns gänzlich unbekannt. Wir kennen nichts, als unsere Art, sie wahrzunehmen, die uns eingentümlich ist, die auch nicht notwendig jedem Wesen, ob zwar jedem Menschen, zukommen muß. Mit dieser haben wir es lediglich zu tun."

constituem *Anschauungen*, isto é, intuições puras que fazem parte da própria "natureza" humana, as "condições de possibilidade" da percepção dos eventos do mundo. Sem esse estímulo externo e empírico, o tempo e o espaço não poderiam sequer ser percebidos, mesmo pertencendo ao sujeito.

Dizer que essas formas puras são subjetivas, no sentido literal de que estão no sujeito, não significa dizer que sejam subjetivas, no sentido de ao livre talante de cada indivíduo. Há um conhecimento peculiar ao gênero humano, mas jamais se pode dizer que o ser humano conhece as coisas em sua essência, só o que lhe aparece. Para a espécie humana há uma objetividade, contudo.

A *Crítica da razão pura*, mesmo que não tenha sido essa a intenção de seu autor, começa a desvendar o preconceito de senso comum que se esconde por trás das ontologias tradicionais e das crenças em realidades verdadeiras. Kant abre caminho para a virada linguística dos começos do século XX, a qual, à semelhança de sua *kopernikanische Wende*, tenta se manter à margem do debate entre aqueles que privilegiam os eventos e os que privilegiam as ideias de razão.

Como a ciência do direito tem um objeto real, ou seja, o mundo dos eventos, seu trabalho consiste em estudar essas relações entre os fatos juridicamente relevantes, que, como quaisquer eventos, são únicos em sua individualidade, as expressões simbólicas que compõem o ordenamento jurídico, as chamadas fontes do direito, e os significados normativos que tais significantes linguísticos buscam expressar, significados esses que somente se constituirão por completo no caso concreto, quando se "realizam" (tornam-se reais).

Os eventos são geralmente percebidos como dados em espaço e tempo. O senso comum percebe que eles dão margem a ilusões e confusões, mas crê em sua objetividade, pelo menos no que diz respeito aos seres humanos, a qual parece se dever em grande parte à convicção de que os eventos são percebidos em um espaço e um tempo comuns a todos, ou seja, objetivos.

Para Kant, porém, o espaço não é um conceito ou uma grandeza, mas uma intuição pura do entendimento humano, uma "forma", proveniente diretamente da consciência, que é condição necessária de toda experiência. A forma espacial é uma determinação geral que atinge todos os objetos percebidos pelos seres humanos por intermédio dos órgãos dos sentidos e, portanto, é mesmo subjetiva. O espaço está na mente humana e é "a condição subjetiva da sensibilidade" (*die subjektive Bedingung der Sinnlichkeit*). A possibilidade de percepção externa (*die Möglichkeit äußerer Wahrnehmung*) pressupõe a intuição do espaço, ela não o produz, mas é produzida por ele. Por isso o espaço é uma das formas puras da sensibilidade, um dos "princípios do conhecimento *a priori*".

O tempo é a outra forma pura das percepções humanas que vai condicionar o entendimento (*Verstand*), ou seja, também é condição *sine qua non* da experiência e tem o mesmo caráter subjetivo, constituindo a própria consciência cognoscente. Mas o caráter ideal (*Idealität*) do tempo não impede que ele seja a forma determinante de toda e qualquer percepção, evento, objeto. De maneira semelhante ao que se percebe quanto ao espaço, o tempo se revela um infinito dentro do qual os seres humanos percebem objetos, acontecimentos.

4.2. Irracionalidade do individual: linguagem jurídica e transformação do evento em fato juridicamente relevante

As dificuldades de um vocabulário não-ontológico exigem por vezes aspas ou itálicos e referências às palavras estrangeiras originais. Como diz Friedrich Nietzsche, todo conceito é resíduo de alguma metáfora:

> Quem é bafejado por essa frieza [dos conceitos] dificilmente acreditará que até mesmo o conceito, ósseo e octogonal como um dado e tão fácil de deslocar quanto este, é somente o resíduo de uma metáfora, e que a ilusão da

transposição artificial de um estímulo nervoso em imagens, se não é a mãe, é pelo menos a avó de todo e qualquer conceito.[123]

O pensamento assumidamente metafórico de Hans Blumenberg compara o mundo dos eventos a uma viagem de navio, pois enfrentar o oceano é a metáfora para o fluxo da vida. Ir ao mar é ultrapassar as fronteiras, é abandonar a terra segura e aventurar-se no infinito, como numa blasfêmia contra a ordem natural das coisas. Aí o naufrágio passa a ser a consequência, por assim dizer legítima, da viagem e da ousadia humanas. O filósofo desempenha aí o papel de expectador, como no ideal grego clássico, aquele que permanece no porto seguro e observa as viagens e os naufrágios. Por isso o mundo humano é um "naufrágio com expectadores".[124]

Da perspectiva retórica, a linguagem retira o ser humano de seu meio ambiente natural e torna-se ela própria seu único ambiente. Toda linguagem é metafórica e isso porque a metáfora é justamente o resultado desse processo de generalização que se expressa na própria linguagem: abstrair das individualidades do mundo real é justamente "metaforizar", criar conceitos, expressões de ideias.

Assim não se deve conceber a realidade como um encadeamento causal de eventos. Hume deixa claro que a relação de causa e efeito é empírica e não pode ser confundida com a relação lógica entre antecedente e consequente, como defenderam Descartes e a escolástica. Logo, a causalidade não tem a certeza da lógica e da matemática, mas é uma experiência humana que nunca habilita a dizer que de X **necessariamente**

---

[123]. NIETZSCHE, Friedrich. Über Wahrheit und Lüge im außermoralischen Sinne, *in* NIETZSCHE, Friedrich. **Nachgelassene Schriften 1870-1873**, *in* COLLI, Giorgio – MONTINARI, Mazzino (Hrsg.). **Kritische Studienausgabe** – in fünfzehn Bände, Bd. I. Berlin: Walter de Gruyter, 1988, p. 882: „Wer von dieser Kühle angehaucht wird, wird es kaum glauben, dass auch der Begriff, knöchern und 8eckig wir ein Würzel und versetzbar wie jener, doch nur als das Residuum einer Metapher übrig bleibt, und das die Illusion der künstlerischen Uebertragung eines Nervenreizes in Bilder, wenn nicht die Mutter so doch die Grossmutter einesjeden Begriffs ist."

[124]. BLUMENBERG, Hans. **Schiffbruch mit Zuschauer** – Paradigma einer Daseinsmetapher. Frankfurt a. M.: Suhrkamp, 1979, p. 12, 28 e *passim*.

decorrerá Y ou Z. No máximo pode-se dizer que se tem observado a ocorrência de Y ou Z sempre que se observa a ocorrência de X. O filósofo chega a essa conclusão porque rejeita o próprio princípio da indução empírica, segundo o qual se não há qualquer registro de Y, sem ter sido precedido de X, deve-se induzir que, toda vez que aparecer Y, X terá se manifestado antes.

A concepção retórica vai contra etiologias, redes causais complexas, orientadas para o passado (a "causa"), justamente porque vê a realidade como irremediavelmente contingente, construída a cada momento pela própria comunicação. Esse ceticismo gnoseológico, ao ser trasladado ao campo da ética, não deve levar ao niilismo ou à indiferença, muito pelo contrário: vai levar à tese da responsabilidade a ser discutida no último capítulo.

Tradicionalmente tem-se concebido a comunicação como uma troca de informações que cada participante detém, mas esse é mais um preconceito ontológico, como se a comunicação fosse o resultado de alguma coisa previamente existente, a ação de externar algo anterior, externar informações. Numa filosofia retórica, comunicar significa os participantes construírem conjuntamente informações. E essa construção é sempre determinada eticamente, isto é, emocionalmente, com vistas a "valores".

O fenômeno da comunicação não parece ser especificamente humano, mas esse tema não será abordado aqui.

O mundo dos eventos é irracional porque a razão humana só trabalha com conceitos gerais, conforme já explicado. Tudo o que é individual, único, é irracional em um sentido bem literal de "não racionalizável". A razão só conhece bem seus próprios produtos, como nas ciências lógicas e matemáticas. A realidade compõe-se desses eventos que o ser humano percebe, experimenta, como algo fora de si, coisas, acontecimentos que se sucedem em um fluxo contínuo que denominou "tempo". Daí essa incompatibilidade ontológica entre o mundo real e o aparato cognoscitivo humano.

Sobre a individualidade e irracionalidade dos eventos do mundo real, diante da construção dos conceitos, Nietzsche diz:

> Toda palavra torna-se logo conceito justamente quando não deve servir, como recordação, para a vivência primitiva, completamente individualizada e única, à qual deve seu surgimento, mas ao mesmo tempo tem que se adequar a um sem-número de casos, mais ou menos semelhantes, isto é, tomados rigorosamente, nunca iguais, portanto, a casos claramente desiguais... A desconsideração do individual e efetivo nos dá o conceito, assim como nos dá também a forma, enquanto que a natureza não conhece formas nem conceitos, portanto tampouco conhece espécies, mas somente um X, para nós inacessível e indefinível.[125]

Baseando-se nas críticas de Kant, que colocaram novos problemas, Nicolai Hartmann também desenvolve sua tese sobre a irracionalidade do individual e chama atenção para o abismo irredutível entre a razão humana e a esfera do mundo real.[126]

Conclui-se aqui que tudo aquilo que os seres humanos "vivem" é contingente. A condição humana, porém, faz com que esses eventos só possam ser compreendidos pela razão humana em termos genéricos, sem correspondência precisa com os eventos. Para isso, seleciona frações do evento em detrimento de outros atributos que são ignorados ou sequer percebidos. Ao conjunto dessas frações intuitivamente, instintivamente selecionadas, corresponde uma ideia, uma unidade de razão. A essa ideia o ser humano atribui um nome ou conjunto de nomes e a corporifica em um condutor físico (significante), criando a comunicação. Esse condutor pode ser

---

125. NIETZSCHE, Friedrich. **Über Wahrheit und Lüge im außermoralischen Sinne**, *in* NIETZSCHE, Friedrich. **Nachgelassene Schriften 1870-1873**, *in* COLLI, Giorgio – MONTINARI, Mazzino (*Hrsg.*). **Kritische Studienausgabe** – in fünfzehn Bände, Bd. I. Berlin: Walter de Gruyter, 1988, p. 879-880.
126. HARTMANN, Nicolai. **Grundzüge einer Metaphysik der Erkenntnis**. Berlin: Walter de Gruyter, 1949, vierte Auflage, p. 302 s.

a palavra escrita ou falada, gestos, olhares (que são gestos), mas também tintas e telas, notas musicais, leis escritas, pedras gravadas e esculpidas etc.

Ora, esse quadro específico de autoria desse pintor e essa lei de número e data tais são objetos, logo são também eventos, pelo menos em um dos sentidos da palavra. Mas é certo que o quadro, o papel e a tinta, ao serem comunicados a outro ser humano, provocam uma compreensão de caráter ideal que não se confunde com os eventos-objetos.

Para compreender bem porque se faz a diferença, é útil o conceito de Carlos Cossio, baseado em Edmund Husserl, sobre o que denomina "ontologia da realidade". Na parte que aqui interessa, ele entende que existem "sentidos" e "valores" que não se comunicam por meio de um "substrato físico" ou objeto, expressam-se por meio de "conduta humana", objetos que vai denominar "egológicos", centro de sua *Teoria Egológica del Derecho*; e existem sentidos e valores que literalmente "se incorporam" a objetos, aqueles que Cossio chama de "mundanais".[127] Os objetos, como a pintura e a cadeira, são eventos, são os eventos-objeto, o "espírito objetivado" de Nicolai Hartmann, ele também influenciado por Husserl (e Hegel).

Mas a compreensão do texto, a percepção dos objetos e das condutas, a experiência do presente é o que aqui se chama de evento em seu sentido principal, é essa experiência que garante a própria existência dos eventos-objetos, os quais não têm sentido sem ela.

Pode-se afirmar que tudo é evento, inclusive o texto e até seu significado ideal.

> Dizendo de outro modo, afirmar que "devemos levar o texto a sério" ou que devemos deixar "que o texto nos diga algo" ou, ainda, que "questão de direito (texto) e questão de fato (caso concreto) não podem ser cindidos", não

---

127. COSSIO, Carlos. **La teoría egológica del derecho y el concepto jurídico de libertad**. Buenos Aires: Abeledo Perrot, 1964, p. 54 s., 232 s. e *passim*.

quer significar, por exemplo, uma adesão ao *slogan* pós-moderno de Derrida de que *Il n'y a pas de hors-texte* (não há nada fora do texto). Texto é evento; textos tratam de coisas, pois. E a interpretação deve voltar-se para essa coisa (a coisa mesma).[128]

Ora, mas este livro concorda com Jacques Derrida nesse aspecto; não exatamente que nada haja fora do "texto", mas sim que nada, nenhuma "coisa" existe fora da linguagem, ainda que esta possa ser não-textual. Com alguma força de vontade, ainda que este argumento não seja mencionado por Lenio Streck, é possível dizer que, de algum modo, o pensamento humano é um fenômeno psíquico único e irrepetível, produto de um cérebro físico, todos partem do mundo dos eventos. Mas aqui, o evento referido é o acontecimento único e irrepetível, que não pode ser apreendido ao longo de um fluxo aparentemente inexorável e contínuo de tempo, um presente que imediatamente já se transformou em passado, tanto no sentido de um objeto mundanal (que se cristaliza em objetos como quadros e textos) como de um objeto cultural egológico (a conduta humana). Toda comunicação necessita de significantes, substratos físicos que exprimem uma linguagem. O texto da lei e o quadro a óleo mencionados constituem significantes, assim como a conduta é composta desses substratos físicos, sejam eles gestuais, textuais, pictóricos, orais.

A tese de que significantes e significados são eventos simplifica excessivamente o processo gnoseológico. O **ato** de comunicar-se é um evento. Quando a ideia antes intangível penetra na realidade já deixa de ser ideia, mesmo na realidade psíquica do indivíduo, passa a ser um evento, único e irrepetível, como todo ele. Mas isso não é mais o significado (ideal) nem o significante (texto, gesto, fala), é um evento. O "fato" (relato único sobre o evento único), este, sim, constitui outro evento. A analítica da linguagem mostra que esta não é apenas o texto, o gesto ou

---

128. STRECK, Lenio Luiz. **Verdade e consenso**. Constituição, hermenêutica e teorias discursivas. Da possibilidade à necessidade de respostas corretas em direito. Rio de Janeiro: Lumen Juris, 2009, p. 164.

a fala, mas uma relação inseparável entre significantes e significados. Esses não são aqui confundidos com eventos.

O significante cristaliza o significado, é como que um portador dele, para sua inevitável interpretação. O evento é um dado único, irrepetível e inapreensível, incognoscível. O significante é um substrato físico.

Em outras palavras, a tese aqui tampouco se confunde com a de Cossio, pois "a conduta humana" não é considerada apenas um "objeto egológico", mas sim uma sucessão de eventos reais que se expressam intersubjetivamente mediante significantes também reais e significados ideais. Quando se refere aqui "texto" como expressão simbólica de uma ideia, um dos três elementos do abismo gnoseológico, ele não se confunde com o evento, não se está falando desse sentido de texto como evento-objeto. Como condição da comunicação, a expressão simbólica, da qual o texto é uma das formas de manifestação, à semelhança das ideias, é também genérica. Tanto os significantes como os significados são genéricos, daí racionalizáveis, por isso não podem ser confundidos com eventos. E um só faz sentido com o outro, são conceitos correlatos, muito embora jamais correspondam exatamente um ao outro. A vagueza e a ambiguidade, as figuras de linguagem e os idiotismos nada mais são do que fruto dessa incompatibilidade. Ambos, significantes e significados, por sua vez, devido a seu caráter de generalidade, são incompatíveis com os eventos, sempre particulares.

Significantes e significados são conceitos correlatos, impensáveis um sem o outro, mas não têm o mesmo conteúdo retórico. O significado é ideal, o significante quer comunicar esses significados por meio de um substrato físico qualquer. Os significados e os significantes podem apresentar graus de generalidade diversos, mas não conseguem apreender o que é individual, como dito. Para lidar com a individualidade, os significantes linguísticos lançam mão de estratégias como a que a teoria da linguagem denomina **indicadores**. Essas expressões procuram designar significados e eventos específicos, ou seja, individuais, pretendendo assim denotar sem ter conotação, de que seriam exemplos os nomes próprios, como Rumpelstilzchen da Silveira.

Mas há também aquelas expressões que objetivam um grupo ou classe de eventos e significados, diante dos quais a linguagem humana abstrai os elementos contingentes e individualizadores em prol do que os eventos e significados supostamente têm em comum. Essas expressões são chamadas **predicadores**. Ao contrário dos indicadores, elas não pretendem correspondência com a realidade dos eventos, pois são reconhecidamente genéricas. Exemplos são palavras como "cadeira" ou "justiça".

Os indicadores, por seu turno, não são exemplificados apenas por nomes próprios. A linguística reconhece que eventos e significados específicos podem se expressar mediante palavras mais indefinidas, as quais são compreendidas por sua conotação em um contexto. Uma frase como "ele esteve aqui e fez isso hoje" pode ganhar, no contexto, um sentido mais preciso como "Faelante esteve na Rua da Hora e abasteceu seu carro no dia 16 de janeiro de 2014".

Esses dois conceitos, predicadores e indicadores, serão analisados no capítulo sexto adiante, sobretudo diante do problema de se são possíveis expressões simbólicas individualizadas.

A tese aqui nessa controvérsia é que todo significante é genérico e mesmo a denotação de um nome próprio precisa da conotação de predicadores para chegar a um significado. Assim é que Rumpelstilzchen só pode ser compreendido por intermédio de outras associações linguísticas, como dizer quem é sua mãe, qual seu endereço, sua altura, sua profissão. Não existem significantes específicos, então, toda linguagem é geral, tanto os significados quanto os significantes. **Individuais são os eventos**, mas esses só podem ser constituídos por meio da linguagem, não são "coisas", nem "em si". Por isso não se podem confundir significantes como os textos com eventos.

Quer dizer que a individualidade do mundo real só pode ser "racionalizada" por meio de abstrações ideais, que se distanciam do mundo real, mas ao mesmo tempo possibilitam o re-conhecimento dos eventos e assim a experiência. É assim que o ser humano abstrai um significado para o significante "ventilador", a partir dos diversos ventiladores observados, todos diferentes, e assim reconhece como ventilador um objeto que jamais esteve em sua experiência antes.

Mas claro que um texto determinado, esta lei, este livro, é um evento, um evento-objeto. Sua compreensão naquele contexto eventual é também um evento. Tanto uma pintura é um evento quanto a emoção de cada pessoa ao contemplá-la.

4.3. A efetividade ou realidade da conduta é o método, que já é relato, pois não há "acesso direto" a ela: o caminho (ὁδός)

Para tratar dessas incompatibilidades entre os dados que percebe e a linguagem, o ser humano produz discursos sobre os eventos para tentar estabilizar sua infinita mutabilidade, ou seja, racionalizá-los por meio de relatos. Dentre os infinitos relatos concorrentes, os (temporariamente) vencedores são os "fatos", a "realidade".

Um fato jurídico é assim um relato que procura expressar determinada percepção de determinado contexto eventual. E o processo dogmático, como na brincadeira infantil do telefone sem fio, é um encadeamento de relatos sobre relatos. Assim se constituem também a "realidade" e a "verdade". Assim se vê como o mundo real é ao mesmo tempo um fenômeno empírico e linguístico ou, como se diz aqui, "retórico". Nesse sentido, repita-se, **a linguagem literalmente "faz" o mundo real** e constitui o próprio ser humano:

> A linguagem em um sentido antropológico é, portanto, a origem do humano enquanto tal, uma vez que é tanto sua queda quanto sua libertação. A linguagem retira a biologia humana do âmbito da pura estrutura material, e inclui

nela o âmbito da estrutura conceitual ao tornar possível um mundo de descrições no qual o ser humano deve conservar sua organização e adaptação. Assim, a linguagem dá ao ser humano sua dimensão espiritual na reflexão, tanto da autoconsciência quanto da consciência do outro. Mas a linguagem é também a queda do ser humano, ao permitir as cegueiras frente ao ser biológico, que trazem consigo as ideologias descritivas daquilo que deve ser.[129]

Pode-se imaginar uma situação que demonstra a incognoscibilidade dos eventos e a realidade como relatos sobre relatos. Um orador efetivamente[130] afirma que leu num livro, escrito por outro autor que não o prior, que o prior do Convento dos Carmelitas escreveu num livro que encontrou uma peregrina, a qual lhe disse que um anjo lhe apareceu e ensinou como achar o túmulo de Frei Caneca. > Um orador efetivamente leu um texto escrito pelo prior, que escreveu que encontrou uma peregrina, a qual lhe disse que um anjo lhe apareceu em sonho e ensinou como achar o túmulo de Frei Caneca. > Um orador afirma que um anjo efetivamente apareceu em sonho para uma peregrina e lhe revelou a localização do túmulo de Frei Caneca. > Uma peregrina efetivamente disse ao prior que um anjo lhe apareceu em sonho e revelou a localização do túmulo de Frei Caneca. > Uma peregrina efetivamente sonhou que um anjo lhe apareceu em sonho e revelou a localização do túmulo de Frei Caneca. > Um anjo efetivamente apareceu em sonho a uma peregrina e lhe revelou a localização do túmulo de Frei Caneca.

Esses pontos de parada dos relatos dos eventos constituem recortes, pode haver vários outros no encadeamento dos relatos, que podem eventualmente modificá-los, como do manuscrito do autor para o editor, do manuscrito do prior para o

---

129. MATURANA, Humberto. **A ontologia da realidade**, trad. de Cristina Magro, Miriam Graciano e Nelson Vaz (orgs.). Belo Horizonte: Editora da Universidade Federal de Minas Gerais, 1997, p. 206-207.
130. A palavra "efetivamente" neste parágrafo significa o relato vencedor (a realidade), aquele em que os circunstantes creem no momento.

editor. E a questão de se o orador leu mesmo o documento escrito pelo prior ou se há um sem-número de referências *apud* pelo meio. Esse dado sempre incomodou os racionalismos, que procuraram um ponto firme em que apoiar as mudanças ininterruptas dos eventos para a percepção humana.

Mais uma vez a crer em Nietzsche, tudo indica haver no ser humano uma propensão à verdade, a metáfora de todas as metáforas, aquela que eliminaria a distância e quiçá a diferença mesma entre as palavras e as coisas. Esse impulso viria dos instintos básicos próprios do ser humano, desde antes de a linguagem começar a afastá-lo de sua "alma" (*anima*) animal, com as "vantagens" e "desvantagens" desse processo. Daí o domínio das filosofias ontológicas, as quais propagam critérios externos, postos "à frente" do sujeito – daí "ob"-jetivos –, como padrão de referência para a ética e para o conhecimento. Daí o esquecimento (*Vergesslichkeit*) de que a linguagem é um filtro autorreferente cujo único ambiente é ela mesma:

> Quando alguém esconde uma coisa atrás de um arbusto, vai procurá-la ali mesmo e a encontra, não há muito que enaltecer nesse procurar e encontrar: e é assim que ocorre com o procurar e encontrar da "verdade" no interior da circunscrição da razão. Se forjo a definição de animal mamífero e em seguida declaro, depois de inspecionar um camelo: vejam, um animal mamífero, com isso decerto uma verdade é trazida à luz, mas ela é de valor limitado, quero dizer, é inteiramente antropomórfica e não contém um único ponto que seja "verdadeiro em si", efetivo e universalmente válido, independentemente do ser humano.[131]

---

131. NIETZSCHE, Friedrich. Über Wahrheit und Lüge im außermoralischen Sinne, *in* NIETZSCHE, Friedrich. **Nachgelassene Schriften 1870-1873**. COLLI, Giorgio; MONTINARI, Mazzino (Hrsg.). **Kritische Studienausgabe** – in fünfzehn Bände, vol. I. Berlin: Walter de Gruyter, 1988, p. 873-890, p. 883: „Wenn Jemand ein Ding hinter einem Busche versteckt, es eben dort wieder sucht und auch findet, so ist an diesem Suchen und Finden nicht viel zu rühmen: so aber steht es mit dem Suchen und Finden der ‚Wahrheit' innerhalb des Vernunft-Bezirkes. Wenn ich die Definition des Säugethiers mache und dann erkläre, nach Besichtigung eines Kameels: Siehe, ein Säugethier, so wird damit eine Wahrheit zwar an das Licht gebracht, aber sie ist von begränztem Werthe, ich meine, sie ist durch und durch anthropomorphisch und enthält keinen einzigen Punct, der ‚wahr an sich', wirklich und allgemeingültig, abgesehen von den Menschen, wäre."

Imagine-se um acidente de trânsito com pessoas gravemente feridas, eventualmente vítimas fatais. O policial elabora um relato sobre o que encontrou ao chegar, que o jargão chama boletim de ocorrência, no qual inclui relatos de diversas testemunhas que entrevistou, relatos esses todos diferentes entre si, posto que cada uma delas vê de perspectivas diversas e se deixa envolver diferentemente pelo evento. Entregue esse documento à delegada de polícia, esta redige seu próprio relato, o inquérito policial, para o qual ouvirá porventura novos relatos das mesmas testemunhas entrevistadas pelo agente, as quais, passados alguns meses da experiência vivida, contam histórias já diferentes daquelas expostas ao policial no local do acidente. O inquérito policial é assim enviado ao promotor, o qual procede a um novo relato, se for o caso, que a dogmática denomina denúncia, enriquecido de um sem-número de outros elementos, ausentes nos discursos anteriores. Ao fazer o relato da pronúncia no processo, talvez já muitos mais meses depois, a magistrada constitui outra retórica material e, se houver por bem ouvir novamente as testemunhas arroladas, estas já fazem relatos não apenas diversos entre si, porém, mais uma vez, diferentes de todos os que elas mesmas fizeram anteriormente. Mais diferenças ainda haverá em um eventual procedimento no tribunal do júri, talvez anos depois, quando as testemunhas tiverem que expor sua versão em público. Sem contar os interesses infinitamente variáveis que levem a simulações, dissimulações, mentiras e todas as mídias retóricas de que a linguagem humana é capaz.

A retórica realista não acredita no acesso direto aos eventos, insista-se. Até filmes – supostas "provas filmadas" – resultam de relatos vencedores. Claro que uma filmagem que mostre nitidamente um evento, alguém esfaqueando alguém, por exemplo, tem grande probabilidade de se tornar o relato vencedor. Mas sempre se poderia produzir uma versão diferente, um filme "falso" tão "real" quanto o "verdadeiro", tornando a filmagem uma versão como a de uma testemunha qualquer. E se houver interesses e pressões para que seja vitoriosa essa outra versão filmada, mais variações ainda, sem contar as diferentes interpretações de significados que todo significante - inclusive os pictóricos – podem suscitar.

Assim a retórica realista também se aparta de qualquer forma de objetivismo, mesmo em relação aos "fatos" mais comezinhos. Se a obediência a determinados cálculos matemáticos na construção de uma ponte faz com que permaneça de pé e a desobediência provoca sua queda, é muito provável que a crença nesses cálculos se torne o relato vencedor. Do mesmo modo como dizer que Napoleão morreu na Ilha de Santa Helena. Mas isso não é inexorável, evidente como a verdade. Se a retórica estratégica, isto é, consensos, ameaças, mentiras, dissimulações, em suma, todas as formas de narrativas humanas – ou seja, relações retóricas – constituírem a "realidade" dos relatos vencedores em outra direção, as descrições científicas e suas "evidências empíricas" podem ser completamente derrotadas.

Dentre as relações intersubjetivas, uma das mais importantes para o estudo do direito é a de conflito, que ocorre quando os seres humanos divergem sobre os significados de seus relatos sobre os eventos do mundo. Para haver um conflito, então, é preciso que haja pelo menos dois relatos incompatíveis, total ou parcialmente. Conclui-se que este "mundo" que a ciência se esforça por compreender, explicar e controlar, não "é" uma grandeza ou realidade independente do conhecimento humano, como uma ontologia prévia, dada, que se coloca diante do "sujeito" como "objeto". O mundo é literalmente constituído pela comunicação humana.

Importante ressaltar que a garantia de realidade sobre o mundo dos eventos consiste tão somente no controle público da linguagem sobre relatos, nunca sobre os próprios eventos. Este é o sentido da retórica material, de dizer que a realidade mesma é retórica. Como a realidade humana não é real no sentido da percepção adequada (exata, verdadeira) dos acontecimentos, diz-se que ela é retórica. Essa perspectiva do conhecimento, aliada às perspectivas éticas do ceticismo, historicismo, humanismo, e tudo o mais que se diz neste livro, forma a concepção retórica. É porque só se conhecem relatos, que (supostamente) se referem a um mundo real objetivo, que aparece o problema da linguagem, da comunicação. Não aceitar isso é o maior óbice que o senso comum coloca à filosofia retórica e ao conhecimento em geral.

A retórica dos eventos deve ser compreendida a partir do que aqui se vai chamar de **sensação ontológica atávica**, a base a partir da qual o senso comum garante o ser humano "contra" sua própria humanidade. Explique-se: a constituição retórica do mundo dos eventos, a retórica material, é produto da linguagem, daquilo que é especificamente humano, e a sensação ontológica atávica garante a objetividade de algo como uma animalidade humana, eflúvios genéticos de quando a espécie ainda não havia constituído seu mundo solipsista, o autismo antropológico que hoje separa o *homo sapiens* do entorno por meio da linguagem, tal como sugerido já na introdução deste livro a partir de uma interpretação das reflexões de Hans Blumenberg.

A linguagem do *homo sapiens* é especificamente humana e se distingue das formas de comunicação dos outros animais – das formigas que encostam cabeças ao cruzarem seus caminhos, das baleias e golfinhos que emitem sons definidos, dos olhares e expressões dos cães e dos macacos – porque só o ser humano percebe sua própria linguagem individual como algo fora de si mesmo, diferente de sua individualidade, como se tivesse projetado, "objetivado seu espírito", para usar a metáfora metafísica de Nicolai Hartmann. Daí este livro afirmar as teses da distinção entre significantes e significados, da tripartição do ato gnoseológico, da impossibilidade de reduzir texto a evento.

Para bem entender como aqui se defende essa impossibilidade, observem-se dois textos iguais, como duas cópias de uma mesma lei. Claro que, enquanto papéis escritos, são objetos e, como tais, são únicos, individuais, são eventos: a quantidade de tinta em suas letras é diferente, o papel em que foram impressas também, não é preciso insistir nesse ponto. Mas enquanto textos, pretensos portadores de significados, tal como a expressão "texto" (uma das espécies de significantes) é entendida neste livro, eles não se confundem com o texto-evento, entre outros fatores, por conta da incompatibilidade básica: o texto-evento é único; o texto que aqui é visto como um terceiro elemento hermenêutico é sempre geral, é outro tipo de linguagem. Em outras palavras, claro que este e aquele exemplares do Código Civil são eventos, objetos como qualquer livro; mas sua estrutura textual no conhecimento do direito, **aquele texto que todos os exemplares do Código Civil têm em comum**, não se confunde com o evento juridicamente relevante, como aquele conflito específico entre o pai e a mãe pela guarda do filho, evento que está em outra dimensão, ou seja, esses elementos (texto significante e evento real) não podem ser reduzidos um ao outro. Os significantes que compõem a lei serão relatos importantes no confronto com outros relatos.É por isso que o poder – e daí o direito – tem uma importância crucial no estabelecimento do que seja "a realidade". Diante de conflitos entre os relatos sobre o que ocorre e ocorreu, o real, os seres humanos sempre consideram as consequências que podem advir de acolher uma hermenêutica diferente daquela que querem os poderosos, as quais são quase que invariavelmente danosas a seus interesses. E ter poder consiste exatamente na capacidade de impor determinadas versões em detrimento de outras, conseguir adesões que não precisam ser fruto de persuasão e consensos "sinceros". Daí este livro colocar a ameaça de violência, a autoridade, a sedução, o engodo como mídias retóricas, dentre outras, apartando-se de toda a tradição.

Em suma, não existem a rigor "atos", mas apenas "**relatos sobre atos**", ou seja, mais palavras. Os atos não podem ser conhecidos, só os relatos sobre os atos. A retórica material ou existencial é a parte do estudo da retórica que busca revelar o caráter retórico da própria existência humana. Por isso fala-se aqui, insista-se, em uma filosofia retórica e não em uma retórica filosófica.

Aqui se sugere que a filosofia e a teoria do direito não devem procurar compreender a sociedade e seus subsistemas predominantemente por meio de concepções de causalidade complexa, como o fazem as outras "ciências" sociais, que partem desse conceito para investigar o passado dos fatos, à procura de outros fatos causais passados. Pela concepção retórica, a sociedade é auto-organizada por meio de acordos linguísticos atuais sobre como poderá vir a ser o futuro e não por meio de quaisquer relações de causalidade. Sempre será arbitrário isolar causas e efeitos em um universo circular de interferências recíprocas.

O que se chama de "fato" é um elemento da comunicação, mas comunicação não é "troca" de informação, porém sim **constituição conjunta de informação**, conforme já apontado. É nesse sentido retórico que se deve compreender a "inevitabilidade" da ontologia[132]: a retórica material é a única condição ontológica do ser humano. Dizer que a realidade é linguisticamente constituída traz diversos corolários, tais como intersubjetividade como critério de realidade, controle público da linguagem e o que se possa dizer sobre a constituição da retórica material.

Na sociedade medieval europeia, para prosseguir nos exemplos, a comunicação não se limita aos seres humanos. O mundo é "animado", no sentido etimológico e filosófico: duendes, santos milagreiros, purgatório, limbo e, sobretudo, o demônio, são "causas" de instituições, relações jurídicas, em suma, são "causa do mundo real", são o próprio mundo real.

Claro que nem todo tipo de crença é igual, as formas pelas quais seu controle intersubjetivo é exercido são cruciais para sua aceitação. Mas a perspectiva da retórica material vê o ponto comum entre mitologia, religião, ciência e "pseudociências" (como a astrologia) na reconstrução da realidade, com seus códigos respectivos de confirmação e recusa de informações. Uma posição que em geral não agrada defensores

---

[132]. ADEODATO, João Maurício. **Filosofia do direito** – uma crítica à verdade na ética e na ciência (em contraposição à ontologia de Nicolai Hartmann). São Paulo: Saraiva, 2013, cap. 11, p. 289.

da verdade científica ou religiosa.[133] Da perspectiva da retórica material não há diferença se o filho de Capitu é "de fato" de Bentinho, se Desdemona "realmente" traiu Otelo ou se a luta entre Héracles e a Hidra de Lerna ou o *Big Bang* "efetivamente" aconteceram: o que interessa é o relato dominante.

Se a linguagem conduz a crença e dessa maneira constitui o ser, também o direito é o que dizem os relatos sobre ele, esse é o direito positivo de primeiro grau, os métodos (caminhos) pelos quais os conflitos são tratados juridicamente de modo efetivo; no caso do direito positivo dogmaticamente organizado, trata-se da dogmática jurídica de primeiro grau. A partir daí observam-se dois fenômenos significativos: primeiro, que o conteúdo do direito – as decisões éticas efetivas –, como todas as formas de controle público da retórica material, é um fenômeno circunstancial e passageiro; depois, que quanto maior a complexidade social, mais rápida e radicalmente se modificam esses conteúdos.

Admite-se neste livro que mesmo esse primeiro nível da realidade, o mundo eventual, só existe na medida em que percebido pelos seres humanos. Como sua única percepção é na linguagem e mediante a linguagem, a realidade é retórica. Não há como "falar" sobre eventos únicos, pois não é possível sequer "pensar" neles, pois a razão humana só trabalha com ideias gerais, o individual é inacessível ao ser humano, enfatize-se mais uma vez. Kant percebe essa dificuldade ao dizer que a coisa em si só admite o predicado de ser, "a coisa em si é". Mas só numa acepção muito metafórica pode-se falar na coisa em si, pois não há sentido em pressupor estímulos "reais", mais reais do que a linguagem, como que "por trás" dela, sob influência de um preconceito etiológico de em tudo querer ver uma "causa", ou seja, ver a coisa em si, ainda que incognoscível, como causa estimulante para o conhecimento do mundo.

Não há sentido em falar de móveis externos à percepção

---

133. SOKAL, Alan; BRICMONT, Jean. **Imposturas intelectuais** – o abuso da ciência pelos filósofos pós-modernos, trad. Max Altman. Rio de Janeiro / São Paulo: Record, 1999, *passim*.

humana, pois a própria percepção é constituída pela linguagem. Fatos são relatos sobre relatos, repita-se, pois o próprio sujeito individual produz seu mundo a partir dos relatos que elabora para si mesmo. E Kant não parece partilhar do otimismo de Nicolai Hartmann ou da agência espacial norte-americana (que envia mensagens e cálculos numéricos ao espaço sideral) no sentido de que a razão ideal – e com ela as matemáticas – perpassam todo o universo e podem ser compreendidas por outros seres dotados de intelecto.

> Pois não podemos absolutamente avaliar as intuições de outros seres pensantes, se eles estariam presos às mesmas condições que limitam nossas intuições e são para nós todos válidas.[134]

Mesmo sendo ele menos ontológico do que Hartmann e os cientistas norte-americanos, ressalte-se mais uma vez a diferença entre a postura retórica aqui defendida e a *Crítica* de Kant, para cuja filosofia o mundo que o ser humano percebe é constituído de uma síntese proveniente do encontro da coisa em si, fora do ser humano, com as formas puras da sensibilidade, espaço e tempo, as quais **fazem objetivamente parte da natureza humana**, da razão humana. Nos termos deste livro, também o espaço e o tempo são constituídos pela retórica material, pois a linguagem é um filtro único, inescapável.

Enquanto que, em Kant, o espaço e o tempo são subjetivos, no sentido de que constituem as formas puras da sensibilidade presente no sujeito, porém idênticos para todos os seres humanos e, nessa acepção, objetivos, nos termos da retórica material a linguagem é que vai constituir a realidade e isso de forma temporária, contingente, autorreferente, mutável e arbitrária.

---

134. KANT, Immanuel. **Kritik der reinen Vernunft I**, *in* WEISCHEDEL, Wilhelm (*Hrsg.*). KANT, Immanuel. **Werkausgabe** – in zwölf Bände. Frankfurt a.M.: Suhrkamp, 1977, vol. III, p. B44 / A 28, p. 76: „Denn wir können von den Anschauungen anderer denkenden Wesen gar nicht urteilen, ob sie an die nämlichen Bedingungen gebunden sein, welche unsere Anschauungen einschränken und für uns allgemein gültig sind."

Isso porque a coisa em si da *Crítica da razão pura* tem sua realidade pressuposta externamente, fora do ser humano. O evento da retórica material, ao contrário, pode ser percebido por um ou mais seres humanos de modo semelhante, mas também ser inventado, pode ocorrer que nem o próprio orador, em seu autorrelato, creia naquilo que diz perceber, ou seja, ele pode cooperar para o relato vencedor (a realidade) em desacordo com seu próprio autorrelato, o qual lhe diz que não houve qualquer percepção do evento a que se refere ou que esse evento foi percebido de maneira diferente daquela relatada. Em outras palavras, o orador pode mentir deliberadamente sobre um suposto evento e este passar a ser o relato vencedor.

Claro está que assiste razão a Kant supor que o mundo dos eventos e as formas humanas de entrar em contato com ele têm uma participação importante na criação da realidade. Por sua semelhança genética no aparato perceptivo – as formas puras da sensibilidade de Kant –, os seres humanos tendem a perceber eventos em que não estão crucialmente interessados de forma também semelhante. É por isso que o voo de um pássaro e o fato de um cavalo correr mais rapidamente do que outro são percebidos e comunicados de forma relativamente homogênea, o mesmo ocorre em relação a fenômenos físicos em geral.

Já quando se trata de definir social e juridicamente se algumas parcelas da população são iguais ou diferentes, a realidade é notoriamente constituída na linguagem e pela linguagem, a qual vai determinar nacionalidade, grupo sexual, raça, cidadania, enfim, a percepção do mundo real.

Entenda-se: mesmo naqueles casos de descrição do entorno físico, a realidade é constituída pela narrativa vencedora, inclusive porque os dois planos não podem ser rigorosamente separados. O preconceito racial é um relato social em contato direto com um relato empírico, um relato sobre as características dos cabelos de um indivíduo, por exemplo. O que a teoria retórica adotada aqui observa é porque, nas narrativas sobre a constituição do mundo físico, há mais homogeneidade. Ainda assim, a retórica material das ciências físicas e biológicas muda constantemente, como se verifica nas revoluções copernicana e quântica sobre a concepção do universo, na retirada de Plutão do conjunto de planetas do sistema solar ou no conceito e propriedades da "raça".

4.4. A superação da dicotomia entre sujeito e objeto está na constituição retórica do "mundo dos métodos"

Costuma-se apontar René Descartes como o fundador da filosofia moderna, na medida em que seu *Discurso sobre o método* coloca a teoria do conhecimento em função da certeza da existência do mundo a partir da certeza da própria existência, a impossibilidade de negar o "eu" do indivíduo, mesmo supondo que *un certain mauvais génie* procure enganá-lo:

> Eu suponho então que todas as coisas que vejo são falsas; persuado-me de que nada do que minha memória repleta de mentiras me representa jamais existiu; penso não ter nenhum sentido; creio que o corpo, a figura, a extensão, o movimento e o lugar não são senão ficções do meu espírito. O que é então que poderá ser estimado verdadeiro? Talvez nada senão que não existe nada de certo no mundo.[135]

A solução colocada por Descartes a esse ceticismo – não exatamente sincero, mas metodológico – era inovadora e parece relativamente simples aos olhos de hoje, fundamentando a cognoscibilidade do mundo dos eventos supostamente externos ao próprio ser humano:

> De maneira que depois de ter muito pensado, e ter cuidadosamente examinado todas as coisas, é preciso enfim

---

135. DESCARTES, René. **Méditations métaphysiques**. (Méditation seconde: de la nature de l'esprit humain; et qu'il est plus aisé à connoître que le corps). The Project Gutenberg (EBook #13846). Release date: October 25, 2004. Character set encoding: ISO-8859-1, p. 44: "Je suppose donc que toutes les choses que je vois sont fausses; je me persuade que rien n'a jamais été de tout ce que ma mémoire remplie de mensonges me représente; je pense n'avoir aucuns sens; je crois que le corps, la figure, l'étendue, le mouvement et le lieu ne sont que des fictions de mon esprit. Qu'est-ce donc qui pourra être estimé véritable? Peut-être rien autre chose, sinon qu'il n'y a rien au monde de certain."

concluir e ter por constante que esta proposição, eu sou, eu existo, é necessariamente verdadeira, todas as vezes que a pronuncio ou que a concebo em meu espírito.[136]

Muito antes de Descartes a tradição filosófica consagrara a dicotomia entre sujeito e objeto, em que pese às muitas divergências na explicitação dos dois conceitos. Mesmo sem acordo sobre as influências recíprocas entre esses dois polos do conhecimento, a tradição os apresenta como supostamente irredutíveis um ao outro.

Se o "objeto" (um evento) é exterior, o sujeito precisa sair de si mesmo, transcender-se, para conhecer, pois o mundo exterior é indiferente a ser conhecido ou não pelo sujeito. A ênfase na existência "em si" do objeto só confirma a tradição ontológica na filosofia ocidental. Para completar essa fase da **apreensão** o sujeito cognoscente precisa voltar a si mesmo e "interiorizar" o objeto, isto é, conciliá-lo com as regras internas de racionalidade humana. Nesse processo é mister conformar-se que a apreensão jamais será completa, pois o sujeito interioriza apenas uma "imagem" do objeto. Mas aí o argumento tradicional de combate ao subjetivismo: o objeto em si "resiste" às fantasias do sujeito cognoscente.

Na linguagem cotidiana essa distinção entre sujeito e objeto nem aparece tão nítida, pelo menos em inglês e francês: o sentido de "assunto", "matéria", em uma palavra, "objeto", vem com as mesmas raízes etimológicas de "sujeito" (*sujet, subject*).[137]

Nietzsche vai romper com a tradição ao advertir ironicamente contra a tendência hegeliana de ver a história de forma escatológica, que despreza o caráter único dos eventos e pretende subordiná-los à "razão" (ou "ideia", ou "lógica"), ou mesmo a Deus:

---

136. *Idem, ibidem*: "De sorte qu'après y avoir bien pensé, et avoir soigneusement examiné toutes choses, enfin il faut conclure et tenir pour constant que cette proposition, je suis, j'existe, est nécessairement vraie, toutes les fois que je la prononce ou que je la conçois en mon esprit."
137. Sobre essa metodologia ou fenomenologia terminológica v. ADEODATO, João Maurício. **O problema da legitimidade** – no rastro do pensamento de Hannah Arendt. Rio de Janeiro: Forense-Universitária, 1989, p. 102 s.

Mas esse Deus tornou-se, no interior da caixa craniana de Hegel, transparente e inteligível para si mesmo e já galgou os degraus possíveis de seu vir a ser, até chegar a essa auto-revelação: ...

Essa razão absoluta do espírito

... transforma todos os momentos em simples admiração pelo sucedido e conduz à idolatria do factual: culto este para cujo serviço todos se exercitaram na formulação, muito mitológica e além disso bem alemã, de 'render-se aos fatos'. Se todo sucedido contém em si uma necessidade racional, se todo acontecimento é o triunfo do lógico ou da "ideia"...[138]

Kant, na tradição da dicotomia sujeito-objeto, considera que a forma está no sujeito e a matéria, no mundo. E a forma está ontologicamente no sujeito, o qual não tem escolha, está condicionado por ela. Diante da coisa em si, o conhecimento humano começa pelas formas puras da sensibilidade (espaço e tempo), as quais enfrentam a coisa em si e a dividem em objetos, elas são parte de uma "natureza humana", estão, por assim dizer, no código genético da espécie. Isso porque o espaço e o tempo, ainda que não tenham uma existência independente, são "dados" e não "construídos" pelos seres humanos, eles não podem interferir na "natureza" dessas formas puras da sensibilidade, estão como que sujeitos a elas. Se Kant deixou claro que nada se pode dizer sobre a coisa em si, também é certo que considerava o conhecimento possível e verdadeiro pelo menos no que diz respeito à espécie humana, ou seja, dentro do que o ser humano percebe, há uma percepção correta e

---

138. „Dieser Gott aber wurde sich selbst innerhalb der Hegelischen Hirnschalen durchsichtig und verständlich und ist bereits alle dialektisch möglichen Stufen seines Werdens, bis zu jener Selbstoffenbarung emporgestiegen: ..." „... alle Augenblicke in nackte Bewunderung der Erfolges umschlägt und zum Götzendienste des Thatsächlichen führt: für welchen Dienst man sich jetzt die sehr mythologische und ausserdem recht gut deutsche Wendung ‚den Thatsachen Rechnung tragen' allgemein eingeübt hat." E logo adiante: „Enthält jeder Erfolg in sich eine vernünftige Nothwendigkeit, ist jedes Ereigniss der Sieg des Logischen oder der ‚Idee' ..." NIETZSCHE, Friedrich. Von Nutzen und Nachteil der Historie für das Leben. **Unzeitgemässe Betrachtungen II**, *in* COLLI, Giorgio – MONTINARI, Mazzino (Hrsg.): **Friedrich Nietzsche Kritische Studienausgabe** – in fünfzehn Bände, vol. I. Berlin: Walter de Gruyter, 1988, § 8, p. 308 e 309.

outra incorreta, pois o espaço e o tempo são condições ontológicas, se não dos objetos, da própria "humanidade".

> Nós quisemos dizer então: que todas as nossas intuições nada são além de representação de fenômeno; que as coisas que nós percebemos não são algo em si mesmo, aquilo por que nós as tomamos; que tampouco suas relações são assim em si constituídas, tal como nos aparecem; e que, se nós suprimirmos de modo absoluto nossa subjetividade, ou ao menos a constituição subjetiva dos sentidos, toda a constituição, todas as relações dos objetos no espaço e no tempo, até os próprios espaço e tempo, desapareceriam e não poderiam existir como fenômenos em si mesmos, mas somente em nós.[139]

A retórica aqui defendida aproveita sua filosofia quanto à inacessibilidade da coisa em si, mas os filtros não são as formas puras da sensibilidade nem as do entendimento (*Verstand*), o filtro é a linguagem; que é fugidia e imprecisa, que não é parte de uma natureza humana universal como as formas puras, mas sim elaborada segundo acordos ambíguos, vagos e porosos – mutáveis no tempo e no espaço. A retórica organiza essa linguagem nos três níveis já colocados: material ou existencial, estratégico ou prático e analítico ou filosófico (epistemológico). Em outras palavras, a perspectiva retórica deste livro **coloca a linguagem no lugar das formas** puras da sensibilidade, no plano da estética, e também das categorias do entendimento, no plano da analítica transcendental.

Desse modo, nada se pode conhecer por fora da linguagem, os relatos que os seres humanos produzem a partir de uma sucessão de eventos que, sem a linguagem, é caótica e incognoscível. Utilizando a terminologia kantiana, esses

---

139. KANT, Immanuel. **Kritik der reinen Vernunft I**, *in* WEISCHEDEL, Wilhelm (Hrsg.). KANT, Immanuel. **Werkausgabe** – in zwölf Bände. Frankfurt a.M.: Suhrkamp, 1977, vol. III, p. B60 / A 43, p. 87: „Wir haben also sagen wollen: daß alle unsre Anschauung nichts als die Vorstellung von Erscheinung sei; daß die Dinge, die wir anschauen, nicht das an sich selbst sind, wofür wir sie anschauen, noch ihre Verhältnisse so an sich selbst beschaffen sind, als sie uns erscheinen, und daß, wenn wir unser Subjekt oder auch nur die subjektive Beschaffenheit der Sinne überhaupt aufheben, alle die Beschaffenheit, alle Verhältnisse der Objekte im Raum und Zeit, ja selbst Raum und Zeit verschwinden würden, und als Erscheinungen nicht an sich selbst, sondern nur in uns existieren können."

eventos podem ser equiparados a um mundo de "coisas em si", apenas pressuposto, as quais parecem ser externas ao sujeito cognoscente, o qual elabora discursos sobre esse mundo e assim o apreende. Esses discursos não têm qualquer controle externo, nem sequer do próprio mundo dos eventos, pois mesmo a exterioridade desse mundo consiste numa construção retórica, que se processa internamente, no diálogo consigo mesmo que constitui o pensamento, e externamente, na medida em que a comunicação com os outros seres humanos vai determinando a realidade comum a todos:

> Nós, seres humanos, como seres que linguajamos, vivemos em um mundo de objetos. Além disso, afirmo que os objetos surgem com a linguagem e não preexistem a ela. Na verdade, afirmo que os objetos surgem no linguajar, na primeira recursão do fluxo de coordenações consensuais de conduta que é a linguagem...[140]

É de ponderar que a concepção retórica supera a dicotomia, mas não pode simplesmente ignorar e dispensar quaisquer referências aos vocábulos sujeito e objeto, pois, além dos fundamentos historicistas, céticos e humanistas toma apoio na semiótica de Charles William Morris, na qual essa dicotomia tem papel fundamental e é transformada em uma tricotomia com a inserção do signo entre eles (sujeito, objeto e signo). Mas isso não significa que aqui se defenda uma irredutibilidade ontológica entre os dois. Muito ao contrário, resta claro que tanto sujeito como objeto são constituídos pela linguagem da hermenêutica vencedora no ambiente. Por isso mesmo, se a linguagem dominante incorpora a distinção entre sujeito e objeto, então a distinção "existe" retoricamente, o que não significa conceder-lhe caráter ontológico, uma vez que o ambiente retórico os dissolve a ambos ao constituir a retórica material. Essa não deixa de ser também uma visão pragmática.

---

140. MATURANA, Humberto. **A ontologia da realidade**, trad. de Cristina Magro, Miriam Graciano e Nelson Vaz (orgs.). Belo Horizonte: Editora da Universidade Federal de Minas Gerais, 1997, p. 221.

Note-se que tampouco se trata de uma redução do objeto ao sujeito, mas sim à linguagem, que o sujeito não domina, pois mesmo seu pensamento individual é constituído no controle público da linguagem. Uma sucessão de eventos torna-se um fato histórico por conta do relato vencedor dentre os participantes do discurso. É como uma batalha ou uma eleição: para que haja um resultado é preciso que os participantes (e aqui incluídos candidatos, observadores, guerreiros, votantes, todos os que se manifestem no discurso) entrem em um acordo quanto ao que lhes parece ter "realmente" ocorrido.

Supera-se desse modo aqui tanto o subjetivismo neokantiano ou cartesiano quanto o objetivismo escolástico, jusnaturalista ou científico, pois, ao analisar a questão de que maneira os eventos são transformados em fatos, a análise retórica e metódica ao mesmo tempo ajuda a esclarecer seu próprio conceito de realidade.

Para poder pensar e falar em eventos, transformá-los em relatos, o ser humano começa por inseri-los no fluxo do tempo, já mencionado. Essa **temporalidade** manifesta-se basicamente em **três fenômenos**.

O **primeiro** mostra que tudo o que está no tempo muda, todos os entes reais estão sujeitos ao tempo e assim, além de únicos e individualizados, a mudança é característica inafastável de todos eles. Caso essa mutabilidade fosse, porém, contínua e igual, quer dizer, se tudo mudasse nos mesmos compasso e ritmo, ela seria imperceptível. Daí o menos óbvio **segundo** fenômeno, o fato de os seres humanos perceberem as modificações dos eventos de forma descontínua e desigual e conseguirem separar eventos-objeto (uma pessoa, uma cadeira – que se modificam no tempo) de eventos-ambiente (o contexto em que essa pessoa e essa cadeira estão inseridas – que também se modifica no tempo, mas em uma velocidade diferente); esse resíduo em cada processo de modificação constitui os "objetos" e por isso é possível identificar uma pessoa ao longo de sua vida, da infância à velhice, ou distinguir a árvore da floresta. O **terceiro** fenômeno consiste na percepção de que tudo o que está no tempo, todo evento real, é percebido como finito, tanto em direção ao passado (tem começo), quanto em relação ao futuro (vai findar).

Ora, se se admite que identidade, sentido e alcance dependem do sujeito, o que faz com que todo conhecimento também dele dependa, fica a questão de como o ser humano se orienta competentemente no mundo e como se comunica "objetivamente" com os demais. Isso leva ao problema do conhecimento empírico e à discussão da **intersubjetividade**. É a intersubjetividade que garante a "objetividade" das diferentes empirias dos diferentes sujeitos. A comunicação bem-sucedida é aquela que consegue mais adesão do ambiente social intersubjetivo. Isso pode ser decidido pelo número, mas nem todo sucesso tem fundo democrático, pode haver outros critérios, como a autoridade de um discurso privilegiado (científico, médico, econômico, jurídico), mesmo que os circunstantes não o entendam, ou pode vencer o discurso mais coeso e solidário ou a hermenêutica do grupo mais bem armado.

Pode-se chamar de um solipsismo, mas não um solipsismo ontológico. O conhecimento ontológico não se confunde com o conhecimento empírico. A empiria é garantida por uma espécie de arbítrio da intersubjetividade, não pela objetividade da verdade. A ontologia implica um conhecimento que se coloca acima ou fora da intersubjetividade comunicativa e, como o próprio nome o diz, é um conhecimento do ser dos objetos, do mundo, dos próprios seres humanos, literalmente uma "descoberta" da realidade "em si". **A intersubjetividade diferencia empiria de ontologia**, esta é a tese aqui. Nessa intersubjetividade constrói-se a objetividade possível do conhecimento e da ética.

Pode-se chamar de um consensualismo, mas não como em Habermas. O consenso aqui constitui a realidade de forma circunstancial, fluida, autorreferente. A comunicação não ocorre por incidir sobre supostos objetos "comuns" à experiência humana ou, no direito, por conectar-se a textos que trazem consigo significados autônomos. Tampouco o consenso é fruto de um desenvolvimento histórico da civilização, detectável numa evolução objetiva das formas de comunicação. Muito mais, consensos são convenções ocasionais que se internalizam no indivíduo na medida em que ele desenvolve sua história de vida no meio social.

A retórica realista aqui defendida considera tanto racionalismo subjetivista quanto empirismo objetivista como posições ontológicas e, assim como Kant, tenta escapar da dicotomia, ainda que por outro caminho.

Para isso precisa também recusar determinadas pressuposições da teoria do conhecimento empírico, de cunho realista e de senso comum, tais como a de que o mundo é constituído de grandezas que independem do ser humano e do seu conhecimento; que esse mundo é objetivamente percebido pelos órgãos dos sentidos; que a experiência sensível é a única via para um conhecimento adequado do mundo; e que a linguagem é um meio para descrever esse mundo que existe por si mesmo. Todos esses pressupostos reúnem-se sob a dicotomia sujeito *versus* objeto e são recusados pela retórica realista.

No final do capítulo sobre William James, comentando seu trabalho *Does "consciousness" exist?*, Russell diz que James nega a separação entre sujeito e objeto e que, se essa negação fosse aceita, toda a história da filosofia precisaria ser repensada. Perfeitamente. No começo do seu último capítulo, ao expor sua própria filosofia, que denomina de "análise lógica", Russell diz que Einstein substituiu os "eventos" e as "coisas", construídos pela filosofia e pela física tradicionais, por partículas e intervalos que os fazem depender de critérios ao arbítrio do observador, pois dois eventos podem ser simultâneos ou não, segundo tais escolhas.[141] A física quântica foi mais longe ainda. De acordo. A simpatia de Russell, inobstan-

---

141. RUSSELL, Bertrand. **History of Western Philosophy** – and its Connection with Political and Social Circumstances from the Earliest Times to the Present Day. London: Routledge, 1993, p. 767 e 786, respectivamente. SCHOPENHAUER, Arthur. **Eristische Dialektik** (oder die Kunst, Recht zu behalten), *in* Paul Deussen (Hrsg.). **Arthur Schopenhauers sämtliche Werke**, 6. Band. München: R. Piper & Co., p. 391-428.

te seu cientificismo, por tais teses parece chegar perto de uma visão retórica realista, contudo, assim como Schopenhauer na *Eristische Dialektik*, é de tanto impedido por sua crença na possibilidade da verdade. Não chega a ousar a ponto de ser suficientemente radical, como a retórica realista aqui proposta.

Por outro lado, muitos pensadores confundem verdade com sinceridade, como Schopenhauer na mesma *Eristische Dialektik*, ao tentar estabelecer o campo da retórica – que chama de "dialética" – e dizer:

> Dialética erística é a arte de discutir, mais exatamente discutir de modo a afirmar e vencer, isto é, *per fas et nefas* (por [meio] permitido e proibido), Pode-se efetivamente ter razão de forma objetiva, no que diz respeito à coisa mesma, e não tê-la aos olhos dos presentes ou às vezes aos próprios olhos.

> Por conseguinte, há dois lados distintos, a verdade objetiva de uma proposição e sua validade na aprovação dos contendores e ouvintes. A esta última é que a dialética se refere.[142]

Schopenhauer, precursor da retórica realista, assim como Aristóteles, percebe os níveis estratégico e analítico da retórica. Mas a fidelidade á tradição e ao senso comum sobre o *topos* da verdade o impedem de perceber a retórica material, isto é, a constituição retórica da realidade. Para ele, que faz retórica analítica ao procurar compreender e explicar as estratégias retóricas da "insinceridade" erística, a retórica material permanece incompreendida, como para Aristóteles. Em outras palavras, apesar de suas críticas procedentes em

---

[142]. „Eristische Dialektik ist die Kunst zu disputieren, und zwar so zu disputieren, da[] man Recht behält, also per fas et nefas. Man kann nämlich in der Sache selbst objektive Recht haben und doch in den Augen der Beisteher, ja bisweilen in seinen eignen, Unrecht behalten... Also die objektive Wahrheit eines Satzes und die Gültigkeit desselben in der Approbation der Streiter und Hörer sind zweierlei (auf letztere ist die Dialektik gerichtet)". SCHOPENHAUER, Arthur. **Eristische Dialektik** (oder die Kunst, Recht zu behalten), *in* Paul Deussen (Hrsg.). **Arthur Schopenhauers sämtliche Werke**, 6. Band. München: R. Piper & Co., p. 395-396.

relação à obra do Estagirita, Schopenhauer permanece um aristotélico ao não perceber a realidade do mundo humano como relato vencedor.

Para a retórica realista, como é questão de crença, a sinceridade é retoricamente possível, significa afirmar aquilo em que se acredita, como aparece no critério da distinção retórica entre simulação e dissimulação. Verdade, porém, significa correspondência entre a afirmação e um pretenso objeto da afirmação, a qual se imporia obrigatoriamente, por força de tal correspondência, evidente. Ora, esta é que não existe, nos termos da retórica realista, constituindo um preconceito ontológico imposto pelas percepções irrefletidas do senso comum.

CAPÍTULO QUINTO
Teoria da norma jurídica como ideia (significado)

5.1. Conceitos de norma jurídica. 5.2. A importância inicial na investigação de seus elementos estruturais. 5.3. Da estrutura à função da norma jurídica: promessa para redução atual de possibilidades futuras. 5.4. A retórica prática ou estratégica é normativa: agir sobre o mundo e conduta como metodologia.

5.1. Conceitos de norma jurídica

Parece já um lugar-comum a porosidade dos conceitos, ou seja, que os significantes e os significados da linguagem humana, como tudo o que é humano, têm uma história. Portanto, não há que discutir se o conceito de norma jurídica como produto exclusivo do legislativo, defendido pela Escola da Exegese francesa, é mais ou menos "correto" do que a perspectiva sociológica defendida pela Escola do Direito Livre ou a tese judicialista proposta pelo Realismo norte-americano. Tanto a estrutura quanto a função desses conceitos é porosa e evolui na história. Nesse ponto divergem a perspectiva retórica, que se volta para a função da norma jurídica, mas sem perder o viés historicista, e a teoria dos sistemas, que contrapõe evolucionismo e historicismo. Claro que esse desacordo pode se dever a concepções diferentes sobre história, historiografia e historicismo retórico.

> A teoria da evolução, junto com a teoria dos sistemas, parte do pressuposto de que inumeráveis operações (enumerá-las seria uma operação posterior) se desenvolvem ao mesmo tempo e que, pelo fato de produzirem operações posteriores, elas reproduzem o sistema. Os interesses específicos da teoria da evolução são dirigidos à reprodução

desviante como condição de uma transformação na estrutura. Isso nada tem a ver com a historiografia e permite compreender o debate havido na história da ciência entre evolucionismo e historicismo.[143]

Procurando estabelecer os usos pragmáticos da expressão "norma jurídica", este livro vai sugerir que os significados são promessas ideais dirigidas ao **futuro** e que os significantes são tentativas de acordos fixados no **passado** e agora chamados diante de um caso atual, **presente**. Daí os sentidos de norma como um tipo de ideia significada, como fonte do direito significante e como decisão concreta. Isso é visto nos capítulos quinto, sexto e sétimo.

A norma jurídica não é aqui tida como uma promessa no sentido contratual do livre vincular-se; por isso as promessas da lei limitam e mesmo vedam algumas promessas individuais, como a onerosidade excessiva dos contratos leoninos, pois não se trata apenas de uma promessa entre indivíduos. Também ao contrário do que sugere Charles Fried, para a perspectiva retórica da presente obra o fundamento das promessas no direito não é necessariamente moral; pode até sê-lo, mas isso é irrelevante.[144] A promessa jurídica é aqui tida como um projeto para o futuro e sua obrigatoriedade e adimplência vai depender das condições empíricas do futuro, que ninguém conhece. O crucial no direito é fazer a promessa agora e assim controlar a complexidade, construir uma cooperação atual; se vai ser cumprida ou não é menos importante, ainda que o descumprimento vá dificultar a cooperação atual no futuro, pois gera desconfiança.

O conceito de norma jurídica, já antes do impulso dado

---

143. LUHMANN, Niklas; DE GIORGI, Raffaele. **Teoria della società**. Milano: Franco Angeli, 1995, p. 244: "La teoria dell'evoluzione, insieme alla teoria dei sistemi, parte dal pressuposto che innumerevolli operazioni (contarle sarebbe una ulteriore operazione) si svolgono contemporaneamente e che, per il fatto che esse producono ulteriori operazioni, riproducono il sistema. Gli interessi speciali della teoria dell'evoluzione sono diretti alla riproduzione deviante come condizione di una transformazione della struttura. Questo non ha niente a che fare con la storiografia. Ciò permette di capire il dibattito che si è registrato nella storia della scienza tra evoluzionismo e storicismo."

144. FRIED, Charles. **O contrato como promessa** – uma teoria da obrigação contratual, trad. S. Duarte. Rio de Janeiro, Elsevier, 2008.

pelos estudos da semiótica, assumiu papel central na teoria do direito. Tornou-se praticamente sinônimo de "direito", entendido como o "conjunto das normas jurídicas". Esse tipo de definição analítica, no sentido kantiano de que o predicado já está contido no sujeito, escamoteia o problema, pois a definição parece válida, por exemplo, entenda-se norma jurídica como resultado do processo legislativo (lei) ou como conduta efetiva do povo (fato social). Dizer que a norma jurídica é "expressão" do direito ou que o direito "exterioriza-se" por meio da norma jurídica tampouco vai adiante. Para a filosofia do direito, continua necessário compreender e esclarecer o conceito de "norma jurídica".

Seguindo a perspectiva retórica que unifica este livro, a investigação deve dirigir-se não exatamente para "o que é" uma norma jurídica, mas sim para quais os significados que os diversos oradores têm dado ao termo, ou seja, como se comunicam a respeito dele as pessoas que o utilizam em seu discurso. Isso porque, no plano da aqui denominada retórica material, a "norma", como tudo o mais, é o seu uso linguístico. Aqui, mais uma vez, a retórica se assemelha à pragmática, ou seja, a pragmática é uma das atitudes retóricas.

Cada significado tem suas origens históricas, mas uma nova concepção não vem simplesmente substituir a anterior; por vezes, como quer Hegel, há uma síntese na qual é possível detectar elementos dos significados que a formaram, mas, outras vezes, sem chegar à síntese hegeliana, as diferentes concepções de norma permanecem lado a lado ou mesmo em confronto umas com as outras, aumentando o número de teorias e respectivas práticas disponíveis. Um estudante de astronomia não tem hoje o que fazer com as teorias geocêntricas de Ptolomeu, por exemplo, a não ser por seu interesse histórico, o que não seria propriamente astronomia, mas história da astronomia ou história das ideias; o jurista, por seu turno, precisa conhecer o pensamento da Escola da Exegese, mesmo que essa hermenêutica literal seja considerada superada, porque ainda vai se defrontar com profissionais do direito que têm uma mentalidade exegética ou até com casos concretos em que ele mesmo – que considera aquela escola ultrapassada – vai precisar argumentar exegeticamente.

Quando começa a aparecer na literatura moderna, com o direito já sendo tratado como monopólio do Estado, o conceito de norma é entendido como o produto do processo legislativo soberano, seja o sistema monárquico, constitucional ou absoluto, seja o sistema republicano. **O conceito de norma é identificado com o de lei.** Esse sentido está na Escola da Exegese francesa e permanece até hoje no uso comum da língua, quando se diz que o contrato faz "lei" entre as partes ou que a decisão do magistrado é "lei".

Uma variante desse primeiro sentido entende norma jurídica como uma prescrição escrita, emanada **do Estado legislativo e executivo**. Aí estariam incluídos decretos e medidas provisórias, atos e portarias, regimentos e instruções normativas, dentre outras, mas não decisões judiciais. Esse sentido está ligado ao debate sobre se o magistrado cria direito, cria norma jurídica. Essa variante também é devedora da Escola da Exegese e do positivismo, porque está vinculada ao entendimento de que o Estado moderno tem o monopólio do direito, porém não mais identifica a norma jurídica somente com a lei constitucional ou ordinária, produzida pelo legislativo para a comunidade.

Sob influência da Escola Histórica e também da Escola do Direito Livre, que recusavam o pressuposto do monopólio estatal do direito, a norma jurídica adquire um terceiro sentido, o de **forma genérica de expressão do direito**. Assim, a lei, o contrato, a jurisprudência, a sentença, a instrução normativa, mas também o costume criado pelos grupos sociais, são espécies diferentes do mesmo gênero, todos denominados "norma jurídica". Aí vem o problema de se os costumes *contra legem* constituem normas jurídicas, o que as escolas sociológicas tendem a defender com argumentos literalmente milenares como o *ubi societas ibi jus*: se o direito estatal não é distribuído a setores da população, esses setores criam suas próprias formas jurídicas de solução de conflitos, as quais muitas vezes ignoram o ordenamento oficial.

No debate mais propriamente epistemológico, o significado da expressão norma jurídica tem sido associado a outros significados complexos como os de proposição jurídica, disposição normativa e texto normativo, alguns se dirigindo à norma jurídica enquanto significante, outros, enquanto significado.

Ocorre que a norma jurídica, mesmo quando entendida como significado ideal, promessa de conduta futura, precisa expressar-se por meio de significantes, o que reforça o caráter didático da distinção, como se insiste aqui. Afirma-se que a norma é constituída no ato de interpretar, mas sempre essa interpretação se revela por textos, imagens e falas, pelo que se pode dizer que a interpretação é o conjunto de significantes expressos pelo intérprete e compreendidos pelos circunstantes, os participantes do discurso jurídico. A tripartição da perspectiva retórica aqui sugerida pretende compreender a equivocidade do termo diante de uma linguagem que constitui a realidade.

Mas rigorosamente falando, do mesmo modo que não se podem separar os três níveis retóricos, tampouco se pode separar o texto da ideia que procura exprimir, simplesmente porque apenas ele aparece como objeto empírico, perceptível aos sentidos. Não há outro modo de formular um significado, senão por meio de significantes, e os significados não possuem uma "existência" independente das palavras com as quais são expressos.[145]

Com essa ressalva, por "disposição normativa" é aqui entendido aquele enunciado que faz parte de alguma fonte do direito, seja formal ou material, assunto do próximo capítulo, quer dizer, um significante prévio que ainda está para ser interpretado diante do caso.

A importância dessa devida conceituação de norma jurídica para a dogmática não poderia ser mais clara:

---

145. GUASTINI, Riccardo. **Das fontes às normas**, trad. Edson Bini. São Paulo: Quartier Latin, 2005, p. 27.

A doutrina atual do Direito Tributário vive, abertamente, esse momento histórico de sua evolução: começou, tendo por núcleo de sustentação a chamada "obrigação tributária"; em seguida, ocupou-se do "fato gerador"; e agora encontrou na norma jurídica a fonte de suas especulações.[146]

Não importa o conceito de norma jurídica, ninguém pode negar que ele é nevrálgico para a filosofia e até para uma eventual ciência do direito. Pragmaticamente, entendendo a pragmática como uma direção modernizante da retórica, o que interessa são os sentidos nos quais a expressão é utilizada, insista-se.

O sentido da norma enquanto ideia, objeto deste capítulo, diz respeito a essa transformação de eventos particulares para uma conclusão genérica sobre todos os eventos de determinada "classe", que se constrói por um processo de generalização. O uso pragmático da expressão "norma jurídica" é tão vasto e abrange tantos significados diferentes que demanda alto grau de abstração para ser compreendido. O número de obras escritas sobre o tema e os novos significados sugeridos fazem duvidar que seja viável "reduzir uma atividade de tantos nomes a um único denominador *norma jurídica*".[147]

Diversas formas de ver a norma jurídica foram sugeridas pela doutrina. Para ficar na influência direta da classificação dos juízos proposta por Kant, podem ser lembradas as teses de Rudolf von Jhering, que tem a norma como comando imperativo, de Hans Kelsen, como juízo hipotético, e de Carlos Cossio, como juízo disjuntivo, concepção estrutural que vai ser rapidamente exposta à frente. A tese pragmática defendida por Tercio Ferraz Jr. distingue "linguagem como fato" de "linguagem como instrumento",

> ou seja, entre a menção e o uso da linguagem. Percebemos

---

146. CARVALHO, Paulo de Barros. **Direito tributário, linguagem e método**. São Paulo: Noeses, 2008, p. 127.

147. FERRAZ Jr., Tercio. **Teoria da norma jurídica**: ensaio de pragmática da comunicação normativa. Rio de Janeiro: Forense, 1978, p. 35.

a distinção, quando dizemos: "isto é um *cavalo*" e "*cavalo* é um substantivo". O primeiro é um caso de uso, o segundo de menção. Podemos, assim, dizer que determinadas palavras são significativas de entidades não-linguísticas (por exemplo, cavalo em "isto é um cavalo"). Outras predicam entidades linguísticas ou propriedades de entidades linguísticas (por exemplo, "cavalo é um trissílabo").[148]

A perspectiva retórica aqui sugerida difere dessa tese na medida em que desconsidera referências não-linguísticas em sua análise da condição humana. Mas pode perfeitamente concordar com a tese de que a norma consiste num processo de comunicação em contínua construção de significado, que, para a retórica, tem caráter ideal por controlar expectativas:

> Esforçamo-nos por ver *normas* como a expressão abreviada de uma forma particular de relação em curso. Assim como aprendemos que o movimento é algo relativo, que só pode ser percebido em relação a um ponto de referência, do mesmo modo abordaremos o problema da norma (mas não da lei, da sentença, do regulamento etc., cujo estudo não apresenta a mesma dificuldade).[149]

Embora haja um acordo sobre os conceitos de **enunciados prescritivos**, "usados na função pragmática de prescrever condutas", e de **normas jurídicas**, "como significações construídas a partir dos textos positivados..." a distinção sugerida por Kelsen permanece alvo de constantes divergências.[150] Como se sabe, para Kelsen a ciência do direito não trata de enunciados prescritivos; estes se identificam com as normas jurídicas e estas constituem o objeto das descrições da ciência do direito.

Ocorre também confusão entre os conceitos de norma, regra e princípio, apesar de as expressões não serem novas.

---

148. *Idem*, p. 9.
149. *Idem*, p. 38.
150. CARVALHO, Paulo de Barros. **Direito tributário, linguagem e método**. São Paulo: Noeses, 2008, p. 129.

Por vezes as normas jurídicas que se referem a direitos fundamentais são chamadas de "princípios". Mais comum não é opor regra e princípio, mas sim norma e princípio. Outra posição inteiramente diversa é considerar norma como gênero, do qual regras e princípios são espécies, uma vez que ambos dizem o que deve ser. O critério mais comum para a distinção entre as duas espécies é a generalidade, segundo o qual os princípios são normas dotadas de mais e as regras, de menos generalidade.

O problema com esse critério de grau é que não distingue regras e princípios qualitativamente. Uma distinção qualitativa precisa chegar à conclusão de que uma norma qualquer tem que ser ou uma regra ou um princípio. Enquanto os princípios exigem que algo deve ser no máximo grau possível, e assim admitem diferentes níveis de efetivação, as regras ou são obedecidas ou não o são. Os princípios consistem em mandados de otimização (*Optimierungsgebote*) e as regras consistem em verificações (*Festsetzungen*), pois exigem que se realize faticamente o que estatuem, nem mais, nem menos.[151]

Parece claro que essas subdivisões ainda mais imprecisas processadas pela teoria do direito não cooperam para o esclarecimento do conceito de norma jurídica. Há uma gama de expressões conectadas a normas, princípios e regras, tais como postulados, axiomas, máximas, imperativos, mandamentos etc., utilizadas num confuso intercâmbio. Uma posição mais otimista pode observar que a variedade de expressões provém "da necessidade de diferentes designações para diversos fenômenos"[152], mas a compreensão desses termos só é prejudicada por semelhante polissemia. É que os objetos a que esses termos se referem não são fenômenos, objetos que se manifestam ao sujeito, pois não existem a não ser em função de um acordo de sentido entre os circunstan-

---

151. ALEXY, Robert. **Theorie der Grundrechte**. Frankfurt a. M.: Suhrkamp, 1986, p. 71-77. Muito semelhante ao distinguir regras legais (normas jurídicas) de princípios é a posição de DWORKIN, Ronald. **Taking rights seriously**. London: Duckworth, 1994, p. 28.

152. ÁVILA, Humberto. **Teoria dos princípios** – da definição à aplicação dos princípios jurídicos. São Paulo: Malheiros, 2009 (10. ed.), p. 25 s.

tes. Como esse acordo é muito impreciso, os "fenômenos" diferenciados não "se mostram", isto é, não conseguem ser retoricamente controlados.

O problema da **distinção entre princípios e regras**, assim como entre os demais conceitos correlatos, parece estar nas diferentes concepções sobre a expressão "norma jurídica". Se não há acordo sobre ela certamente não poderá ser construído o sentido das demais expressões.

O sentido exposto neste capítulo é o de norma como um tipo particular de ideia, o que vai constituir **o primeiro dos três significados** da expressão norma jurídica, como dito. Nesse sentido, a norma é um objeto ideal, sempre geral, o significado de um significante.

Em que pese à irracionalidade dos contextos e objetos individuais, do mundo dos eventos, denunciando a inexatidão das percepções humanas, é forçoso admitir que há alguma correspondência entre esse mundo e o aparato cognoscitivo do ser humano, no qual desempenha o papel central essa faculdade que se pode denominar razão. Essa faculdade constrói uma imagem ideal a partir de uma abstração dos elementos específicos deste ou daquele contexto ou objeto. Apesar de essa imagem jamais se identificar com os elementos do mundo real, é ela que permite reunir objetos e eventos em classes e assim reconhecer, em novos objetos e eventos, atributos de objetos e eventos previamente conhecidos.

Confirmando estudos anteriores, chama-se aqui "ideia" ao resultado dessa complexa operação levada a efeito pela mente humana, um segundo elemento – ao lado dos próprios eventos – indispensável ao conhecimento do mundo dos fatos, logo, do direito. Essa ideia é como uma "essência" a que se chega abstraindo os elementos individualizadores dos eventos, reduzindo-os a termos gerais, vez que a razão não consegue se comunicar com a individualidade, conforme já exposto. O filósofo e o cientista fazem isso metodicamente, mas todo ser humano tem essa faculdade: ao entrar em contato com os eventos constrói imagens unificadoras de suas individualidades e é isso que lhe possibilita interagir com o mundo e comunicar-se com os demais seres humanos. Essa não é de modo algum uma tarefa simples de se expressar claramente. Reconhecer um inseto parece mais fácil do que dizer o que faz desse animal um inseto, isto é, a que caracteres gerais se pode confiar a definição de "inseto".

Assim, a norma é uma imagem, uma ideia, um significado que se transmite por meio de significantes linguísticos, como textos, gestos (figuras, imagens) ou palavras oralmente pronunciadas.

E a norma tem uma estrutura e uma função.

5.2. A importância inicial na investigação de seus elementos estruturais

A norma jurídica tem por objeto a conduta humana, como qualquer norma:

> ...A expressão "a norma é dirigida a uma pessoa" não significa outra coisa senão que a norma estatui como devida a conduta de uma pessoa ou de um número determinado ou indeterminado de pessoas, quer dizer, conduta humana e nenhum outro acontecimento... Somente a conduta humana é estatuída como devida pelas normas de moral e direito hoje válidas, não a conduta de animais, plantas ou objetos inanimados.[153]

Para começar a análise da estrutura normativa do direito, dividem-se as condutas humanas e seus contextos em **possíveis e impossíveis**, estas entendidas como somente imaginadas ou imaginárias, que podem ser pensadas, mas não conseguem influir no controle público da linguagem de forma a tornarem-se

---

153. KELSEN, Hans. **Allgemeine Theorie der Normen**. Wien: Manz-Verlag, 1990, p. 23: „... der Ausdruck ‚Die Norm ist an einem Menschen gerichtet' nichts anderes bedeutet, als daβ die Norm das Verhalten eines Menschen oder einer bestimmten oder unbestimmten Anzahl von Menschen, d. h. menschliches Verhalten – und kein anderes Geschehen – als gesollt statuiert... Nur menschliches Verhalten wird in den heute geltenden Normen der Moral und des Rechts als gesollt statuiert, nicht das Verhalten von Tieren, Pflanzen oder unbelebten Gegenständen."

"realidade", como ler pensamentos alheios, viajar à velocidade da luz ou fazer um boi voar. Claro que aqui se considera essa fronteira entre o possível e o impossível também uma questão retórica, no sentido da retórica material, logo, ela é mutável no tempo e no espaço, de acordo com o ambiente e as crenças dominantes. Ou seja, um boi pode voar se a retórica material o admite. De toda forma, as normas jurídicas nunca se dirigem a condutas e contextos tidos como impossíveis no meio do controle público da linguagem.

Dentre as condutas em que um ser humano se pode envolver – a **complexidade** de seu contexto – uma primeira separação deve ser feita entre as esferas da intrassubjetividade e da intersubjetividade. Na primeira estão os conflitos internos do ser humano, tais como o problema da crença em Deus, na imortalidade da alma ou a questão de se há modos bons e maus de agir, sobre os quais a norma jurídica tampouco pode incidir; da mesma maneira que nas condutas consideradas impossíveis, as condutas intrassubjetivas estão excluídas do direito, como queriam Pufendorf e Thomasius. Sim, pois muito embora as fontes do direito aludam a condutas supostamente internas, quando falam, por exemplo, em motivações psicológicas, dolo, culpa, boa e má-fé, elas se referem ao que parecem ser essas motivações a partir dos atos que, de alguma maneira, podem ser empiricamente percebidos pelos demais indivíduos. Esses conflitos exteriorizados, porém, todos eles são potencialmente objeto de norma jurídica, pois envolvem "condutas em interferência intersubjetiva", na expressão de Carlos Cossio.

A parte ideal da estrutura da norma jurídica que vai, por assim dizer, começar a reduzir a complexidade, separando o universo das condutas intersubjetivas em juridicamente relevantes e irrelevantes é o que aqui se vai chamar de **hipótese**. A hipótese não é a rigor normativa, pois consiste na descrição da conduta conflituosa sobre a qual a norma jurídica pode vir a incidir, como "dado o fato de que o ser humano pode tirar a vida de seu semelhante...", ou seja, é hipótese porque vem antes do functor deôntico que apontará a conduta que deve ser efetivada no futuro, logo, não tem caráter prescritivo.

Como toda hipótese normativa deixa margem a opções de conduta futura (caso contrário não seria hipótese de norma), o próximo elemento estrutural da norma jurídica é a **prestação**, vale dizer, a conduta, dentre aquelas possíveis descritas pela hipótese, que a norma quer assegurar que vai ocorrer. Diante da hipótese de homicídio, a prestação vai dispor que o sujeito deve respeitar a vida alheia, abster-se de matar. Essa estrutura normativa corresponde à conduta lícita, ao cumprimento da norma.

Caso o destinatário da norma opte por contrariar a prestação, não realizando a conduta devida, incide um terceiro elemento estrutural da norma jurídica, qual seja, a **sanção**, aqui tomada no sentido de consequência imputada pelo descumprimento da prestação.

Afora esses três elementos variáveis, a estrutura da norma jurídica ainda apresenta dois elementos invariáveis, presentes em toda norma: o primeiro deles é o functor deôntico **dever ser**, que une o antecedente e o consequente normativos, seja a hipótese à prestação na opção pela conduta lícita (dada a hipótese deve ser a prestação), seja a não-prestação à sanção na opção pela conduta ilícita (dado descumprimento da prestação deve ser a sanção). Os juristas lógicos e analíticos costumam distinguir nesse functor deôntico deveres obrigatórios, permitidos e proibidos, alguns por sua vez identificando "é proibido" com "é obrigatório não...", isto é, reduzindo a dois os functores.

O segundo elemento estrutural invariável da norma jurídica é o conectivo disjuntivo **ou**, o qual mostra que uma norma jurídica tem sempre dois lados: o lícito e o ilícito. Nesse sentido, o debate envolvendo os juristas Hans Kelsen, Carlos Cossio e Eduardo Garcia-Maynez começou por procurar determinar qual seria a norma primária e qual seria a secundária. Independentemente da relevância lógica que lhe quiseram emprestar, a discussão não parece relevante sob

UMA TEORIA RETÓRICA DA NORMA JURÍDICA E DO DIREITO SUBJETIVO

uma abordagem retórica. Isso porque, de uma perspectiva quantitativa, a norma lícita (secundária no "primeiro" Kelsen, endonorma em Cossio) tem mais importância, posto que a maioria das pessoas cumpre espontaneamente a maioria das normas jurídicas. Já de uma perspectiva qualitativa, objetivando distinguir o direito das demais ordens normativas, a norma sancionadora da conduta ilícita (primária em Kelsen, perinorma em Cossio) parece mais decisiva, uma vez que só aí verifica-se a especificidade da sanção jurídica, de caráter coercitivo e irresistível (sim, pois sendo cumprida a prestação da norma sobre abster-se de furtar, por exemplo, não se pode saber se essa obediência se deveu a norma religiosa, moral ou jurídica, só em caso de desobediência a sanção jurídica vai se separar dos demais tipos de sanções normativas).

Este o argumento deste livro para confirmar, em outros termos, a lição de uma linha doutrinária importante:

> Não seguimos a terminologia inicialmente acolhida por Kelsen: norma primária a que prescreve a sanção e secundária a que estipula o dever jurídico a ser cumprido. Fico na linha de pensamento de Lourival Vilanova, coincidente, aliás, com o recuo doutrinário registrado na obra póstuma do mestre de Viena.[154]

Ao separar a razão pura em teorética e prática, assim como ao distinguir ser e dever ser, Kant dá origem a uma teoria da norma inserida na filosofia e do estudo dos valores, de caráter mais independente. É aí que se chega à tese de que a linguagem pode ser reduzida aos modais ônticos e deônticos, duas formas diferentes que adquire a razão humana, reduzindo a ser e dever ser todas as formas verbais. Diversas escolas analíticas vão nessa direção. Também se constitui o dualismo pensamento e vontade, correspondendo a ser e dever ser. O conceito de vontade passa a ser mais e mais importante, como se vê no pensamento de Schopenhauer e de Nietzsche.

---

154. CARVALHO, Paulo de Barros. **Direito tributário, linguagem e método**. São Paulo: Noeses, 2008, p. 139.

A vontade vai se constituir, também, no caminho de passagem do ser para o dever ser, em Kelsen e muitos outros juristas.

Considerar o ordenamento jurídico pelo modelo da teoria dos sistemas, por outro lado, ajuda a compreender o conceito de norma jurídica tanto do ponto de vista do significado ideal quanto da perspectiva dos seus significantes, as fontes do direito. Na autorreferência do subsistema jurídico, "as normas somente são *jurídicas* porque constituídas segundo os critérios do sistema jurídico"; e esse subsistema pode, inclusive, ser visto sob uma metodologia ontognoseológica, por meio de axiomas inspirados na ontologia de Nicolai Hartmann, tais como os axiomas de continuidade, coerência, unidade e diferenciação, completude e dependência.[155]

5.3. Da estrutura à função da norma jurídica: promessa para redução atual de possibilidades futuras

Norberto Bobbio afirma expressamente:

> O predomínio da teoria pura do direito no campo dos estudos jurídicos teve como efeito que os estudos de teoria geral do direito foram orientados por longo tempo mais para a análise da estrutura dos ordenamentos jurídicos do que para a análise de sua função.[156]

Isso porque, se o direito não é um sistema fechado e independente, como a análise de sua estrutura formal poderia sugerir, mas está em interação permanente com os outros subsistemas sociais, o que o distingue mesmo dos demais é sua função. Por isso "a passagem da teoria estrutural à teoria

---

155. TORRES, Heleno Taveira. **Segurança jurídica do sistema constitucional tributário** (Tese de Titularidade). São Paulo: Faculdade de Direito da Universidade de São Paulo, 2009, p. 129 e 133.

156. "Il predominio della teoria pura del diritto nel campo degli studi giuridici ha avuto per effetto che gli studi di teoria generale del diritto sono stati orientati per lungo tempo più verso l'analisi della struttura degli ordenamenti giuridici che non verso l'analisi della loro funzione." BOBBIO, Norberto. **Dalla struttura alla funzione** – Nuovi studi di teoria del diritto. Milano: Edizioni di Comunità, 1977, p. 8.

funcional é também a passagem de uma teoria formal (ou pura!) para uma teoria sociológica (impura?)".[157]

Para bem compreender a função desempenhada pelo que se chama de "norma", segundo este livro sugere, é preciso voltar agora ao **conceito de complexidade** mencionado acima na análise da **estrutura** da norma. Agora, no que concerne a sua **função**, a complexidade não é mais considerada em termos de retórica material, mas sim relação às expectativas das pessoas quanto ao futuro, o que leva ao plano da retórica estratégica. Sem esquecer que as estratégias retroalimentam os eventos – e vice-versa – e que essa separação é uma escolha da retórica analítica que informa todo este livro.

Como dito acima, as condutas consideradas impossíveis são excluídas do horizonte do sujeito (mas lembre-se que a fronteira entre o impossível e o possível não é clara e depende da retórica material, desse "considerar"); o conjunto de todas as condutas consideradas possíveis em determinado contexto (tempo, espaço, ambiente linguístico) constitui a complexidade.

> O antecedente da norma jurídica assenta-se no modo ontológico da possibilidade, quer dizer, os eventos da realidade tangível nele recolhidos terão de pertencer ao campo do possível. Se a hipótese fizer a previsão de fato impossível, a consequência que prescreve uma relação deôntica entre dois ou mais sujeitos nunca se instalará, não podendo a regra ter eficácia social.[158]

A complexidade é insuportável para o ser humano. Se tivesse realmente presentes as possibilidades de ocorrências em determinado contexto, isto é, se esperasse a cada instante todos os eventos que poderiam vir a acontecer naquele local e naquele momento, nenhum ser humano seria capaz de fazer

---
157. "Il passaggio dalla teoria strutturale alla teoria funzionale è anche il passaggio da una teoria formale (o pura!) a uma teoria sociologica (impura?)." *Idem*, p. 9.
158. CARVALHO, Paulo de Barros. **Direito tributário, linguagem e método**. São Paulo: Noeses, 2008, p. 132.

frente a suas tarefas cotidianas. Uma pessoa não conseguiria desempenhar seu papel ao assistir uma conferência se estivesse efetivamente convencida de que a pessoa ao lado vai dar um tiro no conferencista, agredi-lo ou mesmo cuspir no chão. Todos devem comportar-se "normalmente", de acordo com o que se espera de cada indivíduo, e a norma estabelece esse comportamento normal. Assim se domina o futuro, controla-se o que ainda não existe. Dos três sentidos de norma jurídica a serem destacados aqui, este parece o de mais difícil compreensão, por ser ideal e infenso a uma expressão completa e perfeita por meio de um substrato físico simbólico.

A norma é assim parte da razão humana, o dever é um tipo de razão, como queriam Kant e Stammler. Neste livro, a comunicação humana, no que concerne às ordens normativas e ao direito, é racionalizada na medida em que consiste na possibilidade de fazer promessas, de cumpri-las e de descumpri-las. Por isso também o engodo é importante na etnometodologia da decisão, conforme será visto no capítulo sétimo. Nesse sentido normativo, a sociedade consiste num sistema para redução da complexidade e controle das contingências, das incertezas do ambiente, e o sistema social comunica-se por meio de normas.

Essa função das normas aqui defendida toma base na concepção de Niklas Luhmann com apoio em Humberto Maturana e Talcott Parsons. Ele sugere que o mundo humano é constituído por relações de sentido e que essa comunicação não é determinada pelos constrangimentos biológicos da espécie. Suas principais características são a complexidade e a contingência. Complexidade significa que sempre há mais possibilidades do que aquelas que podem ser atualizadas, isto é, efetivamente realizadas. Contingência significa que as possibilidades selecionadas podem ser substituídas por outras que não estavam previstas no horizonte do futuro. Em outras palavras, a complexidade obriga a uma seleção de possibilidades e a contingência traz o perigo da decepção, ou seja, o risco.[159]

Para lidar com essa contingência do futuro e diminuir o risco de decepção, os seres humanos institucionalizam expectativas em normas, ideias, ações, papéis, processos sociais, os quais selecionam previamente as expectativas que devem ser satisfeitas, ou seja, aquelas às quais os eventos do ambiente devem corresponder, garantindo assim a estabilidade da comunicação e regras para controlar o risco de frustração. Observadas sob a perspectiva de sua função, então, todas as instituições sociais são contingentes na sociedade complexa: sempre haverá outras possibilidades "equivalentes funcionais", vale dizer, capazes de desempenhar a mesma função.

A função desse sistema é que as expectativas selecionadas de antemão sejam percebidas pelos receptores das mensagens não como escolhas de possibilidades, mas sim como "fatos" que vão ocorrer, os quais por sua vez vão servir de premissas para novas seleções, o que faz com que se torne desnecessário explicitar ou justificar as alternativas escolhidas e tomadas como pontos de partida. Isso ocorre independentemente de as pessoas envolvidas perceberem conscientemente ou não o processo de seleção. Quando aparece de forma evidente o risco da decepção das expectativas, ou mesmo quando essa decepção já aconteceu, ainda existe a alternativa de modificar a expectativa decepcionada e adaptá-la à nova situação.

Segundo a decisão tomada, Luhmann fala de expectativas cognitivas – as que se adaptam – ou normativas – as que são mantidas tal como antes, mesmo tendo sido decepcionadas. Normas são assim "expectativas de comportamento estabilizadas contrafaticamente" (*kontrafaktisch stabilisierte Verhaltenserwartungen*), posto que sua validade e sua função independem de que os eventos a elas correspondam, isto é, que sejam efetivamente cumpridas.[160]

---

159. LUHMANN, Niklas. **Rechtssoziologie**. Reinbeck bei Hamburg: Rowohlt, 1972, p. 31 s. Semelhante à distinção, dentre outros, de HARTMANN, Nicolai. **Möglichkeit und Wirklichkeit**. Berlin: Walter de Gruyter, 1966.
160. *Idem*, p. 43.

É importante notar que as expectativas são todas fáticas e atuais, tanto as normativas quanto as cognitivas, sua estabilização em um sistema é que funciona de modo contrafático ou aprendendo com a frustração, respectivamente. É aqui que Luhmann procura se afastar da distinção de Kelsen entre o mundo do dever e o do ser, pois o que se opõe ao normativo não é o fático e efetivo, mas sim o cognitivo. Tanto as normas quanto as cognições referem-se ao mundo dos eventos, aos "fatos". Ambos os tipos de expectativas são funcionalmente equivalentes e constituem estratégias humanas para controlar o risco de decepção, segundo se aprenda (cognitivas) ou não (normativas) com ela.

Cumpre acentuar a relação entre a função das normas e o medo da morte e do futuro, a angústia sobre a qual insistiram os existencialistas (e com o que Luhmann está de acordo ao dizer que elas "controlam o medo"). Prometer é a maneira peculiar de ordenar o futuro, de torná-lo confiável na medida do humanamente possível; ordená-lo, mas não constituí-lo, pois a imprevisibilidade do futuro faz com que as promessas jamais sejam absolutas, pois é sempre possível quebrá-las. Como dito, é o presente que a retórica material constitui no momento, pois só ele existe; o futuro não existe, mas sim as expectativas a respeito dele. A promessa permite controlar **agora** expectativas **futuras** de comportamento. Por isso mesmo, além da capacidade de fazer promessas, os seres humanos são dotados da faculdade de mantê-las e cumpri-las diante da imprevisibilidade angustiante do futuro.

Lembre-se aqui a lição de Agostinho, cuja explicação sobre a subjetividade do tempo é atual como a teoria da relatividade do tempo/espaço: o passado, tal como o parece perceber o senso comum, não existe, pois nada mais é do que o presente na memória.[161] A retórica realista apresentada neste livro acrescenta que esse presente na memória é um relato

---

161. SANTO AGOSTINHO. **As confissões**, trad. Frederico Ozanam Pessoa de Barros. Rio de Janeiro: Editora das Américas, 1968, cap. XVII do Livro XI, que expõe sua compreensão do tempo, p. 360. O Livro X traz sua filosofia da memória.

linguístico. Da mesma maneira, o futuro são as expectativas presentes agora, as quais também consistem de relatos, promessas atuais sobre algo que não existe, o futuro.

Daí a afirmação de Blumenberg:

> A retórica não lida com fatos, mas sim com expectativas. Aquilo que, em toda sua tradição, se denominou "digno de crédito" ou "verossímil" deve ser claramente diferenciado, em sua validade prática, do que teoricamente se chama de "provável".[162]

Aqui se insiste nos papéis da mentira e da intimidação, na tese de que a retórica não deve ser reduzida à persuasão, no sentido do consenso sincero e bem informado. Ligada à possibilidade da mentira está essa metáfora "verossimilhança", que Blumenberg quer distinguir da "probabilidade" teórica. A verossimilhança é para Blumenberg a metáfora por excelência, aquela na qual melhor se revela a função de todas as metáforas, pois:

> A metáfora sem dúvida deita suas raízes na ambivalência da retórica antiga: o orador pode fazer "aparecer" o verdadeiro em seu legítimo brilho, mas pode também fazer o falso "parecer" com o verdadeiro;[163]

Na dimensão temporal de sua razão prática, essa faculdade se associa a outras, pois o poder de **prometer** de nada adianta com relação ao passado: para conciliar-se com esta dimensão temporal o ser humano dispõe do poder de **perdoar**, único modo de enfrentar o caráter inexorável do que

---

162. BLUMENBERG, Hans. Anthropologische Annährung na der Aktualität der Rhetorik, in BLUMENBERG, Hans. Wirklichkeiten in denen wir leben. Stuttgart: Reclam, p. 128: „Rhetorik hat es nicht mit Fakten zu tun, sondern mit Erwartungen. Das, was in ihrer ganzen Tradition ‚glaubwürdig' und ‚dem wahren ähnlich' genannt hat, muβ in seiner praktischen Valenz deutlich unterschieden werden von dem, was theoretisch ‚wahrscheinlich' heißen darf."

163. BLUMENBERG, Hans. Terminologisierung einer Metapher: Wahrscheinlichkeit, in BLUMENBERG, Hans. **Paradigmen zu einer Metaphorologie**. Frankfurt a.M.: Suhrkamp, p. 118: „Die Metapher hat zweifellos ihre Wurzeln in der Ambivalenz der antiken Rhetorik: der Redner kann das Wahre in seinem legitimen Glanz ‚erscheinen' lassen, er kann aber das Unwahre ‚so aussehen' lassen wie das Wahre."

já aconteceu, a irreversibilidade do passado. A faculdade de **mentir**, isto é, de descumprir promessas, contrabalança a possibilidade de ser realizado o prometido.[164] Essas faculdades não vêm de fora, mas são remédios da própria ação para caracteres essenciais dela mesma: a promessa estabiliza o futuro e remedia a imprevisibilidade da ação; o perdão estabiliza o passado e remedia a irreversibilidade dos atos humanos; e a possibilidade da mentira cria a necessidade da promessa. Por isso este livro insiste a todo momento no postulado etnometodológico de que também o **engodo** é um meio retórico (capítulo sétimo) e que erismas são tão constitutivos da comunicação quanto entimemas (capítulo nono).

Essas faculdades da ação humana prendem-se à condição desta, a pluralidade, à presença efetiva de outros, já que ninguém pode, a rigor, prometer, perdoar ou mentir a si mesmo sem o controle público da linguagem que determina a própria individualidade. Segundo Arendt, enquanto o perdão se tem mantido, desde que revelado por Jesus de Nazaré, sem muita importância no âmbito público, a capacidade de prometer, consubstanciada pelos romanos na máxima *pacta sunt servanda*, adquiriu relevância pública desde sempre. Embora ambas existam em função da pessoa do outro e impliquem numa ação, só a faculdade de prometer tem tido grande importância na esfera política e no direito.[165]

Outro problema é como a norma jurídica se distingue das demais normas, as quais também são promessas para controle do futuro. A resposta dá-se, da mesma maneira, no nível da promessa: a norma é jurídica quando a promessa, a ideia, vem acompanhada de promessas de coercitividade, alteridade, heteronomia etc. e assim é entendida pelos circunstantes. Por isso este livro também insiste no postulado etnometodológico de que a **ameaça de violência** é um meio retórico constitutivo da comunicação, pois é um importante caráter da norma

---

164. ARENDT, Hannah. **The human condition**. Chicago-London: The University of Chicago Press, 1958, p. 236 s.

165. *Idem, ibidem.*

jurídica.

A norma jurídica, vista assim prospectivamente, não leva em consideração apenas o futuro, seu horizonte principal é o presente. A promessa tem por função o controle **atual** de expectativas **atuais**, a tentativa de controle que ocorre na realidade, momento a momento (diz-se "tentativa" porque sempre pode ser descumprida, no todo, em parte etc.). Mas, por essa característica da razão humana, tais expectativas atuais têm como referência o futuro, esse ideal sobre como será ou deveria ser o real, agora somente uma imagem, uma ideia de razão. Por isso as normas são construídas retoricamente em um sentido estrito: o discurso constitui as normas, que são futuros prometidos **agora** para controlar a complexidade, o imprevisto das relações humanas, o risco da decepção.

Nesse sentido é dever ser e não apenas dever, como na linguagem coloquial, justificando a tradicional tradução que os juristas fazem do alemão *Sollen* para o português. Talvez aí esteja outra diferença importante entre ser e dever, pois este consiste sempre naquilo que alguém comunica que virá a ser, naquilo que deverá se transformar em um "fato" no futuro.

De toda maneira a norma corresponder a um compromisso que se assume para o futuro, seja perante si mesmo, na esfera interna, seja diante dos demais seres humanos, na esfera externa, a qual conforma aquela mesma esfera interna por meio do que aqui se denomina controle público da linguagem, repita-se. Nesse plano exteriorizado, quando uma instância de poder – indivíduo, assembleia de indivíduos, comunidade – se estende sobre uma ou muitas pessoas, tal instância passa a determinar que consequências advirão do cumprimento ou descumprimento das promessas. Como esse poder supostamente objetiva o cumprimento das promessas, as consequências pelo descumprimento precisam ser desagradáveis, prejudiciais ao que assim agiu, e a ameaça precisa ficar clara de antemão, a fim de desencorajar a não-prestação. Numa espécie dessas normas não é sequer deixada a alternativa de não fazer a promessa, a adesão é obrigatória e pressuposta, e

189

as consequências pelo descumprimento são irresistíveis, no sentido de que podem chegar a impor-se por cima de todas as opções disponíveis para o indivíduo, coercitivamente. Essa é a norma jurídica.

Ora, se a complexidade é insuportável para o ser humano, tomada em sua atualidade efetiva no momento, é preciso "racionalizá-la", com base em um jogo intrincado de probabilidades, experiências passadas, pré-julgamentos e preconceitos. A pessoa comporta-se como se a prescrição prevista pela norma fosse acontecer e, quando efetivamente não ocorre, incorpora a frustração, a decepção, e continua "pensando" **como se** novamente a prestação fosse acontecer, como se a retórica material, "fosse", "viesse a ser" conforme previsto pela norma ou, ao menos, que se procedesse à aplicação de sua sanção em caso de descumprimento.

O direito, por meio dessa normatividade, constitui assim um vínculo com aquilo que supostamente vai acontecer, pois a norma jurídica é uma representação de um futuro estável em um horizonte de incertezas. Tem-se a segurança – não de alguma "coisa", de "algo", de um evento que vai ocorrer –, mas sim de que sempre haverá direito, ainda que não se possa saber de antemão qual, isto é, que conteúdo ele terá, que conformação dará aos eventos. Quer dizer, a promessa é um ideal apenas imaginado no momento, ao se projetar para um futuro que não existe, mas ela controla as expectativas atualmente e assim "racionaliza" os conflitos.

A possibilidade não se confunde com a normalidade, ainda que ambas se componham de expectativas: a primeira reúne o que **pode** acontecer no futuro e constitui a complexidade; a segunda diz respeito ao que **deve** acontecer e pretende controlar a contingência. É uma diferença modal, que se traduz nas características básicas da linguagem humana. Em outro contexto, é por isso que Miguel Reale diz que o ser humano é o único dos seres conhecidos que é enquanto deve ser.

Modalizar a realidade significa submetê-la a um

procedimento de desontologização, de desfundamentação. Passado, presente e futuro trazem o paradoxo da temporalidade: o presente é o tempo que não está no tempo, que não tem a rigor tempo, pois é atual. Mas a retórica material do mundo dos eventos não pode manter os paradoxos, nem a retórica estratégica do direito pode argumentar sobre eles, elas precisam operacionalizá-los. A razão, tal como entendida aqui, que se projeta no futuro, não pode ela mesma ter coerentemente fundamentos racionais. Daí Kant dizer que o tempo vem "antes" da razão, como uma "condição de possibilidade". É a própria noção de tempo cronológico, linear, que vence Cronos e cria o projeto do passado para o futuro, elimina a ideia de tempo circular que tudo devora e assim cria a razão de Zeus, aquela que "conta" o tempo e o torna mensurável.

Conforme visto no capítulo anterior, eventos são possíveis a partir da complexidade e acontecem ao longo do tempo. Tudo o que se constitui na retórica material dos eventos é, obviamente, tido como possível. A realidade é uma possibilidade entre outras, ela se realiza enquanto inclui e exclui possibilidades. Por isso a retórica material controla a complexidade e é contingente. Ela é o ambiente dentro do qual o ser humano opera, age.

Projetos normativos são assim futuros construídos no presente. A estrutura do presente é a contingência das possibilidades (de eventos). A "razão" não pode controlar o passado, que já ocorreu. Ela controla o futuro, que ainda não existe. Para controlar, a razão tem que se reprogramar. E o que faz a razão para controlar o futuro? Reduz o espaço de possibilidades, a contingência. Ela bloqueia o futuro no presente, embora todos saibam que o futuro é aberto. Cada escolha (decisão) bloqueia algo do futuro, mas aí abre novas possibilidades, é um trabalho sem fim e altamente estressante. Nessas diversas formas de reflexividade se baseia a separação entre verdade e valor ou, na terminologia dos séculos XIX e XX, a diferença entre ser e dever ser.[166]

---

166. LUHMANN, NIklas. Wahrheit und Ideologie, in LUHMANN, Niklas. **Soziologische Aufklärung**, Bd. I. Opladen, 1970, p. 54 s.

Uma estratégia para construir vínculos com o futuro é o risco, danos que podem acontecer e que se quer evitar, pois o risco envolve necessariamente incerteza sobre o futuro, mas que precisam ser trazidos ao horizonte de possibilidades. O risco não é algo, um evento, ele se constrói na comunicação e se forma a partir de qualquer outra possibilidade de bloquear o futuro. Veja-se aqui mais uma vez como a ameaça de violência é parte essencial do direito, da comunicação jurídica, isto é, normativa, pois constrói o risco de um evento desagradável diante da desobediência. Um sinal de que o risco é construído é que quanto mais se sabe, quanto mais se tem informação, mais risco existe.

A razão "analítica" é de pouca valia nesse enfrentamento do risco. As explicações estatísticas, por exemplo, não podem auxiliar muito nesse ponto, assim como as informações e estratégias fornecidas pelo campo das técnicas, que são adequadas a sistemas triviais, mas não a sistemas complexos. Sistemas triviais são aqueles que, para um estímulo (*input*, pergunta), fornecem uma reação (*output*, resposta), ao passo que sistemas complexos são aqueles que utilizam como *inputs* seus próprios *outputs*, vale dizer, que começam suas operações a partir de si mesmos. O direito é um sistema complexo, assim como a própria sociedade em que se insere e à qual se volta, tentando controlá-la, daí a retroalimentação característica.

Só se promete com palavras, jamais com "atos", pois atos são relatos linguísticos da retórica material, como visto, não existem "atos", mas apenas "relatos sobre atos", ou seja, níveis de referência sobre mais palavras.

Veja-se que interessante: apesar de a norma tentar controlar o futuro, a dogmática jurídica tem grande dificuldade de trabalhar com o futuro, como é o caso de conceitos como o de "periculosidade", no direito penal, ou o de promessa ou "condição futura", no direito civil. A dogmática observa primordialmente o passado, apesar de sua função estratégica de controle atual de expectativas sobre o futuro. Até a teoria da legislação é deixada para os cientistas políticos ou economistas, pois os dogmáticos não se têm interessado por prospecções, só por retrospecções, mesmo com as sanções preventivas aparecendo aqui e ali.

O uso paternalista do direito será assunto do décimo capítulo adiante, mas é bom mencionar já aqui que algumas formas de paternalismo vêm fazendo a dogmática se dirigir mais e mais para o futuro, contrariando a tradição dominante. Nesse sentido, proíbe-se um passageiro de tomar uma terceira taça de vinho no avião pelo que ele possa vir a fazer se vier a ficar embriagado, mesmo sem se avaliar seu grau de resistência ao álcool, antes de que seja cometida qualquer inconveniência ou infração.

Essa concepção da norma como garantia racionalizada do futuro pretende-se aqui adequada tanto para a norma que se expressa pela fonte lei (geral) quanto para aquela que se expressa pela fonte sentença (individual). "Matar alguém: pena de 6 a 20 anos" e "Tício está condenado a 15 anos e 2 meses nessas e nessas condições" são significantes de ideias que desempenham a mesma função.

A necessidade de decisões cotidianas pode ajudar a explicar como essa previsão normativa do futuro ajuda a resolver os conflitos na hora. Veja-se o exemplo da escolha de roupas para as diversas ocasiões e os extremos entre os estereótipos do cientista ensimesmado e do adolescente metrossexual. O cientista escolhe uma indumentária que possa se adequar ao máximo possível de ocasiões, mesmo sabendo que essa adequação será sempre limitada; por exemplo, um conjunto esportivo com gravata, que estaria apto a uma *vernissage* ou a um lançamento de livro, mas também a uma audiência no tribunal. Aí adquire dois pares de sapatos, quatro de meias, três calças e outros tantos paletós e camisas, todos rigorosamente iguais. O conflito sobre que roupa usar já está previamente tratado e a norma (no caso, de etiqueta) não tem campo de aplicação, pois a complexidade é reduzida a uma só possibilidade. Do outro lado dessa tipificação ideal fica o sujeito que vai escolher a indumentária para uma festa diante de um guarda-roupa bem sortido e não consegue decidir-se até o dia amanhecer e a festa ter chegado ao fim. O conflito sobre que roupa usar não é solucionado também pela ausência de norma e insucesso na redução de complexidade.

Entre esses dois extremos de anomia, ausência de norma, estão os casos "normais", aqueles em que diversas possibilidades são reduzidas a uma, de acordo com a norma que vai guiar a decisão sobre a retórica material e assim constituir o evento futuro, voltar à "realidade".

5.4. A retórica prática ou estratégica é normativa: agir sobre o mundo e conduta como metodologia

Portanto, a norma é, neste primeiro sentido, um fator redutor de complexidade, sua função precípua é a redução atual de possibilidades futuras de conduta, controlando assim os conflitos no momento presente.

O conflito é um risco ineludível. Mas não é somente a alternativa de um lado vencer e outro perder, posto que o conflito se retroalimenta de si mesmo e o "perdedor" coopera para a disseminação das expectativas mal sucedidas. Daí o custo social do contencioso e o *topos* dos juristas: "o pior acordo é melhor do que a melhor causa".

Mais uma vez: no plano dos eventos domina a retórica material, o ambiente dos métodos, e no plano dos significados sobre eles aparece a norma como ideia, constituindo uma retórica estratégica, metodológica. Essa retórica estratégica ou prática é normativa porque dirige-se à retórica material com uma teleologia reformadora, buscando influenciar sobre ela, construir o melhor relato, o relato vencedor, o relato que deve ser. Ela se compõe de doutrinas, pedagogias, ciências, conhecimentos dogmáticos, ensinamentos estratégicos sobre o ambiente e é assim, bem literalmente, uma teoria (visão) sobre os métodos, uma metodologia.

O estudo das estratégias retóricas, desde seus primórdios, já se bifurcara em uma teoria da argumentação, com função tópica e persuasiva, e uma teoria das figuras (figuras de linguagem, dir-se-ia hoje), com função de ornamento e de estudo e ensino das metodologias ornamentais. Essa evolução já deixa perceber porque aqui se afirma, de um lado, que a retórica não se reduz a uma teoria das figuras e ao estudo dos ornamentos e embelezamentos do discurso, em que pese à importância desses métodos. De outro, a teoria da argumentação da retórica estratégica não se confunde com a de Alexy ou Habermas, baseadas em uma racionalidade prévia, em regras que o próprio discurso não engendra e nem deve negar. Para a retórica o discurso engendra tudo e por isso mesmo pode negar tudo.

A argumentação retórica guia-se por funcionalidade e eficácia, já que seus meios são constituídos no e pelo próprio discurso. Ela observa os métodos criados e empregados na intersubjetividade real e observa seu sucesso ou insucesso, construindo a partir daí teorias que podem ser ensinadas e aprendidas. Portanto essa retórica estratégica é **normativa**, ela quer dizer como se deve agir. Dessarte o direito é existencialmente tão importante.

Em suma, ao disciplinarem como deve ser o futuro, as normas selecionam possibilidades com o objetivo de reduzir a complexidade e a incerteza dela decorrente, formando um repertório de condutas futuras desejáveis diante das expectativas atuais e excluindo as que lhe são contrárias, muito embora estas (decepções) sejam perfeitamente possíveis de ocorrer. Essas condutas que devem ocorrer são, por sua vez, garantidas por regras do sistema que apontam consequências positivas para o cumprimento, como recompensas, e consequências negativas para o descumprimento delas. Também a parte prejudicada pelo descumprimento passa a ter o apoio do sistema jurídico para permanecer em protesto contra sua expectativa frustrada naquele futuro que agora se tornou passado. Entende-se porque Luhmann diz que essa normatização das expectativas é contrafática.

A estratégia é fazer com que os destinatários das normas

aceitem uma decisão que ainda está por ocorrer, legitimando-a previamente, mesmo sem saber em que direção irá. As regras não garantem efetivamente o futuro, apenas parecem fazê-lo: uma infinidade de fatores externos ao próprio procedimento jurídico poderá ter influência decisiva em seu resultado, mas é certo que algum direito haverá. Essa predisposição para aceitar resultados incertos é o que Niklas Luhmann vai chamar de "legitimação" do direito.[167]

A perspectiva funcionalista, neste livro parcial e criticamente aceita, vai justamente recusar a etiologia tradicional e fornecer uma explicação não-causal, mas teleológica, na qual se nota a influência de Émile Durkheim e de Max Weber. Considera-se que o direito tem assim um papel fundamental nessa perspectiva finalística que a teoria dos sistemas traz por meio do conceito de expectativa, haja vista que a norma jurídica institucionaliza expectativas "corretas", como que promessas feitas por todo o sistema social, e coopera fortemente para a construção do relato vencedor no plano da retórica material.

> Essa complexidade das sociedades modernas só pode ser compreendida por meio de *generalização* do reconhecimento de decisões. Diz respeito menos a convicções motivadas e muito mais a uma aceitação sem motivo, independente de especificidades próprias de personalidades individuais (nisso é semelhante à verdade!), a qual é tipicamente previsível, mesmo sem tanta informação concreta.[168]

A magnitude da complexidade nas sociedades contemporâneas exige que as opções disponíveis sejam reduzidas a umas poucas alternativas importantes; isso enseja uma orientação normativa comum da ação, o que, ao lado da perda de espaço público de ordens normativas como a moral e a religião (mais presentes em sociedade menos

---

167. LUHMANN, Niklas. **Legitimation durch Verfahren.** Frankfurt a. M.:Suhrkamp, 1983.
168. *Idem*, p. 32: „Dieser Komplexität moderner Gesellschaften kann nur durch Generalisierung des Anerkennens von Entscheidungen Rechnung getragen werden. Es kommt daher weniger auf motivierte Überzeugungen als vielmehr auf ein motivfreies, von den Eigenarten individueller Persönlichkeiten unabhängiges (und insofern wahrheitsähnliches!) Akzeptieren an, das ohne allzuviel konkrete Information typisch voraussehbar ist."

diferenciadas), vai provocar uma sobrecarga, por excesso de funções demandadas do subsistema jurídico-dogmático, como será examinado no capítulo sétimo adiante. Claro que, como todas as outras, essa redução de complexidade é feita pela linguagem, a qual se articula por meio de códigos especializados, tais como o dinheiro, o amor, o direito e muitas outras modalidades de comunicação social. Assim é possível controlar a complexidade indefinida mediante a construção de subsistemas, como o econômico, o das relações pessoais (*Kontaktsysteme*) e a dogmática jurídica.

Para cada subsistema os demais subsistemas compõem o ambiente, seu mundo circundante, do qual ele precisa se diferenciar. Um mesmo evento social, por exemplo, uma revolução, vai afetar diferentemente os diversos subsistemas e seus ambientes, podendo ser eficaz para o progresso do subsistema educacional, mas prejudicar o subsistema econômico. Isso porque a autorreferência de cada subsistema lhe possibilita lidar consigo mesmo, porém não controla as influências que suas modificações internas exercem no ambiente, isto é, nos demais subsistemas. Isso explica porque, na sociedade complexa, nenhum subsistema consegue resolver disfunções dos demais, ou seja, problemas educacionais ou econômicos não podem ser resolvidos por estratégias e critérios de política, assim como conflitos de relações pessoais não podem ser dirimidos pelo direito, tema que será retomado no último capítulo adiante, a respeito do paternalismo na ética.

Nesse sentido estratégico, este livro afasta-se das concepções que concentram o poder e o direito exclusivamente no consenso, na cooperação, na persuasão ou no afeto, excluindo a ameaça de violência ou a competição. Humberto Maturana, por exemplo, ao comparar a evolução de humanos e antropoides como o chimpanzé, que supostamente se separaram há cerca de cinco milhões de anos, afirma que a diferenciação se deu em torno de duas formas de intersubjetividade:

> a) o modo de vida *homo*, centrado na sensualidade, na ternura, na sexualidade aberta, no compartilhamento, na cooperação, na intimidade de pequenos grupos (de 7-8 indivíduos);
> b) o modo de vida antropoide, centrado na oposição hierárquica, na manipulação mútua através da intimidação, da

força, da trapaça, e a instrumentalização da sensualidade em uma contínua luta por um acesso privilegiado à comida e ao sexo, em grandes grupos (de 15 ou mais indivíduos).[169]

Ora, aqui não se vê como a antropologia descrita em (b) não se aplique aos seres humanos. Maturana se assemelha a Hannah Arendt nessa concepção otimista, mas afasta-se dela ao defender que, originalmente, o ser humano não é um animal político,

> ... entendendo por política um comportamento que manipula relações em um domínio hierárquico de vantagens e privilégios que assegura um acesso preferencial ao sexo e ao alimento, e no qual as alianças são instrumentos fluidos para a movimentação em tal domínio... E penso também que foi a centralidade da cooperação e da confiança mútua (a biologia do amor) da nossa linhagem o que levou ao estabelecimento da linguagem como a característica central do modo de vida que nos é peculiar.[170]

Surpreendentemente, o autor detecta uma mudança cultural nessa antropologia e argumenta de maneira mais realista, quando diz que, embora não sendo originalmente (ontologicamente) animais políticos (ou estratégicos e competitivos, nos termos deste livro), os seres humanos se tornaram semelhantes aos chimpanzés nos últimos milênios, "particularmente com o desenvolvimento da cultura patriarcal", o que levou o espaço psíquico humano a tornar-se análogo ao espaço político dos antropoides.

A retórica estratégica é tida aqui como normativa porque sempre pretende interferir sobre a retórica material, sobre os métodos do mundo dos eventos, mas a denominação refere-se justamente à ideia de que a normatividade orienta-se primordialmente para o sucesso na comunicação

---

169. MATURANA, Humberto. **A ontologia da realidade**, trad. Cristina Magro, Miriam Graciano e Nelson Vaz (orgs.). Belo Horizonte: Editora da Universidade Federal de Minas Gerais, 1997, p. 238.
170. *Idem*, p. 239.

e consequente constituição eficiente das "realidades em que vivemos" (Blumenberg). A violência efetiva, por não conter qualquer comunicação, considera-se aqui excluída da retórica estratégica, da normatividade, do direito. Diferentemente, consenso, cooperação, persuasão, afeto são certamente estratégias dessa retórica de segundo nível, mas seu critério principal é o sucesso, assim como no que se refere a competição, trapaça, mentira, intimidação e quaisquer outras formas de relações comunicativas.

CAPÍTULO SEXTO

Teoria da norma jurídica como expressão simbólica dotada de validade (significante)

6.1. O significado da norma precisa se expressar por símbolos. 6.2. Significantes e significados diante de generalidade e individualidade. 6.3. A retórica dogmática para exclusão do problema ontológico: a diferenciação entre fontes materiais e fontes formais. 6.4. A racionalização hierárquica das fontes formais do direito como estratégia dogmática: primárias e secundárias. 6.5. A revolução do texto e a ilusão da objetividade: as retóricas de pertinência, validade, vigência, eficácia jurídica e eficácia social.

6.1. O significado da norma precisa se expressar por símbolos

> A operacionalidade do símbolo é o que o distingue da imaginação e da representação... Só o conceito de símbolo – cunhado a partir do conceito de sintoma na antiga medicina – permite apreender o que acontece na percepção e no conhecimento.[171]

---

171. BLUMENBERG, Hans. **Schiffbruch mit Zuschauer** – Paradigma einer Daseinsmetapher. Frankfurt

O conceito de signo ou significante ou mesmo símbolo deve ser entendido em sentido bem amplo: palavras, gestos, mímica, entonações, ações, objetos, locais, momentos, datas etc. são sinais na medida em que, dentro de um contexto, são utilizados para transmissão de informações, significados.[172]

Isso aponta para o segundo sentido da expressão "norma jurídica" sugerido aqui, o uso que se identifica com os significantes linguísticos, os quais objetivam comunicar um significado normativo, expressar a norma no primeiro sentido, visto no capítulo anterior.

Essa relação entre os significantes e os significados não é arbitrária, mas controlada pelo uso comum da língua, o controle público da linguagem já mencionado, auxiliado por regras que constrangem – ou seja, o uso dos sinais não é livre – e constituem a retórica material, dirigida pela gramática e muitos outros fatores, dentre os quais o direito. Por isso a frase de Nietzsche, mesmo depois de dizer que Deus está morto: "Temo que não nos livraremos de Deus, porque ainda acreditamos na gramática..."[173]

Mesmo após a "virada linguística" da teoria da linguagem, no começo do século XX, ou seja, reconhecendo-se o caráter convencional da linguagem e a distinção entre significantes e significados, o pensamento ontológico sobre a linguagem permanece atribuindo o sentido de "coisa" aos significados expressados pelos significantes:

> E o que é um sinal? Um sinal é, nessa perspectiva, uma *designação convencional*, uma marca sobre a qual se acordou para algo que existe independentemente dela. Aqui está

---

a. M.: Suhrkamp, 1979, p. 90: „Die Operabilität des Symbols ist, was es von der Vorstellung wie von der Abbildung unterscheidet... Erst der Begriff des Symbols – vorgeprägt durch den des Symptoms in der antiken Medizin – erlaubt zu erfassen, was in Wahrnehmung und Erkenntnis geschieht."

172. PATZELT, Werner J. **Grundlagen der Ethnometodologie** – Theorie, Empirie und politikwissenschaftlicher Nutzen einer Soziologie des Alltags. München: Wilhelm Fink, 1987, p. 61.

173. „Ich fürchte, wir werden Gott nicht los, weil wir noch an die Grammatik glauben..." NIETZSCHE, Friedrich Wilhelm. **Götzen-Dämmerung** – oder Wie man mit dem Hammer philosophirt, *in* COLLI, Giorgio – MONTINARI, Mazzino (Hrsg.): **Friedrich Nietzsche, Kritische Studienausgabe** – in fünfzehn Bände, vol. 6. Berlin: Walter de Gruyter, 1988, p. 78 (Die „Vernunft" in der Philosophie, § 5).

> a coisa; ali está seu sinal. Aqui está uma "paixão" específica: *medo*, por exemplo; ali está a palavra 'medo'. Medo e 'medo' não são de modo algum o mesmo, naturalmente: a primeira é uma paixão comum (acredita Aristóteles) a todos os seres humanos; a segunda é uma palavra de uma língua específica, nomeadamente o português. Todo mundo sabe o que é medo, mas nem todo mundo sabe o que significa 'medo'. Certamente poder-se-ia utilizar com a mesma eficácia outro sinal inteiramente diferente para designar a mesma paixão.[174]

Daí que toda positivação do direito é simbólica, não cabe falar de positivações "simbólicas" como opostas a positivações "efetivas" ou propriamente ditas. Todo signo constitui **efetivamente** a realidade em que se expressa, ou pelo menos concorre com outros signos para constitui-la, e a diferença entre significantes e significados não deve ser entendida como separação. Em outras palavras, um texto legal que constitucionalistas tradicionalmente designam como "inefetivo" ou "simbólico" é simplesmente mais um discurso na arena da retórica material, competindo com outros discursos, todos simbólicos, pelo relato vencedor.

Para exemplificar a relação entre significantes linguísticos e significados ideais pode-se pensar na distinção entre algarismos e números: a ideia daquele número é sempre a mesma, ainda que sua representação simbólica possa diferir: para o número "três" podem-se utilizar símbolos como 3, III, three, tres, drei, exibir os dedos polegar, indicador e médio ou indicador, médio e anular, por exemplo.

Esses significantes podem então ser orais, gestuais e textuais. Os significantes "pictóricos", tais como vídeos, são

---

174. EDWARDS, James C. **The authority of language** – Heidegger, Wittgenstein, and the threat of philosophical nihilism. Tampa: University of South Florida Press, 1990, p. 67: "And what is a sign? A sign is, in this account, a conventional designation, an agreed-upon mark standing for something that exists independently of it. Here is the thing; there is its sign. Here is a particular "passion": fear, for instance; there is the word 'fear'. Fear and 'fear' are not at all the same, of course: the first is a passion common (Aristotle believes) to all human beings; the second is a word of a particular language, namely, English. Everyone knows what fear is, but not everyone knows what 'fear' means. Indeed, one could just as well use another sign altogether to designate the same passion."

como gestos à distância, combinando expressões orais e gestuais, não parecem constituir uma quarta forma de significar. A telepatia, por exemplo, poderia ser considerada uma quarta forma, caso venha a ser vencida a necessidade de significantes "físicos", "substratos materiais" para transmissão de informação racionalizada.

É interessante como a civilização demorou para atinar com essa diferença abismal entre significantes e significados. O preconceito ontológico sempre foi de tal maneira impregnado, e não apenas no senso comum leigo, que o folclore filosófico atribui ao Prof. Galetti, de Gotha, a frase: "o porco bem merece o nome que tem, pois é realmente um animal muito sujo".[175] Essa forma de pensar parte do princípio de que o signo expressa a essência de um objeto, como se a expressão "porco" já trouxesse os atributos do animal que a língua portuguesa assim designa, como se o mesmo animal não pudesse ser chamado "porto" ou "perco". E as diferenças entre as línguas mostram que o encadeamento de fonemas tem sentido convencional e arbitrário, ao contrário do que esse "realismo linguístico" e o senso comum querem fazer parecer.

Ainda assim, a ideia de que a "realidade" é **toda constituída pela retórica** (linguisticamente), conforme a tese deste livro, repugna até mesmo à semiótica e à linguística:

> Toda linguagem é figurativa e não-referencial, nada obstante nós devemos considerá-la só parcialmente assim. Temos que insistir que alguns usos da linguagem são metafóricos e outros não, deste modo denotando algumas coisas como reais, repletas de identidade e presença, enquanto outras são meras ficções.[176]

---

175. SCHWANITZ, Dietrich. **Bildung** – alles, was man wissen muss (Die Höredition). Eichborn: Lido, 2002, CD 10, 3 (Der Dekonstruktivismus): „Das Schwein trägt seinen Namen zu recht, denn es ist wirklich ein sehr unsauberliches Tier".

176. BROWN, Richard Harvey. **Society as text** – essays on rhetoric, reason and reality. Chicago / London: The University of Chicago Press, 1987, p. 138: "All language is figural and nonreferential, yet we must consider it only partially so. We must insist that some uses of language are metaphorical and others are not, thereby denoting some things as real, replete with identity and presence, whereas others are mere fictions."

Houve precursores da atenção para com a retórica na civilização ocidental, tanto na Antiguidade quanto na Idade Média, e mesmo para o caráter convencional da linguagem. Pode-se medir o respeito que os humanistas da Renascença tinham para com a retórica na afirmação do platônico Marsilio Ficino, no sentido de que falar e escrever fazem do ser humano um rival de Deus.[177] Mas uma consciência clara dessa diferença que existe entre linguagem significante e ideia significada demorou muito mais, ao contrário da distinção entre ideias gerais e eventos empíricos individuais, já presente na oposição feita por Platão, e mesmo antes, no debate entre Heráclito e Parmênides, atrás mencionado.

Na história do pensamento jurídico nota-se essa mesma desatenção, como não poderia deixar de ser, pois os juristas só levam em consideração dois elementos envolvidos no conhecimento: o "fato", de um lado, e o significado/significante, que se confundem, do outro. Veja-se a Escola da Exegese, ao dizer que o fato se subsome à lei. Sob a expressão "lei" e "norma", entendidas como sinônimas, designam tanto o significante quanto o significado.

Subjaz a essa concepção o mencionado preconceito ontológico, na medida em que se baseia na convicção de que há um significado "correto" para cada significante. Ora, contrariamente percebeu-se que a linguagem constitui a comunicação e assim ocorre o que se chama **recursividade**, só se poder estudar a linguagem por meio da própria linguagem, como numa petição de princípios.

Esses conceitos básicos que expressam os significantes linguísticos (sinal, signo, texto) são de difícil precisão por seu alto grau de porosidade, sua variabilidade histórica. Riccardo Guastini está certo ao dizer que a fonte do direito é um enunciado que se coloca como objeto da interpretação. Mas ele não

---

177. KIRSTE, Stephan. Menschenwürde und die Freiheitsrechte des Status Activus – Renaissancehumanismus und gegenwärtige Verfassungsdiskussion. *In*: GRÖSCHNER, Rolf; KIRSTE, Stephan und LEMBCKE, Oliver W. (*Hrsg.*). **Des Menschen Würde** – entdeckt und erfunden im Humanismus der italienischen Renaissance. Tübingen: J. C. B. Mohr/Paul Siebeck, 2008, S. 187-214.

é tão claro ao dizer que a norma é o "enunciado que constitui o produto, o resultado da interpretação".[178] Se o resultado da interpretação é um enunciado, ele é uma fonte do direito que vai precisar ser novamente interpretada. A norma vista como ideia recusa isso. Todo texto é um objeto empírico, faz parte da experiência. A norma propriamente dita, não. O sentido dele parece mais o de norma jurídica como norma decisória (décimo primeiro passo da concretização de Müller e o terceiro sentido da expressão "norma" exposto aqui no capítulo sétimo) ou mesmo o de "norma jurídica" (décimo passo da concretização de Müller), conforme visto no terceiro capítulo. Aqui entende-se que um sentido inicial de norma é o significado ideal que se determina diante do caso concreto, ainda que o termo seja usado como expressão simbólica e como decisão concreta.

Como a expressão simbólica é uma mídia que precisa de substrato real, físico, ela serve de ligação entre o mundo dos significados e o mundo dos eventos, pois seu substrato real é sempre um evento percebido no tempo, como tudo o que é real. A expressão simbólica insere a ideia no mundo real, faz uma ponte sobre o abismo entre Heráclito e Parmênides, entre o mundo real e a razão ideal humana. Ela simboliza ideias de razão que tentam se comunicar.

6.2. Significantes e significados diante de generalidade e individualidade

Uma teoria da linguagem faz a distinção entre predicadores e indicadores para explicar como, se a situação ou conceito é tão único que "não tem nome" genérico, o ser humano usa "isto", "aquilo", conceitos, ideias, palavras também genéricas, indefinidos que só podem ser compreendidos dentro do contexto do evento. O cerne do problema é se pode-se falar em **conceitos individualizados** ou se essa expressão é uma *contradictio in terminis*.

---

178. GUASTINI, Riccardo. **Das fontes às normas**, trad. Edson Bini. São Paulo: Quartier Latin, 2005, p. 28.

Para melhor compreender esse abismo entre significantes, significados e mundo dos eventos, os linguistas sugerem dividir os significantes, as expressões simbólicas, em predicadores e indicadores.

Os **predicadores** pretendem abstrair a individualidade e designar um conjunto de eventos específicos, supostamente tomando base em caracteres comuns que esses eventos apresentam. São os conceitos gerais como "homem", "agradável", "habitualmente". Não se pode dizer que substantivos designam predicadores e advérbios designam indicadores, por exemplo; tanto haveria substantivos predicadores ("mulher") como indicadores ("Mona Lisa"), assim como há advérbios indicadores ("hoje") e predicadores ("nunca").

Os predicadores cabem mais facilmente numa teoria da linguagem como a que se tenta aqui, posto que não objetivam referir eventos únicos, mas são gerais como as ideias que buscam transmitir, os significados.

Já os **indicadores** desempenham função mais difícil, pois intentam significar a individualidade, racionalizando-a, isto é, tentando conectar a incompatibilidade entre eventos sempre individuais e o binômio significantes/significados sempre gerais. Essa deve ser a função de um termo indicador: ser tão específico quanto o evento que designa.

O tipo clássico de indicador é um **nome próprio**, que supostamente diz respeito a um único evento. A dificuldade é antiga no debate retórico, que não é o objetivo expor aqui. Agostinho coloca os nomes como palavras que designam objetos específicos, afirmando que todos os nomes são palavras, mas nem todas as palavras são nomes, tais como os termos "se" ou "de". Resolve a questão por uma solução ontológica: os nomes se distinguem porque a eles correspondem **coisas que não são palavras**.[179]

---

179. AGOSTINHO. **De magistro**, trad. Angelo Ricci. Coleção *Os Pensadores*. São Paulo: Abril Cultural, 1984, cap. IV, p. 296-300.

Mas dizer que é possível comunicar por meio de indicadores específicos só adia o problema de enfrentar a individualidade, logo, enfrentar a irracionalidade. Isso porque, para definir o evento ou "objeto" que se designa por aquele nome próprio, vai ser necessário utilizar ideias e expressões simbólicas genéricas, pois essa é uma condição *sine qua non* para a racionalidade, conforme já exposto mais atrás. Este livro parte da suposição de que só é possível descrever algo individual por meio de termos gerais, pois tanto significantes quanto significados são gerais e só o mundo dos eventos é individual.

Para que se possam comunicar informações sobre "esta mesa individual e única à frente", que pretende ser individualmente designada por indicadores, são indispensáveis predicadores, pontes genéricas entre os significados e o mundo real, posto que são também genéricos e assim racionalizáveis, compreensíveis. É necessário perceber e dizer que é feita de madeira, que tem quatro pernas, que é plana e adequada para escrever quando a gente está sentada. Sem a ajuda dos predicadores os indicadores não comunicam, são intransmissíveis.

Isso significa dizer que qualquer significante tem necessariamente conotação, nenhuma expressão é capaz de denotar diretamente, de denotar somente um evento. Toda denotação de indicadores precisa ser produzida por conotações, associações linguísticas conceituais e, portanto, genéricas. Em outras palavras, esse controle da irracionalidade do individual por meio de nomes próprios tem um limite, pois não se podem "nomear propriamente" todos os eventos do mundo circundante. Os indicadores desempenham, por assim dizer, uma missão importante, mas impossível de ser cumprida plenamente.

Para desempenhar essa função a linguagem humana lança mão de **indicadores logicamente paradoxais**, já que, ao mesmo tempo em que são literalmente indefinidos, pretendem designar (como qualquer indicador) um evento (específico, individual, único). Esse artifício linguístico é possível na medida em que os circunstantes participam do mesmo momento eventual, de um mesmo contexto comunicativo real. É assim que tornam-se inteligíveis e pretensamente evidentes expressões como "essa", "ele", "aquilo", "algum", "hoje" e "ontem" ou "aqui" e "ali". Só num ambiente comum e momentaneamente fixado, uma frase como "ele se comprometeu a fazer hoje aquilo que deixou de fazer ontem" pode pretender algum significado, ou seja, só diante do evento os significantes e os significados podem desempenhar suas funções.

Ora, se toda linguagem é geral, ela não pode ser entendida como um evento, conforme sugerido no capítulo quarto atrás. Por outro lado, tampouco deixa de haver um abismo entre significantes e significados, só porque ambos têm a característica da generalidade. É exatamente essa incompatibilidade que provoca o que os linguistas denominam vagueza, ambiguidade e porosidade.

A perspectiva ontológica da língua parte do princípio de que cada significante deve se referir precisamente a cada significado, como siameses inseparáveis. Mas aqui sinônimos, homônimos, parônimos, todos precisam ser controlados diante da situação concreta, é uma das teses deste livro, para que haja uma suposta precisão na comunicação.

Um significante é vago porque nunca se percebe exatamente a que classe de objetos (predicadores) ele se aplica. É um problema de alcance, se aceita a divisão do significado em problemas de sentido (**ambiguidade**) e de alcance (**vagueza**). Quanto mais se adentrar nas especificidades do evento, menos características comuns ele terá para ser incluído numa classe de objetos. É um paradoxo: quanto mais se conhece menos se conhece, pois conhecer é racionalizar a termos gerais e ao mesmo tempo conhecer um objeto é adentrar-se em suas individualidades, desracionalizá-lo. Pode-se dizer que a vagueza diz mais respeito à quantidade de informação, enquanto a ambiguidade diz mais respeito à qualidade da informação.

Diz-se que a ambiguidade ocorre se há dúvidas sobre o sentido do termo isoladamente, sem compará-lo a outros gêneros. Não se sabe o que a expressão quer dizer: "posta" pode ser uma flexão do verbo pôr ou uma parte do peixe à mesa.

Os significantes também têm vida, como qualquer pessoa que já leu alguma obra de apenas um século de idade já terá percebido. Muitas palavras deixam de ser usadas ao longo do tempo, morrem. Outras novas são criadas, nascem. E outras permanecem, por assim dizer com a mesma aparência física (escrita, pronúncia), mas com um "conteúdo" inteiramente diferente, ou seja, mudam seu sentido e seu alcance, em uma palavra, seu significado. Essa "vida", essa variabilidade da relação significante/significado ao longo do tempo (historicidade) denomina-se **porosidade**. Talvez por seu substrato físico mais perene, sua maior durabilidade e seu distanciamento, os significantes textuais permanecem com sua aura de mistério:

> A comunicação verbal é muito mais fácil que a comunicação escrita, porque a palavra age sobre os sentimentos de uma maneira misteriosa e estabelece facilmente uma união simpática entre as pessoas; é assim que um orador pode convencer por argumentos que parecem de um entendimento difícil àquele que lê mais tarde seu discurso. Sabeis como é útil ter escutado Bergson para bem conhecer as tendências de sua doutrina e bem compreender seus livros.[180]

De toda maneira, vagueza, ambiguidade e porosidade constituem características necessariamente presentes em qualquer forma de comunicação humana, não são defeitos em sua estrutura ou disfunções em seu processamento, ainda que condicionem a imprecisão da linguagem. Diferentes são lacunas e inconsistências no discurso, não dominar as regras da língua ou não compreender os termos em questão, disfunções que também cooperam para a imprecisão, mas podem ou não estar presentes no discurso, a depender da

---

180. SOREL, Georges. **Réflexions sur la violence**. Paris: Marcel Rivière, 1919, p. 9: "La communication verbale est beaucoup plus facile que la communication écrite, parce que la parole agit sur les sentiments d'une manière mystérieuse et établit facilement une union sympathique entre les personnes; c'est ainsi qu'un orateur peut convaincre par des arguments qui semblent d'une intelligence difficile à celui qui lit plus tard son discours. Vous savez combien il est utile d'avoir entendu Bergson pour bien connaître les tendances de sa doctrine et bien comprendre ses livres."

destreza dos participantes.

Resumindo, já que o direito é um fenômeno empírico, seu conhecimento precisa enfrentar as incompatibilidades entre os fatos juridicamente relevantes (que são individuais e nunca se repetem), os significantes normativos (as fontes do direito, substratos físicos da comunicação normativa, pela mídia de gestos, locuções, textos, aqui distinguidos como a segunda acepção em que a expressão norma jurídica é utilizada) e os significados que essas fontes buscam expressar (as normas jurídicas na sua aqui denominada primeira acepção, reunindo todos os processos cognitivos, mentais, ideais de criação e atribuição de significado genérico). O resultado do tratamento dessas incompatibilidades constitui a norma em sua terceira acepção, a norma decisória, um comando particular sobre um fato jurídico relevante também específico, como que fechando o ciclo e buscando interferir na constituição da retórica material dentro do mundo real dos eventos. É por isso que o conhecimento, a decisão, o acordo sobre o que se deve constituir em "fato real" só aparece, só se realiza, diante do caso: significantes genéricos cristalizados tentam impor os significados vencedores, tentam ontologizar o mundo, dizer o que vai ser. Aí se encontram os três elementos do conhecimento empírico: a linguagem que se vai impor diante do evento momentâneo. Daí surge a verdade. Assim o condenado é preso e isso se torna "realidade", é a resposta do direito ao conflito, a "solução".

Para auxiliar na construção desses significados, que a norma decisória vai revelar e assim constituir dogmaticamente o direito, este trabalho dá um tratamento próprio à teoria das fontes do direito, considerando-as um conjunto de expressões simbólicas (signos, significantes) positivadas. E o procedimento dogmático é um contexto em que a linguagem mostra bem claramente sua função constitutiva da realidade, mas não apenas a linguagem textual da norma contida na lei, fonte do direito aparentemente privilegiada na argumentação jurídica da sociedade complexa:

Qualquer pessoa com alguma experiência no sistema dos tribunais, seja como parte, advogado, juiz, membro de um júri ou simplesmente observador deve inevitavelmente reconhecer a importância da linguagem no processo legal. Com certeza é difícil imaginar um contexto no qual o comportamento verbal desempenhe papel mais crucial. Em todos os níveis, a linguagem penetra no sistema jurídico e o direito, talvez mais do que qualquer outra, é uma profissão de palavras, em última instância e totalmente dependente de alguma forma de negociação linguística.[181]

6.3. A retórica dogmática para exclusão do problema ontológico: a diferenciação entre fontes materiais e fontes formais

A metáfora *fons-fontis*, criada pelos antigos romanos há mais de dois mil anos, refere-se ambiguamente a duas questões semelhantes: por um lado, de que provém o direito, de onde ele nasce, como ele é gerado; de outro, como se revela o direito, como se mostra ao ser humano, quais suas formas de manifestação. Ou seja: os problemas da **origem** ou proveniência e da **comunicação** ou transmissão. Essa ambiguidade permanece até hoje na expressão.

Num contexto social em que direito e religião aparecem inseparados, o problema da origem do direito foi sempre tratado em termos teológicos e filosóficos, e foi ignorado pelos juristas até a aurora do positivismo, quando são abandonadas as concepções de normas válidas acima do direito positivo do poder constituinte originário e o direito passa a ser um produto dele mesmo. Tornou-se imperativo diferenciar-se, ou seja, afastar do direito a discussão filosófica da legitimidade. Sim, pois discutir se o direito viria de caracteres

---

[181]. HARRIS, Sandra. Ideological exchanges in British magistrates courts, *in*: GIBBONS, John (ed.). **Language and the law**. London / New York: Longman, 1994, p. 156: "Anyone with any experience of the court system, whether as defendant, lawyer, judge, member of a jury ou merely observer, must inevitably acknowledge the importance of language to the legal process. Indeed, it is difficult to imagine a context where verbal behavior plays a more crucial role. At all levels, language penetrates the legal system, and the law perhaps more than any other is a profession of words, ultimately and utterly dependent on some form of linguistic negotiation."

biológicos, psicológicos, culturais, se partiria de conceitos como "luta de classes", "contrato social", "espírito do povo" ou "espírito objetivo" não se coadunava com a nova mentalidade utilitarista e pragmática que caracterizaria a modernidade, posto que esses conceitos dificilmente podiam ser determinados no debate político-jurídico, que precisava de instâncias mais definidas.

A dogmática jurídica abandona à filosofia o tema das **fontes materiais** do direito, as "fontes das fontes", aqueles dados empíricos e ideológicos que dariam o conteúdo ético à lei, à jurisprudência, essas, sim, fontes – **formais** – do direito positivado (dogmaticamente organizado). Tudo em função da necessidade de responder à necessidade de decisões claras.

Assim a doutrina desenvolve os conceitos de fontes formais e materiais, pelos quais a "forma" significa a validação dogmática fornecida pelo direito estatal. As fontes materiais podem ser objeto de investigação interdisciplinar, pois são "causas" do conteúdo ético do direito, são os fundamentos físicos, biológicos, históricos, ideológicos, mas não interessa à dogmática discutir se o direito vem de Deus, da raça ou da necessidade de proteger a prole, pois essas origens estão afeitas a opiniões muito variáveis. Ficou para as disciplinas zetéticas, questionadoras, a tarefa de investigar as fontes materiais do direito; e quando for decidido que escolhas éticas devem ser obrigatórias para todos, as fontes formais darão o prumo para o trabalho do jurista dogmático. Claro que a lei pode e deve ser estudada sob perspectivas sociais, históricas, antropológicas. Mas esse direito, visto "de fora", fontes materiais, não tem forma jurídica. Em resumo, essas fontes das fontes constituem objeto de estudo da etiologia jurídica, ou seja, a teoria das causas do direito.

E parece claro que fontes materiais ideologicamente incompatíveis entram em conflito e só algumas delas se tornarão conteúdos das fontes formais, daquelas que resultam de procedimentos dogmáticos como a jurisdição e a legislação. Há diferentes conteúdos éticos nas convicções de diferentes grupos sociais para fazer frente a determinado conflito, há aqueles que querem descriminalizar o aborto, os que pretendem fazer equivaler o aborto ao homicídio, os que desejam pena de morte para os abortistas, mas só uma dessas opções éticas será o conteúdo ético da norma jurídica formalizada, tornado obrigatório para todos, mesmo aqueles que com ele não estão de acordo. Ou seja, toda fonte formal tem um conteúdo material.[182]

Tendo afastado os interdisciplinares, a dogmática jurídica precisava agora hierarquizar as fontes que haviam sido definidas como formais, precisava construir um sistema que pudesse internamente dominar toda sorte de antinomias. A solução retórica encontrada foi a divisão das fontes do direito em primárias e secundárias. Claro que a denominação já envolvia um juízo de valor, de que o "primário" é o mais importante e deve prevalecer sobre o "secundário"; esse juízo de valor não é absolutamente óbvio, pois a palavra tem também um sentido de "primitivo" ou "simplório" que a teoria dogmática precisava deixar de lado.

Conforme visto no capítulo terceiro, essas fontes formais precisam ser adequadas ao caso, dentre o emaranhado de significantes positivados que formam o ordenamento jurídico. Além disso, essas formas simbólicas precisam também ter sido elaboradas de acordo com as regras do sistema dogmático, vale dizer, um complexo de determinações sobre competências, atribuições e ritos de elaboração, a validade formal ou dogmática propriamente dita. Depois, seu conteúdo ético precisa concordar com as diretrizes estabelecidas pelas normas superiores do sistema, a chamada validade material, de mais difícil determinação. Finalmente, outras regras vão determinar se as fontes formais escolhidas estão aptas a serem alegadas no procedimento decisório, prontas para servir de base a argumentações e decisões dogmáticas, tudo a serviço de viabilizar a eficácia jurídica e a vigência daqueles símbolos,

---

182. AFTALIÓN, Enrique e VILANOVA, José. **Introducción al Derecho**, ed. Julio Raffo. Buenos Aires: Abeledo-Perrot, 2. ed. 1998, p. 632 s., sugere o conceito de fontes "formais-materiais".

daqueles significantes normativos. Observe-se que a validade não é um atributo da norma jurídica propriamente dita, mas sim de seus significantes, de suas formas de expressão ou, reduzindo, de seus textos.[183]

Como funciona esse processo dogmático de determinação de significados normativos no caso concreto (presente), a partir das fontes formais do direito previamente fixadas (passado), para exprimir uma promessa de controle de expectativas (futuro) foi mencionado no capítulo terceiro e será visto mais de perto nos capítulos sétimo, sobre a teoria da decisão, e oitavo, sobre a retórica da interpretação jurídica.

6.4. A racionalização hierárquica das fontes formais do direito como estratégia dogmática: primárias e secundárias

Afastadas as discussões "filosóficas" sobre as "fontes das fontes", sobre aquelas fontes agora classificadas como "materiais", a dogmática viu-se às voltas com o problema de hierarquizar suas fontes formais para enfrentar o fantasma das antinomias que um sistema unificado e centralizado não pode tolerar indefinidamente.

Dessarte a dogmática definiu as **fontes formais secundárias** como aquelas cuja própria validade depende do acordo com as fontes definidas como primárias. Por isso um contrato ou uma sentença (fontes formais secundárias) não podem contradizer a lei, sob pena de invalidade, sob pena de (em tese) deixarem de existir para a retórica material dogmática. Uma **fonte formal primária** é definida como aquela que retira de si mesma sua força coercitiva e não de outra fonte qualquer.[184]

---

[183]. MÜLLER, Friedrich; CHRISTENSEN, Ralph; e SOKOLOWSKI, Michael. **Rechtstext und Textarbeit**. Berlin: Duncker & Humblot, 1997, p. 32 e s.

[184]. Essa denominação é controversa, pois há autores para os quais fontes primárias são as fontes materiais, isto é, são "primárias" não no sentido de fontes formais independentes, mas sim no sentido de serem fontes das fontes formais.

Aqui o problema do conflito entre as fontes encontra seus primeiros critérios de tratamento, porque, obviamente, as fontes formais primárias prevalecerão sobre as secundárias. Essa hierarquia entre as fontes formais reflete, na teoria do direito, a luta política entre os três poderes definidos por Montesquieu e a busca pela harmonia.

A primeira tendência, como quer o legalismo, é que só a lei é fonte formal dogmática primária, na medida em que só ela é inteiramente independente de quaisquer outras fontes. Todas as demais precisam estar de acordo com a lei para vigorarem, todas são secundárias em relação a ela. Também a jurisprudência precisa descobrir e declarar o sentido da lei, daí a metáfora de Montesquieu sobre o juiz ser o arauto da lei, ilegítimo e incapaz de criar direito. Segundo essa compreensão, a lei geral, criada pelo órgão legislativo máximo, é a única fonte legítima de norma jurídica, com a qual todas as demais manifestações, parâmetros e decisões do sistema (secundárias) precisam estar de acordo.

Com a evolução do direito europeu, duas novas frentes se abrem dentro do positivismo, a partir da Escola da Exegese francesa: por um lado aquela de viés mais estatalista, que considera que a lei (emanada do legislativo e agora cada vez mais do executivo) e a jurisprudência (emanada do judiciário) são fontes primárias e não podem logicamente se contradizer: uma sentença isolada pode ser contra a lei, a jurisprudência nunca, pois é ela quem diz o que diz a lei. Não tem procedência a afirmação de que a jurisprudência estaria eventualmente contra a lei, pois a jurisprudência é a instância para dizer o que a lei significa.

Em terceiro lugar, ao lado dos legalistas e estatalistas, aparecem os positivistas de tendência sociológica, que defendem o costume como o fato social que primeiro revela o direito, sua fonte mais primordial; essa corrente, chamada sociologismo jurídico e bem exemplificada pela Escola do Direito Livre alemã, entende como fontes primárias o costume, a jurisprudência e a lei. Assim, é possível que o direito se manifeste por um costume *contra legem*, por exemplo, uma vez que a primazia das fontes estatais não é aceita pelos juristas sociologistas e o costume *contra legem* pode valer no mesmo âmbito de influência, mesmo contra a letra da lei. O costume *praeter legem* é inofensivo para a dogmática, ou seja, é aceito tanto pelo legalismo (só a lei é fonte formal primária) quanto pelo estatalismo (a lei e a jurisprudência constituem as fontes formais primárias). Mas se o costume contra a lei retira de si mesmo sua força coercitiva, então ele é uma fonte formal primária e assim criam normas jurídicas instâncias paralelas como traficantes, nas grandes cidades, "coronéis", no interior dos rincões, assim como "sua excelência, o comissário".[185]

Uma posição especial ocupa a última dessas quatro tradicionalmente chamadas fontes formais do direito, a doutrina.

O principal motivo para a doutrina ter durante tanto tempo sido considerada uma fonte formal do direito tem suas raízes em Roma. O *Corpus Juris Civilis* de Justiniano I foi compilado entre os anos 529 e 565, ocupou mais de uma geração de juristas e permaneceu como fonte formal do direito na Europa até a modernidade. Essa compilação, contudo, não se compunha apenas de leis, mas também de orientações jurisprudenciais e doutrina. Sabe-se que, no *Corpus*, a doutrina do chamado "tribunal dos mortos", que consistia das opiniões dos cinco grandes juristas Gaio, Papiniano, Modestino, Paulo e Ulpiano, pesava mais nas decisões do que qualquer outra fonte do direito. Ou seja: o *Corpus* era muito importante dentre as fontes e, em seu seio, a doutrina era fundamental.

Sua primeira parte, o *Codex*, era uma consolidação de todas as leis romanas anteriores agora recepcionadas, depois acrescidas de parte da legislação ditada pelo próprio Justiniano. O *Digesto* ou *Pandectae* resultou da compilação da doutrina propriamente dita e excluía expressamente como inválida qualquer doutrina que não constasse de seus 50 livros. As

---

185. OLIVEIRA, Luciano. Sua excelência o comissário – a polícia enquanto "justiça informal" das classes populares no Grande Recife, *in* OLIVEIRA, Luciano. **Sua excelência o comissário** – e outros ensaios de sociologia jurídica. Rio de Janeiro: Letra Legal, 2004, p. 19-53.

Instituições compunham-se de textos mais elementares e esquemas pedagógicos destinados à educação dos jovens juristas. As *Novellae* foram publicadas por último e, como o nome diz literalmente, continham as novas leis do próprio Justiniano, decretadas após a revisão do *Codex*.

Vários séculos se passaram sem que aparecessem juristas no nível técnico dos romanos, um povo antigo e sábio na visão das nações posteriores, oriundo de uma cidade que era a sede da Cristandade, e o simples passar do tempo trouxe ainda mais autoridade ao seu maior monumento jurídico, o *Corpus Juris Civilis*. O fato de ser escrito foi-lhe dando força de "lei" (o texto da norma que se comunica por meio da leitura e cuja aplicação se pretende internacional, muito diferente dos costumes medievais localizados), ainda que seu conteúdo abrangesse todos os tipos de fontes formais do direito: legislação, jurisprudência, costumes e doutrina.

Por fazer parte do conteúdo do *Corpus Juris Civilis* a doutrina foi assim considerada fonte formal do direito; a princípio a doutrina romana original, depois a doutrina mesma dos juristas contemporâneos, sobretudo a partir da Escola de Bolonha e dos glosadores do próprio *Corpus*, os quais o explicavam e até complementavam, adaptando-o ao direito do tempo e lugar.

Mesmo hoje não se nega que a doutrina é uma fonte material do direito de grande importância. Pois se a ideologia e as opiniões de qualquer grupo social são fontes materiais do direito, claro que também o serão as ideologias e opiniões dos juristas. A doutrina interfere profundamente sobre juízes e legisladores, mas hoje não se pode dizer que seja fonte formal. Entre outros motivos, porque pode ser objeto de contrato de consultoria, como nos pareceres, ou, em outras palavras, que a doutrina contemporânea pode ser comprada. Sim, porque nenhum empresário ou escritório de advocacia vai contratar um jurista para que simplesmente dê sua opinião sobre o problema; a opinião precisa ser do interesse do contratante e objetiva influir na decisão que o sistema vai tomar a respeito do conflito.

UMA TEORIA RETÓRICA DA NORMA JURÍDICA E DO DIREITO SUBJETIVO

Problema bem específico enfrenta a doutrina jurídica (dogmática) no Brasil, na medida em que quase se reduz a relatos descritivos e superficiais do direito positivo, exposições de textos legais e de decisões dos tribunais. Em um sentido bem literal, ela forma a retaguarda do direito positivo e não sua vanguarda. Não desempenha sua função crítica como metodologia, de doutrina dogmática como estratégia de modificação da dogmática material. Os doutrinadores brasileiros relatam decisões, repetem magistrados, os quais não veem necessidade de acompanhar um debate doutrinário quase inexistente e declaram candidamente "já possuir notório saber e reputação ilibada", além de "decidir conforme sua consciência".[186]

Outro bastião da doutrina dogmática, os pareceres jurídicos enfrentam obstáculo diferente para legitimar o conhecimento do direito: têm muito mais qualidade e profundidade do que a doutrina dos grandes mercados de livros, porém são fruto de um contrato de consultoria bem remunerado. Um parecerista com ética profissional, evidentemente, só aceita a tarefa de defender um lado da questão, e para isso constrói e defende uma tese jurídica, se nele acredita. Mas o interesse econômico envolvido certamente não é um dos elementos presentes na concepção que hoje a ciência diz de si mesma e vai enfraquecer a isenção do parecerista.

Um último comentário a respeito: a doutrina, como qualquer metodologia, está ligada ao ensino, claro. Se a doutrina vai mal, o ensino vai mal e vice-versa. O estudo do direito no Brasil é hoje somente mnemônico, vez que a falta de bolsas, refeitórios, salários e outras infraestruturas impedem a dedicação em tempo suficiente e a imensa maioria dos estudantes simplesmente não estuda. Assim o aprendizado é quase que exclusivamente dogmático, e mesmo assim mal feito, pois se

---

186. STRECK, Lenio. **O que é isto – Decido conforme minha consciência?** Porto Alegre: Livraria do Advogado, 2010, p. 24-25 e *passim*, referindo voto do Superior Tribunal de Justiça, no qual se afirma "não me importa o que pensam os doutrinadores", "os senhores ministros decidem assim porque pensam assim", "esse é o pensamento do Superior Tribunal de Justiça e a doutrina que se amolde a ele" e "ninguém nos dá lições, não somos aprendizes de ninguém" (Agravo Regimental em ERESP n. 279.889-AL STJ).

reduz a descrever e decorar, sem sequer problematizar, textos legais e jurisprudenciais que constituem meros dados de entrada na concretização do direito positivo. Nem para a mais comezinha prática dogmática esse ambiente educacional e científico serve.

Tomem-se agora como parâmetros duas subdivisões, já sugeridas neste livro, para observar a educação dos juristas no Brasil: primeiro, dentre os três sentidos em que é utilizada a expressão "norma jurídica", a educação jurídica brasileira concentra-se no estudo de uma parte das fontes do direito, vale dizer, dos significantes normativos mais importantes do sistema, ou seja, nos textos do *Vade Mecum*, volume que reúne as leis tidas como as mais importantes do Brasil, e nos textos das decisões dos tribunais superiores; segundo, dentre os quatro estágios nos quais foi aqui simplificada a concretização dogmática, a educação jurídica brasileira só se volta para o primeiro, para a tarefa de escolher as fontes pertinentes, válidas e vigentes que vão dar início aos procedimentos metodológicos da dogmática jurídica. Isso porque quase nenhuma atenção é dedicada aos procedimentos hermenêuticos do segundo passo e absolutamente nenhuma atenção é dedicada às estratégias da argumentação jurídica ou à teoria da decisão.

Mesmo em ambientes jurídicos de melhor qualidade, esse dado revela-se nas sustentações orais de advogados e membros do ministério público nos tribunais, nas falas de alunos e professores em debates, exposições e salas de aula, nos questionamentos dos juízes em audiências e em todas as expressões escritas dessas atividades. "O resultado são textos feios, difíceis de entender e de leitura monótona."[187] Por isso o ministério da justiça alemão vem envidando esforços para tornar a educação jurídica em seu país menos dirigida a atividades contenciosas como a judicante, centrada na figura da atividade do magistrado, e cada vez mais direcionada para

---

187. SCHLIEFFEN, Katharina von; MICHAELIS, Lars Oliver. Schlüsselqualifikation Rhetorik. **Juristische Arbeitsblätter** Heft 8/9, Juni 2003, S. 718-725: „Das Resultat sind unschöne, schwer verständliche Texte, und eine gelangweilte Leserschaft".

prevenção de litígios, aconselhamento jurídico, mediação, conciliação, arbitragem.

> Evitar conflitos ganha. Decidir conflitos perde significação. Em consequência, a clara maioria dos estudantes de direito escolhe a profissão de advogado, a qual, por seu lado, passou por forte diferenciação. Daí crescem as exigências por capacidades e conhecimentos interdisciplinares, tais como ciências econômicas ou sociais, retórica, administração de negócios, arbitragem ou mediação.[188]

Tendo em vista a relação entre regras e metarregras, propõe-se aqui uma classificação das fontes diferente da bipartição primárias e secundárias, mas que não é incompatível com ela: fontes que se referem à conduta e fontes que se referem a fontes, ou seja, significantes jurídicos de **primeiro nível**, que se dirigem a conflitos entre seres humanos (as pessoas casadas não podem casar), e significantes jurídicos de **segundo nível**, que se referem a conflitos entre os significantes de primeiro nível e que são, portanto, apenas mediatamente dirigidos aos conflitos de conduta (a lei superior prevalece sobre a inferior).

Concentrar o estudo do direito na memorização dessas fontes de primeiro nível, tanto da parte dos estudiosos doutrinadores e profissionais, como da parte dos concursos públicos, dos estudantes e das faculdades de direito, é objetivo inútil. As fontes de primeiro nível são literalmente infinitas e modificam-se cotidianamente. O *Vade Mecum* pouco significa em muitos casos, na maioria deles. Há regras das quais nem se fala nas faculdades de direito, uma infinidade de instruções normativas, portarias e resoluções, que são muitas vezes cruciais para a questão dogmática que se quer tratar no momento. E é impossível que um currículo escolar consiga abarcar a

---

[188]. Idem, p. 718: „Streitvermeidung gewinnt. Streitentscheidungen verlieren na Bedeutung. Folglich ergreift der deutlich überwiegend Teil der Juristinnen und Juristen den Anwaltsberuf, der seinerseits starke Ausdifferenzierung erfahren hat. Hierdurch wachsen die Anforderungen an die interdisziplinären Fähigkeiten und Kentnisse wie Wirtschafts-oder Sozialwissenschaften, Rhetorik, Verhandlungsmanagement, Streitschlichtung oder Mediation."

descrição e a memorização de todas as possibilidades de regras jurídicas na sociedade complexa.

Claro que essas regras de conduta, de primeiro nível, são importantes, pois elas serão alegadas como pontos de partida da interpretação, da argumentação e da decisão jurídicas. Todo argumento dogmático precisa partir de fontes do direito, ou seja, da norma simbólica. O equívoco é concentrar nelas o estudo do direito, que deve atentar para o aprendizado dos métodos e metodologias de interpretação, argumentação e decisão, guiado por regras que não se dirigem diretamente a tratar conflitos de conduta, mas sim conflitos entre as regras de conduta.

Essas **metarregras** são em muito menor número e modificam-se em ritmo mais lento do que as regras do primeiro plano, mas compõem o ordenamento jurídico juntamente com elas. A doutrina deve se ocupar delas, pois são as mais importantes e decisivas. Aqui esse tema será retomado no capítulo oitavo.

6.5. A revolução do texto e a ilusão da objetividade: as retóricas de pertinência, validade, vigência, eficácia jurídica e eficácia social

Já foi mencionado como esse terceiro elemento, linguístico, demorou a despertar a devida importância na teoria do conhecimento. A sensação de que a realidade é "independente" e "fora" do ser humano foi sempre tão forte e presente que só no século XX a linguagem vai deixar de se confundir tanto com o mundo real quanto com seus significados. Ainda assim o "preconceito do dado" empírico prevalece e a distinção parece de difícil compreensão para o senso comum. Mas esse não é o único preconceito no atual estado da arte.

Nos termos aqui, para aqueles que defendem que a linguagem significante se confunde com o mundo real, como no caso dos autores que afirmam que o texto é um evento, pode-se falar de um **preconceito empirista**, quando privilegiam o "dado" empírico, ou mesmo de um preconceito **semiologista**, quando se concentram no texto.

Aqueles para os quais a linguagem se confunde com seus significados, como os autores que não enxergam distinção entre significante e significado, por ter o significante apenas um significado objetivo, são vítimas de um **preconceito racionalista**.

E há também as teorias de inspiração "científica", sobretudo as que pretendem inserir o direito nas ditas ciências sociais, para as quais é possível explicar a sociedade a partir da "descoberta" de "leis" (etiologias) e assim prever desenvolvimentos (escatologias), iludidas por um preconceito **cientificista**.

Nada disso tem sentido em uma filosofia retórica do direito como aquela proposta aqui.

Quem se comunica, pensa que significou os significados que queria e por vezes surpreende-se quando percebe que os outros entendem diferentemente os significantes utilizados, ainda que partilhem de uma assim chamada língua comum. Isso existe em toda forma de linguagem, mas na textual o problema é mais claro, diante da suposta mágica de o texto aprisionar precisamente o significado.

A impossibilidade de correspondência entre significantes e significados não quer dizer que toda linguagem seja igualmente inútil, porém, diferentemente do que pregou Górgias. É possível que o significante se aproxime mais ou menos do significado pretendido, que a comunicação seja menos ou mais precisa. Um problema – quase lógico, de caráter semântico – é que quanto mais específica for a linguagem, quanto mais exaustiva a explicitação significativa, maiores as possibilidades de desacordo na comunicação. Outro problema conexo – de cunho pragmático – é que quanto mais específica pretender ser a linguagem, mais requisitos (vocabulário, passado, informações comuns, ou seja, acordos linguísticos em geral) e constrangimentos (temporais, de interesses, de pressupostos) haverá.

    Daí a tendência e a necessidade espontâneas de procurar termos vagos e ambíguos para alcançar acordos, por momentâneos que sejam. Por vezes mais eficiente ainda é a **esfera do silêncio**, pela qual se supõe o *topos* "quem cala, consente" ou, pelo menos, quem cala está sem saber o que dizer. Releva assim a importância dos *topoi* (e da tópica), lugares-comuns que pressupõem um acordo o qual, se for discutido em detalhes, tende a se enfraquecer e daí a desaparecer. Sua força vinculante reside exatamente no caráter não-explícito. Os participantes de um discurso no nível predominante do *logos* costumam atribuir mais e mais diferentes significados à linguagem e ao desacordo, vale dizer, a utilizar menos catálogos de *topoi*. Já o *ethos* e o *pathos* oferecem um nível menor de explicitação argumentativa e tendem a ser mais entimemáticos.

    Em síntese, as diferenças entre a norma como ideia (o significado ideal para controle de expectativas atuais sobre condutas futuras) e a norma como símbolo linguístico (os significantes que se percebem por meio da comunicação a partir das chamadas fontes do direito) são particularmente importantes para a interpretação e a argumentação jurídicas. Sem esquecer que, quanto mais diferenciada a sociedade, quanto maior a complexidade, maior a distância entre os significantes (fontes) os significados normativos (ideias), por conta da pulverização das demais ordens éticas e da sobrecarga do direito positivo como único ambiente ético comum, conforme será visto no próximo capítulo.

    Entender a norma como significante revelador do direito é o sentido mais antigo da expressão "norma jurídica" no ideário positivista, a primeira metonímia. É o que ocorre quando o professor aponta para o código e diz que ali "estão as normas" do ordenamento jurídico, do mesmo modo que os hebreus viram normas no texto dos Dez Mandamentos. A perspectiva retórica não pode confundir esses dois elementos do conhecimento jurídico – significantes e significados – pois há um abismo entre eles, como já visto.

Não se quer aqui dizer, contudo, que os textos, mídias para comunicação de normas, não têm qualquer força vinculante (*Verbindungskraft*) e que podem ser entendidos de qualquer maneira. Porém a relação entre a expressão simbólica prévia e a decisão, essa força e conexão, só é resolvida no momento da decisão, pelos próprios envolvidos na comunicação. O texto prévio impõe constrangimentos, sim, sintáticos, semânticos, mas dentro dessa "moldura" permanece possível uma infinidade de significados que precisam ser tratados e decididos a partir de **fatores que não estão no texto**.

Também as diferentes concepções sobre o que é norma demonstram o porquê da evolução, pois para a retórica fica o velho sentido de norma (como "fonte", lei, expressão simbólica significante) e vão aparecendo os outros (norma como ideia e depois norma como decisão concreta).

Outra tese aqui, talvez óbvia, é que, se todo significado necessita de um substrato físico para poder significar para alguém, a conduta dos indivíduos consiste num substrato físico do mesmo modo que o texto (diferentemente de Carlos Cossio, para quem a conduta não constituiria um substrato "mundanal" ou físico como o texto, mas sim "egológico"). Aqui não cabe essa distinção: a conduta já se expressa, no mínimo, por meio de gestos e, mais ainda, só subsiste em seu respectivo relato, o qual vai eventualmente precisar de substrato físico, mundanal ainda que oral, tanto quanto o significado que o texto busca expressar. A ontologia de Cossio, inspirada em Husserl e, mais remotamente, no idealismo espiritual de Hegel e Hartmann, separa indevidamente os significantes textuais dos orais e gestuais e, assim, objetos culturais "mundanais" de "egológicos".

Menos evidente é a tese de que a via pela qual o veículo significante (ou substrato físico), que conduz o início do processo de construção de significado, **interfere diretamente** sobre esse significado. Uma sociedade que se comunica de forma oral e gestual, por meio de significantes sonoros e visuais, constrói uma teia de significados supostamente mais simples, pois nesse tipo de comunicação a presença direta do outro é necessária, o que já reduz mais a complexidade.

Com o aparecimento da escrita, o significante textual passa a um artefato dentro da própria cognição humana e a cultura ganha uma nova dimensão, pois a tradição oral pode ser ultrapassada por um contato mais direto com interlocutores mais distantes no espaço, gerações anteriores e posteriores no tempo. Além da escrita, a imprensa de Gutenberg vai causar outra revolução, ampliando o número de emissores e receptores e tornando mais e mais complexa a comunicação.

Com a televisão e, mais ainda, com a rede mundial de computadores, os **significantes pictóricos** trazem outra nova dimensão aos textuais. Trata-se agora de uma variante do substrato gestual, posto que a comunicação deixa de ser necessariamente presencial. Essa via significante já é hoje importante em vários procedimentos jurídicos, nota-se uma tendência a ampliar esse uso e a própria dogmática passa a discuti-los como meios de vigilância e prova. Mas as imagens, assim como o texto, que ainda aparece como revelador de significados mais importante no mundo moderno, são também artefatos da cognição humana, significantes sujeitos a interpretação.

Além das dificuldades apontadas por especialistas, a postura retórica não se preocupa em determinar a relação entre esses artefatos e supostas fontes biológicas ou físicas, pois a articulação desses significantes é fruto de invenção humana. A teoria tradicional, com base em Piaget, preocupa-se mais com a evolução biológica do cérebro e trata os artefatos como elementos da natureza biológica. Tudo indica que a linguagem escrita, contudo, assim como a própria linguagem, é **relativamente independente da biologia**, ou pelo menos segue outros padrões, desenvolve-se diferentemente da evolução biológica.

Observe-se que o resultado dessa evolução para o texto na espécie humana demorou milhares de anos, mas pode ser adquirido hoje em poucos anos de aprendizagem. Com efeito, para crianças aprendendo a ler, uma palavra escrita é algo para ser lido e não para ser falado; descobrir que as palavras escritas podem representar palavras faladas é uma das percepções mais importantes nessa evolução, dizem. Estudos indicam que, a princípio, a criança assume que os sinais escritos representam eventos e não significados sobre eventos, elas sofrem do mesmo preconceito empirista dos que dizem que o texto é um evento... Assim como as crianças e adultos em processo de alfabetização, culturas mais primitivas parecem não ter um conceito claro de significados ideais, pois os símbolos representam "objetos reais" e não significados. Daí a dificuldade, encontrada em experiências nesse sentido, para escrever negações e para compreender o zero. Três sinais representam três árvores, dois sinais, duas. Mas as crianças e os adultos em alfabetização reagem que "não há gatos" não pode ser escrito.[189]

Para explicar esse processo e a função desses símbolos, há diferentes caminhos.

Para uma corrente mais inicial nesses estudos, mas que já tem clara a distinção entre significantes e significados, o texto é uma **extensão da memória**, um instrumento para armazenar informações complexas e deixar espaço para novas informações. Destarte, o texto não altera o processo de conhecimento, é apenas expressão simbólica de significados cognitivos preexistentes, numa relação, por assim dizer, de mão única, de dentro (ideias de razão) para fora (mídias de comunicação). Para a visão cibernética subsequente, atenta a redes neurais e relações cerebrais construtivistas, e aqui exposta principalmente no capítulo primeiro, a notação textual não serve apenas para lembrar e expressar, mas **possibilita e efetiva funções** cognitivas complexas que seriam impossíveis sem tal artefato.

A tese aqui, que pode ser estendida aos significantes

---

189. OLSON, David R. What writing does to the mind, *in* AMSEL, Eric & BYNES, James P. (eds.). **Language, literacy and cognitive development and consequences of symbolic communication**. Mahwah (New Jersey) – London: Lawrence Erlbaum Associates, 2002, p. 153-165.

pictóricos, é que a invenção do texto envolve a criação de novos significados e a produção de novos planos de conhecimento. Os significantes não são espelhos dos significados, mas também os constituem, vale dizer, o texto não apenas significa a ideia, mas também a conforma e produz, volta a ela e nela interfere em um entrelaçamento infindável.

No campo especificamente jurídico, isso faz com que as fontes do direito e os significados normativos interpenetrem-se de maneira intrincada e insuperável, insista-se que sua separação é uma necessidade epistemológica, artificial. Por isso fazer a ponte entre as regras genéricas do sistema e a decisão concreta se apresentar como "científica", passando pela interpretação e pela argumentação, com todos os corolários de objetividade e neutralidade da ciência, parece ter sido projeto abandonado pela boa doutrina:

> Anote-se que o suposto normativo não se dirige aos acontecimentos do mundo com o fim de regrá-los. Seria um inusitado absurdo obrigar, proibir ou permitir as ocorrências factuais, pois as subespécies deônticas estarão unicamente no prescritor. A hipótese guarda com a realidade uma relação semântica de cunho descritivo, mas não cognoscente, e esta é sua dimensão denotativa ou referencial.[190]

Em outras palavras, deduzem-se duas lições daí: em primeiro lugar, que a hipótese (ou "suposto") da estrutura normativa, vista no capítulo anterior, vem antes do dever ser e da prescrição deontológica, ou seja, é descritiva, ainda que a prestação a ela conectada seja prescritiva (como a prescrição é o cerne da norma, daí a metonímia: a norma é um juízo prescritivo ou a disjunção de dois juízos prescritivos; mas a norma traz um elemento descritivo importante, a hipótese); em segundo lugar, por isso mesmo, o trabalho jurídico no nível material ou no nível estratégico não pode ser tido como científico, nem sequer cognoscente, pois ele literalmente

---

190. CARVALHO, Paulo de Barros. **Direito tributário, linguagem e método**. São Paulo: Noeses, 2008, p. 133.

fabrica a realidade. Rigorosamente falando, só a retórica analítica poderia se pretender científica, a depender do que isso signifique.

O primeiro passo da concretização normativa consiste, assim, na escolha de fontes do direito, aqui entendidas como significantes jurídicos dotados de pertinência, validade e vigência. A ausência de uma dessas características já inviabilizaria o argumento construído a partir daquela fonte. Como são expressões extremamente ambíguas na doutrina, pois os autores variam sobremaneira em sua compreensão, cabe defini-las rapidamente. O nome que se dá é de menor importância, o principal é reter as diferenças conceituais, ou seja, há quatro significados que devem ser distinguidos.

A **pertinência** é entendida aqui como a qualidade do significante jurídico, da fonte do direito que o sistema dogmático determinou como adequada ao caso em tela. Isso significa que as fontes do direito, pinçadas do ordenamento jurídico para fundamentar a interpretação, a argumentação e a decisão sugerida por qualquer dos participantes em uma lide dogmática, precisam corresponder ao caso concreto. Assim, numa questão trabalhista, por exemplo, o código do consumidor ou precedentes judiciais sobre guarda de filhos não devem ser invocados pelos participantes, por serem impertinentes. A dogmática jurídica estratégica desenvolve mecanismos para detectar e construir essa pertinência. Todos os participantes do discurso dogmático precisam fazer esse teste da pertinência com suas fontes e também com as fontes alegadas pelos demais, pois só assim pode continuar o procedimento. Demonstrada a falta de pertinência, de validade ou de vigência das fontes alegadas por qualquer das partes, o procedimento é interrompido com desvantagem para essa parte. Como se vê, a pertinência aqui não significa que a fonte existe e "pertence" a um sistema, mas sim que ela é em tese considerada adequada ao caso concreto.

Além de dogmaticamente adequadas ao caso concreto no que diz respeito a seu conteúdo, ainda no primeiro passo da concretização, as fontes escolhidas precisam ser dotadas de **validade** (formal e material). Essa qualidade quer dizer que a fonte foi criada e está até o momento de acordo com as regras sistêmicas que o ordenamento jurídico determina para sua positivação, ou seja, foi posta por autoridade competente, seguiu o rito de elaboração devido e seu conteúdo ético não é tampouco incompatível.

Uma terceira qualidade que as fontes escolhidas ainda precisam ter para que se possa passar para a retórica da interpretação, o segundo passo do procedimento, é a **vigência**. Isso significa que precisam, além de válidas, de estar prontas e acabadas para servir de ponto de partida para a concretização normativa que virá com a decisão do caso juridicamente relevante. Uma fonte só pode ser vigente se for previamente válida, mas há casos em que a fonte é dotada de validade, mas não tem alegabilidade dogmática, vale dizer, não está apta para servir de fundamento à decisão, como a vacância da lei. Mas a palavra "vigência" é também usada como sinônimo da ideia que aqui se denomina "validade":

> A *vigência*, aqui, é tomada no seu sentido técnico-formal de norma que foi regularmente promulgada e publicada, com a condição de entrar em vigor em data determinada. *Vigência* (do verbo *viger*, do latim *vigere*) é, no sentido indicado, a qualidade da norma que a faz existir juridicamente e a torna de observância obrigatória, isto é, que a faz exigível, sob certas condições. Vigência, pois, é o modo específico da existência da norma jurídica.[191]

Diferentemente, a palavra "vigência" é utilizada neste livro como aptidão para produzir efeitos, quer dizer que, além de válida, a fonte do direito está pronta para servir de base a interpretações, argumentações e decisões dogmáticas. Não está em vacância nem depende de que seja promulgada outra fonte para produzir seus efeitos, por exemplo, como no caso de

---

[191]. SILVA, José Afonso da. **Aplicabilidade das normas constitucionais**. São Paulo: Malheiros, 1998, p. 52.

normas jurídicas regulamentadoras. Outro ainda é o conceito de **eficácia jurídica**, o qual significa que a fonte válida e vigente incide sobre um caso concreto: uma fonte do direito pode ser válida e vigente, mas não ter eficácia jurídica, como é o caso da caducidade (o evento sobre o qual a fonte incidiria não ocorre mais).

Em resumo, essas três ideias claramente distintas, "fonte elaborada de acordo com as regras do sistema", "fonte apta a produzir efeitos jurídicos, além de elaborada de acordo com as regras do sistema" e "fonte adequada a disciplinar um caso concreto específico, além de válida e vigente" são muitas vezes confundidas pela doutrina dogmática.

A tentativa de separar essa aptidão que se aduz à validade da expressão **aplicabilidade** não parece bem-sucedida:

> Uma norma só é aplicável na medida em que é eficaz. Por conseguinte, eficácia e aplicabilidade das normas constitucionais constituem fenômenos conexos, aspectos talvez do mesmo fenômeno, encarados por prismas diferentes: aquela como potencialidade; esta como realizabilidade, praticidade. Se a norma não dispõe de todos os requisitos para sua aplicação aos casos concretos, falta-lhe eficácia, não dispõe de aplicabilidade. Esta se revela, assim, como possibilidade de aplicação.[192]

Ora, dizer que eficácia é potencialidade e depois dizer que aplicabilidade é possibilidade de aplicação é dizer o mesmo, é falar da aptidão para produzir efeitos, para ter eficácia social.

Uma fonte torna-se então válida se foi completado o processo de sua produção de acordo com os requisitos do ordenamento jurídico e cada tipo de fonte (decreto, regulamento, sentença, jurisprudência, instrução normativa etc.) tem diferentes procedimentos de validade. Isso faz problemático distinguir validade de vigência a partir das fases do processo legislativo:

---

192. *Idem*, p. 60.

Por exemplo, terminada a fase constitutiva do processo produtivo de normas legais, que ocorre com sua sanção, temos uma lei válida. Sancionada a norma legal, para que se inicie o *tempo* de sua validade, ela deve ser publicada. Publicada a norma, diz-se, então, que a norma é vigente. *Vigência* é, pois, um termo com o qual se demarca o tempo de validade de uma norma.[193]

Isso justamente porque a feitura das fontes do direito segue fases diferentes segundo a fonte. O critério de a validade completar-se com a sanção e a vigência, com a publicação, só se poderia aplicar a fontes como a lei ordinária, que passa por essas fases, mas já não serve para examinar uma resolução do Ministério da Educação ou uma portaria do Conselho Administrativo de Recursos Fiscais.

Pelo critério aqui sugerido, ficando no exemplo, uma lei ordinária adquire validade após sua publicação e torna-se vigente quando outros requisitos – se os houver – venham a ser preenchidos e ela possa ser alegada como fundamento de uma argumentação, de uma decisão. Nesses termos o conceito de vigência diz respeito a uma possibilidade. Se essa alegação vai posteriormente constituir a retórica material e se tornar o relato vencedor já é uma questão de **efetividade** ou **eficácia social** daquela fonte.

Por efetividade deve-se entender a observância verificada, a aplicação e a obediência ocorridas. A norma efetiva é a norma observada em larga extensão. Já eficácia jurídica deve ser termo relacionado com as condições de aplicação e obediência, portanto, aquelas condições técnicas que tornam a norma aplicável e passível de obediência. Pode-se, assim, dizer de uma norma, já no momento inicial de sua vigência, se ela é juridicamente eficaz, ainda que não tenha ocorrido de fato o fenômeno da sua aplicação e obediência.[194]

---

193. FERRAZ Jr., Tercio Sampaio. **Introdução ao estudo do direito** – técnica, decisão, dominação. São Paulo: Atlas, 2008, p. 165-166.
194. FERRAZ Jr., Tercio Sampaio. **Direito constitucional** – liberdade de fumar, privacidade, Estado, direitos humanos e outros temas. São Paulo: Manole, 2007, p. 15.

Considerando os três sentidos de norma jurídica admitidos neste livro (como significante, significado e evento) e considerando que vigência é conceito dependente de validade (não há vigência sem validade, ainda que haja validade sem vigência) e que a distinção entre validade e vigência só tem significação no âmbito do direito estatal, entende-se que a **existência** de uma "norma" (fonte) pode dar-se pela porta da validade ou pela porta da efetividade, quer dizer, considera-se que uma fonte é direito positivo, existe, se foi elaborada de acordo com as regras do sistema (norma como significante) ou se seus destinatários comportam-se de acordo com ela (norma como significado ideal e como decisão concreta), independentemente das regras dogmáticas de validação. Nesses termos é possível existir uma norma jurídica contra um direito estatal que pretende, mas não consegue, monopolizar as regras de produção do direito positivo (como ocorre no Brasil).

A dogmática jurídica, centralizada no Estado (como foi visto no capítulo primeiro a partir da lição de Georg Jellinek), privilegia a validade, conceito moderno. Um significante jurídico, porém, não precisa obedecer aos cânones estatais da validade para comunicar significados normativos, como mostra o direito que efetivamente funciona em países subdesenvolvidos, nos quais há validade sem efetividade e efetividade sem validade.

CAPÍTULO SÉTIMO

Teoria da norma jurídica como decisão dotada de efetividade e o retorno ao mundo dos eventos

> 7.1. A tese de que só na decisão se constitui a norma jurídica. 7.2. Os meios da etnometodologia: persuasão, engodo, autoridade e ameaça de violência. 7.3. Sobrecarga do direito como principal ambiente ético comum no controle do excesso de disponibilidade ética. 7.4. Sobrecarga da decisão e do judiciário no direito estatal moderno. 7.5. A encruzilhada do ativismo judicial dos tribunais superiores e o enfraquecimento do decisionismo estatal do dia a dia.

7.1. A tese de que só na decisão se constitui a norma jurídica

Este capítulo trata do sentido de norma jurídica como norma de decisão, o terceiro dos usos destacados no livro, do qual a sentença é um exemplo característico, mas só um exemplo. Quando aqui se fala em juiz e sentença trata-se apenas de dois paradigmas, os quais devem ser estendidos a todo decididor no caso concreto e a toda decisão jurídica respectivamente.

Toda teoria é geral e toda decisão é individual, como

visto atrás. Pode parecer então contraditória uma "teoria da decisão", que procura unir o geral e o específico.

Logo no começo de sua *Retórica*, Aristóteles afirma que, devido a seu caráter necessariamente casuístico, só se deve apelar a uma decisão concreta, e logo a um juiz, quando isso for inevitável.[195]

O próprio Roscoe Pound, um bom exemplo por defender a criação do direito pelo juiz, é cuidadoso:

> Pois embora admitamos que o legislador e o juiz, ambos fazem e conformam e desenvolvem e estendem ou restringem preceitos jurídicos, há uma diferença desde o primeiro momento na feitura legislativa e na feitura judicial do direito. O legislador está construindo uma regra para o futuro. Daí a segurança geral não requer que ele proceda a partir de premissas predeterminadas ou seguindo linhas predeterminadas. Ele pode tomar essas premissas de quaisquer expedientes que sua sabedoria ditar e proceder seguindo as linhas que lhe parecerem melhores. Do outro lado, aquele que faz o direito judicialmente não está apenas fazendo uma regra para o futuro. Ele está construindo um preceito jurídico que vai se aplicar às transações do passado, assim como do futuro, e está fazendo isso de forma imediata, com referência a uma controvérsia surgida no passado. Daí que o interesse social na segurança geral requer que ele não tenha a mesma liberdade que o legislador.[196]

Mas não há sentido em descrições de dados concretos

---

195. ARISTOTLE. **Rhetoric**. I, 1, 1354b. **The works of Aristotle**, trad. W. Rhys Roberts, Col. Great Books of the Western World. Chicago: Encyclopaedia Britannica, 1990, vol. 8, p. 593.

196. POUND, Roscoe. Law and morals – jurisprudence and ethics. **North Carolina Law Review**, vol. 23, 1945, p. 185-222: "For although we admit that legislator and judge each make and shape and develop and extend or restrict legal precepts, there is a difference of the first moment between legislative lawmaking and judicial lawmaking. The legislative lawmaker is laying down a rule for the future. Hence the general security does not require him to proceed on predetermined premises or along predetermined lines. He can take his premises from whencesoever expediency of his wisdom dictates and proceed along the lines that seem best to him. On the other hand the judicial lawmaker is not merely making a rule for the future. He is laying down a legal precept which will apply to the transactions of the past as well as to the future, and he is doing so immediately with reference to a controversy arising in the past. Hence the social interest in the general security requires that he should not have the same freedom as the legislative lawmaker."

sem teoria e esse é um dos problemas enfrentados pela pesquisa sociológica. É preciso explicar os dados e isso só a teoria pode fazer, organizando-os, posto que, ao lado da seleção e observação, são necessárias metodologias para catalogá-los, problematizá-los e explicá-los.

Conforme apontado, o dever dirige-se ao futuro e o mundo dos eventos é sempre passado, pois, mesmo sendo presente, seu relato necessariamente refere-se ao passado. Recorde-se que a primeira acepção de norma, aqui neste livro, é norma como ideia, como dever ser que se projeta para o futuro e controla agora a conduta por meio dessas promessas. A segunda é norma como fonte, expressão simbólica do significado ideal prometido. O terceiro significado é este de norma como decisão, um comando concreto de retorno ao mundo dos eventos. Aqui pode-se dizer literalmente que a norma se **realiza**, torna-se real.

Mas para se falar coerentemente de uma teoria da decisão, é preciso entendê-la como **decisão efetiva** e não apenas tomada. Isso porque a decisão apenas tomada é norma no sentido de ideia, fica como promessa. Concretizada significa que a decisão se tornou um evento, voltou ao mundo dos eventos como um deles e vai constituir a retórica material.

Aqui aparece o problema de em que momento pode-se dizer que a norma jurídica se concretiza, quando exatamente ela deixa o sentido de norma-ideia e passa ao sentido de norma como decisão efetiva. Se é quando o juiz decide, quando o condenado começa a cumprir a pena ou o inadimplente tem seus bens levados a leilão. Como na decisão o mais crucial é a efetividade, a norma como decisão precisa penetrar no mundo dos eventos, ser cumprida no plano da retórica material, ou seja, só quando o condenado é posto na cadeia, quando o devedor é forçado a pagar a dívida ou quando a paga espontaneamente.

Assim, a tese retórica não se confunde com o que tradicionalmente se tem denominado "teoria da decisão", fruto de uma concepção que, paradoxalmente, aparta o direito do ambiente social. Com efeito, muitos teóricos da decisão entendem-na como causalmente determinada por fatores sociais, econômicos, e ideologias que parecem ignorar a diferenciação funcional a que a civilização ocidental submeteu o direito positivo. Certamente que, além dos legalistas mais ferrenhos, hoje praticamente desaparecidos do doutrinário jurídico, e os "pós-positivistas", quase ninguém acredita nas teses da única resposta correta e da possibilidade de verdade no direito.

Talvez não seja apropriado falar em "quase ninguém", posto que nesse ideário ainda se encontram muitos filósofos ontológicos, amigos da verdade, inimigos do ativismo judicial, admiradores e desafetos de ministros do poder judiciário, em suma, todos os tipos humanos.

Uma visão retórica do direito, exatamente por ser "jurídica", precisa de um grau de especificidade que, ainda que não seja científico, exija conhecimento das formas de tratamento de conflitos que, inegavelmente, a dogmática jurídica desempenha com razoável competência. A atenção para com o direito e os procedimentos dogmáticos por parte de segmentos científicos leigos tem sido ora louvada, ora lamentada pelos juristas. Mas parece certo que o sociologismo jurídico brasileiro em geral, além de padecer de uma nevrálgica ignorância dos meandros da argumentação dogmática, vê o direito apenas do ponto de vista da retórica estratégica do poder e procura uma analítica (obviamente externa) que não pode ser encontrada sem uma redução prévia de complexidade, no que concerne aos níveis material e estratégico, levada a efeito na retórica da dogmática jurídica, que não deve ser ignorada.

Em outros termos, concentrar-se sobre descrições das disfunções do sistema dogmático e perorações ao redor da concretização de cada vez mais direitos parece esquecer que a dogmática jurídica não foi trazida de culturas estranhas, mas parte dele e é um produto do ambiente.

Resta claro, ainda mais, que a decisão jurídica não é

apenas um posicionamento ético obrigatório, mas também envolve uma técnica. O significado dessa expressão vem sendo discutido desde a Antiguidade. Na teoria do direito tradicional o debate reflete-se na distinção entre "**normas éticas**" e "**regras técnicas**", no qual muitos autores consideram que as regras técnicas expressam-se por juízos descritivos que se orientam por uma relação de meios e fins. As regras técnicas podem ser também vistas como juízos prescritivos; contudo, esse assunto não será tratado aqui.

Friedrich Müller, cuja hermenêutica, que chama de **metódica jurídica estruturante**, vai dividir em onze fases o processo decisório da dogmática jurídica no Estado democrático de direito, defende a tese de que só na norma decisória é que efetivamente se constitui a norma jurídica, isto é, não cabe falar em norma jurídica em abstrato. Esse processo Müller denominou "concretização" da norma jurídica, o qual se insere em um fenômeno mais amplo da linguagem humana, podendo a sua ser considerada uma teoria linguística do direito.

Ressalte-se que a forma didática pode fazer parecer dedutiva a descrição da concretização normativa; nada mais inexato, pois pretende partir do caso concreto e da práxis efetiva dos profissionais do direito, um "teoria sobre a práxis", descritiva, analítica, como Müller a coloca.

Seguindo a ordem expositiva sugerida pelo autor, em primeiro lugar a decisão está constrangida pelos "dados reais" (*Realdaten*), os impedimentos e percepções do ambiente comum, tais como a impossibilidade de se estar em dois lugares ao mesmo tempo ou observações de causa e efeito. E também pelos "dados linguísticos" (*Sprachdaten*), uma direção pré-estabelecida entre significantes e significados, que a comunicação jurídica não pode ignorar, tais como a relação entre sujeito e predicado, a combinação das palavras, os constrangimentos da língua, enfim. Dos dados linguísticos também fazem parte a assim denominada pré-compreensão dos participantes e os constrangimentos e atribuições da linguagem específica da instituição na qual os encarregados da decisão se encontram, tais como tribunal, promotoria, órgão executivo, advocacia privada etc.

O terceiro parâmetro, já construído a partir da positivação do direito em textos, consiste no "conjunto de textos de norma", os textos do ordenamento jurídico, proposições linguísticas, frases que não podem ser ignoradas no processo de concretização, tais como o texto das leis, dos artigos da Constituição, das portarias, dos decretos do executivo, das súmulas dos tribunais (*Normtextmenge*). Nesta fase o ordenamento jurídico é levado em consideração como um todo, um sistema de textos interconectados que constituem um léxico particular dentro da linguagem social comum. Não se observa ainda nenhum texto específico, como um artigo ou parágrafo de lei, porque ainda não se está diante de caso concreto.

O quarto passo é o relato do caso, a via discursiva pela qual um caso é comunicado para ser tratado pela dogmática jurídica (*Fallerzählung*). Os agentes públicos e profissionais do direito são provocados a se manifestar por relatos advindos de testemunhas, queixosos, agentes policiais etc., isto é, relatos leigos de pessoas cujo conhecimento do ordenamento jurídico já lhes permitiu intuir que se trata de um problema dogmaticamente relevante, porém elas não possuem a formação profissional cuja interferência virá a seguir.

O quinto passo é denominado "conjunto de matérias" (*Sachverhalt*), significando a transformação a que o profissional do direito vai submeter os relatos da fase anterior. Com seu conhecimento dos conceitos e procedimentos técnicos da dogmática jurídica, ele seleciona as matérias ou dados fáticos que considera juridicamente relevantes dentre aqueles levantados pelo relato que o leigo fez do caso, pleno de dados irrelevantes.

O sexto passo na descrição da metódica estruturante é o *Sachbereich* ou "âmbito da matéria", que resulta da intersecção entre o relato do caso e o conjunto de matérias, um filtro que o agente dogmático produz a partir do conhecimento técnico que tem do ordenamento jurídico (entendido como seus significantes, o conjunto de textos que o compõem – *Normtextmenge*).

O sétimo é o "âmbito do caso" (*Fallbereich*), que consiste no conjunto de fatos selecionados a partir do âmbito da matéria para servir de referência empírica específica para a decisão que se quer construir. No âmbito dos fatos juridicamente relevantes faz-se agora mais uma especificação (concretização): os fatos escolhidos por aquele determinado profissional para um entendimento específico do problema.

O oitavo passo ocorre quando o jurista precisa interpretar os textos escolhidos, diante dos fatos também selecionados, e assim construir o "programa da norma" (*Normprogramm*), as doutrinas dos juristas, as técnicas dogmáticas, as abordagens hermenêuticas mais bem-sucedidas, elementos que não estão necessariamente na lei e na jurisprudência, mas contribuem para sua concretização, tais como teorias, exposições de motivos nos preâmbulos dos diplomas legais ou anais de discussões legislativas. Note-se que, quando esses dados linguísticos se contradizem – por exemplo, o método genético leva a um resultado diferente daquele a que conduz o método literal –, Müller procura estabelecer uma lista, na qual devem ser preferidos os elementos que mais perto estão do texto da norma, por ser este um imperativo do Estado democrático de direito, que deve diminuir ao máximo a arbitrariedade (discricionariedade) do decididor no caso concreto.

O nono passo é o "âmbito da norma" (*Normbereich*), o resultado da aplicação do programa da norma (*Normprogramm*) ao conjunto de matérias (*Sachverhalt*) obtido no quinto passo, ou seja, o âmbito da norma refere-se a dados empíricos, aos elementos do âmbito do caso que foram por sua vez selecionados pelo programa da norma. O âmbito da norma se compõe dos fatos que, diante de um caso a ser resolvido e dos textos normativos a ele correspondentes, à luz de toda experiência jurídica acumulada, precisam ser considerados e não podem ser aleatoriamente escolhidos.

Com o décimo passo, o penúltimo, chega-se ao que Müller vai denominar a "norma jurídica" propriamente dita (*Rechtsnorm*), a qual será ainda transformada em "norma (jurídica) decisória" (*Entscheidungsnorm*). Para bem compreender esses passos finais, cabe novamente ressaltar a importância dada pelo autor à diferenciação entre significante e significado. O texto da norma (*Normtext*) é o que está no Código Penal, por exemplo, no art. 155: "Subtrair, para si ou para outrem, coisa alheia móvel. Pena – reclusão de 1 (um) a 4 (quatro) anos, e multa". A constituição da norma jurídica está sempre vinculada a um caso concreto específico, como, por exemplo, no relato de que um cidadão utilizou o sinal de uma empresa de televisão a cabo sem autorização contratual. A norma jurídica pode aqui ser expressa como "A respeito do texto do art. 155 do Código Penal, enquadra-se no conceito de 'coisa' o sinal de televisão por satélite ou a cabo", definindo o caso como furto e não estelionato (art. 171 do mesmo Código).

A norma de decisão (*Entscheidungsnorm*), o último passo da concretização, depois de construída a norma jurídica, determina que aquele indivíduo concreto fulano, no contexto dos eventos específicos relatados, seja condenado a tanto tempo de reclusão.[197]

Ressalte-se também que, para Müller, a distinção entre texto "de norma" (como no caso de *Normtextmenge*) e texto "normativo" é importante e não apenas formal. Em primeiro lugar, textos normativos, com conteúdos normativos, são apenas a norma jurídica e a norma de decisão, o décimo e o décimo-primeiro passos, pois só neles a normatividade aparece; em segundo lugar, ao atribuir os qualificativos "de norma" e "normativo" a textos, o autor quer ressaltar que ambos são linguisticamente constituídos, os últimos a partir dos primeiros.

---

197. MÜLLER, Friedrich. **Strukturierende Rechtslehre**. Berlin: Duncker & Humblot, 1994, e **Juristische Methodik**. Berlin: Duncker & Humblot, 1997. Também **Métodos de trabalho em direito constitucional**, trad. Peter Naumann. Rio de Janeiro: Renovar, 2009, e **Teoria estruturante do direito**, vol. 1. São Paulo: Revista dos Tribunais, 2009.

UMA TEORIA RETÓRICA DA NORMA JURÍDICA E DO DIREITO SUBJETIVO

7.2. Os meios da etnometodologia: persuasão, engodo, autoridade e ameaça de violência

Os meios de comunicação que buscam a efetividade dos comandos normativos podem ser aqui resumidos nesses quatro, cuja função é transformar as normas, no sentido de ideias e de signos, em normas-evento, em decisões efetivas.

Chega-se a persuasão, engodo, autoridade e ameaça de violência como meios decisórios e suasórios em virtude de uma perspectiva etnometodológica. A etnometodologia procura evitar grandes generalizações, reduzindo-se a descrições casuísticas sempre que possível. Como o mundo real é composto de uma sucessão de eventos únicos e que nunca se repetem, a etnometodologia desconfia de afirmações generalizadas, que assumem como "verdadeiras" determinadas suposições específicas, como dizer que "todo gordo é bem-humorado" ou que "o povo aprecia televisão".[198] A perspectiva etnometodológica assume trabalhar com entimemas, afirmações apenas prováveis e tópicas, obtidas indutivamente a partir dos fatos concretos. Essa atitude na observação da realidade é aqui adotada em combinação com a metodologia weberiana dos tipos ideais, conforme descrito no primeiro capítulo. Ou seja: uma decisão efetiva pode mesclar duas ou mais dessas estratégias.

Uma decisão é conseguida por **persuasão** quando acredita-se sinceramente em sua adequação. Em termos mais gerais, na persuasão o comando normativo é aceito pelo seu próprio conteúdo, por aquilo que é transmitido pelo emissor e compreendido pelo receptor da mensagem. Diz mais respeito ao *logos* do discurso.

Uma decisão é obtida por **autoridade** se a mensagem é obedecida devido à pessoa daquele que a emite. O comando não se torna efetivo pelo seu conteúdo, mas principalmente pelo *ethos* do emissor e pelo respeito que o receptor ou

---

[198] PATZELT, Werner. **Grundlagen der Ethnomethodologie** – Theorie, Empirie und politikwissenschaftlicher Nutzen einer Soziologie des Alltags. München: W. Fink, 1987.

243

receptores têm por ele naquele contexto.

Mas aqui neste livro, ao contrário do que sugerem pensadores tão divergentes como Hannah Arendt e Robert Alexy, a retórica não se reduz à autoridade ou à persuasão. Quem engana também obtém adesão a suas decisões. O **engodo** viabilizado pelo silogismo erístico não se confunde com a persuasão, com a sinceridade da convicção nas regras procedimentais de Alexy. Mas é um dos meios retóricos de obter poder, também diversamente do que afirma Arendt.

Outras mídias retóricas para obter o relato vencedor são a **simulação** e a **dissimulação**, na tradição retórica consideradas espécies de *ironia* que sempre aparecem estreitamente ligadas, ainda que se diferenciem pela relação entre a mensagem emitida e a intenção do autor. A simulação ocorre quando o orador afirma algo em que ele mesmo não acredita; a dissimulação, ao contrário, procura esconder ou negar algo em que o orador acredita. O ponto comum consiste em que o destinatário da mensagem precisa perceber de alguma maneira a ironia, mas sem conhecer as reais intenções do orador, porque senão se trata de mentira pura e simples e não de simulação ou dissimulação. A estratégia é que o emissor da mensagem não quer tornar conhecida sua própria posição, pois considera que assim enfraquecerá sua estratégia discursiva.[199]

Neste livro, ao fazer distinção entre violência efetiva e **ameaça de violência**, dizendo que só a segunda faz parte da atitude retórica, faz-se necessariamente a distinção entre evento (violência efetiva) e linguagem (ameaça de violência). A ameaça é comunicação, tem que ser compreendida pelo emissor e pelo receptor. A coercitividade do direito consiste justamente nessa ameaça de violência. E esses quatro meios metodológicos fazem parte ainda da esfera da comunicação, não se confundem com o constrangimento fático da violência irresistível.

---

[199]. LAUSBERG, Heinrich. **Elementos de retórica literária**, trad. R. M. Rosado Fernandes. Lisboa: Fundação Calouste Gulbenkian, 2004, 5. ed., p. 251-254; LIMA, Pedro Parini Marques de. **A metáfora do direito e a retórica da ironia no pensamento jurídico**. Recife: UFPE, 2013 (tese de doutorado), p. 189-190.

UMA TEORIA RETÓRICA DA NORMA JURÍDICA E DO DIREITO SUBJETIVO

Claro que há limites nessa coercitividade e a persuasão constitui uma comunicação mais efetiva. Todo direito quer ter ao lado da coerção a persuasão, é o que Alexy chama a "pretensão à correção, à justiça". O direito pode, por exemplo, obrigar o pai a pagar a pensão alimentícia, mas jamais a amar o filho.

Assim, ao lado da persuasão e da autoridade, a ameaça de violência e o engodo também são formas de comunicação, de retórica para controlar expectativas atuais sobre as incertezas do futuro, segundo já repetido aqui. Pode-se dizer que são conteúdos do dever normativo. Ameaça de violência implica um sentido de **força**, como uma capacidade de provocar uma consequência desejável ou indesejável para alguém, uma possibilidade de violência que de modo algum tem caráter necessariamente físico.

> Ou seja, a força introduz, para o código do poder, outro esquematismo binário que já ocorre no início da relação: o *forte* e o *fraco*. Não há, obviamente, uma relação automática e direta entre os dois esquematismos: direito/não-direito, força/fraqueza, ainda que a identificação seja sempre tentadora (o direito do mais forte...). Uma teoria do poder e do direito, com essa base, é demasiadamente simplista.[200]

Claro que poder não deve ser confundido com violência, pois é uma forma de comunicação, assim como o direito. Por isso mesmo, porém, não se deve confundir a violência com a ameaça de violência, essa, sim, um componente do poder e do direito.

No direito, a violência precisa ser racionalizada pela comunicação clara da força, saber quem a detém e de onde a violência pode vir a emanar. Isso porque a violência é um componente ineludível da natureza humana, seu estado bruto sequer conhece limites, como se pode observar nos arroubos

---

200. FERRAZ Jr., Tercio Sampaio. **Estudos de filosofia do direito** – reflexões sobre o poder, a liberdade, a justiça e o direito. São Paulo: Atlas, 2009, p. 60.

sádicos que a história exibe a todo tempo e lugar. E a complexidade social crescente, ao contrário do que otimismos progressistas e escatológicos possam fazer pensar, só torna seu controle uma questão ainda mais crucial para a metodologia estratégica do direito.

> Em todas as sociedades humanas, a violência é um dado. Historicamente, inclusive, quanto mais complexa é a comunidade, maior é a importância e a independência da violência como base do poder constituído. O poder, é verdade, não se apoia apenas na violência, mas também no prestígio, no conhecimento e na lealdade. Um dado, porém, não pode ser ignorado: à medida que a complexidade social aumenta, a violência tende a sobrepor-se aos outros componentes do poder.[201]

Mas aqui o controle da violência acarreta sua ameaça potencial e não seu emprego efetivo. Sem essa ameaça, contudo, o prestígio (*ethos*), o conhecimento (*logos*) e a lealdade (*pathos*) não são suficientes para garantir o direito e suas decisões na sociedade moderna.

Nas teorias da decisão é recorrente a tese de que ela pode ser vista como atividade científica. Procura-se emprestar racionalidade à decisão jurídica em submetendo-a aos cânones da ciência, enfatizando o *logos* e a persuasão. Note-se que não se fala agora do debate sobre se o direito pode ser estudado cientificamente, o que passa por uma discussão sobre o que é ciência, mas sim de saber se o constrangimento a decidir trazido pela dogmática jurídica resulta num ato de conhecimento que se pode qualificar de científico.

---

201. *Idem*, p. 81. Também consideram a violência um componente que não pode ser eliminado das relações humanas SOREL, Georges. **Réflexions sur la violence**. Paris: Marcel Rivière, 1919, p. 81 s.; VILLAFAÑE, Emilio Serrano. La violencia y el odio y su papel en la política del mundo actual, *in* Diversos Autores. **El odio en el mundo actual**. Madrid: Alianza Editorial, 1973, p. 75-105; FINER, Sam E.; SELINGER, Martin. O papel político da violência, trad. Angela Arieira. **Revista de Ciência Política**, n. 18 (2). Rio de Janeiro: abr.-jun., 1975, p. 48-67. De uma perspectiva psicológica a mesma tese é defendida por STOHL, Michael; MELO, José Luiz. Teoria e método em estudos sobre a relação entre conflito e violência doméstica e externa, trad. Pedro Maligo e Eli de Fátima de Lima. **Revista de Ciência Política**, n. 19 (1). Rio de Janeiro: jan.-mar., 1976, p. 25-59.

Seguidas gerações de juristas têm afirmado que a ciência do direito tem que decidir, pois é normativa.[202] Essa posição doutrinária se aproxima da decisão dogmática do decididor do caso concreto, confundindo os níveis epistemológico (descritivo) e constitutivo (prescritivo). Aqui o conjunto de conhecimentos **sobre o direito** (a "ciência" ou a "prudência") pode também ser utilizado numa postura descritiva, como qualquer ciência, essa a posição da retórica analítica. A retórica material decide, aqui está a **decisão**; e, finalmente, o que ensina a decidir é a retórica estratégica, nesse ponto está a **teoria da decisão**.

Quando um evento previsto em um texto é tido pelos circunstantes como ocorrido, ele ganha um sentido normativo, ao mesmo tempo em que o texto de norma transforma-se em realidade, transpõe o abismo entre o significante, o significado e o próprio evento. Pode-se dizer que ele deixa o mundo do dever ser e penetra no ser ou que sai do âmbito da validade normativa para o da efetividade ou eficácia social.

Para a retórica, isso é conseguido por intermédio da linguagem.

Nem todas as pessoas têm as mesmas condições de vida, algumas não desfrutam de confortos mínimos e apenas um número muito pequeno delas influi nas decisões políticas e jurídicas, ainda que essas decisões sejam cruciais para a maioria, o que se pode chamar de **desigualdade** social. Essas frases são truísmos. Quando um animal como um rato ou um leão têm uma necessidade como comida ou abrigo, lutam e até morrem tentando conseguir satisfazê-la; ora, o ser humano não deixa de estar submetido a essas mesmas leis ditadas pelo instinto de conservação. Como explicar, então, que uma grande maioria de pessoas submeta-se passivamente às decisões de uma minoria, aceitando desigualdades que lhes são prejudiciais, é

---

202. PFORDTEN, Dietmar von der. Was ist Recht? Eine philosophische Perspektive, in BRUGGER, Winfried; NEUMANN, Ulfrid; KIRSTE, Stephan. **Rechtsphilosophie im 21. Jahrhundert**. Frankfurt a. M.: Suhrkamp, 2008, p. 261-285. COSSIO, Carlos. **La teoría egológica del derecho y el concepto jurídico de libertad**. Buenos Aires: Abeledo-Perrot, 1964.

um problema no estudo do **poder**.[203]

Desenvolvem-se na sociedade mecanismos que reagem a esse estado de arte, sem dúvida, e o crime é um bom exemplo disso, mormente em países como o Brasil. Mas ao refletir sobre as desigualdades, o caráter predatório das elites, a incompetência e a corrupção desenfreadas, além de outros fatores que mais cabem à sociologia analisar, percebe-se que a criminalidade brasileira apresenta-se de alguma forma controlada por um poder que perpassa camadas e organizações sociais supostamente além do crime, tais como a polícia e a política oficiais.

O foco aqui, porém, é ressaltar o papel que tem a linguagem no controle do exercício desse poder, mormente a linguagem da decisão jurídica dos conflitos concretos, a qual, como aventado antes, tem grande influência na constituição da retórica material, isto é, da realidade. Daí a estreita relação entre linguagem e poder:

> É este, propriamente, o poder exercido juridicamente, ao qual, em circunstâncias especiais, tende a contrapor-se o poder exercido pela força. Por outro lado, as sociedades mais adiantadas funcionam de forma tal, que este domínio da força sobre os efeitos das comunicações se limita, no tempo e interesse, a apenas alguns conjuntos de eventos. O poder jurídico, porém, visa a persistir e a interessar a um número cada vez maior de eventos e de fenômenos.[204]

Isso é conseguido hodiernamente na configuração a que a dogmática jurídica submete os fatos, selecionando certos aspectos dos eventos em detrimento de outros, aliás, como o faz qualquer linguagem. O segredo da eficiência é dissimular que essa seleção é levada a termo e fazê-la parecer universal, como acontece com os relatos históricos tradicionais, que se

---

203. EDELMAN, Murray. **Political language** – words that succeed and policies that fail. Chicago: University of Illinois Press, 1977.

204. SEMAMA, Paolo. **Linguagem e poder**, trad. Wamberto Hudson Ferreira. Brasília: Editora Universidade de Brasília, 1984, p. 91.

concentram em pontos escolhidos, mas se pretendem omnicompreensivos, ainda que deixem de lado aspectos decisivos dos relatos.

A linguagem técnica, dominada pelos profissionais de uma área de conhecimento qualquer, tem papel importante no amoldar as pessoas leigas a interpretações de uma realidade, que devem levar a decisões de interesse desses mesmos profissionais, e mostra claramente a relação entre linguagem e poder. Isso porque eles são tidos como autoridades naqueles problemas que as pessoas precisam resolver, definindo o pobre, o rico, o doente, o são, o certo, o errado, o lícito, o ilícito. Por definir – e não descrever – a "realidade" (retórica material) das pessoas, inclusive dos próprios profissionais, a linguagem técnica ajuda a manter as hierarquias do poder; e aí a linguagem científica ocupa a posição privilegiada que um dia a religião ocupou no Ocidente e ainda o faz em muitas regiões do planeta. Dentro da linguagem científica situa-se a linguagem do direito contemporâneo, construindo decisões de conflitos concretos por meio da organização dogmática dos procedimentos jurídicos; em que pese às suas ambiguidade e vagueza, a linguagem jurídica é vista pelos leigos como justa e precisa, pelo menos na forma difusa em que aparecem como terceiros não-interessados.

Uma das grandes armas utilizadas pela linguagem decisória em sua função como instrumento de dominação é assim a **generalização**, a ampliação consciente da ambiguidade e da vagueza, sempre deixando margem para controle e incidência sobre novos eventos inusitados e imprevistos. Algumas dessas palavras sequer se referem a possíveis eventos, vez que somente pretendem ter, mas não têm, referência ao mundo real; são as palavras **ocas**.[205]

A expressão não se dirige a palavras que designam eventos "imaginários", sem correspondência a algum objeto da experiência, como "quimera", mas sim palavras que

---

205. ROSS, Alf. **Tû-Tû**, trad. Genaro R. Carrió. Buenos Aires: Abeledo-Perrot, 1976.

são usadas sem qualquer significado no discurso, apesar de preencherem funções importantes e, essas sim, bastante "reais", constitutivas do mundo dos eventos. Assim é que muitas e muitas decisões são tomadas a partir de textos que reúnem palavras como "propriedade" e "crédito", que servem para diluir imprecisões e conectar outras palavras, mas, elas mesmas, nada querem dizer.

Um exemplo esclarecedor de palavra oca, colocado por Karl Olivecrona, é a unidade monetária, como a libra esterlina da Inglaterra. Nos tempos do padrão-ouro, concebia-se que uma libra equivaleria a determinada quantidade de ouro, que seria seu objeto, seu "referente ontológico"; mas hoje, o que se percebe na nota de uma libra é que o Banco da Inglaterra se compromete a pagar por ela a soma de uma libra. Ora, se a nota for apresentada ao Banco, receber-se-á outra nota por ela e jamais será encontrado o objeto a que ela corresponderia. O que é, pois, uma libra? Ocorre que esse substantivo parece utilizado para denotar um objeto, só que não existe objeto algum.[206]

7.3. Sobrecarga do direito como principal ambiente ético comum no controle do excesso de disponibilidade ética

Comunicação e a informação que produz tornaram-se elementos cruciais na sociedade contemporânea. E o direito dessa chamada **sociedade da informação** pauta-se por uma perspectiva holística e interdisciplinar, e não se reduz a um direito informático ou uma aplicação de tecnologias computacionais a este ou aquele ramo do direito. Mais do que isso, a sociedade da informação precisa ser entendida no contexto dessa organização pós-industrial, no que ele apresenta de qualitativamente inusitado. Isso significa que não engloba toda a sociedade contemporânea, na medida em que muitas

---

206. OLIVECRONA, Karl. **Linguaje jurídica y realidad**, trad. Ernesto Garzón Valdés. México: Fontamara, 1995, p. 34 s.

regiões e populações estão hoje excluídas do ambiente informacional, mas sim aquele setor dominante do mundo globalizado, o qual se caracteriza pela comunicação e pelo domínio da tecnologia de ponta.

Portanto fica mais nítida a diferença entre a expressão direito "da" sociedade da informação e direito "na" sociedade da informação, tendo em vista o caráter específico desse novo direito, o qual não apenas existe e se processa nessa sociedade, mas adquire contornos próprios, pertence a ela. Além disso, a expressão já se encontra consagrada, seja na literatura portuguesa, seja na brasileira e nos outros ambientes de fala lusitana. Esse direito, também chamado direito informacional, surge da influência da sociedade da informação, ou seja, a sociedade em que a informação, o conhecimento e a comunicação se tornaram aspectos centrais do desenvolvimento social e das relações públicas e privadas.[207] A sociedade da informação construiu novos direitos, como o direito sobre o conteúdo de bases de dados, informático, e ampliou e modificou o alcance de ramos já estabelecidos, como o direito do autor ou mesmo o processual.

O direito informacional, por exemplo, surge com a finalidade de controlar esse novo setor da realidade social, da necessidade de regular a informação, isto é, de definir direitos e deveres sobre esses novos recursos, de delimitar o seu exercício, de defender a sociedade e o indivíduo contra eventuais maus usos dessa informação. Esse não é apenas o direito adaptado ao serviço dos meios eletrônicos, mas toda uma realidade jurídica afetada pelas mudanças sociais da atualidade, provocadas pela revolução tecnológica. A tecnologia eletrônica é uma parte, sim, desse universo jurídico, reorganizado por imposições econômicas, filosóficas, políticas e de toda ordem, sem precedentes na história da humanidade. É uma parte fundamental, mas não a única. Tal compreensão mais ampla da sociedade da informação, para a qual se quer chamar atenção

---

207. FARIA, José Eduardo. **O direito na economia globalizada**. São Paulo: Malheiros, 1999, p. 75.

aqui, está presente em todo esse novo mundo, por prismas de análise os mais diferentes. Na filosofia do direito esse fenômeno é acompanhado da ideia de que a norma jurídica só se constitui no caso concreto e traz a sobrecarga do judiciário no meio da organização dogmática do direito positivo. E a teoria da decisão não pode ficar imune a esse novo estado de coisas.

Claro que isso não implica deixar de lado os campos de estudo especificamente tecnológicos, na medida em que interessam a esse direito e constituem a novidade no meio ambiente em que se processam essas relações jurídicas específicas. O lócus da informática, dessarte, não se constitui somente da tecnologia computacional e sua capacidade de armazenamento e processamento de informação, mas, sobretudo, de suas conexões na rede mundial de computadores, a internet. Essa sociedade da informação corresponde também, pois, à era da revolução que se constitui essencialmente de tecnologias intelectuais, as quais passam a fornecer as bases da **economia do conhecimento** em geral.

De uma perspectiva mais concreta, a sociedade da informação é aqui compreendida a partir de certas características centrais que vêm se desenvolvendo desde os anos 1980, gerando um ambiente marcado por globalização econômica, livre mercado, hegemonia de um novo tipo de liberalismo, desregulamentação, Estado mínimo, privatizações, um direito-adesão em lugar do direito-sanção, delegação de funções estatais a agências reguladoras e outras instituições estruturadas no modelo empresarial, poder difuso compartilhado por poderes locais, regionais e estruturas continentais em rede, dentre outros pontos importantes.

A globalização provoca uma maior homogeneidade econômica que tem reflexos sobre o direito e torna cada vez mais obsoleta a compreensão das relações internacionais em termos de centro e periferia como em diversas teorias jurídicas do final do século XX.[208]

---

208. ADEODATO, João Maurício. Brasilien. Vorstudien zu einer emanzipatorischen Legitimationstheorie

UMA TEORIA RETÓRICA DA NORMA JURÍDICA E DO DIREITO SUBJETIVO

Pensando no direito positivo, um desses pontos nevrálgicos é a tendência de **enfraquecimento do poder centralizador do Estado**, cuja pretensão de monopólio na produção das últimas instâncias decisórias jurídicas foi exatamente uma das características mais marcantes da modernidade, desde o Leviatã de Hobbes até a autopoiese da teoria dos sistemas. Hoje passa a ser a capacidade de liderança tecnológica que define quem vence na competição entre Estados e empresas, pois é por sua atividade que são impostas as regras (jurídicas) para reprodução e multiplicação da acumulação.

O grande problema é que tal tecnologia contemporânea parece libertar-se de suas amarras éticas, antes controladas pelo Estado territorial e soberano. Esse capitalismo da sociedade da informação passa a alimentar-se da contradição entre inclusão e exclusão e as redes começam a constituir uma nova morfologia social na teia das interações humanas. É assim que o papel dos Estados nacionais na definição das direções que deve tomar a pesquisa e a evolução tecnológicas é diminuído e cresce o papel do setor privado, que mais e mais as determina. Isso oferece novos desafios, que vão tornar a concepção legalista de estabelecimento de regras gerais prévias também obsoleta, minando a doutrina da separação de poderes.

Deve-se ressaltar ainda que a sociedade da informação não se confunde com a chamada sociedade do conhecimento. Isso porque a sociedade da informação é desigual, pois a informação é hoje privilégio de zonas geográficas específicas e de grupos sociais definidos: ela corresponde a esse momento presente, em que a informação não é equanimente compartilhada. Já a sociedade do conhecimento é colocada como um ideal a ser alcançado, para o qual a sociedade da informação pode cooperar, dependendo da satisfação de condições para construção de um conhecimento compartilhado, pluralista e participativo.

---

für unterentwickelte Länder. **Rechtstheorie**, 22. Band, Heft 1. Berlin: Duncker & Humblot, 1991, p. 108-128.

De um ponto de vista mais filosófico, esse direito da sociedade da informação assenta-se na procura de uma ética para os novos tempos de autonomia arrogante da ciência. A ideia de dever é também colocada como fundamental, em lugar de ater-se exclusivamente à ideia de poder, pois a técnica não pode permanecer autônoma, sem ética. Do outro lado, posturas críticas em relação a alimentos transgênicos, manipulação genética, desemprego gerado pela automação radical, tudo isso é hoje por muitos identificado como posição reacionária de quem não quer o progresso. A irresponsabilidade dos aprendizes de feiticeiro se transforma na regra do progresso a todo custo. Há uma ausência quase total de reflexão sobre as eventuais consequências negativas dessas opções, as quais podem colocar em colapso o próprio capitalismo global, hoje hegemônico, seja por impossibilitar o emprego, seja por total restrição de demanda.

O olhar exclusivo sobre as relações privadas, a solidão e a crise de identidade, trazidas pela falta de referências éticas, forçam o indivíduo a tornar-se **seu próprio produtor de significado**, em uma pulverização que sobrecarrega o direito como único ambiente ético comum, conforme já mencionado. E as amizades virtuais substituem as relações interpessoais convencionais, criando uma socialização lúdica, virtual, simulada (como no programa e jogo juvenil *The Sims*, de *simulation*).

Um novo problema para a ciência, por seu turno, é que boa parte da comunidade científica internacional está hoje atrelada a projetos privados de grandes corporações globalizadas, submetidas à lógica do lucro e às rígidas regras de sigilo e patentes, proteção à propriedade intelectual, direito do autor e conexos. Todas práticas que dificultam a difusão da informação.

É por essas razões que essa nova realidade reveste-se de toda relevância, não apenas no estudo do direito aplicado à informática, que ainda é hoje muito excludente (a dita exclusão digital), mas, sobretudo, na análise e superação dos desafios impostos no caminho para um mundo jurídico de mais equidade, baseado essencialmente na ética, na educação, no rompimento das assimetrias norte-sul do planeta, portanto, consubstanciado na ideia de um direito prospectivo, de ordem negociada e não imposta, de discriminação positiva, de respeito à diversidade de identidade e cultura no espaço público. Essa a busca da sociedade do conhecimento ideal, cujas bases e problemas já se encontram estabelecidas na atual sociedade da informação.

A crescente complexidade da sociedade contemporânea vem acompanhada de fenômenos específicos no que concerne ao direito. Um deles é o progressivo esvaziamento de conteúdo axiológico nos fundamentos do direito positivo, que já foi descrito atrás. O direito se formaliza, se procedimentaliza, se democratiza.

Daí aparece o **excesso de disponibilidades éticas**. Qualquer conteúdo ético pode vir a ser positivado. Isso se refere sobretudo ao poder constituinte, ele é que tem a disponibilidade ética inicial, mas o fenômeno perpassa toda construção de decisões. Claro que, se a regra superior estatui que todos os cidadãos são iguais perante a lei, há uma determinação de conteúdo ético que as regras inferiores devem respeitar. Mas o poder constituinte em sua origem tem total disponibilidade ética. Isso não significa que o poder constituinte seja livre; ele sofre determinações geopolíticas, econômicas, históricas etc. Mas eticamente ele não está previamente condicionado.

Como o direito moderno se torna assim autorreferente, desaparece o papel público e político exercido pela moral e pela religião em sociedades mais tradicionais. Agora essas outras ordens éticas se tornam pulverizadas, nenhuma escolha ética é mais forte o suficiente para impor-se ao direito, o qual faz suas próprias escolhas por meio de seus próprios mecanismos. Assim torna-se o ambiente ético comum, pois do direito ninguém escapa, haja vista suas pretensões de validade racionalizada e sua coercitividade. Cada grupo tem sua moral, sua religião, mas o direito precisa ser único na comunidade, suas regras valem para todos.

Isso o deixa praticamente sozinho no controle da esfera pública. Nas sociedades tradicionais, as regras morais e religiosas comuns servem de anteparo amortecedor e só os conflitos mais agudos chegam ao direito. Nas sociedades modernas, principal ambiente ético comum, o direito se vê sobrecarregado de demandas que não consegue controlar.

Em sociedades menos complexas, a maior parte das divergências é tratada por outros sistemas normativos, os quais auxiliam na pacificação social e deixam ao direito somente os conflitos de maior potencial ofensivo. Na sociedade ocidental contemporânea, também globalizada, a complexidade atinge grau nunca visto.

E o arsenal dogmático para tratamento de conflitos mostra-se inoperante. O significante e o significado dos termos usados na comunicação ficam mais distantes um do outro, pois os contextos em que ela ocorre enfrentam variáveis crescentes e os interesses, opiniões, "valores" em geral são mais e mais pulverizados pela complexidade. A partir disso detectam-se diversas características reunidas sob a denominação de "crises". Exemplos: nas democracias mais evoluídas do Ocidente, nas quais o voto não é obrigatório, o problema da abstenção torna-se sempre mais preocupante; demandas simples e conflitos corriqueiros abarrotam as prateleiras do judiciário, sem condições de atendê-las; partidos antidemocráticos participam do jogo político da democracia, pregando paradoxalmente sua extinção; há um contingente significativo de excluídos da sociedade etc.

O fulcro de todas essas crises é a chamada "crise do Estado", por vezes travestida em "crise do direito". O Estado e o direito dogmático não funcionam mais como guias das modificações sociais, esvaziando a pouco e pouco o monopólio estatal na produção do direito e diminuindo a importância de ambos. Não que o direito propriamente dito diminua sua importância, muito pelo contrário, isso ocorre com o direito dogmático **estatal**, pois *ubi societas ibi jus*. Subsistemas sociais como as mídias, os sindicatos, empresas privadas e agências reguladoras começam a produzir suas próprias regras jurídicas.

Essa crise gerou pelo menos duas direções diametralmente opostas na teoria do direito atual.

De um lado, aqueles que buscam ligar o direito a conteúdos morais definidos, ou por serem considerados intrinsecamente justos, ou por resultarem de uma evolução histórica e social definida. Assim, qualquer sistema jurídico positivo que vai de encontro à igualdade entre os seres humanos, que legaliza a tortura ou o comércio de pessoas seria ilegítimo, independentemente de seu grau de aceitação social, pois esses conteúdos morais são tidos como superiores a todo poder constituinte, por mais originário.[209]

A observação empírica mostra o idealismo dessas concepções que pretendem universalizar conteúdos éticos para o direito positivo. Os ambientes sociais, os interesses e daí a maneira de interpretar os fatos são de tal maneira divergentes que parece impossível persuadir dos males da guerra ou do terrorismo, da nudez ou da televisão, para aqueles que nisso acreditam, que aí construíram suas retóricas materiais. Claro que as gerações futuras podem ser educadas nesse sentido, daí a "novidade radical" dos recém-nascidos mencionada por Hannah Arendt, mas os abismos axiológicos atuais não parecem compatíveis com tais idealizações universalistas.

Conforme observaram os marxistas, as infraestruturas desses diferentes ambientes dificultam ou mesmo impossibilitam uma universalização ética, pois não se deve esperar que seres humanos ocupados em conseguir o alimento diário ou sem um teto para repousar possam atentar para valores como a solidariedade, a proteção ambiental ou a necessidade de uma paz perpétua no plano internacional.

Fica dessarte difícil determinar quais seriam os conteúdos éticos que precisariam estar **necessariamente presentes**

---

[209]. Um exemplo é ALEXY, Robert. **Theorie der Grundrechte**. Frankfurt a. M.: Suhrkamp, 1986, p. 159.

para que se caracterizasse um comando como "direito" ou dele se excluísse uma decisão por seu "insuportável grau de injustiça"[210], diante desses desacordos dos seres humanos sobre o mundo e sobre seus direitos subjetivos. Certamente a infraestrutura econômica, militar e tecnológica vai influir de modo decisivo no entendimento das escolhas éticas "corretas" e "incorretas" e nada indica que um melhor nível de eficiências nesses campos, mais facilmente detectáveis, implique *de per si* superioridade ética.

De outro lado estão os chamados pós-modernos, defensores de microssistemas jurídicos dentro de um mesmo ambiente social, numa espécie de autopoiese reflexiva, na qual o papel do Estado e de seu direito dogmático é diminuído, mas não na direção de uma universalidade ou internacionalização. Além desse problema aparentemente insolúvel da universalização de conteúdos éticos, os conflitos concretos ampliam-se e sobrecarregam o direito dogmático e seus órgãos judiciários, encarregados de dirimi-los. Isso leva ao próximo item.

7.4. Sobrecarga da decisão e do judiciário no direito estatal moderno

Não se deve supor que se trata da mesma sobrecarga. Uma coisa é a sobrecarga do direito diante dos demais sistemas sociais, sobretudo aqueles mais próximos, quais sejam, as outras ordens éticas, conforme acaba de ser mencionado. A segunda sobrecarga agora referida está estritamente vinculada à questão hermenêutica sobre em que medida uma regra geral prévia, expressa por símbolos e dirigida a controlar conflitos futuros no momento presente, pode produzir e garantir a decisão de um caso concreto único e irrepetível.

Com o maior distanciamento entre significantes e significados jurídicos na sociedade complexa, cresce a importância do poder judiciário e demais decididores de casos concretos,

---

210. "O caráter jurídico (de uma norma) perde-se quando a injustiça alcança um 'grau insuportável'". ALEXY, Robert. **Begriff und Geltung des Rechts**. Freiburg-München: Alber, 1992, p. 71.

a quem compete determinar o significado das regras gerais prévias. Esse crescimento dá-se em detrimento do poder legislativo, antes o único poder legítimo para estabelecer regras gerais, e atinge claramente o princípio outrora intocável da separação de poderes.

A complexidade traz então mais distanciamento entre texto genérico e decisão concreta e daí crescimento do poder daquele que decide (no paradigma aqui escolhido, o juiz). Isso leva à discussão sobre em que medida um texto genérico pode controlar e legitimar uma decisão concreta. Numa escala entre dois tipos ideais antagônicos, como de 0% (a lei nada controla da decisão, que é criada por si mesma) a 100% (a lei controla completamente a decisão), a teoria do direito responde de todas as formas, com as mais diferentes proporções.

A pulverização das ordens éticas, a diferenciação do direito e a crescente judicialização dos conflitos sociais, que por sinal são fenômenos contemporâneos estreitamente ligados, fazem com que o **decididor do caso concreto**, quem quer que seja, torne-se mais e mais importante para a efetivação da decisão. E no direito dogmático esse decididor é, em última instância, o poder judiciário. Mas esses fenômenos também fazem com que fique mais difícil controlar essa decisão concreta, ou seja, o judiciário cresce em importância, mas não se mostra à altura para esse incremento em suas funções.

A dogmática desenvolveu mecanismos hermenêuticos complexos para controlar esse procedimento, conforme visto no capítulo terceiro, mas o judiciário parece cada vez mais incontrolado, como aponta Ingeborg Maus (e ainda falando da Alemanha!). No Brasil o problema a que a autora se refere aparece muito mais claramente, sobretudo diante de um poder legislativo inoperante e de uma legislação inadequada sobre os processos de escolha política. Daí que juízes singulares, e não apenas tribunais superiores, criam literalmente comandos gerais e *erga omnes*, que só o purismo da técnica dogmática impede de chamar de "leis". O caso da proibição de prática do tabagismo a bordo de aviões a partir de decisão de um juiz federal do Rio Grande do Sul, independentemente de seus méritos ou deméritos, tornou-se paradigmática a respeito.

É por isso que Maus diz que o judiciário é o "superego da sociedade órfã". Ao decretar a inseparabilidade entre direito e moral, autores como Ronald Dworkin e Robert Alexy – dominantes na filosofia do direito – favorecem um decisionismo judicial que transforma a moral **deste ou daquele juiz** (já que só muito metaforicamente pode-se falar em uma "moral do poder judiciário" como um todo) na legítima intérprete e concretizadora de uma "moral social" cujo portador, se é que existe, não pode ser uma pessoa, mas só pode resultar de um embate hermenêutico submetido a regras jurídicas:

> A inclusão da moral no direito, segundo este modelo, imuniza a atividade jurisprudencial perante a crítica à qual originariamente deveria ter acesso garantido. Ela dispõe sempre de um conceito de direito que é produto da extensão de suas ponderações morais. Quando a Justiça ascende ela própria à condição de mais alta instância moral da sociedade passa a escapar de qualquer mecanismo de controle social; controle ao qual normalmente se deve subordinar toda instituição do Estado em uma forma de organização política democrática. No domínio de uma Justiça que contrapõe um direito "superior", dotado de atributos morais, ao simples direito dos outros poderes do Estado e à sociedade é notória a regressão a valores pré-democráticos de parâmetros de integração social.[211]

A chamada "jurisdição constitucional", impensável nos tempos de Montesquieu, e mesmo de Savigny, para os quais toda fonte do direito precisa ser dotada de generalidade, e de sua justificada desconfiança dos magistrados, estende-se aos contornos linguísticos de todos os textos legislativos; e não

---

211. MAUS, Ingeborg. O judiciário como superego da sociedade – sobre o papel da atividade jurisprudencial na "sociedade órfã", trad. Martonio Mont'Alverne Barreto Lima e Paulo Antonio de Menezes Albuquerque. **Anuário dos Cursos de Pós-Graduação em Direito**, n. 11. Recife: Editora Universitária da UFPE, p. 125-156, p. 129.

apenas o judiciário, mas também o executivo, açambarcam seu quinhão diante das ainda maiores inoperância, lentidão e corrupção do legislativo. O sistema jurídico descarrega seus problemas no judiciário e vai muito além de suas alegadas bases normativas textuais, pois interpretações, argumentações e decisões literalmente **constituem a "lei"**.

Já se percorreu um longo caminho desde que Kelsen afirmou que o juiz cria direito e enterrou de vez o sonho iluminista da Escola da Exegese. Mas tampouco a *Rahmentheorie*, a visão de que a lei fornece os limites ("moldura") da criação do direito pelo juiz, parece explicar devidamente a realidade contemporânea, sobretudo no Brasil. Se a decisão concreta não se processa pela via de silogismos apodíticos, no que assiste razão a Kelsen, tampouco a moldura parece enquadrar o juiz dos dias de hoje. Fala-se no já referido "princípio da salvabilidade do crédito tributário", por exemplo, para fundamentar decisões no mínimo controversas no que concerne aos princípios da estrita legalidade e do devido processo legal no direito tributário. A criatividade e a liberdade do judiciário parecem não ter limites.

A doutrina tem procurado não apenas explicar essa evolução do direito positivo, mas também, em sua importante função pragmática, **controlar o poder criador do juiz** e evitar decisionismos. Isso não apenas nos casos de antinomias e lacunas, nos quais falha claramente a concepção silogística, mas também no dia a dia do direito.

Porém permanece dedutivista. Aí vem o "realismo" indutivista. Até Dworkin, com sua concepção iluminista da única decisão correta, procura parecer indutivista e privilegiar o caso concreto. Tudo isso é aqui tido como reflexo desses fenômenos contemporâneos, quais sejam, a pulverização ética e o distanciamento entre significantes e significados por conta da maior complexidade.

A tópica de Theodor Viehweg, a primeira das filosofias do direito do pós-guerra, é assim acusada por Alexy de privilegiar em demasia o caso concreto e deixar o juiz sem parâmetros, abandonado ao seu próprio arbítrio. Isso porque Viehweg recusa qualquer conexão necessária entre a decisão e a regra prévia, pondo assim por terra o que parecia ser um dos baluartes do Estado democrático de direito, por meio de sua tese de tomar o problema – o caso concreto – como ponto de partida. Para Alexy, assim, Viehweg seria por demais decisionista.

Nos termos da teoria da argumentação jurídica sugerida por Alexy, é perfeitamente possível partir da capacidade de discernimento do ser humano, em sua racionalidade. Revelam-se assim determinadas regras básicas e delas a decisão concreta vai ser retirada por meio de uma subsunção que, se não é lógica como queriam positivistas mais radicais, não deixa de ter caráter dedutivo. De forma semelhante a Kelsen, Alexy crê em uma espécie de teoria da moldura. Só que essa moldura, diferentemente de Kelsen, não é fornecida por regras elaboradas pelo legislador positivo, mas sim por normas intrinsecamente racionais, tais como as exigências de coerência e de sinceridade. Não existe uma só decisão correta, mas o decididor do caso concreto não se move à sua vontade dentro da moldura, sua decisão é rigorosamente deduzida do sistema de regras da razão.

No sentido de Alexy, a moldura da decisão está constrangida por normas racionais acima do poder constituinte. De maneira semelhante ao normativismo, o autor concorda que a decisão jurídica é dedutiva e que não é possível uma só resposta correta, vale dizer, distinguir qual o mais adequado entre os três ou quatro resultados a que se chegou após aplicar o procedimento. Mas difere radicalmente do positivismo normativista porque considera que as regras desse procedimento não são positivadas na luta pelo direito da retórica material, mas valem por si mesmas, como decorrência de uma natureza racional do ser humano, de sua capacidade de discernimento. Quem se utiliza de uma ação estratégica como o engodo, por exemplo, não age racionalmente, assim como não são de direito os ordenamentos positivos que consagrem desigualdades.[212]

Mais uma vez aplicando a metodologia weberiana dos tipos ideais, pode-se ver claramente como o pensamento filosófico sobre a decisão jurídica evolui do legalismo dedutivo da Escola da Exegese, passa pela moldura positivada de Kelsen, pela moldura racional de Alexy e vai da tópica até o decisionismo cético, para o qual a decisão concreta tem caráter indutivo e a regra geral é, no máximo, mais uma maneira de justificar do que de encontrar ou produzir a decisão. O problema é saber se essas alegadas regras gerais fixam mesmo limites à decisão. Ao entendimento do decisionismo subjaz uma filosofia irracionalista – no sentido de que não admite generalizações – para a qual o decididor é quem constitui o direito. Se se pensa no Supremo Tribunal Federal brasileiro, por exemplo, isso equivale a dizer que uma decisão definitiva desse órgão literalmente não pode contradizer a Constituição, já que ele tem competência para dizer o que ela diz, **é ele quem fala por ela**.

Esse estado da arte em nada se modifica se a atenção é voltada para procedimentos como conciliação, arbitragem, composição ou mediação, os quais não estão necessariamente a cargo do juiz, mas procuram inclusive aliviar o poder judiciário e a própria dogmática do direito, na medida em que outras ordens éticas como a política e a moral supostamente passam a interferir na decisão. A questão dos limites à decisão do caso concreto deixa de ser controlada apenas pelo direito positivo, pelo menos no sentido dogmático de um direito posto e monopolizado pelo Estado.

Nos termos do positivismo dogmático, repita-se, uma decisão definitiva do poder judiciário jamais irá de encontro à lei, pois é ele quem vai determinar seu conteúdo linguístico no caso, essa é a retórica material. Não apenas do Supremo Tribunal: se fez coisa julgada mesmo, qualquer instância

---

212. ALEXY, Robert. **Theorie der juristischen Argumentation** – die Theorie des rationalen Diskurses als Theorie der juristischen Begründung. Frankfurt a.M.: Suhrkamp, 1978, p. 238 s., e ALEXY, Robert. **Begriff und Geltung des Rechts**. Freiburg-München: Alber, 1992, p. 40.

decisória pode fixar a "verdade" jurídica em definitivo.

    Essa perspectiva sobre a autonomia da norma que decide rejeita, de tal modo, os posicionamentos éticos apriorísticos defendidos pela teoria da argumentação racionalista. Isso não significa que o positivismo seja eticamente antidemocrático, como se verá no último capítulo, mas justamente o contrário. Se o positivismo não aceita normas que valham por si mesmas, acima de qualquer poder constituinte originário, normas impostas pela razão, por Deus ou outra entidade superior às próprias escolhas humanas, isso não significa que a decisão concreta possa afastar-se de todo conteúdo ético, pois o direito é parte da ética. O "esvaziamento de conteúdo axiológico", levado a efeito pelo positivismo e pela prática do direito positivo, é de conteúdo axiológico **prévio**, não de todo conteúdo axiológico. Pode-se assim reconhecer uma ética da norma decisória sem aceitar um sistema normativo deduzido a partir de comandos válidos em si mesmos, reconhecer a possibilidade de consensos casuísticos, incertos, variáveis, numa ética concreta e que deve ser estrategicamente guiada, por isso mesmo, pela tolerância.

    Como instância decisória da dogmática por excelência, a doutrina sobre o poder judiciário desenvolveu uma retórica estratégica e material que inclui, dentre outras, três qualidades importantes: objetividade, neutralidade e imparcialidade; e a origem dessa estratégia vitoriosa pode ser rastreada.[213]

    Em seu nascedouro, a atividade científica na cultura ocidental não era socializada como hoje, mas sim, pelo contrário, marcadamente individual; daí a necessidade de apresentar essas características, ligadas aos primórdios da ciência contemplativa e especulativa, praticada por uns poucos homens que tinham condições de se alhear e observar a natureza imparcialmente. Essa concepção "clássica" de ciência, nascida na Grécia e renovada na Renascença, perdura até hoje e estende-se até as jovens "ciências humanas", as quais, por

---

213. VERNENGO, Roberto José. **Curso de teoría general del derecho**. Buenos Aires: Depalma, 1995.

razões óbvias, oferecem mais dificuldade a esse alheamento.

Mas enquanto os gregos concebiam o conhecimento como contemplação de algo que já estava no mundo e que o sujeito poderia observar sem que participasse de sua constituição, a partir do Renascimento começa a se formar a ideia de que o ser humano pode conhecer melhor aquilo que seja capaz de imitar, de reconstruir. A ciência deixa de tentar apenas descrever para buscar reproduzir a natureza e seus fenômenos. Aí a **decisão do sujeito cognoscente** passa a ter um papel fundamental, pois ela que uniria a generalidade da teoria à prática da observação empírica. O direito não fica infenso a essa mentalidade e passa a ser encarado como instrumento para modificação da realidade e efetivação da verdadeira ordem jurídica racional.

Assim, em lugar de a objetividade – e a justiça – estarem na natureza mesma, elas passam a pertencer ao modo, ao método por meio do qual o conhecimento aborda a realidade. Na linguagem adotada neste livro, passam a ser constituídas na metodologia que conforma os métodos de escolha para a ação. Assim vão se firmando a concepção de direito como processo e a importância da decisão dentro do direito.

7.5. A encruzilhada do ativismo judicial dos tribunais superiores e o enfraquecimento do decisionismo estatal do dia a dia

Se o direito não mais consiste na lei prévia, mas sim na decisão, a filosofia do direito precisa investigar o conteúdo de tal decisão. E aqui retorna a questão de se a decisão é um processo cognoscitivo racional, ou seja, na linguagem de Cossio, se exarar sentenças é um ato de conhecimento. Se combinam-se exigências de imparcialidade e neutralidade, a decisão pretende objetividade e até universalidade, em uma palavra, cientificidade.

Toda mudança desagrada aos que querem conservar a ordem anterior, o *statu quo ante*. É por isso que autores e profissionais do direito têm reclamado contra a crescente importância do que chamam de uma "excessiva formalização" em seu mister, de "decadência do direito material", dentre outras expressões. O fato é que o direito outrora dito "adjetivo", mero auxiliar do direito "substantivo", passa a desempenhar papel primordial na distribuição da justiça, pois a efetividade do direito, na era contemporânea, passa a depender da efetividade do processo. O reconhecimento do direito se pode dar no decorrer do processo, por exemplo, como ocorre com a antecipação de tutela, ou no seu final, como é o caso da sentença, mas o fato é que, na dogmática jurídica da modernidade, em última instância, não há direito fora do processo. Isso coopera para a referida sobrecarga nas funções do poder judiciário, tornando o paradigma da decisão concreta mais decisivo do que os primeiros positivistas jamais poderiam prever. A retórica clássica pode ajudar numa visão sobre o problema.

Aristóteles sugere a classificação do discurso em três tipos, já mencionada. Aos juízes e profissionais do direito em geral caberia o discurso forense, um desses três, dentro da retórica aristotélica, ao lado do epidítico ou laudatório e do deliberativo. Mas ele apenas compila informações sobre o surgimento da retórica e de seus três gêneros na Sicília e, como já dito acima, essa classificação não se pretende exaustiva. A decisão jurídica não se deve entender concentrada **exclusivamente na retórica forense**, que originou toda a retórica, assim como não se constitui em **monopólio do poder judiciário**, estando desde sempre ligada a um discurso político, isto é, deliberativo.

Admite-se que a retórica nasceu na Grécia antiga, por volta do ano 485, mais precisamente na cidade siciliana de Siracusa, como uma consequência indireta da tirania de Gelon e seu sucessor Hieron I, os quais expropriaram terras de diversos cidadãos para concedê-las a membros de sua guarda pessoal. Com a queda dos tiranos e o retorno da aristocracia, os expropriados colocaram uma série de pleitos perante o novo governo, com o objetivo de recuperar suas possessões.

Verifica-se que a **origem da retórica no Ocidente é judicial** e sem qualquer vínculo com a literatura ou a poesia, estando politicamente ligada ao espaço público da palavra livre e aos efeitos do discurso sobre as relações sociais.

Atento aos efeitos práticos de uma argumentação eficiente, Córax de Siracusa elabora um sistema de estratégias e teorias destinado a influir sobre os tribunais e assembleias e garantir a eficiência persuasiva do discurso. Para uma parte dos historiadores, um de seus discípulos, Tísias, divulga esse tratado pela Grécia e acrescenta suas próprias contribuições; para outros, Córax seria apenas um apelido de Tísias, pois *korax* ou *korakoc* significava "o corvo" em grego antigo, ou seja, o criador da retórica teria sido Tísias, o corvo.[214]

Além de não ser monopólio da retórica judicial nem do poder judiciário, a fundamentação retórica da decisão jurídica deve tampouco ser compreendida **exclusivamente como ornamento**, redução criada posteriormente e utilizada para desacreditar a retórica: a ideia de eficácia esteve desde sempre ligada à natureza retórica da decisão. Com efeito, só se pode falar de persuasão quando a estratégia funciona, produz o efeito desejado. Ornamento e eficácia, o agradável e o útil, a forma e o fundo.

> E, quando os antigos dizem que a retórica é a arte de falar bem, fazem-no na consciência de que, para falar bem é necessário pensar bem, e de que o pensar bem pressupõe não só ter ideias, ideias nobres, ideias lógica, estruturada e esteticamente bem arrumadas, mas ter também um estilo de vida, um viver em conformidade com o que se pensa e crê.[215]

Já em Aristóteles a retórica é considerada uma δύναμις (*dynamis*), vale dizer, uma competência teórica e prática para

---

214. RUIZ DE LA CIERVA, María del Carmen. Los géneros retóricos desde sus orígenes hasta la actualidad. **Revista Rhêtorikê** #0, 2007, p. 1-40.

215. ALEXANDRE Júnior, Manuel. Eficácia retórica – a palavra e a imagem. **Revista Rhêtorikê** #0, 2008, p. 1-26, p. 4.

perceber os meios mais adequados a obter os efeitos desejados, fazer a comunicação conformar a retórica material, tornar ideias reais. A decisão precisa ser eficaz para ser decisão e o objetivo final de todo processo de construção da realidade é fazer com que determinada interpretação prevaleça, ou seja, torne-se retórica material. Assim, desde o tempo de Aristóteles, a retórica não se reduz a esses três gêneros de oratória, pois seu objetivo é habilitar a falar com eficácia e deleite sobre qualquer assunto.

O crescimento de importância da retórica forense, contudo, em detrimento da retórica deliberativa classicamente característica do poder legislativo, pode ser observado, no Brasil, no caso da autorização para aborto ("antecipação terapêutica do parto") de nascituros meroencefálicos, ou no caso do mandado de injunção sobre a greve de funcionários públicos, importantes questões de direito material decididas por juízes diante de um caso concreto no decorrer de um processo, afastando-se da tipologia de que a retórica deliberativa caracterizaria somente o discurso legislativo. Magistrados, cuja retórica forense dirigir-se-ia ao passado, passam a deter também a retórica deliberativa, orientada para o futuro, mesclando e confundindo a classificação sugerida por Aristóteles.

Ressalte-se que enxergar a realidade humana como um fenômeno retórico, em cuja constituição o direito em geral e a decisão jurídica em particular têm um peso notável, não implica defender que o decididor do caso é livre de constrangimentos e afirmar um ativismo judiciário nos termos de "seguir a – obviamente própria – consciência". Nesse ponto é enfático Lenio Streck, que chama o tipo ideal do casuísmo judicial de "solipsismo teórico da filosofia da consciência", no qual imperaria uma "discricionariedade – ou arbitrariedade – positivista".[216]

O autor critica o que chama "filosofia da consciência", uma filosofia supostamente defensora da separação entre

---

216. STRECK, Lenio. **O que é isto – Decido conforme minha consciência?** Porto Alegre: Livraria do Advogado, 2010, p. 95 e *passim*.

sujeito e objeto, a qual ele defende ter sido superada pela filosofia da "hermenêutica filosófica". Critica, no mesmo sentido, o "solipsismo cartesiano", parecendo considerar Descartes também um "filósofo da consciência". Mas o que a historiografia filosófica comumente chama de "filosofia da consciência" é justamente a fenomenologia de Husserl, que também pretende ter superado o dualismo entre sujeito e objeto presente na filosofia cartesiana. Com a "volta à coisa mesma" (*zurück zur Sache selbst*), Husserl entende ter transformado a própria consciência em objeto, superando os psicologistas que haviam transformado a lógica em psicologia e a consciência em fenômenos fisiológicos.[217] Este livro procura tomar partido em discussões da filosofia porque pretende fazer uma filosofia retórica; como dito, na visão tradicional, a retórica não se considera nem é considerada filosofia, é literalmente "marginal" porque não participa do debate filosófico, que em geral ignora os retóricos e é por eles ignorado. Um exemplo da postura da retórica realista, que considera a filosofia uma história dos relatos filosóficos, é entender o *cogito* de Descartes, o psicologismo filosófico de John Stuart Mill, a fenomenologia de Husserl e a própria hermenêutica filosófica, apesar de suas notórias diferenças, como filiadas a uma mesma tradição moderna de combate aos ontologismos. Por isso os fenomenologistas criticam os psicologistas chamando-os de "filósofos da consciência" e os partidários da hermenêutica filosófica criticam os fenomenologistas chamando-os de "filósofos da consciência".

Mas tampouco se deve cair na ingenuidade do tipo ideal oposto e acreditar na possibilidade de uma só decisão correta para cada conflito concreto, como se os relatos sobre os eventos fossem uníssonos e a discricionariedade dos atores pudesse ser eliminada.[218]

Além de os sistemas legislativos em geral se terem mostrado ineficientes para enfrentar a complexidade do mundo

---

217. ADEODATO, João Maurício. **Filosofia do direito** – uma crítica à verdade na ética e na ciência (em contraposição à ontologia de Nicolai Hartmann). São Paulo: Saraiva, 2013 (4ª. ed.), p. 115 s.

218. STRECK, Lenio. **Verdade e consenso** – constituição, hermenêutica e teorias discursivas – da possibilidade à necessidade de respostas corretas em direito. Rio de Janeiro: Lumen Juris, 2009, p. 159 s.

moderno, que aumenta a ambiguidade e a vagueza das visões de mundo e consequentemente das interpretações das leis, o poder legislativo brasileiro reflete outras mazelas sociais. Evita decidir sobre temas importantes, porque assim consegue congraçar mais eleitores, por sua vez inconscientes ou desinteressados das opiniões de seus "representantes". Por isso não legisla sobre interrupção terapêutica do parto de feto meroencefálico, pesquisas com células-tronco nem união homoafetiva, apenas para dar exemplos recentes.

Seguindo a metáfora de Hannah Arendt, ao analisar o perfil do revolucionário, ninguém toma poder de ninguém. No caso brasileiro, o legislativo antes deixa o poder "largado na rua" (*lying on the street*) e o judiciário o toma e o exerce.[219] Só o legislador mesmo poderia diminuir o casuísmo decisionista.

Na falta de orientação legal, pois a lei supostamente deve balizar a atividade do magistrado, o poder judiciário se vê diariamente confrontado com o chamado "ativismo" (ou "protagonismo"), pois precisa decidir, mais cedo ou mais tarde, sobre temas importantes que o legislador deixa propositalmente em aberto. E não apenas os tribunais superiores, vez que vigora no Brasil o sistema do livre convencimento do juiz, que não pode ser constrangido a determinada orientação na interpretação da lei. Em outras palavras, o ativismo também se faz presente nas instâncias inferiores do judiciário brasileiro. Mais ainda, das decisões dos tribunais superiores não cabe recurso a outra instância, o que traz um problema permanente de legitimação para essas normas gerais criadas pelos tribunais superiores e, paradoxalmente, enfraquece o próprio decisionismo judicialista.

---

[219] ARENDT, Hannah. Thoughts on Politics and Revolution, *in* **Crises of the Republic** (Lying in Politics, Civil Disobedience, on Violence, Thoughts on Politics and Revolution), New York / London: Harvest / HBJ, 1972, p. 20.

CAPÍTULO OITAVO

Retórica da interpretação jurídica para além da confusão entre texto e norma

> *8.1. Crise do estudo do direito – doutrina – como crise sobre a indistinção de seus níveis: o problema da mentira e a cientificidade do direito. 8.2. Os níveis básicos da dogmática estratégica: normas de conduta e normas sobre as normas de conduta. 8.3. Generalização: vagueza, ambiguidade e porosidade da linguagem jurídica. 8.4. A imprecisão da linguagem jurídica de segundo nível: os juristas e seus malabares de sentido.*

8.1. Crise do estudo do direito – doutrina – como crise sobre a indistinção de seus níveis: o problema da mentira e a cientificidade do direito

Tradicionalmente, a interpretação de textos se dirige a um entendimento principalmente descritivo, pois pressupõe que o intérprete fixe os significados de maneira neutra, objetiva ou mesmo científica. O problema, que interessa de perto à filosofia da linguagem e à teoria do conhecimento, é se a interpretação também não envolve necessariamente um aspecto normativo. Além de ambíguos e vagos, os textos jurídicos são frequentemente compostos de conceitos abertos e valorativos, cuja definição exige uma escolha fundamentada entre diversas alternativas para atribuir-lhes significados. A interpretação de um aplicador do direito parece ficar a meio caminho entre a tarefa descritiva de **verificação** de significado (*Bedeutungsfeststellung*) e a tarefa prescritiva de **fixação** de significados (*Bedeutungsfestsetzung*).[220]

A interpretação jurídica é, além disso, dogmática, ou seja, é presa a regras relativamente rígidas, como pontos de partida, e a procedimentos formais específicos, os quais não admitem que qualquer um significado venha a ser escolhido. Isso não se dá apenas nos planos sintático e semântico de um jargão jurídico específico em um sistema hermenêutico definido, mas também no nível pragmático: significações como insultos, ironias, reprovações, elogios, contidas em textos, só adquirem significado pleno diante de seu uso em uma situação específica.

A metodologia do direito é neste livro dividida em interpretação e argumentação, a serem examinadas neste e no próximo capítulo. Quer dizer, a retórica estratégica jurídica se separa em uma teoria para tratar do abismo gnoseológico, determinando o que as fontes pertinentes, válidas e vigentes significam diante do caso concreto, e uma teoria para obter adesão dos circunstantes, daqueles que decidem, e assim obter o poder de determinar a decisão desejada e o relato vencedor.

Repita-se que a **ameaça de violência** é aqui considerada metodologia de argumentação, o que não procede quanto à violência efetiva. Essa promessa de consequências desagradáveis no futuro, a coercitividade, desempenha uma função essencial no controle normativo da realidade atual, levado a efeito pelo direito, e é uma ideia também importante na tentativa moderna de diferenciar "direito" das demais ordens

---

220. BUCHWALD, Delf. Die Canones der Auslegung und rationale juristische Begründung. **Archiv für Rechts – und Sozialphilosophie**, vol. 79. Stuttgart: Franz Steiner, 1993, p. 16-47.

normativas como religião, moral etc., enquanto objeto de uma ciência específica.

Da mesma maneira o **engodo**, que é uma forma retórica de dissimulação, expressa-se por argumentação. A mentira consiste na faculdade de não cumprir promessas, pois, mesmo quando se refere a eventos passados, tem uma função de obter vantagem no futuro. O conceito é por vezes ampliado para além das relações humanas, quando se fala também na dissimulação biológica: "mesmo fora do mundo animal, onde quer que seja necessário lutar pela existência, impera, de forma absoluta, uma lei: o engano, a fraude."[221] Quanto à dissimulação retórica (humana), o psiquiatra vai levantar a hipótese de que as profissões criam "tipos especiais" de mentirosos, numa espécie de profissionalização da mentira ou, pelo menos, dos tipos antropológicos de mentirosos:

> A caça, o turismo, a vida militar, criaram a figura característica do gabarola; a religião, a política e a diplomacia, a do hipócrita; a medicina deu-nos a figura do charlatão e o comércio o tipo do burlão.[222]

Também em Hannah Arendt a faculdade de agir e a capacidade para mentir são consideradas atributos humanos estreitamente conexos, pois ambas modificam a realidade, têm essa liberdade. É na **liberdade de agir sobre o mundo** que a mentira se assemelha à política e a seu instrumento, ao direito. A mentira é uma forma de ação porque ambas dependem da liberdade. Isso porque a mentira, para ter papel político, precisa parecer plausível, ou seja, depende da verdade na medida em que precisa parecer verdadeira para funcionar como mentira. Daí a desconfiança de Arendt em tomar a verdade como critério de legitimidade para a política e para o direito: a opinião, em que pese à sua individualidade, é preferível à tirania de uma "verdade dos fatos".

---

221. BATTISTELLI, Luigi. **A mentira**, trad. Fernando de Miranda. São Paulo: Saraiva, 1945, p. 21.
222. *Idem*, p. 291.

Na época contemporânea, a importância da mentira cresceu com uma tecnologia que possibilitou eliminar os limites localizados das intrigas palacianas, a que a tradicional mentira política se vira restrita antes, e passou a controlar muito mais o uso público da linguagem e o relato vencedor da verdade factual. A segurança que o critério da verdade supostamente dá à política é uma segurança ilusória, porque a ação não pode ser previsível, devido à liberdade que a caracteriza. É a capacidade de julgar de cada ser humano que serve de elo entre a esfera do pensamento e aquela da ação; daí porque **nada deve ser absoluto** na vida política.[223]

Ao abordar a relação entre ideologia e direito, buscando uma perspectiva científica, Stoyanovitch detecta a mesma estrutura da mentira, numa perspectiva rara entre os que pensam o direito. A diferença em relação à mentira comum, que chama de mentira psicológica, é que o mentiroso jurídico acredita em sua mentira, sem ter consciência da ideologia alienadora que o envolve. Demonstrando viés marxista, argumenta que o direito é invocado tanto pelas elites dominantes quanto pelas massas dominadas e sua aparência de neutralidade lhe traz credibilidade, mesmo que sua suposta universalidade esconda o fato de que protege os interesses de uns poucos.[224]

O autor elabora então uma curiosa teoria, preconizando o advento de um novo direito, purificado de suas mentiras, o direito "aristocrata" que superaria o direito "plebeu", instrumento de opressão. Para viabilizar essa utopia, sugere que as palavras passem a ser dotadas de um único sentido, evitando a hermenêutica a serviço dos opressores e construindo uma espécie de esperanto jurídico, numa concepção da linguagem que pode hoje parecer ingênua.

Essa tentativa de **combater o engodo** no direito guarda

---

223. ARENDT, Hannah. Lying in politics – reflections on the Pentagon papers, *in* ARENDT, Hannah. **Crises of the Republic**. New York / London: Harcourt Brace Jovanovich, 1972, p. 1-47.

224. STOYANOVITCH, Konstantin. Sens du mot droit et idéologie, *in* STOYANOVITCH, Konstantin. **Le domaine du droit**. Paris: Librairie Génerale de Droit et de Jurisprudence, 1967.

UMA TEORIA RETÓRICA DA NORMA JURÍDICA E DO DIREITO SUBJETIVO

relação com as tentativas de fundação de uma ciência jurídica, pois a ciência almeja a verdade, o combate à mentira.

Da perspectiva retórica, a confusão entre os níveis material, estratégico e analítico em relação ao direito, aliada ao fenômeno da ascensão das ciências "naturais" e "físicas" na modernidade, levou a um debate, interessante do ponto de vista histórico, a respeito da "cientificidade" do direito, a partir de diferentes acepções de ciência.

Aí se tem vários exemplos célebres, sob ainda a mesma perspectiva filosófica que alimentou o direito natural, aquela **perplexidade diante desse caráter mutável**. Kirchmann tornou-se famoso em 1848 como um dos primeiros a perceber essa institucionalização da mutabilidade no direito, lamentando que "três palavras do legislador e bibliotecas inteiras transformam-se em lixo".[225] Daí as proposições de Montesquieu contra a discricionariedade ou arbitrariedade dos juízes, a proibição de o direito existir fora da lei, a identificação entre autos e processo, entre lei e direito, o que se exemplifica bem nos *topoi* expressos pelos brocardos "o que não está nos autos não está no mundo" ou "na clareza (da lei) cessa a interpretação", tudo condizente com a concepção da língua como "espelho da natureza" (Rorty).

Mais recentemente Jean Cruet, numa crítica ao legalismo literal da Escola da Exegese, denuncia aqueles que identificam o direito com o texto cristalizado da lei, numa tentativa de esconder como ele muda incessantemente, e faz uma apologia do papel criador da jurisprudência e da interpretação. No fundo, sua doutrina vê o direito com uma metodologia claramente determinada e que não se pretende absolutamente científica, pois **o apelo à permanência da lei esconde uma estratégia retórica**:

> O respeito absoluto das regras do direito consagrado é

---

[225]. KIRCHMANN, Julius Hermann von. **Die Wertlosigkeit der Jurisprudenz als Wissenschaft** – Vortrag gehalten in der Juristischen Gesellschaft zur Berlin (1848). Darmstadt: Wissenschaftliche Buchgesellschaft, 1966: „Drei Wörter der Gesetzgeber und ganze Bibliotheken werden zu Makulatur".

> para o magistrado a primeira das virtudes profissionais, por isso é que o traço característico da jurisprudência, considerada como fonte do direito, é colocar quanto possível a mais arrojada das suas inovações sobre o pavilhão regular da lei ou do costume. Este respeito nominal tem por fim salvaguardar a autoridade moral do direito consagrado sem, todavia, impedir a adaptação progressiva de suas fórmulas às incessantes necessidades da evolução social.
>
> É, com efeito, curioso notar, assim, a importância inegável dos resultados adquiridos pela jurisprudência, como as vias oblíquas, os rodeios engenhosos pelos quais ela chegou, senão a eliminar, pelo menos a neutralizar certas regras do direito consagrado, sem nunca as atacar de frente.[226]

A tese do autor é que a realidade jurídica sempre foi assim desde os antigos romanos, nunca deixou de ser determinada pela interpretação dos decididores do caso concreto. A subordinação dos pretores à lei, assim como a dos juízes modernos, é uma mera ficção e o livro traz diversos exemplos dessas estratégias em Roma, afirmando que "a simulação foi em Roma um instrumento precioso de progresso jurídico". O mesmo é dito do direito das civilizações bizantina e maometana e permanece válido para os dois grandes sistemas modernos, o inglês do *Common Law* e o francês continental-romanista. Em suma, o caráter ficcional é estratégia essencial dessa relação entre os textos e sua interpretação no direito.

Sem desejar que essa mutabilidade seja ainda mais ampliada, autores já reclamam contra um suposto excesso no papel criador da jurisprudência e um decisionismo incontrolável de parte dos tribunais superiores, como se viu no capítulo passado nas opiniões de Ingeborg Maus e Lenio Streck, dentre outros não especificamente citados, como Martonio Mont'Alverne e Gilberto Bercovici. Do outro lado, no debate brasileiro, muitos outros autores veem o crescimento de poder do judiciário e o chamado ativismo judicial como

---

226. CRUET, Jean. **A vida do direito e a inutilidade das leis.** Leme-SP: EDIJUR, s/trad., 2008, p. 31-32.

estratégia mais apta a responder à complexidade da sociedade contemporânea.

Desapontado com a mutabilidade do direito, Blaise Pascal já sintetizara em frases famosas sua insatisfação para com essa justiça, que três graus de latitude modificam ou que um lado da montanha tem como verdade e o outro, como erro:

> Não se vê quase nada de justo ou injusto que não muda de qualidade quando muda o clima. Três graus de elevação do polo colocam do avesso toda a jurisprudência. Um meridiano decide sobre a verdade, ou poucos anos de posse. As leis fundamentais mudam. O direito tem suas épocas. Estranha justiça que um rio ou uma montanha limita! Verdade do lado de cá dos Pirineus, erro do lado de lá![227]

Observe-se que todas essas objeções partem do princípio de que não se pode conhecer devidamente um objeto assim mutante.

Resta sem dúvida claro que o direito não poderia ser objeto de conhecimento se a retórica jurídica se reduzisse a seu plano material, isto é, à linguagem de primeiro nível que constitui o meio ambiente do direito. Mas esse plano "real" não esgota o plano do conhecimento. A ciência dogmática do direito, que pode ser chamada assim, reúne as informações estratégicas que permitem agir, interferir sobre a retórica jurídica material, ela está no nível da retórica estratégica ou prática.

Por isso não há sentido em saber de cor as fontes do direito positivo, querendo com essa expressão significar os milhares de leis e os milhões de portarias e regulamentos e regimentos que infestam qualquer ordem jurídica positiva contemporânea. Tampouco o conhecimento jurídico pode ser

---

227. PASCAL, Blaise. **Pensées**. Paris: éd. Lefrève, 1839, Partie I, Article VI (Foiblesse de l'homme; incertitude de ses connoissances naturelles), VIII, p. 83-84: "On ne voit presque rien de juste ou d'injuste qui ne change de qualité en changeant de climat. Trois degrés d'élévation du pôle renversent toute la jurisprudence. Un méridien décide de la verité, ou peu d'années de possession. Les lois fondamentales changent. Le droit a ses époques. Plaisante justice, qu'une rivière ou une montagne borne! Vérité audeçà des Pyrénées, erreur au-delà.". Na edição de 1787 há uma pequena mudança: "Un méridien décide de la verité. En peu d'années de possession les lois fondamentales changent."

277

reduzido a discutir as opiniões fugidias dos magistrados e os acordos temporários das decisões judiciais.

Mesmo decorar como se aplica o *Vade Mecum* e em que sentido estão agora as decisões dos egrégios tribunais, objetivo maior (com diferentes graus de dificuldade!) dos exames da Ordem dos Advogados do Brasil, dos concursos públicos e do ensino jurídico brasileiro em geral, revela-se de pronto insuficiente. Esse ordenamento jurídico de primeiro nível, de caráter material, factual, não pode ser conhecido porque é **praticamente infinito**, no sentido de que muda diariamente, não só quanto às fontes que o compõem, como também quanto às novas interpretações e construções de significados, ainda que aparentemente permaneçam os mesmos significantes.

Lembre-se de que o direito positivo não se constitui apenas do nível material das decisões concretamente implantadas, efetivamente tomadas pelos participantes do discurso jurídico. A retórica estratégica do direito compõe-se também das informações, opiniões e ações que têm por finalidade modificar essa realidade de primeiro grau, interferir sobre ela, constituí-la. Claro que essas estratégias também se modificam no tempo e no espaço, porém numa velocidade muito mais lenta. Elas são o cerne da ciência dogmática do direito da forma como a perspectiva retórica a concebe. Não são apenas as regras de conduta, destinadas a tratar conflitos entre seres humanos, mas, sobretudo, as regras sobre regras de conduta, destinadas a tratar conflitos entre regras.

Claro que, mesmo numa visão retórica, não se pode negar que uma importante função da dogmática é dirimir conflitos, o que implica necessariamente a ação estratégica dessas metarregras hermenêuticas, a qual não pode ser excluída de uma filosofia do direito, o que implicaria excluir a própria noção do debate com objetivo de vencer assim como negar qualquer papel à retórica, como acontece quando se restringe a teoria do discurso a um agir comunicativo supostamente "racional".[228]

Essas metarregras devem constituir o principal objeto de estudo e de foco do jurista. Expressam-se por meio dos conceitos básicos de cada ramo do direito, tudo o que coopera na interpretação do sistema, passando a fazer parte do próprio sistema.

8.2. Os níveis básicos da dogmática: normas de conduta e normas sobre as normas de conduta

Assim, para poder lidar com o alto grau de mutabilidade dessas normas de conduta e com sua imensa quantidade, sua produção contínua, o próprio direito positivo precisa desse outro nível de normas, normas que não se dirigem diretamente à conduta, mas sim a ordenar essa profusão de normas de conduta. Tais normas e suas relações são as mais importantes na ciência dogmática do direito, elas formam a espinha dorsal do ordenamento jurídico e suportam a própria dogmática material, isto é, o direito posto no dia a dia do ambiente social.

Fazem parte desse campo de estudo não apenas a hermenêutica ou a teoria da argumentação jurídica enquanto disciplinas, ou seja, não apenas essas disciplinas ocupam-se das metarregras do ordenamento; nas matérias dogmáticas, também as regras concernentes ao estudo da antijuridicidade e da punibilidade na esfera penal, da personalidade e da capacidade na esfera cível, do direito de ação, da relação jurídica, apenas para dar alguns exemplos. Tais regras mudam, sim, mas não com a mesma rapidez que as regras do primeiro nível. E são bem menos numerosas.

Essas metarregras hermenêuticas não se devem confundir com a filosofia do direito ou a retórica analítica – que é uma postura filosófica – nem com as demais disciplinas zetéticas, tais como a sociologia do direito, a antropologia jurídica

---

[228]. KRAMER, Olaf. Konflikt statt Konsens? Die Debatte als Medium politischer Kommunikation und das universalpragmatische Ideal der rationalen Verständigung. **Jahrbuch Rhetorik**, Bd. 25. Tübingen: Max Niemeyer, 2006, p.68-82.

ou a psicologia forense. Essas são disciplinas que têm por objeto material o direito, mas sua atitude, seu "objeto formal", não é jurídica; elas estão fora do ordenamento jurídico e do processo de concretização normativa, malgrado sua grande importância para o estudioso do direito, como num **meta-metanível** sobre a dogmática material da decisão, do relato vencedor, e sobre a dogmática estratégica da interpretação e da argumentação.

Como toda regra jurídica, essas metarregras também têm por objeto a conduta humana, mas apenas de modo mediato, seu objeto mais próximo são as regras de conduta, como visto. Elas podem ser positivadas, como a *lex posterior derogat priori* na Lei de Introdução às Normas do Direito Brasileiro, antiga Lei de Introdução ao Código Civil, mas não precisam necessariamente sê-lo, há normas hermenêuticas de caráter lógico e sistemático, ou seja, pressupostas pela racionalidade do sistema, tais como "ninguém pode transferir mais direitos do que tem".

Como as "normas" não são significados fixos, elas não jazem nos textos legais como minérios a serem escavados, desentranhados de seu leito. Por isso não é eficiente concentrar a educação jurídica no aprendizado mnemônico das fontes do direito, ou normas enquanto significantes. Claro que o pensamento e a ação dogmáticos se dão a partir dessas fontes, mas escolhê-las é apenas o passo inicial – e o menos importante – da concretização da norma jurídica em sua volta ao mundo dos eventos.

O significado normativo definitivo, que é resultado da interpretação e da argumentação, vai ser constituído pelo que os circunstantes vierem a acordar e, nesse acordo, os textos legais e judiciais fornecem apenas um dos componentes, de importância extremamente variável, a depender do caso. Mais ainda, **quanto mais complexo o caso menos decisivos serão os significantes normativos**, a norma jurídica na acepção de fonte do direito. E lembre-se ainda que os significantes do caso nem chegam a se esgotar nos textos, pois

UMA TEORIA RETÓRICA DA NORMA JURÍDICA E DO DIREITO SUBJETIVO

há comunicação oral e gestual também envolvidas, as quais podem ter papel muito mais central diante do caso. Sem contar outros fatores muito complexos, tais como o caráter dos sujeitos emissores e receptores, o ambiente e a forma da comunicação, o teor das mensagens, em suma, *ethos, pathos, logos* e tudo o mais que o arsenal milenar da retórica construiu e vem incansavelmente tentando mostrar ao "senso comum teórico" conservador dos juristas.

Note-se de relance que também as chamadas ciências da natureza são construídas pela retórica material. O movimento dos astros era efetivamente simétrico e circular para os antigos; aliás, é perfeitamente inteligível e prenhe de senso comum pensar que a Terra é imóvel e fica no centro do universo, pois é isso o que se sente ao observar o dia e a noite, seja na Praia de Santorini ou na Praia dos Carneiros. Mas há uma diferença clara entre esse conhecimento da natureza e a experiência normativa. Se os acordos linguísticos definem que alguns seres humanos têm mais direitos do que outros, esta passa a ser a "realidade" material, diferentemente do que ocorre com a circulação do sangue ou o movimento das marés, ainda que essa diferença seja apenas de grau, por conta dos vetores temporais: o "dever ser" do mundo normativo aponta para o futuro, enquanto o "ser" da natureza refere-se ao passado.

Daí a reflexão desenvolvida por Bourdieu e Passeron em torno da educação e do conceito de **violência simbólica**, com importantes reflexos para o problema pedagógico na filosofia do direito e na teoria dogmática. O termo designa uma violência sofisticada, que prescinde do uso da força e trabalha definindo, manipulando e impondo os significados linguísticos, na linha da teoria do discurso de Michel Foucault. O mais importante, porém, é que essas imposições, além de funcionalmente necessárias, são ocultadas de seus destinatários, os quais não têm consciência de serem manipulados os contextos em que se veem inseridos.[229] Difere assim da ideologia e da alienação tradicionais, as quais podem, em tese, vir a ser superadas pela educação ou por uma revolução marxista.

A violência simbólica, porém, não tem a mesma estrutura que a mentira, baseia-se também na dissimulação, mas não consiste necessariamente numa falsidade (consciente), mas sim numa interpretação do contexto comunicativo. Do ponto de vista psicológico do orador, na dogmática jurídica, a violência simbólica assemelha-se mais à ideologia, pois em geral há uma crença na adequação da interpretação escolhida. A violência simbólica coopera muito, assim, para a constituição da retórica material.

No fundo, as relações entre normas de conduta e normas sobre normas de conduta são relações codificadas cuja interpretação vai depender do caso concreto. Na linguística, na semiótica e em outros ramos do conhecimento que têm por objeto sistemas de significações, a expressão **código** é utilizada em pelo menos cinco acepções diferentes, embora aproximadas: 1. Como sinônimo de "língua" ou "linguagem", numa analogia imprecisa; nesse sentido a doutrina é uma linguagem do direito. 2. No contexto de uma teoria da informação, um código constitui um "dicionário de equivalência entre duas linguagens", isto é, o conjunto de regras e informações que habilita passar de um sistema de signos para outro. 3. Em um sentido mais negativo, a palavra é usada como um simples "conjunto de restrições" que identificam determinado sistema comunicacional e o limitam em relação ao meio circundante. 4. Em teorias linguísticas inspiradas em Ferdinand de Saussure, um código é um repertório definido de signos de que os utentes lançam mão para se comunicarem. 5. Finalmente, alude-se ao aspecto social de um código quando se o entende como "um conjunto de normas institucionalizadas que fundamentam o funcionamento do sistema".[230]

---

229. BOURDIEU, Pierre; PASSERON, Jean-Claude. **La reproduction** – éléments pour une théorie du système d'enseignement. Paris: Ed. de Minuit, 1970.
230. VERÓN, Eliseo. **A produção de sentido**, trad. Alceu Dias Lima *et alii*. São Paulo: Cultrix /

UMA TEORIA RETÓRICA DA NORMA JURÍDICA E DO DIREITO SUBJETIVO

As reflexões hermenêuticas deste livro aproximam-se portanto de uma teoria realista da interpretação, bem exemplificada pelo ceticismo teórico de Michel Troper, afastando-se da hermenêutica filosófica de Hans-Georg Gadamer e mais ainda do neo-realismo ontológico da teoria jusnaturalista da interpretação defendida por Michael Moore.[231]

8.3. Generalização: vagueza, ambiguidade e porosidade da linguagem jurídica

A visão de uma hermenêutica mais tradicional, como a de Carlos Maximiliano, conforme mencionado no capítulo segundo, define a interpretação como a **adequação entre fatos e normas**. Aí aparecem dois equívocos ou, no mínimo, duas simplificações indevidas: em primeiro lugar, tomar "fato" como algo "objetivo", como se faz no *topos* "contra fatos não há argumentos", sem distinguir o evento incognoscível do fato como um relato linguístico sobre o evento; em segundo lugar, reduzir um problema de três variáveis a um problema de duas variáveis, ignorando a distinção entre significante (a lei, por exemplo) e seu significado, conforme já examinado.

Outra forma dessa segunda simplificação é defendida nos dias de hoje por autores que entendem o texto como um evento, desprezando a incompatibilidade entre a generalidade do texto e a unicidade do evento, confundindo a situação comunicativa eventual com a própria comunicação como constitutiva da realidade, segundo se viu no capítulo quarto atrás. Identificando o texto com o evento tem-se um problema novamente com apenas duas variáveis, à semelhança da hermenêutica tradicional, ainda que por outro caminho: o "texto-evento" significante, uma variável, *versus* o significado, a outra.

Além da opção pelas três variáveis gnoseológicas, sem contar com o abismo axiológico concernente ao problema do direito subjetivo, defende-se aqui a tese de que tanto

---

Universidade de São Paulo, 1980, p. 87.
231. JUST, Gustavo. **Interpréter les théories de l'interprétation**. Paris: L'Harmattan, 2005.

significante (o texto) como significado partilham dessa característica que é a generalidade, à qual se opõe o caráter único, individual, irrepetível do evento. E que apesar dessa generalidade em comum, há também um abismo entre o significante e o significado, por conta das características da linguagem humana.

Para perceber isso, é preciso mostrar que significantes aparentemente individualizados e únicos só têm significado na linguagem na medida em que se referem a significantes e significados gerais, **dotados de generalidade**. Na terminologia linguística, pode-se dizer que os significantes (aparentemente) individualizados são denominados indicadores e os significantes gerais chamam-se predicadores, conforme examinado no capítulo sexto atrás. Para bem entender a utilidade dessa distinção, tenha-se sempre presente que ela busca combater a incompatibilidade entre os significados ideais genéricos e os eventos reais individualizados e facilitar a compreensão do fenômeno da comunicação humana. Neste capítulo sobre a retórica da interpretação é imperativo voltar ao tema.

Os **indicadores** têm de semelhante em relação aos chamados nomes próprios a intenção de referir um só objeto e mesmo um único significado. Mas a necessidade pragmática de designar inequivocamente objetos é muito maior do que o número possível de nomes próprios, ou seja, os indicadores não se podem reduzir a eles. Assim também desempenham a função de indicadores pronomes demonstrativos, como este, isso e aquilo; pronomes pessoais retos e oblíquos como tu, si, e me; pronomes possessivos com seu, o meu, nosso; advérbios como hoje, cedo, aqui e ali, e muitas outras partículas gramaticais. Importante é notar que esses indicadores não têm sentido a não ser em conexão com uma situação real e concreta: "ele precisa disso mais tarde" só comunicará significados ao se concretizar em um sujeito particular que precisa receber determinado documento até certa hora de um dia específico, ou "Paulo precisa receber o requerimento 123/10 às 16 h do dia 12 de março de 2011".

Esses indicadores são também chamados de expressões indexicais (*indexikalische Ausdrücke*) porque suas referências dependem de uma espécie de índice (*index*), ou seja, lugares e circunstâncias vinculadas ao momento no tempo e no espaço. Por isso os indicadores precisam mudar constantemente essas suas referências. O problema é que essa dependência estreita do contexto pode fazer com que os indicadores dificultem a comunicação, pois só estão claros para o orador ou, no máximo, os circunstantes.[232]

Os **predicadores** fazem abstração dos elementos individualizadores e pretendem referir uma classe ou conjunto de objetos a partir de elementos que apresentam em comum, são gêneros abstratos, significantes que expressam ideias no sentido colocado no capítulo quinto. Na gramática expressam-se por meio de substantivos, adjetivos, verbos, significantes que abstraem os caracteres individualizadores dos eventos reais.

A interpretação jurídica precisa atentar para a relação próxima entre linguagem, racionalidade e generalização.

Em termos do problema do conhecimento, aceitar a individualidade dos indicadores em tese ajudaria a designar o mundo dos eventos, que é individual, e assim superar o abismo gnoseológico. Por essa via, os significantes indicadores estariam mais próximos dos eventos, por sua individualidade comum, enquanto que os significantes predicadores designariam as ideias de razão, os significados genéricos propriamente ditos. É uma tentativa mais sofisticada de reduzir a uma díade a tríade do conhecimento, como no caso dos que não distinguem entre significante e significado (texto e norma) ou os que defendem ser o texto um evento, já comentados.

Sobre a controvérsia entre os analíticos, a perspectiva retórica aqui defendida fica com a tese de que nenhum nome, nem um nome próprio, pode dispensar a conotação, ou seja, nenhum significante pode denotar diretamente um objeto; a

---

[232]. RUNGGALDIER, Edmund. **Analytische Sprachphilosophie**. Stuttgart / Berlin / Köln: Kohlhammer, 1990, p. 133-134.

denotação de um nome próprio precisa de outros termos genéricos a ele associados. Assim é que a definição de "Graciliano Ramos" exige "escritor" ou "preso pela ditadura" para ser compreendido e comunicado.

Em outras palavras, os termos indicadores, que aparentam superar o abismo entre a linguagem genérica dos seres humanos e os eventos únicos e irrepetíveis, são como coringas linguísticos, estratégias altamente funcionais, mas ilusórias, posto que a racionalidade da linguagem não consegue captar realidades particulares, bem no sentido da irracionalidade do individual que Nicolai Hartmann foi buscar em Platão, conforme já mencionado no capítulo quarto. Toda linguagem, inclusive a jurídica, é claro, necessariamente refere-se a predicadores, pois indicadores aparentemente específicos só adquirem significado independente – e assim se distinguem dos eventos – a partir de generalizações. Paradoxalmente, quanto mais precisa a comunicação, mais ela necessita do contexto individualizado do mundo real, ou seja, "crime" é menos significado do que "homicídio", que por sua vez é mais genérico do que "Tício matou Caio nessas e nessas circunstâncias".

Na perspectiva retórica, embora os enunciados prescritivos e os descritivos se distingam em seus desideratos de modificar ou refletir o ambiente, ambos pressupõem tal generalização que caracteriza toda linguagem.[233] E é a generalização inevitável que responde pela textura aberta da linguagem, suas ambiguidade, vagueza e porosidade. A generalização não é uma condição essencial apenas das regras que regem prescrições e descrições, mas também de ordens aparentemente específicas e de descrições de eventos particulares.[234]

É essa falta de correspondência entre a linguagem humana, sempre geral, predicadora, e os fenômenos da

---

233. SCHAUER, Frederick. **Playing by the rules** – a philosophical examination of rule-based decision-making in law and in life. Oxford: Clarendon Press, 1998, p. 2.
234. Vê a generalização como qualidade própria das regras STRUCHINER, Noel. **Direito e linguagem** – uma análise da textura aberta da linguagem e sua aplicação no direito. Rio de Janeiro / São Paulo: Renovar, 2002, p. 86.

realidade que demonstram as incompatibilidades de vagueza, ambiguidade e porosidade dos termos. Todo significante padece dessas imprecisões. Se as referências dos indicadores indexicalizados precisam modificar-se constantemente em virtude do contexto em que se inserem, o mesmo acontece com os predicadores, pois ambos dependem da retórica material para se constituírem; em outras palavras, se os indicadores precisam mudar de referência muito mais rapidamente do que os predicadores, não se deve utilizar essa mudança como critério para diferenciá-los, pois ambos se modificam.[235]

Como a linguagem é aqui tida como constitutiva do próprio pensamento, a falta de habilidade ou ignorância em seu manuseio vai agravar a vagueza e a ambiguidade. Tais deficiências no adestramento linguístico podem dizer respeito ao vocabulário, quando o utente não está familiarizado com as expressões, não sabe o que é *"exequatur"*, por exemplo, ou que "coisa alheia móvel" pode abarcar a energia elétrica e que "tradição" por vezes quer dizer que uma coisa móvel passou de uma para outra pessoa; e podem referir-se a confusões e incoerências do próprio utente, contradições dentro do próprio discurso, como dizer "aquela é a pessoa que eu fui na casa dela" ou " esta é a circunstância onde me encontro". Ignorância e incoerência são resultados extremados, que podem ser contingentemente reduzidos pelo aprendizado da língua, mas ambiguidade, vagueza e porosidade são características "naturais" ou necessárias da linguagem humana.

Deixando de lado os problemas de tradução e também os da linguagem comum, que confundem vagueza e ambiguidade e confundem significado e sentido, admite-se aqui que um significante é vago por imprecisões quanto a seus âmbitos de descrição ou alcance, denotação, referência, extensão; e é ambíguo por indeterminação quanto a seus âmbitos de significado ou sentido, conotação, conteúdo, intensão. Metonimicamente, porém, "significado" pode ser usado como gênero,

---

235. *Idem, ibidem.*

que compreende o sentido e o alcance.

Isso quer dizer que a vagueza diz respeito a dúvida sobre os predicadores, ou seja, a que grupos de objetos determinada expressão se aplica, até o que (onde, quando, quem) alcança. Uma regra que mencione a casa ou o "asilo inviolável" do indivíduo pode comunicar toda a extensão do terreno no qual fica o prédio, incluindo o jardim ou a calçada, ou pode indicar apenas o prédio, segundo a interpretação seja mais extensiva ou mais restritiva.

Já a ambiguidade incide sobre os indicadores, quanto ao sentido de um termo específico, seja porque não é compreendido, seja porque o mesmo termo designa objetos diferentes. Assim, é preciso, de um lado, entender os termos da linguagem utilizada, o que se quer dizer com "competência" para compreender os arts. 23 e 24 da Constituição do Brasil, por exemplo; de outro, é necessário aprender que "remissão" pode significar o substantivo correspondente ao verbo remir ou o correspondente ao verbo remeter.

Reflexos dessas imprecisões linguísticas nas relações humanas, no direito e fora dele, são diuturnamente observados. Ora, existe um texto normativo sobre que tipo de roupas as mulheres devem usar se quiserem ser admitidas no recinto do Supremo Tribunal Federal em Brasília. Esse texto menciona expressões comezinhas como *tailleur* e "calça comprida com *blazer* de manga comprida" e lhes atribui a qualificação jurídica de vestimentas condignas. Duas senhoras ativistas negras foram recentemente impedidas de entrar no Tribunal para uma audiência aberta sobre as cotas para afrodescendentes na universidade pública porque suas roupas africanas de gala não se enquadravam na interpretação que os encarregados da segurança deram a "vestimentas condignas".[236]

---

236. JORNAL DO COMMERCIO. STF – Traje de candomblé causa constrangimento. Recife: **Jornal do Commercio**, 6 de março de 2010, p. A 2.

A porosidade diz respeito à evolução da vagueza e da ambiguidade em relação com o tempo, ou seja, de que maneira as expressões linguísticas modificam seus próprios alcance e sentido ao longo da história, é como que a historicidade das palavras, a historicidade de suas vagueza e ambiguidade. Assim é que significantes podem permanecer inalterados diante de modificações radicais em seus significados.

Essas três espécies de imprecisão linguística são incontornáveis, aí parecem estar de acordo todos os linguistas. As figuras de linguagem, como as metáforas e as metonímias, são formas pelas quais elas se revelam. Talvez a arte e a beleza da linguagem estejam exatamente nessas imprecisões, mas os tradutores e cientistas, todos os que procuram ter uma visão mais precisa da língua, enfrentam grandes dificuldades na tentativa de reduzi-las, elaborando inclusive as chamadas "linguagens artificiais", como a da matemática. Mas jamais haverá ciência "exata" nesse sentido, posto que é impossível eliminar completamente o abismo entre significantes e significados.

Para a hermenêutica jurídica, essas imprecisões geram posições contraditórias que trazem, por um lado, mais possibilidades de lidar com uma retórica material cada vez mais complexa, cooperando assim para uma maior funcionalidade da retórica estratégica; mas, por outro, aumentam essa complexidade, na medida em que produzem mais possibilidades e diferenciação, retroalimentando a complexidade e aumentando a contingência do risco.

8.4. A imprecisão da linguagem jurídica de segundo nível: os juristas e seus malabares de sentido

Conclui-se que o nível da interpretação é de retórica estratégica, aquela que volta à retórica material para nela interferir e amoldá-la de acordo com a estratégia escolhida.

A interpretação é o segundo passo dentro dos procedimentos da dogmática jurídica, interpretação entendida como a necessidade de relacionar os pontos de partida escolhidos (textos pertinentes, válidos e vigentes, como examinado no capítulo sexto atrás) com o caso concreto. O ordenamento jurídico compõe-se de significantes normativos que buscam exprimir significados ideais, os quais somente serão definidos diante do caso concreto. Escolher esses significantes, como visto, é a primeira tarefa do jurista dogmático, é a inegabilidade dos pontos de partida.

Revelar a "verdade dos fatos" é supostamente o objetivo do procedimento dogmático:

> A linguagem usada pelos juízes no decorrer de julgamentos e as regras utilizadas para controlar o processo e o fornecimento de evidências são frequentemente expressadas em termos de que requerem a revelação da verdade. Exige das testemunhas que façam um juramento de dizer a verdade. Elas são submetidas a exame e interrogatório, de modo a que os fatos possam ser verificados tanto quanto possível.[237]

O jogo interpretativo consiste na competição entre significados divergentes diante do caso (que nesse sentido constitui um conflito), momento em que os envolvidos no discurso dogmático procuram reduzir a vagueza e a ambiguidade (significados) dos significantes escolhidos e trazidos ao debate. Essas interpretações divergentes apresentam-se como relatos também divergentes, referidos a diferentes versões de eventos supostamente ocorridos (pois os eventos também só podem ser percebidos linguisticamente, conforme aqui pressuposto).

A ligação entre uma retórica da interpretação e uma retórica da argumentação começa a ser construída no direito romano. Com efeito, a tradição hermenêutica em Roma, em seus primórdios, tomava por base a autoridade, sem que fosse

---

[237]. CARROLL, John. Lawyer's response to language and disadvantage before the law, in GIBBONS, John (ed.). **Language and the law**. London / New York: Longman, 1994, p. 306: "The language used by judges in the course of trials, and the rules used to control trial procedure and the giving of evidence are often expressed in terms of requiring the revelation of truth. Witnesses are required to take an oath to tell the truth. They are subjected to examination and cross-examination so that the facts can be verified as far as possible."

necessário fundamentar as interpretações diante do caso concreto. Mas com o crescimento da retórica e da importância para os políticos e profissionais do direito, no sentido de obter treinamento nesse tipo de conhecimento, nota-se um aumento progressivo nas fundamentações das decisões.[238]

A norma jurídica em seu primeiro sentido, examinado no capítulo quinto, permanece como um significado que se procura comunicar por meio da norma jurídica em seu segundo sentido, como significante, examinado no capítulo sexto. Esse significado só será definido ao ser conectado definitivamente com o caso concreto, quando significado e significante voltam ao mundo dos eventos para constituí-lo juridicamente, segundo examinado no capítulo sétimo. É assim que **o evento torna-se um fato juridicamente relevante** e o ciclo se completa. E completa-se, como visto na retórica material, de modo autorreferente, circunstancial, temporário, como sempre, mas só aí estará "resolvido" o abismo gnoseológico.

Ao longo desse procedimento de conhecimento do direito, as metarregras hermenêuticas que compõem a retórica da interpretação mostram sua grande importância e a dificuldade de seu controle. Se as regras que se referem mais imediatamente aos conflitos de conduta dos seres humanos já dependem daquilo que se comunica a seu respeito, isto é, como são constituídas, compreendidas e utilizadas em sintaxe, semântica e pragmática, mais ainda as regras sobre essas regras, que se mostram de mais difícil controle, de caráter mais "aberto" e mais dependentes dos acordos do momento.

Por isso o solipsismo da linguagem é mais claro aos juristas e por isso os leigos os chamam de falazes e enganadores em sua retórica. Esse solipsismo, porém, não é privilégio dos juristas e existe em quaisquer códigos de linguagem humana, conforme examinado no item anterior. Mas a interpretação jurídico-dogmática exibe especificidades.

---

238. HOHMANN, Hans. Classical rhetoric and Roman law: reflections on a debate. **Jahrbuch Rhetorik**, Bd. 15. Tübingen: Max Niemeyer, 1996, p. 15-41.

Ela começa combatendo a ambiguidade, o que implica escolher um **sentido** para os significantes empregados, os artigos, parágrafos, precedentes judiciais, contratos, em suma, todas as fontes do direito trazidas ao debate. Só compreendendo e fixando os sentidos que controlam a ambiguidade é que se pode passar para o combate à vagueza e para a fixação dos alcances das expressões simbólicas utilizadas. O sentido é designado a partir da relação entre significante e significado, no âmbito sintático-semântico.

É preciso então conhecer os códigos da língua e, mais ainda, compreender um vocabulário técnico específico, se for o caso, como ocorre com o direito. Sem entrar no mérito do jargão jurídico, que às vezes parece brincadeira, antes de tudo é preciso saber que "ergástulo" significa "cárcere", que "abroquelar" quer dizer "fundamentar" e que "com espeque" ou "com fincas" também vai significar "com fundamento". Em outras palavras, primeiro é preciso saber que "apedeutas necessitam de adminículo" significa "ignorantes precisam de auxílio", mas, além de conhecer o português, o orador precisa dominar o vocabulário em questão: "a lei nova não prejudicará o direito adquirido" e "a expectativa de direito não protege contra a retroatividade da lei" são expressões cuja compreensão demanda conhecer os sentidos dos termos "direito adquirido", "expectativa de direito", "retroatividade" etc.. Quando se chega a um acordo sobre o sentido desses termos, controla-se o problema da ambiguidade, portanto.

Mas a questão não está resolvida, porque ainda falta determinar o **alcance** desses termos, o qual é definido a partir da relação entre o sentido e o caso concreto, no âmbito pragmático. Mesmo tendo-se chegado a um acordo sobre o sentido entre significantes e significados, determinar o alcance vai levantar um novo problema hermenêutico. No exemplo em tela, sobre a dúvida entre direito adquirido ou expectativa de direito, saber se o contrato de financiamento daquelas pessoas, assinado com a instituição financeira numa base de 3% de juros mensais, vai prevalecer ou não sobre a lei nova que

UMA TEORIA RETÓRICA DA NORMA JURÍDICA E DO DIREITO SUBJETIVO

elevou os mesmos juros para 5%.

Para usar um exemplo clássico, um problema de sentido é saber o que significam as expressões "pessoa", "cabelo", "cabeça" e "careca"; um problema de alcance é definir quantos cabelos uma pessoa precisa não ter para poder ser chamada de "careca".

Imaginem-se as muito mais complexas variações de alcance diante do caso concreto, se o discurso inclui termos mais abstratos e valorativos como "estranho", "belo", "correto" ou "justo". A consciência dessas ambiguidade e vagueza vai provocar a "mudança do paradigma da pureza metódica para o da heteronímia significativa", pois:

> As normas jurídicas não trazem uma significação unívoca, que pode ser reproduzida pela ciência jurídica. Quando, no domínio do saber jurídico, se assume como campo temático a significação das normas, produz-se uma nova instância de atribuição de sentido.
>
> Em suma, o princípio da Heteronímia Significativa se opõe às reduções emergentes do postulado da pureza jurídica, porquanto os fatores excluídos por este são precisamente os que operam como códigos de significação jurídica.

E aqui é interessante esclarecer que as associações significativas são socialmente determinadas, e, geralmente, canalizadas por meio de representações, imagens, opiniões costumeiras, preconceitos valorativos e teóricos, montagem de noções, empregados nas práticas jurídicas institucionais.[239]

Uma retórica da interpretação jurídica deve utilizar o arsenal das mais diversas teorias sobre a linguagem, seja a tradição analítica, seja a via triádica que reúne sujeito interpretante, objeto interpretado e signo, seja a via que privilegia

---

239. WARAT, Luiz Alberto. Do postulado da pureza metódica ao princípio da heteronímia significativa. Revista **Sequencia** n. 7. Florianópolis: CPGD – Universidade Federal de Santa Catarina, 1983, p. 28-34, p. 31.

a dicotomia significante e significado.[240]

Mesmo assim, a concepção da linguagem como espelho dos objetos resiste com todo seu atavismo. Observe-se o art. 111, II, do Código Tributário Nacional, que **obriga à literalidade hermenêutica**, partindo do princípio de que a lei tributária pode ter um único sentido: "interpreta-se literalmente a lei tributária que disponha sobre:" e aí vêm os assuntos: "I – suspensão ou exclusão do crédito tributário; II – outorga de isenção; III – dispensa do cumprimento de obrigações tributárias acessórias". Bastam os exemplos das discussões em que se envolvem o fisco, os advogados, os magistrados e os tributaristas em geral para perceber que esses assuntos estão muito longe da única resposta correta.

Por isso mesmo a educação jurídica precisa adequar o ensino e a pesquisa no caminho de uma retórica da interpretação, do estudo das metarregras do ordenamento jurídico. Não é tão importante decorar todos os incisos das competências comuns e concorrentes nos artigos 23 e 24 da Constituição do Brasil, mas é fundamental saber como agir quando as regras expressas por esses artigos entram em conflito. Três palavras do legislador não transformam esse nível de conhecimento jurídico em algo inútil, já que ele não objetiva descrever como o direito está no momento, mas sim modificá-lo, influir sobre ele, é a dogmática metodológica. Os problemas com os quais a educação jurídica precisa ensinar a lidar não vão ser devidamente tratados a partir do adestramento mnemônico em torno das regras de primeiro nível, conforme já mencionado. É quase surpreendente o grau de obsolescência da pedagogia jurídica no Brasil de hoje, o que se explica por motivos políticos (interesses do governo, de políticos profissionais) e econômicos (interesses de empresários), mas é ininteligível em termos educacionais e profissionais.

O trabalho jurídico não consiste em saber de cor os

---

240. KLYUKANOV, Igor E. Review essay on WILEY, Norbert. The semiotic self. **The American Journal of Semiotics**. The body as sign and embodiment, vol. 17, Number 4. Carbondale, Illinois: Winter 2001, p. 343-357.

prazos de todos os recursos, nem que o Presidente da República é a autoridade competente para a iniciativa de projeto de lei que aumente o efetivo das forças armadas. Um exemplo do trabalho que se espera do jurista e no qual se deveria concentrar a educação jurídica pode ser dado a partir de dois grupos de problemas oriundos do direito ao crédito-prêmio do imposto sobre produtos industrializados:

> **Primeiro quesito** – A vigência do art. 1º do Decreto-lei n. 491/69 cessou em 30 de junho de 1983? Em outras palavras, referido Decreto-lei foi revogado pelo Decreto-lei n. 1.658/79? O Decreto-lei n. 1.724/79 e o Decreto-lei n. 1.894/81 revogaram o Decreto-lei n. 1.658/79, mesmo considerando a declaração de inconstitucionalidade proferida pelo Supremo Tribunal Federal?
>
> **Segundo quesito** – Se o Decreto-lei n. 491/69 continuou vigorando após 30 de junho de 1983, é possível afirmar que o crédito-prêmio do IPI foi recepcionado pela Constituição de 1988? O art. 41 do ADCT/88 é aplicável ao crédito-prêmio do IPI? O incentivo fiscal do crédito-prêmio exportação é da espécie "setorial"?[241]

Para responder a essas questões é preciso conhecer e estudar as regras de primeiro nível, claro, o conjunto de fontes do direito pertinentes a essa ordem de problemas apresentados. Mas essa coleta de fontes não exige muito saber jurídico e ainda menos demanda memorização, pois um pesquisador e uma boa conexão na *internet* podem ser aí mais úteis do que um jurista, cujo trabalho diz mais respeito aos dois quesitos acima.

Uma retórica da interpretação faz parte da *Inventio*, que é uma heurística, expressão que provém do grego, como na interjeição *heureka!* ou o verbo *heurisco* ("achar"). A heurística deve partir de uma teoria do *status*, vale dizer, uma

---

241. CARVALHO, Paulo de Barros. Novas considerações a respeito do crédito-prêmio de IPI, *in* CARVALHO, Paulo de Barros et alii. **Crédito-prêmio de IPI** – novos estudos e pareceres. Barueri, SP: Manole, 2005, p. 2. A declaração de inconstitucionalidade referida está nos autos do Recurso Extraordinário n. 180.828-4.

problematização competente (*Statuslehre, Problemstellung*), informada por uma teoria dos *písteis*, outra palavra grega que quer indicar os meios de influenciar a conduta alheia. A atitude heurística é conjectural e consiste em procedimentos provisoriamente válidos em determinado contexto, os quais não supõem sentidos fixos nem eficácia permanente.

Evidentemente que o fato de o ouvinte conhecer retórica diminui o poder de controle do orador, ainda que não seja indispensável. Assim é que:

> ...O domínio empírico ou um conhecimento teórico das formas retóricas empregadas pelo sujeito falante, não são necessários para o ouvinte. (...) Os sentimentos do ouvinte são agitados, por consequência, mediante a anáfora insistente ou a interrogação retórica, empregadas pelo sujeito falante, sem que aquele precise de dominar empiricamente estas ou de as conhecer do ponto de vista retórico-escolar. O conhecimento das formas retóricas, por parte do ouvinte, pode até diminuir o efeito, que por meio dessas formas o orador pretende, visto que este efeito está, desde agora em diante, submetido ao "controle" do ouvinte.[242]

Os retóricos, por adotarem uma hermenêutica convencionalista, são surpreendentemente tachados de conservadores, posto que seu ceticismo sobre a verdade e a justiça fá-los supostamente tender a manter o *statu quo*. Ainda que os retóricos não se pretendam necessariamente revolucionários – pelo menos do ponto de vista político – é também de se notar o caráter conservador daqueles antirretóricos que defendem a tese da correspondência e acreditam que as palavras devem revelar a "essência" das coisas:

> Na práxis política, afinal, todo discurso não padece apenas de inúmeras imprecisões, como as ambiguidades e as

---

[242]. LAUSBERG, Heinrich. **Elementos de retórica literária**, trad. R. M. Rosado Fernandes. Lisboa: Fundação Calouste Gulbenkian, 2004, 5. ed., p. 77. Esclarecendo, a anáfora (ou *repetitio*) consiste na repetição de uma expressão ou grupo de palavras no início de frases subsequentes, provocando efeitos retóricos como a ênfase e o eco (p. 174-175).

vaguezas. Os ouvintes também tendem, invariavelmente, a interpretá-lo com o significado a ele atribuído pelos costumes linguísticos do grupo e da classe social à que pertencem. Decorre daí, justamente, o caráter conservador daquelas concepções que, na visão do essencialismo, buscam um único e verdadeiro sentido para as expressões linguísticas.[243]

Esse caráter convencionalista dos significados linguísticos é construído pela própria interpretação. Não se trata de uma faceta de alguns termos mais complexos, que procuram expressar significados mais abstratos, na linha de expressões contidas em textos legais como "busca da felicidade", "justa medida", "improbidade administrativa" ou "reação moderada a perigo real e iminente". Todos os significantes têm essas características. Cada um dos participantes do discurso jurídico dogmático precisa dizer o que as fontes do direito escolhidas buscam dizer diante do (relato do) evento conflituoso concreto sobre o qual se vai decidir.

Significantes legais aparentemente simples, que um essencialista incauto pensaria serem claros e unívocos, como "todo advogado precisa usar paletó e gravata no tribunal", suscitam sentidos e alcances inteiramente diferentes. Uma interpretação amplíssima consideraria que a palavra "tribunal" compreende toda a extensão do terreno dentro do portão, incluindo o estacionamento, exigindo a gravata de um advogado que não está trabalhando e apenas deu carona a um colega. Uma interpretação ampla entenderia que o texto da lei refere-se ao prédio propriamente dito, sem incluir suas adjacências. Uma interpretação restrita, por seu turno, diria que "tribunal" é apenas a sala específica em que se reúnem os desembargadores para deliberar. E uma interpretação restritíssima diria que se trata do ambiente físico daquela mesma sala, porém somente no momento em que os desembargadores estiverem efetivamente em sessão. Essas quatro

---

243. FARIA, José Eduardo. **Retórica política e ideologia democrática**: a legitimação do discurso jurídico liberal. Rio de Janeiro: Graal, 1984, p. 185-186.

297

interpretações mostram as variações a que pode chegar um resultado extensivo ou restritivo.

> Bem antes do *Traité de l'argumentation* de Perelman e Olbrechts-Tyteca, alguém já tinha falado de "nova retórica" e a tinha identificado com o estudo da capacidade comunicativa da linguagem, uma vez abandonado o dogma do "significado fixo", isto é, a ideia que a palavra seja um mero veículo para conteúdos já dados e constantes, com relação aos quais o orador teria a única alternativa de referi-los diretamente, escolhendo o termo preciso para a sua significação, ou mesmo de referi-los de qualquer forma com uma linguagem figurada por um seu gosto estético pessoal. Uma vez abandonado aquele dogma fortemente essencialista, a comunicação passa a ser vista como uma atividade que determina significados pontuais mediante a interação, na frase e no discurso, entre palavras cuja combinação produz sempre intersecções entre contextos semânticos diversos feitos presentes pelas próprias palavras.[244]

Além desses aspectos técnicos, a sobrecarga do direito e a responsabilidade pela interpretação tornam-se mais e mais cruciais em uma sociedade de risco como a do mundo desenvolvido contemporâneo, que a globalização econômica faz sentir também aqui no Brasil.

Em uma sociedade de risco, o mais importante para ter poder jurídico e político é o poder retórico da definição, o que Michel Foucault já enfatizara com sua noção de **discurso**. Como no romance de Charles Dickens *Oliver Twist*, o direito, a ciência e outras linguagens de controle – as instituições em

---

[244]. SARRA, Claudio. **Metafora e diritto** (2006). Centro di Ricerche sulla Metodologia Giuridica. http://www.cermeg.it/2006/04/06/metafora-e-diritto/, acesso em 20.8.2010: "Ben prima del *Traité de l'argumentation* di Perelman e Olbrechts-Tyteca, qualcuno aveva già parlato di 'nuova retorica' e l'aveva identificata con lo studio delle capacità comunicative del linguaggio una volta abbandonato il dogma del 'significato fisso', cioè l'idea che la parola sia un mero veicolo per contenuti già dati e costanti, in ordine ai quali il parlante avrebbe la sola scelta di riferirli direttamente scegliendo il termine preciso per la loro significazione ovvero di riferire comunque i medesimi con un linguaggio figurato per un suo personale gusto estetico. Una volta abbandonato quel dogma fortemente essencialista, la comunicazione viene vista come un'attività che determina significati puntuali mediante l'interazione, nella frase e nel discorso, tra parole la cui combinazione produce sempre intersezioni tra contesti semantici diversi presentificati dalle parole stesse."

geral – não descrevem, mas produzem "objetos", definindo, os "doentes", os "loucos", os "velhos", os "jovens", a "causa" e o próprio "risco". Na esfera do conhecimento, trata-se de determinar aquilo que é **evidente**; na esfera da ética, quem deve arcar com as **responsabilidades**. Para a filosofia retórica, insista-se, ambas essas determinações são arbitrárias, temporárias, autorreferentes, circunstanciais.

Na sociedade de risco, fala-se assim em uma "irresponsabilidade organizada", na qual os políticos dizem que não estão no comando e a legislação que publicam apenas disciplina de algum modo o mercado, da mesma forma que recusam responsabilidade os empresários, os cientistas e os administradores: "a sociedade tornou-se um laboratório sem nenhum responsável pelos resultados do experimento".[245] Mas a própria definição de risco depende de uma avaliação que se processa no seio do controle público da linguagem, tantas vezes aqui referido.

A mútua interferência entre as diversas interpretações e a necessidade de tratamento dos desacordos, para possibilitar a volta ao mundo dos eventos e a constituição da retórica material do direito, é o campo da teoria da argumentação e do próximo capítulo.

---

245. BECK, Ulrich. Uma sociedade do risco – entrevista com Ulrich Beck. **IHU On-Line** – Revista do Instituto Humanitas Unisinos, n. 181, 22 de maio de 2006. http://www.ihu.unisinos.br/index.php?option=-com_noticias&Itemid=18&task=detalhe&id=4534. Acesso em 30 de setembro de 2010.

CAPÍTULO NONO

Retórica da argumentação jurídica para aquém de parâmetros externos

> 9.1. "Argumentar" é um meta-metanível em relação à hermenêutica reflexiva, de segundo nível, apresentada no capítulo anterior. 9.2. A teoria da argumentação aqui é tópica e nada tem a ver com a teoria da argumentação correta contemporânea. 9.3. Ethos, Pathos e Logos continuam fundamentando todos os argumentos, inclusive os jurídicos. 9.4. A argumentação vista tecnicamente e as espécies de silogismos. A abdução do pragmatismo.

9.1. "Argumentar" é um meta-metanível em relação à hermenêutica reflexiva, de segundo nível, apresentada no capítulo anterior

Argumentar (terceiro passo) constitui o segundo conjunto de procedimentos que compõem a retórica estratégica jurídica e destina-se a trazer os circunstantes para determinada interpretação (segundo passo), fazendo-os aceitar que a interpretação sugerida pelo orador para os significantes escolhidos (primeiro passo) é a mais adequada.

Os argumentos não se confundem com as figuras de

linguagem, embora possam utilizá-las, e a distinção entre esses dois procedimentos discursivos não é clara nem pacífica, mormente no que concerne ao discurso jurídico-dogmático. Segundo Aristóteles, as figuras de linguagem e os argumentos são duas espécies de meios de persuasão retóricos. Herdeiro da ojeriza de Platão, o Estagirita argumenta que o sofista se distingue do dialético por conta de seus propósitos morais, indignos, mas é forçado a reconhecer que as técnicas empregadas são semelhantes.[246] As figuras são mais importantes na dimensão do *pathos*, ao passo que os argumentos em sentido estrito privilegiam a dimensão do *logos*; em outras palavras, as figuras apelam mais à emoção dos ouvintes e convencem por sua beleza retórica, seu tom, sua forma, seu ritmo, e os argumentos inserem-se mais no âmbito da linguagem explícita e procuram persuadir por seu próprio conteúdo.[247]

Tal como entendida aqui, a argumentação constitui uma das fases do procedimento de concretização do direito positivo, didaticamente posterior à fase hermenêutica, ainda que, no trabalho do jurista, o procedimento seja **simultâneo e dialético**. Essa argumentação jurídica pressupõe a interpretação e, nessa compreensão, constituem, ambas, o metanível da dogmática estratégica em relação à dogmática material; ela não pertence ao meta-metanível da filosofia, da retórica analítica ou da metafísica, atendo-se aos **parâmetros fixados pelo próprio ordenamento jurídico positivo**, ou seja, internos. Em outras palavras, a inter-relação nível/metanível retóricos é relativa: a hermenêutica é metanível diante da dogmática material e a teoria da argumentação constitui um metanível da hermenêutica e um metanível da dogmática. Da mesma maneira, a retórica analítica que este livro pretende expor pode ser transformada por um observador em objeto de outra sua retórica analítica, que pode tratá-la (a retórica analítica deste livro) como retórica estratégica.

---

246. ARISTOTLE. **Rhetoric**. I, 1, 1355b. **The works of Aristotle**, trad. W. Rhys Roberts, Col. Great Books of the Western World. Chicago: Encyclopaedia Britannica, 1990, vol. 8, p. 595.
247. SOBOTA, Katharina. Rhetorisches Seismogramm – eine neue Methode in der Rechtswissenschaft. **Juristenzeitung**, vol. 47, Issue 5. Digizeitschriften, 1992.

A associação entre retórica e argumentação é milenar, mas ganha novos foros hoje em dia:

> O sistema retórico parece adequado para tocar a complexidade, a vulnerabilidade e a contingência que caracterizam a comunicação mediática e a vertigem técnica e plurilogal das fontes e dos saberes... A retórica é um tema que afasta certas barreiras tradicionais entre as disciplinas e entre os períodos e que apela ao mesmo tempo à história dos textos, à história literária, à história, simplesmente... Ela propõe uma metodologia moderna, porque descompartimentada, e garante às ciências humanas "um pano de fundo cultural, uma memória", ao mesmo tempo que encoraja para "olhar para a ética".
>
> Por sua vez, a argumentação é uma técnica e uma arte para lidar com a razão prática e impelir à acção; trata dos assuntos complexos da cidadania e da hierarquização dos valores como a autodeterminação, igualdade, ou a liberdade, num contexto multirreferencial e numa dada situação; lida com a contingência e a verossimilhança e não com a objectividade ou a verdade – a sua racionalidade é sempre provisória.[248]

Até os juristas vêm despertando para a importância da retórica e da argumentação no estudo de suas disciplinas e no exercício de suas ocupações dogmáticas, ainda que isso não autorize sonhar com uma educação jurídica nessa direção nas faculdades de direito brasileiras, nas quais até a filosofia como um todo é ignorada.

Como visto, faz parte da hermenêutica o tratamento das imprecisões linguísticas necessárias, quais sejam a ambiguidade, a vagueza e a porosidade. A ação de interpretar dá-se na retórica estratégica, com o objetivo de sugerir significados para significantes escolhidos diante de um conflito "real", isto é, referido a um evento concreto constituído na retórica material.

---

248. MARQUES, Regina. Retórica e argumentação: origens e territórios de acção. **Rhêtorikê** # 0, 2009, p. 1-23, p. 1-2.

Já a argumentação, embora se processe também no âmbito da retórica estratégica, constituindo também uma metodologia, utiliza os significados escolhidos na interpretação para convencer os demais participantes do discurso e para impor os significados de quem argumenta. Seu objetivo é vencer a competição e interferir com sucesso sobre a retórica material. Dela fazem parte o *ethos*, o *pathos* e o *logos*. Mas, é importante relembrar, a retórica aqui não é entendida com uma teleologia dirigida apenas à mui desejável persuasão; sem pretensão de exauri-las, outras formas de comunicação podem ocorrer, tais como os meios etnometodológicos vistos no capítulo sétimo: a ameaça de causar sofrimento ao outro e o engodo. Este livro afasta-se assim da tradição e amplia a função da retórica para além da persuasão.

Foi dito que, depois de interpretados os signos das fontes do direito, depois de sugeridos seus alcance e sentido, é o momento de argumentar. Aí são decisivas a ética, a patética e a lógica, com o significado próprio que se lhes pretende dar aqui, provenientes dessas três expressões utilizadas por Aristóteles em sua *Retórica* como vias para persuadir e ser persuadido.

No mesmo sentido em que, aqui, o entendimento da retórica afasta-se da tradição por procurar ir além da persuasão, **também se recusa a união que Aristóteles considera necessária entre retórica e virtude moral**. Com efeito, ele insiste que a argumentação precisa estar conectada à virtude (*aretĕ*) e à ponderação (*phrónēsis*), embora não haja um nome próprio para distinguir o retórico honesto do desonesto.[249] A ideia mais relativista de entender a retórica de modo instrumental, sem a unir necessariamente a uma ética "do bem", não é nova e com ela foi confrontado o próprio Aristóteles pelos sofistas, que a consideravam uma estratégia para impor diferentes visões morais.

---

249. ARISTOTLE. **Rhetoric**. I, 4, 1359a. **The works of Aristotle**, trad. W. Rhys Roberts, Col. Great Books of the Western World. Chicago: Encyclopaedia Britannica, 1990, vol. 8, p. 599.

Dada a grande longevidade desses três fundamentos da teoria retórica da argumentação, *ethos*, *pathos* e *logos*, além de sua vagueza e ambiguidade, é importante atentar para a porosidade desses termos. Traduzidos para inúmeras línguas, ao longo de diversas épocas e culturas, origens de tantos termos diferentes, fonte dos mais variados usos, em suma, suas significações são variadas.

Além da questão ética, a política também assume papel relevante nesse debate e, com ela, o direito, pois uma das estratégias de Aristóteles e seus discípulos é definir como má retórica aquela que se preocupa apenas com os ornamentos retóricos e a sedução das belas palavras, contra o que já alertara, antes dele, Platão. É assim que o discurso forense, origem da retórica na Sicília de Córax e Tísias, passa a ser marginalizado em função de sua teleologia estratégica, estigma aposto à retórica em geral até os dias atuais (o que fica claro na tentativa corrente de desqualificar um argumento como "apenas retórico").

A importância de Aristóteles é grande para o estudo da retórica, por ter ele sido o primeiro dos grandes filósofos da tradição ocidental a tentar situar a retórica como um campo de estudo e conhecimento, o que mesmo assim não evitou que sua *Retórica* fosse considerada obra menor e não tão respeitada quanto outras durante séculos, quiçá até hoje. O fato é que, em sua análise da retórica, mesmo admitindo não ser possível fazê-la atingir a dignidade e o grau de certeza da filosofia, Aristóteles procura admitir uma "retórica ética" em oposição à retórica estratégica dos sofistas. Mesmo colocando o discurso judicial como exemplo de má retórica, Aristóteles acha para ele um lugar na argumentação, ao lado dos discursos deliberativo e epidítico.

Ressalte-se que, com a perda de significação social da retórica, ocorre também uma decadência na política, sobretudo em sua forma democrática, com as restrições aos debates públicos e ao discurso político em geral[250], ao lado da velha

---

250. GOODRICH, Peter. Rhetoric as jurisprudence: an introduction to the politics of legal language.

defesa da "verdade" na política. O reconhecimento da impossibilidade de verdades, não apenas em tudo o que é humano, mas, principalmente, nos aspectos mais importantes da existência humana, tais como o direito, a moral e a política, e em geral no mundo normativo em que ocorrem promessas sobre o futuro, é o solo fértil para o crescimento da retórica. No que se refere ao conhecimento descritivo da natureza, como na matemática e na física, a realidade é da mesma maneira constituída pela retórica material; a maior certeza dessas ciências, porém, deve-se a que os acordos e os desacordos sobre seus enunciados têm muito menor importância para os negócios humanos. Só por meio de argumentos podem-se controlar as incertezas e garantir essa característica fundamental do ser humano: divergir sempre sobre o fluxo dos eventos em que está atolado no mundo.

9.2. A teoria da argumentação aqui é tópica e nada tem a ver com a teoria da argumentação correta contemporânea

Agora é preciso chamar atenção para uma clara distinção entre a argumentação enquanto procedimento retórico e a teoria da argumentação aqui denominada **racionalista**, desenvolvida por Robert Alexy, dentre outros, em seu viés dedutivo do procedimento como moldura, e por Ronald Dworkin, dentre outros, em seu viés indutivo do procedimento para obtenção da única resposta correta para o caso.

No caso de Alexy, as 28 regras, que precisam ser seguidas para que uma argumentação seja considerada racional ("justa", "correta"), constituem o início de um procedimento dedutivo de subsunção do caso; elas formam uma espécie de supercódigo, cujo descumprimento eiva de irracionalidade o argumento, mas podem levar a mais de uma solução e não há como – racionalmente – separar uma da outra. São exemplos dessas regras os deveres de coerência, de sinceridade e de

---

Oxford Journal of Legal Studies, vol. 4. Oxford: Oxford University Press, 1984, p. 105.

tratamento igual para com todos os participantes, desde que se tenha uma pretensão racional à correção, à adequação ("*Anspruch auf Richtigkeit*").[251] No caso de Dworkin, as características específicas de cada caso, desde que devidamente levadas a sério, conduzem o argumento à adequação e chegam a **uma resposta mais correta, a uma única resposta correta**.[252]

Na história da retórica há uma bipartição entre a teoria das figuras e a teoria da argumentação, mais ou menos como um estudo das formas e um estudo do conteúdo, respectivamente. Mas essa teoria da argumentação que fornece o conteúdo da retórica é tópica, casuística, não tem uma pretensão a verdade ou correção.

A retórica analítica considera os argumentos como unidades do discurso, no sentido de que este pode ser decomposto naqueles, levando a uma melhor compreensão das estratégias e das realidades constituídas pelos seres humanos. Todo argumento compõe-se de enunciados afirmativos, negativos, de toda sorte, e também de silêncios e suposições, tudo com o objetivo de obter algum efeito na conduta dos circunstantes. A justificativa ou o fundamento do argumento é assim essencial, da mesma maneira que sua estrutura formal, mas ela não é necessariamente "racional".

Examinando de uma perspectiva mais técnica, ou seja, preocupada com o estudo da eficiência da argumentação, observa-se que, na escolha dos próprios problemas para análise, na detecção das questões e das teses fixadas pelo autor escolhido, assim como na construção da própria tese, o pesquisador precisa realçar unidades retóricas presentes no discurso, as quais se denominam **argumentos**. O pesquisador deve tentar identificar esses argumentos em forma de silogismos ou entimemas de modo a isolá-los para a análise.[253] Tem-se então,

---

251. ALEXY, Robert. **Theorie der juristischen Argumentation** – die Theorie des rationalen Diskurses als Theorie der juristischen Begründung. Frankfurt a. M.: Suhrkamp, 1983, p. 271.

252. DWORKIN, Ronald. **Law's empire**. Oxford: Hart, 1998, p. 110 s.

253. Não é o momento agora de detalhar os conceitos de esfera do silêncio ou entimema. Cf. ADEODATO, João Maurício. **Ética e retórica** – para uma teoria da dogmática jurídica. São Paulo: Saraiva, 2012, p. 355.

como participantes, o orador e o ouvinte ou audiência. Um orador (ou "ator") é exatamente aquele que emite uma opinião fundamentada, isto é, argumentos.[254]

A retórica analítica, quando focada na argumentação, busca investigar as estratégias discursivas a partir de seus catálogos de *topoi*, suas falácias ou mesmo no âmbito dos silêncios subentendidos. Sem qualquer pretensão de exauri-las, pois a compreensão é tópica, algumas estratégias vêm destacadas a seguir, tentando acrescentar alguma coisa à listagem tradicional dos argumentos jurídicos, como as feitas por Quintiliano, Frei Caneca e muitos autores modernos.

Como todo discurso é vago e ambíguo, uma estratégia de base é o **controle de vagueza e ambiguidade**. Conforme ressaltado no capítulo passado, o interessante nessa estratégia é que quanto mais presentes essas imprecisões inerentes à linguagem humana, mais acordo sobre a relação significante e significado será produzido. Os argumentos imprecisos sugerem uma conotação positiva, favorável aos objetivos estratégicos do orador ou negativa para seus adversários, se for o caso. Essa avaliação encontra respaldo nas expectativas dos participantes quanto ao que deverá ocorrer no futuro. Inversamente, quanto mais se combatem a ambiguidade e a vagueza, mais haverá dissenso sobre os significados que terão os significantes. Isso se dá exatamente porque cada participante do discurso atribui diferentes significados ao mesmo significante, sempre em consonância com suas preferências no momento. E nesse processo é produzido um "real entendimento" na comunicação.

Nesses termos, um enunciado argumentativo "em defesa da necessidade de ética e transparência na administração do poder judiciário no Brasil" ou outro "para que a universidade pública cumpra sua função constitucional de ensino, pesquisa

---

254. LIAKOPOULOS, Miltos. Análise argumentativa, *in* BAUER, Martin W. e GASKELL, George. **Pesquisa qualitativa com texto, imagem e som** – um manual prático. Petrópolis: Vozes, 2005, p. 218-243. O conceito do autor, porém, reduz-se a argumentos persuasivos.

e extensão" dificilmente encontrará adversários. Se o discurso continua, pela via do debate, o desacordo tende a aumentar. Ao serem confrontados com a questão da composição e forma de escolha do Conselho Nacional de Justiça, porém, com o objetivo de viabilizar o primeiro argumento, os participantes verão dificultado o acordo diante de um enunciado "é ético e transparente que um órgão fiscalizador do judiciário seja presidido e dominado por membros do próprio judiciário" ou, diante do segundo argumento, que "é eficiente para as funções constitucionais da universidade pública que seus administradores sejam eleitos com o voto direto de estudantes".

A estratégia da vagueza e da ambiguidade presta-se da mesma maneira a desqualificar argumentos adversos sem precisar estabelecer seu significado, lançando mão de expressões com cargas negativas. Assim são rejeitados argumentos "carregados de uma ortodoxia ideológica voltada para o passado" ou de "um fanatismo que só favorece a injustiça social", ainda que essas frases pouco ou nada signifiquem como argumentos.

Outra estratégia é a de **antecipação da crítica** e consequente defesa prévia diante de argumentos contrários. Ocorre quando o próprio orador enuncia um argumento que considera forte, evidente, claro, só que contra si mesmo. Objetiva assim inviabilizar o mesmo argumento por parte dos demais participantes. Assim se apresentam enunciados como "não quero parecer sexista, mas essa profissão não deve ser entregue a mulheres" e "o fato de esse juiz federal ter decidido sempre a favor da previdência e do fisco não significa que seja governista".

O orador também pode angariar apoio arvorando-se **porta-voz de um sujeito que não pode participar do discurso** por estar indefinido ou mesmo por jamais poder vir a ser definido. Os enunciados supostamente atribuídos a esse sujeito vêm com uma carga positiva de credibilidade e invariavelmente apoiam as pretensões do orador. É assim que, ainda que a mais rápida análise do discurso mostre claramente que ele não detém tal autoridade, ele fala em nome "do corpo docente insatisfeito", "da população angustiada" ou que "todo funcionário público concorda que...".

Finalmente, a estratégia do **argumento factual** apresenta determinados relatos sobre eventos como se tais relatos fossem evidentes, uma única interpretação verdadeira – como se expressa no *topos* "contra fatos não há argumentos" – tentando conseguir um *status* gnoseológico acima do "mero" argumento e da "mera" opinião. A retórica analítica aqui defendida considera que, por trás de cada argumento supostamente "factual", pode ser vislumbrado um argumento opinativo, **não há diferença de *status* gnoseológico entre eles**, pois ambos dependem de crédito, da crença dos envolvidos.

Assim é que por trás do enunciado, supostamente fático, "uma maior taxação das grandes fortunas nessa progressão de alíquotas representa uma distribuição de renda 20% mais equânime no país" apenas disfarça a convicção opinativa de que "uma maior distribuição de renda é mais eficiente do ponto de vista econômico e mais justa do ponto de vista moral". O primeiro argumento transmite o segundo de modo, por assim dizer, subliminar.

9.3. *Ethos*, *Pathos* e *Logos* continuam fundamentando todos os argumentos, inclusive os jurídicos

Segundo Aristóteles, essas são as três dimensões da retórica e compõem os meios de persuasão, posto que para ele a persuasão é o objetivo da retórica. Sua definição é clássica: "a primeira espécie depende do caráter pessoal do orador; a segunda, de provocar no auditório certo estado de espírito; a terceira, da prova, ou aparente prova, é fornecida pelas palavras do discurso propriamente dito". Desses termos se originaram a ética, a patética e a lógica, com todas as variações de significados a que séculos e séculos as submeteram. É por isso, afirma Aristóteles, que está equivocado dizer que as qualidades pessoais do orador em nada contribuem para seu poder de persuasão; "ao contrário, seu caráter quase que pode ser chamado de o meio mais efetivo de persuasão que possui".[255]

Insista-se que este livro **afasta-se de dois pontos** importantes da retórica de Aristóteles: a um, não reduz a função retórica à persuasão, inserindo outros meios etnometodológicos de comunicação; a dois, não subordina a retórica a uma ética determinada, subordinada a uma concepção específica do bem. Ainda assim, toma *ethos*, *pathos* e *logos* como meios retóricos para constituir o mundo (retórica material) e modificar o mundo (retórica estratégica).

A crer em estudiosos do vocabulário de Aristóteles e da Grécia clássica, **o termo *ethos*** tem origem em duas expressões distintas, que evoluem a ponto de se terem confundido já ao tempo de Aristóteles: em um sentido coletivo, social, έθος (éthos) significa "costume", "uso", "hábito", ao passo que ήθος (ěthos) tem um sentido mais pessoal e individual, indicando "caráter" ou mesmo "forma de pensar".[256]

Um termo tão longevo só pode mostrar alto grau de porosidade. Nessa sua evolução ao longo do tempo, *ethos* designava a princípio o local de procedência de alguém, aplicando-se também ao *habitat* natural dos animais; essa acepção se torna mais metafórica ao significar os usos e costumes de um grupo social; depois evolui para um alcance mais pessoal, indicando uma disposição de caráter individual, um conjunto de inclinações e atitudes que caracteriza cada ser humano; outro sentido, que parece ter também advindo de *ethos*, diz respeito à influência do orador sobre os ouvintes, mas esse sentido tardio já se aproxima do significado de *pathos*.[257] E prenuncia o processo de confusão que fez da retórica um objeto tão desprezado quanto incompreendido na cultura ocidental.

A perspectiva de separar os níveis da retórica material

---

255. ARISTOTLE. **Rhetoric**, I, 2, 1355b, trad. W. Rhys Roberts. Col. Great Books of the Western World. Chicago: Encyclopaedia Britannica, 1990, v. 8, p. 595.

256. PELLEGRIN, Pierre. **Le Vocabulaire d'Aristote**. Paris: Ellipses, 2001, p. 23 s.

257. LIDDEL, Henry George e SCOTT, Robert (comp.). **A Greek-English Lexicon**. Oxford: Clarendon Press, 1996, p. 480 e p. 766. BAILLY, Anatole. **Dictionnaire Grec Français** (rédigé avec le concours de E. Egger). Paris: Hachette, 2000 (27e. ed.), p. 581 e p. 894.

e da retórica estratégica ajuda a compreender como de *ethos* se originaram dois significados diferenciados para a palavra "ética".

No plano mais básico, material, a ética reúne as formas de conduta efetivadas em determinado meio ou grupo social e também em relação a um indivíduo isolado; é o significado de "ter" uma ética, um conjunto de maneiras de tratar o ambiente, controlar agora o futuro, reduzir a complexidade e a consciência da morte por meio de promessas. Dentre essas éticas, cabe ao direito impor coercitivamente promessas, conforme sugerido atrás.

No metanível da retórica estratégica, ética significa um conjunto de conhecimentos sobre maneiras de agir dentro do primeiro nível, sobre os métodos de ação, conhecimentos que se pretendem adequados a interferir sobre esses métodos em determinada direção. Na dicotomia da linguagem semiótica, ética quer dizer a metalinguagem, a doutrina ou disciplina que estuda o *ethos*, e também a linguagem-objeto, a conduta a que a metalinguagem se dirige.

Tanto no uso cotidiano quanto na linguagem filosófica, **o termo *pathos*** aparece designando sentimento, sempre com um significado passivo de sentir uma emoção provocada por fatores externos; vai assim paulatinamente ganhando um sentido passivo para aquele que o tem, como uma paixão que causa sofrimento e edifica e purifica o *ethos* ao mesmo tempo. Por isso, na *Retórica* de Aristóteles o *ethos* está associado ao orador, com seu caráter ativo, enquanto o *pathos*, mais passivo, diz respeito às reações do ouvinte.

Os desenvolvimentos posteriores da retórica vão levar a uma concepção mais ativa do *pathos* no discurso, passando a designar o sucesso no objetivo de causar emoções nos ouvintes, a arte de fazê-los sentir-se como o orador os leve a sentir-se.

Mais uma vez empregando a dicotomia entre os dois primeiros níveis retóricos, que constituem o objeto da retórica analítica, há um *pathos* material, as paixões e emoções que transparecem nas ações humanas, e um *pathos* estratégico, metodologias que visam despertar o *pathos* material no comportamento alheio. De um lado a palavra aponta para uma característica do discurso; de outro, para estratégias de controle desse *pathos* do discurso material. Assim a estética também pode ser parte do *pathos*, no sentido da beleza do discurso (ornamento), mas também do corpo, dos gestos, dos maneirismos, das roupas, de tudo que coopera para a forma da sedução emocional.

Coerente com a ligação que vê necessária entre retórica e ética, Aristóteles exige que o *pathos* sempre venha acompanhado da boa ética, pois as emoções precisam ser limitadas pela virtude. As paixões são muito importantes, porém dar vazão a elas sem o devido controle é um mal. Mais uma vez o racionalismo de Aristóteles o leva a criticar a tradição órfica e dionisíaca e os sofistas pelo exagero no discurso emotivo, destinado a manipular audiências incautas. A expressão "patético" vem desde sempre associada a esse excesso passional, afetado, adquirindo um sentido invariavelmente negativo que não é fiel a suas origens etimológicas. O grande problema da ética, afirma o Estagirita, é que o mal pertence à classe do que é ilimitado e o bem é sempre limitado; por isso é muito mais fácil errar do que acertar, muito mais fácil fazer o mal do que o bem.[258]

O termo *logos* refere-se às "palavras do discurso propriamente dito", na formulação de Aristóteles, e trabalha no campo das evidências, da racionalidade que os seres humanos supostamente têm em comum. A expressão é entendida como "conhecimento" ou mesmo "razão", mas esse parece ter sido apenas um dos seus muitos sentidos; um dos mais antigos é "palavra", o que os latinos traduziram por "verbo", como no Evangelho de João.

---

258. ARISTOTLE. **Nichomachean Ethics**, II, 6, 1106b. **The works of Aristotle**, trad. W. D. Ross, Col. Great Books of the Western World. Chicago: Encyclopaedia Britannica, 1990, v. 8, p. 352.

Se houve uma metonímia nessas três formas e estratégias do discurso, para os gregos clássicos do discurso vencedor, aristotélicos, ela estava precisamente no *logos*, que era muitas vezes identificado com a linguagem como um todo, indicando tanto o ato de estar falando e a argumentação correspondente quanto seu resultado, o discurso propriamente dito. É daí que Aristóteles não opõe nem sequer separa a lógica da retórica, entendendo-a como parte dela; a retórica opõe-se, isso sim, à analítica, o estudo sistemático das regras do pensamento – analítica mais no sentido que o termo "lógica" veio adquirir até os dias de hoje. Os sofistas estavam de acordo com essa inserção do *logos* na retórica e é assim que Protágoras o coloca no plano da *doxa*, ao dizer que sempre são possíveis opiniões contrárias, *dissoi logoi*. Aparecem também os significados de argumentação, teoria, definição, pensamento, verbo, oração, dentre outros.[259]

Nunca é demais chamar atenção para as grandes dificuldades no estudo dos conceitos de obras e autores da Antiguidade, como é o caso agora, além daquelas que envolvem qualquer estudo filosófico: em primeiro lugar, as dúvidas em relação às próprias fontes documentais, sobre se as obras e mesmo a existência dos autores revelam-se historicamente dignos de crédito; depois, além de ambiguidade e vagueza, os conceitos com muita história apresentam obviamente notável porosidade, com épocas inteiras entendendo-os diferentemente, dando-lhes novos significados; finalmente, as traduções para as diversas línguas modernas provocam grandes discussões entre os eruditos.

Mesmo tendo seguido muitos dos passos de Platão, Aristóteles tem uma filosofia inteiramente diferente e sua originalidade não se revela apenas na proverbial transformação do dualismo platônico entre alma e corpo na separação entre forma e matéria. Para o que interessa aqui, outra notável diferença foi o tratamento dado à retórica, mesmo tendo

---

259. UEDING, Gert (*Hrsg.*). **Historisches Wörterbuch der Rhetorik**, Band 5. Darmstadt: Wissenschaftliche Buchgesellschaft, 1994, p. 624 s.

UMA TEORIA RETÓRICA DA NORMA JURÍDICA E DO DIREITO SUBJETIVO

Aristóteles acompanhado a aversão de Platão aos sofistas.

Aristóteles vai perceber que, em muitos setores importantes da vida humana, não é possível chegar à verdade, ao âmbito da *episteme* desejado por Platão. Mesmo aceitando que a finalidade da filosofia é a verdade, e que a tarefa de procurá-la é a mais significativa, Aristóteles aceita que a opinião pode ser relevante e a retórica, como campo de estudo da opinião, indispensável, exatamente quando "a filosofia" se mostra impotente.[260] Daí ter escrito sua *Retórica*, obra na qual procura mostrar uma boa retórica em oposição àquela praticada pelos sofistas, fonte da aversão de Platão pelo conhecimento opinativo. Isso demonstra mais uma vez a inseparabilidade entre retórica e ética pregada por Aristóteles.

Muitos dos sofistas se consideravam filósofos, apesar de se dedicarem ao estudo do discurso, que constituiria o campo mais importante na educação do cidadão, por habilitá-lo à vida na *polis*, único ambiente em que o ser humano poderia aprender a argumentar e desenvolver plenamente suas faculdades.[261] Esse desiderato vai contra o pensamento de Platão, que separa rigidamente retórica e filosofia: o conhecimento é o alimento da alma e, nesse terreno, a eloquência sofística só tem a desviar do reto caminho.[262] Aristóteles aceita essa separação e a prioridade da filosofia, mas reconhece a relevância do estudo da retórica, desde que purificada do instrumentalismo sofístico e da busca pelo sucesso estratégico, ou seja, desde que subordinada a diretrizes éticas.

Por outro lado, é interessante observar que, ainda na Antiguidade, céticos posteriores vão dirigir suas críticas muito mais ao cientificismo de Aristóteles e seus seguidores, chamados de "dogmáticos", do que contra Platão e o Sócrates de seus diálogos. Arcesilau, assim como seus sucessores na Academia

---
260. BARILLI, Renato. **Retórica**. Lisboa: Editorial Presença, 1985, p. 21 s.
261. NIETZSCHE, Friedrich. **Rhetorik** (Darstellung der antiken Rhetorik; Vorlesung Sommer 1874, dreistündig). **Gesammelte Werke**, fünfter Band. München: Musarion Verlag, 1922, p. 288.
262. PLATO. **Protagoras**, 312-313. **The works of Plato**, trad. J. Harward, Col. Great Books of the Western World. Chicago: Encyclopaedia Britannica, 1990, vol. 6, p. 40.

fundada por Platão, Clitômaco e Carnéades, combateram os aristotélicos e os estoicos chamando atenção, favoravelmente, para a metodologia aporética de Platão, e atacaram o que entendiam como uma interpretação equivocada dos dogmáticos sobre os diálogos platônicos. Com efeito, o estilo inconclusivo e a estrutura argumentativa desses diálogos parecem dar respaldo a esse aparente paradoxo.[263]

Blumenberg parece aderir à interpretação tradicional, de ver Platão como um ontólogo, ao chamar mui enfaticamente de "fracasso catastrófico" (*katastrophalen Rückschlag*) sua sucessão na Academia, "menos de um século após a morte de seu fundador", a qual desembocou no assim chamado "ceticismo acadêmico". Tal postura pode ser questionada: Platão foi muito ontologizado pela filosofia cristã...[264]

9.4. A argumentação vista tecnicamente e as espécies de silogismos. A abdução do pragmatismo

Para Aristóteles a retórica é uma técnica. Como técnica, não cabe em sua classificação das ciências (ou formas de conhecimento), a qual compreende três tipos: poéticas, teóricas e práticas. A retórica não é uma ciência poética porque não constitui seu próprio objeto, apenas desenvolve estratégias aptas a manipulá-lo; tampouco deve ser confundida com uma ciência teórica, pois essas trabalham com a descoberta da verdade e sua descrição, tais como matemática, biologia e filosofia; e tampouco faz parte das ciências práticas, de que são exemplos a política e a ética, vez que essas procuram contemplar e realizar o bem individual e coletivo.

Já na modernidade, utilizando a classificação clássica dos tipos de silogismos, os positivistas chamados "exegéticos" pareciam crer que a atividade do jurista expressa-se por um

---

[263]. SEXTUS EMPIRICUS. **Grundriß der pyrrhonischen Skepsis**, eingeleitet und übersetzt von Malte Hossenfelder. Frankfurt a.M.: Suhrkamp, 1985, p. 93.

[264]. BLUMENBERG, Hans. Anthropologische Annährung an die Aktualität der Rhetorik. *In*: BLUMENBERG, Hans. **Wirklichkeiten, in denen wir leben** – Aufsätze und eine Rede. Stuttgart: Philipp Reclam, 1986, p. 106-107.

silogismo apodítico, isto é, a decisão constitui conclusão que decorre necessariamente das premissas: a lei é a premissa maior, o caso concreto, a menor. O texto estaria vinculado a apenas um sentido correto, verdadeiro, que deve ser literalmente "descoberto" diante do caso concreto. Por isso o juiz é tido como a "boca da lei" e não há qualquer consciência da distinção entre significantes e significados.

Os positivistas posteriores apelam ao silogismo dialético como procedimento argumentativo jurídico por excelência e o texto da lei é visto como uma "moldura": a decisão concreta tem que ocorrer dentro dos limites dessa moldura, mas é impossível determinar a única decisão correta. Dentro da moldura todas as decisões seriam corretas e são as características do caso concreto – diante do poder discricionário daqueles que decidem – que vão determinar qual delas será escolhida. Do legalismo da Escola da Exegese esses normativistas mantêm a crença no caráter dedutivo da atividade do jurista.

Para o realismo, a decisão não provém dedutivamente do texto legal prévio; ela é fruto de uma infinidade de fatores casuísticos que só podem ser indutivamente determinados, ou seja, a partir do caso específico. A lei não tem um sentido próprio prévio e, por isso mesmo, vai se constituir apenas em um desses fatores a serem considerados diante do caso. As ponderações normativas em que se fundamenta a decisão são tópicas, circunstanciais, mutáveis e sua complexidade não consegue ser apreendida no texto da lei. Mantendo-se no rasto da tradição grega clássica, os argumentos jurídicos assumem a forma de entimemas e erismas; e Aristóteles já denominara os entimemas de silogismos retóricos, buscando separá-los da erística.

Como ele já percebera, há assuntos importantes nos quais é impossível a argumentação apodítica e são disfuncionais as demonstrações exaustivas do silogismo dialético, pois o argumento não se presta às conclusões lógicas da razão, a audiência não consegue compreendê-lo, ou não há paciência e tempo hábil, dentre vários outros motivos, ou compareçem todos esses fundamentos juntos.

Aristóteles tentou definir os argumentos entimemáticos com base em seus conteúdos tópicos, por indícios, paradigmáticos, probabilísticos etc., mas o que todos têm em comum é o aspecto formal, isto é, um silogismo que não expressa todas as suas três partes componentes, deixando uma ou mesmo duas delas subentendidas, na esfera do silêncio, segundo a definição de Quintiliano, ao referir o Discurso para Ligario de Cícero: "Este exemplo tem a fundamentação e a assertiva, mas não tem conclusão: constitui assim, portanto, o silogismo imperfeito".[265] Essa aparente deficiência, pelo menos do ponto de vista da completude lógica, é justamente responsável pela força retórica do entimema, posto que a comunicação se dá como se houvesse acordo a respeito daquela premissa ou conclusão sobre a qual se silencia. É a mesma característica, já mencionada, que faz com que os acordos sejam facilitados por termos mais imprecisos e, quanto mais determinados sentido e alcance, mais probabilidade de dissenso.

As perspectivas formais sobre o entimema atêm-se mais ao *logos* do discurso e foi isso que Aristóteles tentou superar, chamando atenção para a correlação dessa característica formal com os aspectos retóricos do *pathos* e do *ethos*. Ao relacionar o *logos* argumentativo com o *pathos* e o *ethos*, Aristóteles apontou os conteúdos materiais do entimema (*topoi*, indícios, paradigmas). O entimema constitui somente a **forma de expressão** do conteúdo da persuasão, o qual se expressa pelas emoções que o emissor consegue despertar no receptor da mensagem e pela credibilidade daquele diante deste, além da mensagem mesma, seu *logos*. Por isso a retórica não se ocupa apenas do entimema, apesar de ele constituir o silogismo retórico por excelência, na opinião de Aristóteles, mas também

---

265. QUINTILIANUS, Marcus Fabius. **Institutionis oratoriae**, Liber V, 14, 1. Edição bilíngue de Helmut Rahn (*Hrsg.*). **Ausbildung des Redners**, em 2 vols. Darmstadt: Wissenschaftliche Buchgesellschaft, 1988, vol. I, p. 653: "habet enim rationem et propositionem, non habet conclusionem: ita est ille inperfectus syllogismus." Não é o objetivo aqui fazer uma análise mais detalhada do conceito de entimema. Para tanto SOBOTA, Katharina. Don't mention the norm! **International Journal for the Semiotics of Law**, vol. 4, fasc. 10, 1991, p. 45-60, trad. João Maurício Adeodato: Não mencione a norma! **Anuário dos Cursos de Pós Graduação em Direito**, n. 7. Recife: Universitária da UFPE, 1996, p. 80-93.

de questões éticas, políticas, psicológicas etc. Ele recusa assim a perspectiva formal, pois procura um critério material para definir o entimema[266]; e assim distinguir a boa da má argumentação.

Antes mesmo de Aristóteles, o sofista Isócrates já mencionara a expressão *enthymeísthai* como uma ferramenta importante no estudo da retórica e na análise da argumentação. Diferentemente do filósofo, porém, que associa o entimema a todas as formas de discurso, e de acordo com Anaxímenes de Lampsakos, Isócrates coloca o entimema como característico da argumentação forense.[267]

Se a definição formal de entimema considera-o um silogismo ao qual falta uma das três partes, resta claro que tal argumento apoia-se no que aqui se chamou a esfera do silêncio. Pode-se também silenciar sobre dois dos três componentes do silogismo, ocasião em que o enunciado expresso é denominado sentença. Se essa sentença é colocada como uma conclusão, constituindo o ponto central e definitivo do argumento, na lição de Quintiliano, ela se denomina epifonema.[268]

Essa concepção formal do argumento entimemático não se contrapõe à concepção material de Aristóteles, sendo, ao contrário, com ela conciliável. O entimema pode expressar todo o silogismo baseado em probabilidades, indícios, paradigmas, *topoi* etc., assim como silenciar sobre uma ou duas de suas partes. O silêncio parte da suposição de que aquilo que seria expressado é evidente, de que não é oportuno externar aquela afirmativa, de que ela, mesmo sem ser óbvia, é do conhecimento ou mesmo do acordo do receptor da mensagem, tudo vai depender do caso concreto. O fundamento dessa suposição pode

---

266. WÖRNER, Markus. Enthymeme – ein Rückgriff auf Aristoteles in systematischer Absicht", *in* BALLWEG, Ottmar; SEIBERT, Thomas-Michael (*Hrsg.*). **Rhetorische Rechtstheorie**. Freiburg – München: Alber, 1982, p. 73-98. SPRUTE, Jürgen. **Die Enthymemtheorie der aristotelischen Rhetorik**. Göttingen: Vandenhoeck & Ruprecht, 1982, p. 68 s.

267. RITTER, Joachim; GRÜNDER, Karlfried (*Hrsg.*). Enthymeme. **Historisches Wörterbuch der Philosophie**. Basel-Stuttgart: Schwabe & Co., 1972, vol. 2, p. 759.

268. QUINTILIANUS, Marcus Fabius. **Institutionis oratoriae**, Liber VIII, 5-11. Edição bilíngue de Helmut Rahn (*Hrsg.*). **Ausbildung des Redners**, em 2 vols. Darmstadt: Wissenschaftliche Buchgesellschaft, 1988, vol. II, p. 207.

estar, por sua vez, em qualquer das alternativas propostas por Aristóteles em sua preocupação com a fundamentação ética da retórica.

Na *Retórica*, ele tenta fornecer um catálogo quase que exaustivo dos lugares-comuns que fundamentam os argumentos entimemáticos, chegando a 28 deles.[269] Abaixo o objetivo é fornecer apenas alguns exemplos esclarecedores e não uma listagem completa. Em muitos deles podem ser detectados ditados populares, máximas de comportamento e também argumentos técnicos presentes nos livros de retórica e de hermenêutica jurídica. Não foram inventados por Aristóteles, que, segundo ele mesmo, limitou-se a catalogá-los (ao lado de outros autores da tradição retórica), mas parecem produto de experiências difusas, quase que características da vida humana em comum, estratégias argumentativas generalizadas e altamente eficientes.

Tal como o argumento, depois denominado *a contrario sensu*, que atribui qualidade positiva a uma palavra e daí qualidade negativa a seu oposto (a sabedoria é louvável, pois a ignorância é reprovável); ou aquele que estabelece uma implicação entre conceitos supostamente complementares (se ensinar é bom, aprender também o é); ou deduzir que quem não domina o que é menos não pode dominar o que é mais, o argumento *a minori ad majus* (se não pode votar, certamente não tem condições de ser eleito); e quem domina o que é mais vai também dominar o que é menos, *a majori ad minus* (se pode ser candidato a presidente da república também pode ser candidato a vereador); além do poderoso argumento de autoridade, *ab auctoritatem*, quando se apela ao *ethos* de uma instância que legitima a mensagem (os buracos negros existem porque os astrônomos assim o afirmam).

A persuasão, para Aristóteles, é uma espécie de demonstração, pois as pessoas são persuadidas mais completamente

---

[269]. ARISTOTLE. **Rhetoric**. II, 23, 1397a-1400b. **The works of Aristotle**, trad. W. Rhys Roberts, Col. Great Books of the Western World. Chicago: Encyclopaedia Britannica, 1990, vol. 8, p. 645-649.

por argumentos demonstrativos. O entimema, que constitui a via retórica por excelência, é uma espécie de silogismo, enquanto que o estudo de todos os tipos de silogismos é tarefa da dialética. Uma pessoa deve ser definida como "sofista" segundo seus (maus) propósitos morais, ao passo que é definida como "dialética" não por conta de seus propósitos morais, mas sim por suas faculdades argumentativas.[270]

Pode-se interpretar Aristóteles assim: o silogismo dialético repousa sobre a *endoxa*, opinião universalmente aceita pelos participantes do discurso, ao passo que o silogismo demonstrativo busca provar determinada afirmação atribuindo-lhe validade geral, como se entre o silogismo apodítico e o entimema, pois "a demonstração que ensina duas coisas é preferível à demonstração que ensina apenas uma."[271] A conclusão é que a demonstração será tanto mais persuasiva quanto mais genérico seu caráter. Mas a função do orador não é apenas **ensinar** e contém outros dois pontos, quais sejam **emocionar** e **deleitar**.[272]

É assim que o conceito de *endoxa* é tão importante quanto impreciso. Aristóteles o examina por meio da oposição entre proposições verdadeiras e falsas e da oposição entre as proposições que têm a aparência de aceitas pela opinião (*éndoxon*), sem sê-lo. Trazendo o problema para hoje, na primeira bipartição, **endoxa se opõe a ciência**, ao conhecimento constrangedoramente verdadeiro, o que se gostaria fosse suficiente. Sim, pois a credibilidade da *alēthē*, das proposições verdadeiras, não provém de sua concordância com outras asserções, mas de si mesmas, ou seja, não há necessidade de perquiri-las, pois cada pessoa deve ser capaz de aceitá-las por si própria. Na segunda diferenciação, e aí afastando-se

---

270. ARISTOTLE. **Rhetoric**, I, 1, 1355b. **The works of Aristotle**, trad. W. Rhys Roberts, Col. Great Books of the Western World. Chicago: Encyclopaedia Britannica, 1990, vol. 8, p. 595.

271. ARISTOTLE. **Posterior analytics**, I, 24, 86a. **The works of Aristotle**, trad. G. R. G. Mure, Col. Great Books of the Western World. Chicago: Encyclopaedia Britannica, 1990, vol. 7, p. 117.

272. QUINTILIANUS, Marcus Fabius. **Institutionis oratoriae**, Liber VIII, 7. Edição bilíngue de Helmut Rahn (Hrsg.). **Ausbildung des Redners**, em 2 vols. Darmstadt: Wissenschaftliche Buchgesellschaft, 1988, vol. II, p. 126: "oratoris officium docendi, movendi, delectandi partibus contineri".

de Platão, Aristóteles distingue a opinião, que é aceita por ser defendida pela maioria, pelos mais sábios ou mais respeitados eticamente, daquela **assertiva que tem a aparência do reconhecimento**, ainda que possa não efetivamente tê-lo.

Aristóteles divide assim os silogismos em dialéticos e apodíticos. Os dialéticos são aqueles cujas premissas tomam por base a *endoxa*, opiniões geralmente reconhecidas, e são estudados na *Tópica*, enquanto os apodíticos partem de premissas verdadeiras e são estudados nos *Analíticos Posteriores*. Nos termos da segunda oposição surge a diferença entre silogismos dialéticos e erísticos, quais sejam, aqueles que apenas aparentam partir de premissas reconhecidas e constituem, portanto, "má" retórica. Os silogismos apodíticos e dialéticos são silogismos formalmente autênticos, ao passo que os silogismos erísticos são apenas aparentes.[273] Note-se também que o encadeamento formal das partes do silogismo pode ser necessário, logicamente correto (*protase*), sem que suas premissas ou conclusão sejam verdadeiras no sentido de corresponder ao seu objeto.

Na argumentação erística o orador aproveita a ignorância ou o despreparo do ouvinte para o convencer de afirmações contraditórias, indignas de crédito ou simplesmente falsas; ela está ligada ao debate em torno da sofística, por isso erismas são por vezes apresentados como sinônimos de sofismas ou paralogismas. Em um sentido mais técnico, a erística consiste na arte de argumentar a favor ou contra qualquer tese, independentemente de seu conteúdo, constituindo parte importante da educação para o debate público. Aí a expressão aparece como sinônimo de "elêntica" e tem a função pragmática de vencer uma discussão. Observe-se que as afirmações podem ser conscientemente falsas, isto é, o orador pode ter consciência de que está mentindo, ainda que isso não ocorra necessariamente; mas tampouco podem ser objetivamente falsas, pois isso implicaria uma certeza que ultrapassa o controle

---

273. AZZONI, Giampaolo. *Éndoxa* e fonti del diritto, *in* FERRARI, Gianfranco; MANZIN, Maurizio. Atti delle **Giornate tridentine di retorica – 3**. Trento: Università di Trento, 24-25 giugno 2003.

UMA TEORIA RETÓRICA DA NORMA JURÍDICA E DO DIREITO SUBJETIVO

público da linguagem e a filosofia retórica recusa essa certeza.

Em sua busca pela "boa" retórica, prenhe do *ethos*, Aristóteles procura distinguir o entimema do erisma. Diferencia-se assim deste livro, insista-se, por não considerar a mentira uma forma de estratégia retórica. O silogismo erístico toma por base premissas e/ou chega a conclusões que "apenas" aparentam ser plausíveis – e como tal têm sua força persuasiva no engodo – mas sua análise leva a paradoxos e perplexidades entre os eventos reais, os significantes e os significados: "todo galo tem duas pernas; Sócrates tem duas pernas; logo, Sócrates é um galo".

Do ponto de vista lógico, essa estratégia erística é simples, consistindo numa troca rudimentar de posição nos termos: todo A (galo) > B (duas pernas); C (Sócrates) > B; logo, C > A. Compare-se com o silogismo apodítico clássico: "todo homem (A) é mortal (B); Sócrates (C) é homem (A); logo, Sócrates (C) é mortal (B).

Silogismo erístico: Todo A > B; C > B; logo C > A

Silogismo apodítico: Todo A > B; C > A; logo C > B

No erisma, a premissa menor liga a terceira variável (C) do argumento à segunda variável (B) da premissa maior e não à primeira (A), diferentemente do silogismo apodítico. Não se trata de um silogismo apodítico "falso", mas de uma maneira diversa de organizar a argumentação. A falsidade de um silogismo supostamente apodítico consiste na falta de correspondência entre a argumentação e os eventos, melhor dizendo, entre a argumentação que interpreta e os relatos vencedores sobre os eventos, mas mantém a mesma estrutura lógica: "toda ave voa (não corresponde à retórica material); o avestruz é ave; logo, o avestruz voa. A falta de correspondência com os eventos (a falta de correspondência com o relato vencedor e constitutivo do mundo real), expressa na premissa maior, vai contaminar da mesma inconsistência a conclusão. Mas a aparência "lógica" (no sentido do teor do *logos* da mensagem) leva a audiência a conformar a retórica material indecidida e a retornar a ela para constituí-la como decisão, determinar o relato vencedor e o mundo dos eventos.

Claro que mostrados isoladamente, assim, esses erismas parecem saltar aos olhos como absurdos e serão provavelmente desmascarados como "meras" estratégias argumentativas, meras mentiras de evidência; mas essa seria uma visão superficial. Numa argumentação estrategicamente bem estruturada, os erismas aparecem em meio a entimemas e inclusive em meio a silogismos supostamente verdadeiros, como os apodíticos e os demonstrativos. Numa argumentação forense, por exemplo, estarão presentes pressuposições apodíticas como "dois corpos não podem ocupar o mesmo lugar no espaço" ou "ninguém pode estar em dois lugares ao mesmo tempo", assim como perícias demonstrativas relatadas por engenheiros e economistas, matemáticos e médicos legistas, ao fazer a perícia determinar se o prédio caiu por incompetência dos cálculos ou porque o empresário inescrupuloso trocou concreto por areia. Mas no meio dos encadeamentos argumentativos serão inseridos entimemas de probabilidades ou de paradigmas de comportamentos anteriores e também erismas das mais variadas espécies.

O silogismo apodítico constitui assim uma "demonstração na argumentação", quando as premissas, das quais parte, são "verdadeiras e primárias"; ele é dialético, por seu turno, se toma por base premissas que são "geralmente aceitas".[274] Aqui cabe considerar o conceito de silogismo dialético, debatido por Aristóteles na *Tópica*, diante do conceito de entimema, tratado na *Retórica*. Um autor antigo e que ganhou tanta importância histórica quanto Aristóteles, além das dificuldades hermenêuticas de qualquer autor, torna-se mais complexo porque seus escritos chegaram até hoje via copistas nem sempre fidedignos. Com efeito, essa definição de silogismo dialético é praticamente a mesma que é dada na *Retórica* para o entimema ou silogismo retórico, mas em diversas passagens

---

274. ARISTOTLE. **Topics**. I, 1, 100a. **The works of Aristotle**, trad. W. A. Pickard-Cambridge, Col. Great Books of the Western World. Chicago: Encyclopaedia Britannica, 1990, vol. 7, p. 143.

UMA TEORIA RETÓRICA DA NORMA JURÍDICA E DO DIREITO SUBJETIVO

fica claro que o Estagirita não considera as expressões sinônimas na estrutura da argumentação.

Assim, além dos silogismos apodítico e erístico, cabe diferençar, na argumentação retórica, mais três espécies de silogismos. Um silogismo é **demonstrativo** se suas premissas são verdadeiras ou aceitas como verdadeiras, ou seja, se a implicação ocorre necessariamente e portanto o assunto faz parte de alguma ciência em particular. Um silogismo é **dialético** quando suas premissas não admitem a qualificação de verdadeiras ou falsas, mas constituem-se de opiniões geralmente aceitas e tomam por base catálogos de *topoi*. Um silogismo é **retórico** (sinônimo de entimema), por sua vez, se, além das características do silogismo dialético, seu objeto diz respeito às três divisões da retórica, qual sejam deliberativa (política), forense (judicial) e epidítica (encomiástica, cerimonial).[275]

Diante desse cenário sobremaneira impreciso em seus conceitos, pode-se dizer que a retórica, como filosofia, é fruto de uma evolução da sofística e parece ter herdado o estigma que a influência de Platão emprestou aos sofistas, situando em um só nível entimemas – os juízos de probabilidade da persuasão – e os erismas – os "falsos" juízos. Propõe-se aqui ver o erisma como um dos tipos de encadeamento de argumentos sofísticos, diferente do entimema. E, ainda assim, o juízo erístico tem dois sentidos básicos: o de falso argumento, com o objetivo de vencer a qualquer preço, e o de controvérsia, de *dissoi logoi*, sentido da agonística, da arte do debate no discurso. A tradição platônica não apenas identifica entimema e erisma, como também reduz o próprio erisma a essa primeira acepção, mais negativa. É, assim, incorreta e imprecisa.

Na retórica valorativa de Aristóteles, que, de acordo com sua ética, visa a persuasão sem engodo ou ameaça de violência, o argumento pode se basear em diversas estratégias, tais como lugares-comuns, paradigmas, indícios e

---

[275] ARISTOTLE. **Rhetoric**. I, 3, 1358a-1358b. **The works of Aristotle**, trad. W. Rhys Roberts, Col. Great Books of the Western World. Chicago: Encyclopaedia Britannica, 1990, vol. 8, p. 598.

verossimilhanças. Certamente que a postura retórica deste livro aceita essas metodologias de Aristóteles. Mas, como dito, quer ir além delas.

Em Aristóteles a retórica tampouco se confunde com a utilização pragmática de *topoi*, pois estes são lugares comuns que servem de ponto de partida para a construção de entimemas.[276] Os *topoi* são assim opiniões genericamente disseminadas, em geral sobre **pretensas causalidades** – que apelam a efeitos supostamente necessários ou a posicionamentos éticos que se pretendem verdadeiros e, como tais, acima de quaisquer argumentos –, embora o retórico saiba que essa pretensa causalidade não é pertinente. Apresentam-se como causais: "mulheres dirigem automóveis pior do que homens" (fulana é mulher; logo, fulana não dirige bem) ou "o mau ambiente produz tendência ao crime" (essa pessoa provém de um mau ambiente; logo tende ao crime). Apresentam-se como corretos: "ter cultura é bom" (fulano é culto; logo é bom) ou "ser magro é belo" (essa pessoa é magra; logo é bela).

A argumentação por meio de **paradigmas** resulta da indução clássica (*épagogé*), que toma um exemplo, sobre cujo significado presume-se que os circunstantes estão de acordo, e procura estender esse significado ao ambiente do argumento utilizado no momento. A força persuasiva desse argumento atual, mais duvidosa do que o relato vencedor sobre o que "efetivamente se passou", aumenta seu grau de convicção pela relação estabelecida com esse exemplo passado, pois o exemplo é uma espécie de indução e quando, dentre duas afirmações, uma é mais familiar ao auditório do que a outra, a primeira constitui um exemplo: "Dionísio quer se tornar tirano, pois está formando uma guarda pessoal". "Todo político que forma uma guarda pessoal ambiciona tornar-se tirano" é a premissa maior, a qual se baseia na verificação pretérita de que Pisístrato tornou-se tirano quando formou sua guarda

---

276. DYCK, Ed. Topos and Enthymeme, *in* The International Society for the History of Rhetoric. **Rhetorica**, Volume XX, Number 2. Berkeley: University of California Press, Spring 2002.

pessoal, da mesma forma que o fez Teágenes em Mégara.[277] Estabelece-se dessarte uma relação entre um relato passado sobre o qual há acordo e um relato sobre um futuro duvidoso e atualmente em discussão.

Aristóteles aconselha que o paradigma escolhido seja um fato histórico, tido como "realmente" ocorrido (que haja acordo sobre seu relato no âmbito da retórica material), pois as pessoas tendem a crer que desfechos em eventos passados venham a se repetir.[278] Mas, estrategicamente, admite que, quando isso não é possível, fábulas, parábolas e alegorias podem ser extremamente eficientes.

A retórica da argumentação também utiliza entimemas estribados em **indícios**. A estratégia consiste em fazer os indícios parecerem os mais causais possíveis, vale dizer, na mesma direção, inexoráveis. Assim, um eventual acordo sobre a existência do indício deve necessariamente provocar acordo sobre a existência do evento indicado por ele: "quem transpira, acelera as batidas do coração e fica pálido simultaneamente, está mentindo" (o detector de mentiras toma por base esse tipo de entimema). O relato que se supõe vencedor no momento vai se estender ao futuro sobre cuja constituição se está debatendo.

Outros argumentos repousam sobre **probabilidades**, isto é, contingências controladas por expectativas que pretendem ir muito além do raro e do casual. Com efeito, diferentemente das outras formas de contingência, o argumento "provável" deve ser confirmado pela experiência na maioria das possibilidades que o antecedem, mesmo sabendo que o evento poderia ter ocorrido de modo diverso do que ocorreu e também que pode vir a ser diferente no futuro, como argumentam e creem matemáticos e estatísticos. A probabilidade é verossímil e assim controla agora no presente as expectativas a respeito do

---

277. ARISTOTLE. **Rhetoric**. I, 1, 1357b. **The works of Aristotle**, trad. W. Rhys Roberts, Col. Great Books of the Western World. Chicago: Encyclopaedia Britannica, 1990, vol. 8, p. 597.
278. Observem-se os itens 1.3.2, no primeiro capítulo, e 7.2, no sétimo capítulo atrás.

futuro, servindo de guia para a ação.

Claro que essas bases argumentativas interpenetram-se e convencer-se da probabilidade de que um evento futuro ocorra pode repousar sobre paradigmas históricos ou alegóricos, sobre lugares-comuns causais ou éticos, sobre indícios e assim por diante. Os argumentos persuasivos partem do exemplo, que corresponde à indução na dialética; do entimema, que corresponde ao silogismo; e do entimema aparente, que corresponde ao silogismo aparente ou erisma.

A **abdução** (ἀπαγωγή, apagogé, épagogé, abductio) é apresentada como uma nova categoria de silogismo, para além do entimema e da indução clássicos, criada por Charles Sanders Peirce e considerada conceito-chave na emancipação da retórica pretendida pelo pragmatismo norte-americano.[279] Na linguagem de Peirce, a abdução é uma terceira forma de silogismo, ao lado da indução e da dedução, e tem uma lógica própria devido a uma terceira estruturação formal. Isso porque o silogismo dedutivo parte da regra (premissa maior) e do caso (premissa menor) para o resultado (conclusão), enquanto o silogismo indutivo parte do caso e do resultado para chegar na regra. Logo, por simples combinatória, há uma terceira possibilidade: partir da regra e do resultado para o caso, o silogismo abdutivo que a princípio Peirce chamou simplesmente de "hipótese".

Ao contrário da dedução, que é logicamente obrigatória, por ser analítica, a abdução tem em comum com a indução as características de se apoiarem ambas na probabilidade e de constituírem juízos sintéticos, ou seja, que ampliam o conhecimento. A argumentação embasada na indução, diz Peirce, vai do particular para o geral e de uma série de fatos para outra série de fatos análogos, ao passo que a argumentação apoiada na abdução vai do efeito para a causa e de uma série

---

279. LANIGAN, Richard L. From enthymeme to abduction: the classical law of logic and the postmodern rule of rhetoric, *in*: LANGSDORF, Lenore; SMITH, Andrew R. **Recovering pragmatism's voice**: the classical tradition, Rorty and the philosophy of communication. New York: State University of New York, 1995, p. 49-70.

de fatos para outra série de fatos de natureza diferente.[280]

A estrutura do **argumento dedutivo** é assim exemplificada:

Regra: todos os feijões desta sacola são brancos.

Caso: estes feijões são desta sacola.

Resultado: estes feijões são brancos.

A **argumentação indutiva** funciona da seguinte maneira:

Caso: estes feijões são desta sacola.

Resultado: estes feijões são brancos.

Regra: todos os feijões desta sacola são brancos.

A abdução, por seu turno, configura uma **terceira possibilidade argumentativa**:

Regra: todos os feijões desta sacola são brancos.

Resultado: estes feijões são brancos.

Caso: estes feijões são desta sacola.

Os pragmatistas esforçam-se por distinguir a abdução do entimema e da indução, mas muitos outros autores tendem a ver na abdução apenas uma das espécies de entimemas já classificados por Aristóteles ou mesmo um sinônimo da indução tradicional.[281] Apesar de muitas vezes se traduzir *epagogé* por indução, reconhece-se neste trabalho a diferença entre abdução e indução sugerida pelo pragmatismo. Mas certamente a argumentação abdutiva pode ser compreendida no conceito de entimema, o que não diminui a contribuição de Peirce.

---

280. PEIRCE, Charles Sanders. Deduction, induction and hypothesis, *in* PEIRCE, Charles Sanders. **The collected papers**. Editorial Introduction by John Deely. Electronic edition of the original Cambridge: Harvard University Press, vols. I-VI ed. Charles Hartshorne and Paul Weiss, 1931-1935, vols. VII-VIII ed. Arthur W. Burks, 1958.

281. SCHULZ, Lorenz. Pragmatismus und Paternalismus, *in* ANDERHEIDEN, Michael; BÜRKLI, Peter; HEINIG, Hans Michael; KIRSTE, Stephan; SEELMANN, Kurt. **Paternalismus und Recht**. Tübingen: J. C. B. Mohr/Paul Siebeck, 2006, p. 69-92, p. 83.

CAPÍTULO DÉCIMO

Conclusão: o tratamento retórico do problema da fundamentação ética do direito e a possibilidade da ataraxia

> *10.1. Responsabilidade pela contingência e o problema do paternalismo na ética. 10.2. Fundamentação como o quinto elemento da concretização dogmática: o problema da legitimidade em tempos de esvaziamento e pulverização éticos. 10.3. Ceticismo, humanismo e historicismo nas origens da filosofia do direito: advogados tornam-se filósofos. 10.4. O problema da universalização de direitos subjetivos: direitos humanos e internacionalização do direito positivo. 10.5. Retórica analítica como metódica jurídica. Os juristas como herdeiros dos sofistas e guardiães da democracia.*

10.1. Responsabilidade pela contingência e o problema do paternalismo na ética

Tem-se insistido aqui que uma das ideias mais arraigadas no senso comum parece ser a de causalidade, combatida por David Hume, conforme anunciado no capítulo quarto atrás. A filosofia retórica deste livro é crítica da concepção causal da natureza, segundo a qual o passado determina o futuro, exatamente por conceber o mundo real como contingência que é construída a cada momento pela própria comunicação, a retórica material. Quer-se enfatizar a tese de que a realidade é constituída pela linguagem e que a linguagem é constituída pela retórica; em outras palavras: a retórica é a ciência da linguagem, mas uma ciência que constitui seu objeto, como todas as demais.

Compreender o mundo como contingência leva a um ceticismo, sem dúvida, mas não a um ceticismo niilista, descrente ou indiferente perante os acontecimentos: exatamente porque a retórica material constitui a contingência, a **responsabilidade ética** passa a ser indispensável no controle dessa contingência.

A negação do conceito de causa e de toda forma de determinismo torna crucial compreender o que se quer dizer com uma compreensão retórica das ditas liberdade e vontade como faculdades humanas. Se toda palavra é dotada de porosidade, pois seu uso evolui na história dos contextos, mais ainda substantivos abstratos como liberdade e vontade. Como então concluir? Tentar rastear sua história pode ser um bom caminho.

Nos primórdios dessa tradição ocidental, que vem da Grécia antiga, a liberdade é compreendida como liberdade política, aquela que pressupõe a igualdade entre os cidadãos que dela usufruem. Para que essa igualdade se efetive, sempre foi pré-requisito que os homens **livres** estivessem **liberados** de suas necessidades vitais, que outros lhes provessem o sustento com sua labuta e que houvesse um espaço público no qual essa liberdade e essa igualdade se pudessem manifestar. Por isso a persuasão é o meio etnometodológico mais importante na *polis*. A isso a retórica pouco tem a acrescentar.

A civilização romana vai trazer um novo fundamento para a legitimidade do direito, consubstanciada na autoridade do governo, que diminui a importância do *topos* de igualdade entre os cidadãos. Os romanos conseguem organizar uma desigualdade sem extinguir a faculdade de ação política nem o correspondente espaço público, apelando à fundação da cidade e às normas legadas pelos antepassados, a crer na lição de Hannah Arendt.[282]

O cristianismo retira o caráter público da liberdade e assim a separa do direito e da política. Paulo de Tarso, cuja importância para a civilização ocidental nem pode ser subestimada, identifica a liberdade com o livre arbítrio e com a independência em relação aos próprios desejos, erigindo-a em uma faculdade do indivíduo isoladamente considerado, que pode ser alcançada com prudência, resignação, ascese. Em direção semelhante, Epiteto sugere uma liberdade possível até para quem é escravo no mundo, um conceito diametralmente oposto ao da Antiguidade clássica que findava. A liberdade cristã passa a ser uma qualidade essencial de todo ser humano, faz parte integrante de sua humanidade, não é um pressuposto da ação política. Para ter liberdade basta querer, pois a vontade é essencialmente livre.

É interessante notar o reflexo deste conteúdo **metafísico** – e não político – do conceito de liberdade na teoria jurídica. Carlos Cossio tem a liberdade como postulado metafísico, um *prius* ontológico para a existência da juridicidade; assim, por mais impedido que esteja, o ser humano pode abrir ou fechar os olhos, pensar nisso ou naquilo: "... a liberdade jurídica é, para nós, a liberdade metafísica fenomenalizada, a liberdade do querer".[283]

Se a liberdade é um ponto central na construção retórica do mundo real que aqui se vem expondo, aparece, ao lado do problema da responsabilidade ética por essa contingência, a questão do **paternalismo na ética**, ou seja, o debate sobre se cabe constranger pessoas para o seu próprio bem, se a ordem

---

282. ARENDT, Hannah. What is authority? *In:* ARENDT, Hannah. **Between past and future** – eight exercises in political thought. New York: Penguin Books, 1980, p. 91-141.

283. COSSIO, Carlos. **La teoria egologica del derecho y el concepto jurídico de libertad**. Buenos Aires: Abeledo Perrot, 1964, p. 403 s. e p. 643.

jurídica positiva pode e deve proteger alguém de perigos quando esse alguém, sendo capaz e adulto, rejeita tal proteção. O paternalismo é, por definição, contrário à autonomia da vontade ou à autodeterminação sem restrições e envolve questões como proibição de fumar, obrigatoriedade de usar cintos, cadeiras para crianças nos automóveis e capacetes de segurança, além de alimentação regrada e demais prescrições para o bem da saúde, dentre outras medidas de proteção: o médico que não revela ao paciente os resultados de seus exames, para protegê-lo da tristeza que advirá da informação; regras contra a eutanásia desejada pelo paciente, em casos de muito má qualidade de final de vida, sob argumento de que a medicina pode evoluir, ou mesmo a eutanásia da infelicidade, em boas condições de saúde; regras para inibir o suicídio, com base na suposição de que todo suicida está em um desespero apenas momentâneo; normas para obrigar um paciente adulto e psicologicamente saudável a tratamento médico, diante do fato de que se houver recusa haverá a morte... Os exemplos são muitos e atuais.

Não se quer aqui recorrer a uma principiologia constitucionalista e dizer que se trata de um conflito de princípios. Não há conflito entre dois princípios específicos: o problema do paternalismo é o conflito entre um princípio específico, o da autodeterminação, e diversos outros: economicidade, segurança, solidariedade social etc.

A expressão tem origem no poder-dever que têm os pais no sentido de proteger seus filhos menores de idade mesmo contra sua vontade, numa relação assimétrica de superioridade e inferioridade. No caso do direito, o paternalismo refere-se, sobretudo, a relações jurídicas e coercitivas entre o Estado e o cidadão, indo além do âmbito meramente moral. Não é difícil perceber a estreita relação entre a postura paternalista e a convicção de verdade na ética, trazida pela tradição religiosa dos monoteísmos, assim como pela tradição jusnaturalista na filosofia do direito.

Para a tendência majoritária, em geral contra o

paternalismo, cunhou-se a expressão "individualismo normativo", ficando "coletivismo normativo" para seus adversários.[284] No exemplo clássico, diante do pedido de Odisseu para ser desamarrado do mastro e tragado pelo canto das sereias, num extremo antipaternalista estaria a decisão "sim", no outro extremo paternalista, "não". Qualificar o paternalismo em tipos como amplo ou restrito, duro ou suave, forte ou fraco pode ser uma boa estratégia para mostrar que também aqui os conceitos opostos são tipos ideais que qualificam os casos concretos aproximativamente apenas.

Possibilitar um máximo de informação sobre a situação, do ponto de vista gnoseológico, e apoiar as consequências por qualquer decisão tomada, do ponto de vista ético, é o caminho antipaternalista sugerido por uma filosofia retórica.

No caso médico mencionado acima, um direito que vise estrategicamente positivar uma ética da tolerância não deve apoiar a falta de informação, mas sim exarar regras para apoiar psicologicamente o doente e fazê-lo suportar a informação. Em caso de recusa a transfusão de sangue, por exemplo, o paciente deve ser informado de tratamentos alternativos, mesmo que tudo indique que venha a falecer se persistir na recusa (mas o paciente precisa ser adulto e apto a decidir, repita-se). O aparato coercitivo do Estado precisa garantir seu direito de morrer. Com relação a outros hábitos, como alimentação pouco saudável e ingestão de outras substâncias, em tese prejudiciais ou mesmo fatais para a saúde física, a estratégia retórica é defender que o direito deve inibir o paternalismo, ainda que o sistema público de saúde precise investir mais recursos para cuidar dessas pessoas. Uma sociedade que alberga quaisquer doentes, ou pessoas desigualmente bem-sucedidas, em todas acepções, tem que zelar por suas incapacidades e impedimentos: mesmo se as escolhas do paciente cooperaram para sua condição, a sociedade é o meio ambiente de tudo. Sempre a estratégia retórica é prescrever o

---

284. ANDERHEIDEN, Michael; BÜRKLI, Peter; HEINIG, Hans Michael; KIRSTE, Stephan; SEELMANN, Kurt. Einleitung. **Paternalismus und Recht**. Tübingen: J. C. B. Mohr/Paul Siebeck, 2006, p. 1.

dever de informar, pois o conhecimento deve ser guiado pela isostenia, e o dever de dar suporte à adversidade, pois a ética deve ser guiada pela ataraxia, conforme discutido no capítulo segundo. A posição retórica contrária ao paternalismo corresponde a seus pressupostos de historicismo, ceticismo e humanismo.

Forte argumento em prol do paternalismo é o prejuízo público que uma decisão individual pode provocar – ou certamente provocará. Para ficar no campo da saúde, a perspectiva de o sistema previdenciário estatal ou mesmo as companhias privadas de saúde se verem prejudicados por fumantes, praticantes de esportes radicais infelizes em uma manobra ou apreciadores de guloseimas pouco saudáveis. Mas pense-se também (para exagerar os confrontos éticos) nos consumidores de drogas extremamente nocivas, de um lado, e as pessoas que simplesmente querem ser absolutamente sedentárias, de outro. Em ambos os casos, há um risco, que é estatisticamente certeza para um grande número de pessoas, de que essas decisões individuais sobre o próprio bem prejudicarão a coletividade (os recursos do sistema público de saúde). O direito – escolha imposta coercitivamente e que (justificadamente) proíbe atos mais graves como homicídios e torturas – deve obrigar alguém a fazer "o certo" nesses exemplos?

Em algumas ideias dos utilitaristas ingleses, que nesse tema são precursores dos pragmatistas, encontra-se a posição ética contrária ao paternalismo, que aqui também é defendida como compatível com a filosofia retórica. Com efeito, John Stuart Mill escreve sobre a liberdade e as relações entre o direito da comunidade e o direito do indivíduo para defender um só princípio, o único móvel que legitima o direito a compelir, obrigar alguém a fazer algo contra sua vontade: a autoproteção. "Auto", própria proteção, porém não aquela do indivíduo, fique claro, mas a **proteção da comunidade**, pois

> Que o único objetivo pelo qual o poder pode ser justificadamente exercido sobre qualquer membro de uma

comunidade civilizada, contra sua vontade, é evitar mal aos outros. Seu próprio bem, seja físico ou moral, não é uma garantia suficiente. Ele não pode ser justificadamente coagido a fazer ou omitir porque será melhor para ele agir assim, porque será mais feliz, porque, na opinião de outros, agir assim seria sábio ou mesmo correto. Essas são boas razões para dissuadi-lo, argumentar com ele ou persuadi-lo, ou suplicar-lhe, mas não para coagi-lo ou trazer-lhe qualquer mal em caso de agir de outra maneira.[285]

O iluminismo de Kant também é contra o paternalismo e baseia seus argumentos nos três princípios *a priori* do estado civil, os quais não são apenas protegidos por leis positivas, mas constituem, em suas palavras, **princípios racionais** da dignidade humana: liberdade (*Freiheit*), igualdade (*Gleichheit*) e autodeterminação (*Selbstständigkeit*, que ele também denomina *sibsufficientia*). Kant faz a diferença entre um governo paternal (*väterliche Regierung, imperium paternale*), o qual é ilegítimo porque submete os governados como se fossem crianças, que não conseguem distinguir o que é útil ou prejudicial para si mesmas, e um governo patriótico (*vaterländische Regierung, imperium patrioticum*), no qual o cidadão (**Staatsbürger** e não **Stadtbürger**, ou burguês, citadino) desfruta de sua dignidade racional, natural e distintiva.[286]

O paternalismo é também tema de ordem constitucional, pois "diz respeito à competência do Estado para intervir no domínio da autonomia privada"... e,

Em termos sistemáticos, a questão traz à tona,

---

285. MILL, John Stuart. **On liberty**. Great Books of the Western World, vol. 40. Chicago: Encyclopaedia Britannica, 1993, p. 267-323, p. 271: "That the only purpose for which power can be rightfully exercised over any member of a civilised community, against his will, is to prevent harm to others. His own good, either physical or moral, is not a sufficient warrant. He cannot be compelled to do or forbear because it will be better for him to do so, because it will make him happier, because, in the opinion of others, to do so would be wise or even right. These are good reasons for remonstrating with him, or reasoning with him, or persuading him, or entreating him, but not for compelling him, or visiting him with any evil in case he do otherwise."

286. KANT, Immanuel. Über den Gemeinspruch: das mag in der Theorie richtig sein, taugt aber nicht für die Praxis, *in* KANT, Immanuel. **Schriften zur Anthropologie, Geschichtsphilosophie, Politik und Pädagogik 1**. Werkausgabe in zwölf Bände, hrsg. Wilhelm Weischedel. Frankfurt a. M.: Suhrkamp, 1977, Bd. XI, p. 125-172, p. 145-146 e p. 151.

inicialmente, o problema da razoabilidade e da proporcionalidade das restrições a uma conduta lícita, garantida constitucionalmente...

Se o princípio da legalidade (no Brasil positivado no art. 5., II, da Constituição Federal) garante que "Ninguém será obrigado a fazer ou deixar de fazer alguma coisa senão em virtude de lei", essas eventuais restrições legais serão,

> nesses termos, proteções e nunca impedimentos. Um direito fundamental não pode ser *restringido* por lei, apenas adequado ao exercício de outro direito fundamental. Só um direito fundamental pode "restringir" [um] outro direito fundamental.[287]

Tal argumento parte da convicção de que a liberdade, enquanto direito fundamental, é corolário da isonomia ("formulação positiva do direito à igualdade" é a expressão de Tercio Ferraz) e da "capacidade do ser humano de reger o próprio destino" (autodeterminação). Ora, esses são exatamente os três princípios da razão que fundamentam a dignidade da pessoa humana em Kant.

O autor defende assim, referindo Hannah Arendt, que o ser humano adulto não pode ser educado por outros adultos, como se alguns não tivessem condições de escolher o que é desejável para si. Se as pessoas divergem sobre o bem, que cada um procure o seu e tolere as diferenças. Nessa direção distingue duas ordens de problemas.

Em primeiro lugar, as regras jurídicas para proteger o próprio fumante de si mesmo, seja proibindo integralmente o fumo, seja restringindo seu uso – e até que ponto. A questão jurídica seria saber se é constitucional uma lei que criminalize ou restrinja a liberdade de fumar. Eram outros tempos quando a lei ordinária criminalizou a cocaína, depois

---

[287]. FERRAZ Jr., Tercio Sampaio. **Direito constitucional** – liberdade de fumar, privacidade, Estado, direitos humanos e outros temas. São Paulo: Manole, 2007, p. 194-195 s.

de ser permitido por décadas seu uso médico e sua venda em farmácias, sem ter a constitucionalidade contestada, ou pode-se fazer o mesmo hoje com o tabaco? Da perspectiva das restrições, por seu turno, essas regras jurídicas de proteção ao fumante implicam, sobretudo, o dever de obrigar o produtor e o vendedor a informar dos malefícios, mas vão mais longe e também restringem a propaganda ou impõem altas taxações.

Mas é nas regras para proteger o não-fumante no convívio com o fumante que o problema jurídico fica mais claro, pois aí existe um espaço comum em que alguns querem poder fazer mal à própria saúde e outros querem distância de fumantes. As possibilidades de conflitos são infinitas. Por exemplo, se o odor de fumo é em geral mais invasivo do que o de comidas e bebidas, não é difícil imaginar uma situação em que uma iguaria pareça a alguns deliciosa e a outros repugnante, querendo estes proibir aqueles de dividir o espaço comum de um restaurante. E a música, os perfumes, as roupas, em suma, toda conduta em interferência intersubjetiva.

Essa forma de colocar a questão guarda estreita relação com o conflito clássico do paternalismo já mencionado; para ficar no exemplo, só considerando os danos que o fumante causa a si mesmo, sem qualquer contato com os não-fumantes, os recursos que ele vai demandar por doenças decorrentes do tabagismo onerarão a saúde pública. Não é de forma tão direta quanto o fumante passivo, que adquire doenças como se fumasse, mas trata-se do conflito entre o que se diz o bem de todos e o que se diz o bem do indivíduo, sua liberdade de escolha.

Novamente Mill, apoiando o individualismo antipaternalista:

> Para justificar isso [coagir alguém], a conduta que se quer impedir deve ter como objetivo fazer mal a outrem. A única parte da conduta de qualquer pessoa pela qual ela é responsável perante a sociedade é aquela que concerne aos outros. Na parte que concerne meramente a si mesma, sua independência é, de direito, absoluta. Sobre si

339

mesmo, sobre seus próprios corpo e mente, o indivíduo é soberano.[288]

Mas a perspectiva retórica mostra como só é possível determinar o sentido das expressões "que concerne aos outros" e "que concerne meramente a si mesma" diante de um caso específico; até se chegar a um conflito concreto no qual se decida sobre os significados dessas palavras, elas permanecem como estruturas vazias ("palavras ocas") e não completam a comunicação. Só quando eventos acompanham significantes e significados se pode falar em discurso e linguagem.

Claro que paternalismo e tolerância precisam ser pensados em relação a todo tipo de diferença: "raça", religião, impedimentos físicos e mentais, sexo, homofobia, liberdade sexual, moral, direito de reunião, direito de associação e tantas outras.

10.2. Fundamentação como o quinto elemento da concretização dogmática: o problema da legitimidade em tempos de esvaziamento e pulverização éticos

O tema da resistência à opressão mediante a desobediência à lei injusta é milenar na cultura ocidental:

> ... do ângulo dos governantes – classicamente preocupados com a ordem e a manutenção de seu poder – e dos filósofos – que na tradição do pensamento político, que remonta a Platão, querem ter a segurança necessária para a *vita contemplativa* –, a obrigação política traduz-se num *dever* dos súditos de obediência às leis emanadas do soberano. Já do ângulo dos governados, bem como dos escritores tradicionalmente preocupados com a liberdade, acentua-se, compreensivelmente, não o dever de obediência mas sim o

---

[288]. MILL, John Stuart. **On liberty**. Great Books of the Western World, vol. 40. Chicago: Encyclopaedia Britannica, 1993, p. 267-323, p. 271: "To justify that, the conduct from which it is desired to deter him must be calculated to produce evil to someone else. The only part of the conduct of any one, for which he is amenable to society, is that which concerns others. In the part which merely concerns himself, his independence is, of right, absolute. Over himself, over his own body and mind, the individual is sovereign."

UMA TEORIA RETÓRICA DA NORMA JURÍDICA E DO DIREITO SUBJETIVO

direito de resistência à opressão.[289]

Com a decisão, mas também ao longo de todo o processo de concretização da dogmática jurídica, aparece o quinto elemento da série de procedimentos: o constrangimento à fundamentação (*Begründungszwang*) e o problema da legitimidade do direito.

Bem antes da obra clássica de Niklas Luhmann[290], Max Weber já procurara mostrar como o conceito de legitimidade evoluíra para o de legitimação e tornara-se procedimental, uma relação pela qual a violência pura e simples se transforma em poder legítimo, isto é, dominação (*Herrschaft*).

Para Weber o direito é coercitivo, a tal ponto que o que se chama direito internacional não merece esse nome:

> Desde logo, segundo a terminologia aqui escolhida (como conveniente), não se pode na realidade designar como direito uma ordem [o direito internacional] que só está garantida pelas expectativas da reprovação e das represálias daqueles que são lesados, quer dizer, convencionalmente e pela situação de interesses, e que careça de um quadro de pessoas especialmente destinado a impor seu cumprimento.[291]

Mas a possibilidade da coação é uma permanente ameaça, está sempre presente no horizonte de expectativas do transgressor, daí a conhecida distinção entre poder (*Macht*) e dominação (*Herrschaft*). E se distingue claramente da legitimidade, monopólio legítimo da violência organizada pelos funcionários. Poder é um conceito "amorfo":

---

289. LAFER, Celso. **A reconstrução dos direitos humanos** – um diálogo com o pensamento de Hannah Arendt. São Paulo: Companhia das Letras, 1988, p. 187.
290. LUHMANN, Niklas. **Legitimation durch Verfahren**. Frankfurt a. M.: Suhrkamp, 1983.
291. WEBER, Max. **Wirtschaft und Gesellschaft** – Grundriss der verstehenden Soziologie, Johannes Winckelmann (Hrsg.). Tübingen: J. C. B. Mohr/Paul Siebeck, 1985, Kap. I, § 6, 2, p. 18: „Für die hier (als zweckmäßig) gewählte Terminologie würde in der Tat eine Ordnung, die äußerlich lediglich durch Erwartungen der Mißbilligung und der Repressalien des Geschädigten, also konventionell und durch Interessenlage, garantiert ist, ohne daß ein Stab von Menschen existiert, dessen Handeln eigens auf ihre Innehaltung eingestellt ist, nicht als, Recht' zu bezeichnen sein."

Poder significa aquela probabilidade de impor a própria vontade, dentro de uma relação social, ainda que contra toda resistência e qualquer que seja o fundamento dessa probabilidade.

Dominação deve ser entendida como a probabilidade de encontrar obediência a um comando de certo conteúdo entre determinadas pessoas; *disciplina* deve ser entendida como a probabilidade de encontrar obediência para um comando, por parte de um conjunto de dadas pessoas, a qual, em virtude de convicções arraigadas, seja simples e automática.[292]

Essa distinção entre poder e dominação ou poder legítimo pode ser detalhada em três aspectos.

Em primeiro lugar, a dominação nem coincide, por um lado, com a obediência inteiramente consentida, persuasiva e sem ameaça de coação, nem tampouco consiste, por outro lado, no simples poder, isto é, na possibilidade efetiva de causar vantagem ou desvantagem a outrem. Em segundo lugar, isso ocorre porque a dominação levanta uma pretensão de legitimidade (*Richtigkeitsanspruch, Gerechtigkeitsanspruch*), uma espécie de crença na autoridade do comando, por conta daquele de quem ele emana, independentemente de seu conteúdo. Finalmente, a dominação não pode ser casuística para merecer esse nome, precisa de certo grau de generalidade e de permanência para conseguir controlar as expectativas quanto ao futuro.

Para classificar os tipos de dominação, Weber usa como critério o que denominou tipos ideais de pretensões de legitimidade, segundo sua metodologia dos *Idealtypen* exposta no capítulo primeiro atrás, posto que a adesão obtida não precisa ser sincera, diferentemente do que ocorre na persuasão; o convencimento dos destinatários dos comandos jurídicos não

---

[292]. *Idem*, Kap. I, § 16, p. 28: „Macht bedeutet jede Chance, innerhalb einer sozialen Beziehung, den eigenen Willen auch gegen Widerstreben durchzusetzen, gleichviel worauf diese Chance beruht. Herrschaft soll heißen die Chance, für einen Befehl bestimmten Inhalts bei angebbaren Personen Gehorsam zu finden; Disziplin soll heißen die Chance, kraft eingeübter Einstellung für einen Befehl prompten, automatischen und schematischen Gehorsam bei einer angebbaren Vielheit von Menschen zu finden."

é o mais relevante, diz ele, e os "fundamentos" do poder são multifacetados:

> A "legitimidade" de uma dominação deve naturalmente considerar-se apenas como uma probabilidade, a de ser tratada praticamente como tal e mantida em uma proporção relevante. Sabe-se amplamente que a obediência a uma dominação não está orientada primariamente (ou simplesmente: sempre) pela crença em sua legitimidade. A adesão pode fingir-se por indivíduos e grupos inteiros por razões de oportunidade, praticar-se efetivamente por causa de interesses materiais próprios, ou aceitar-se como algo irremediável em virtude de fraquezas individuais e desamparo. Isso, porém, não é decisivo para a classificação de uma dominação.[293]

Daí decorre a conhecida classificação que Weber faz do poder legítimo em três tipos ideais: tradicional, carismático e burocrático ou legal racional, cuja explicação não cabe aqui.[294]

Observe-se a novidade desse tipo de legitimação, característico da modernidade ocidental na sociedade complexa, que não mais diz respeito a uma tradição, a qual preexiste em relação aos detentores do poder, nem aos atributos individuais do carisma de um líder. A legitimação legal-racional toma por base a formalização e a eficiência, isto é, não interessa muito o conteúdo ético da norma jurídica, as opções axiológicas que faz diante dos conflitos. O direito desse tipo de Estado apresenta-se como relativamente independente dos outros sistemas sociais e se legitima mediante normas supostamente impessoais e imparciais. Weber vem trazer a ideia de coação

---

293. *Idem*, Kap. III, § 1 ., 3, p. 123: „Die ‚Legitimität' einer Herrschaft darf natürlich auch nur als Chance, dafür in einem relevanten Maße gehalten und praktisch behandelt zu werden, angesehen werden. Es ist bei weitem nich an dem: daß jede Fügsamkeit gegenüber einer Herrschaft primär (oder auch nur: überhaupt immer) sich an diesem Glauben orientierte. Füfsamkeit kann vom Einzelnen oder von ganzen Gruppen rein aus Opportunitätsgründe geheuchelt, aus materiellem Eigeninterese praktisch geübt, aus individueller Schwäche und Hilflosigkeit als unvermeidlich hingenommen werden. Das ist aber nicht maßgebend für die Klassifizierung einer Herrschaft."

294. Para tanto, além do próprio Max Weber, dentre outros: DEUTSCH, Karl. **The nerves of government** – models of political communication and control (with a new introduction). New York: The Free Press / London: Collier-MacMillan, 1963, p. 45 s.; KRONMAN, Anthony. **Max Weber**, trad. John Milton e Paula Della Nina Esperança. São Paulo: Elsevier, 2009, p. 297 s.

organizada que acompanha o monopólio estatal da violência legítima para o centro da sociologia do direito, acompanhando os passos de Kant.

Esse é o momento culminante do processo de diferenciação entre direito natural e direito positivo, de acordo com o que foi também visto no capítulo segundo atrás. A uma fase de indiferenciação, quando não há consciência da distinção, segue-se uma separação gradual, sempre com prevalência do direito natural sobre o positivo; no começo o direito natural é tido como suficiente para regular diretamente os conflitos sociais; depois, o direito positivo passa a ser visto como necessário para explicitar as diretrizes muito genéricas do direito natural. A seguir, o direito positivo se emancipa do direito natural e passa a ser regido por regras sobre competência e sobre ritos de elaboração. Os jusnaturalistas contemporâneos já admitem um direito natural de conteúdo historicamente variável, o que constitui uma espécie de positivação do direito natural.

Nas democracias contemporâneas desenvolvidas, esse esvaziamento de conteúdo ético provoca um fastio pela política (*Politikverdrossenheit*), denunciado pelos mais diversos autores e autoras, e uma situação existencial difícil, lamentada com um pessimismo especial sobre a política e o papel da ciência:

> A exemplo da criança autista, o homem contemporâneo, dedicado à experimentação total de si mesmo, dos outros e do mundo, se encontra, em sua via política, diante de uma muralha de fatos indiferenciados quanto ao seu valor de verdade, cada um deles tão objetivo quanto todos os outros para quem os pode verificar. Os cientistas não são capazes de diferenciar, em pleno mundo produzido pela ciência, entre os fatos que dizem o que há a se conhecer acerca do mundo e os fatos que são indiferentes na perspectiva desse conhecimento.[295]

---

295. POULAIN, Jacques. **La condition démocratique** – justice, exclusion et vérité. Paris: L'Harmattan, 1998, p. 58: "Comme l'enfant autistique, l'homme contemporain, voué à l'expérimentation totale de

UMA TEORIA RETÓRICA DA NORMA JURÍDICA E DO DIREITO SUBJETIVO

Uma filosofia retórica não vai, porém, levar a qualquer pessimismo, pois céticos e humanistas precisam estar atentos à história.

10.3. Ceticismo, humanismo e historicismo nas origens da filosofia do direito: advogados tornam-se filósofos

Os sofistas se transformam em filósofos, segundo uma das teses defendidas aqui, com o auxílio de três amplas concepções filosóficas.

Ceticismo, humanismo e historicismo são três das perspectivas filosóficas que ajudam na fundamentação ética do direito e no tratamento do abismo axiológico. Claro que essas separações têm função expositiva: tanto não se podem cindir a fundamentação ética e a fundamentação gnoseológica, como ceticismo, humanismo e historicismo estão intrinsecamente ligados, pois "homens de convicção" hão que ser evitados.

> Que ninguém se deixe induzir em erro: grandes espíritos são céticos. Zaratustra é um cético. A força, a liberdade que vem da força e sobreforça do espírito prova-se pela *skepsis*. Homens de convicção, em tudo o que é fundamental quanto a valor e desvalor, nem entram em consideração. Convicções são prisões.[296]

Defende-se aqui uma forma de ceticismo para a qual a própria pergunta pela verdade é considerada sem sentido, vez que a retórica material é constitutiva da realidade, ou seja, um ceticismo **pirrônico**, nas palavras de Sextus Empiricus. Ela não se confunde com o ceticismo **dogmático**, que afirma

---

lui-même, d'autrui et du monde, se retrouve dans sa vie politique devant un mur de faits indifférenciés quant à leur valeur de vérité, tous aussi objectifs les uns que les autres pour qui peut les vérifier. Les scientifiques ne peuvent différencier, en. plein monde produit par la science, les faits qui disent ce qui est à connaître du monde et les faits qui sont indifférents à cette connaissance."

296. NIETZSCHE, Friedrich Wilhelm. **Der Antichrist** – Fluch auf das Christenthum, *in* COLLI, Giorgio – MONTINARI, Mazzino (Hrsg.): **Friedrich Nietzsche, Kritische Studienausgabe** – in fünfzehn Bände, vol. 6. Berlin: Walter de Gruyter, 1988, p. 236, § 54: „Man lasse sich nicht irreführen: grosse Geister sind Skeptiker. Zarathustra ist ein Skeptiker. Die Stärke, die Freiheit aus der Kraft und Überkraft des Geistes beweist sich durch Skepsis. Menschen der Überzeugung kommen für alles Grundsätzliche von Werth und Unwerth gar nicht in Betracht. Überzeugungen sind Gefängnisse."

que qualquer afirmação ou juízo sobre o mundo é necessariamente falsa. O ceticismo pirrônico é gnoseológico e ético, no sentido de que não considera o universo irracional em si, mas apenas incognoscível para os seres humanos, ao passo que o ceticismo dogmático pode ser dito ontológico, na medida em que diz respeito à própria constituição do universo. Assim evita-se a velha crítica de que "a verdade não existe", ponto de partida do cético dogmático, seria uma afirmação verdadeira, consolidando a "contradição básica" do ceticismo.

A arraigada incompreensão moderna para com o ceticismo em geral e, sobretudo, o ceticismo pirrônico, é ainda prejudicada pela quase homonímia entre o filósofo e o general, confundindo inclusive autores e editoras renomados. A edição da *Encyclopaedia Britannica* parece correta ao referir a vida do general Pirro (Pyrrhus) entre 319 e 372 a.C., distinguindo-o do filósofo, e também soldado do exército de Alexandre, Pírron (Pyrrhon ou Pyrrho) de Elis (360? – 272? a.C.).[297] No conteúdo, é comum confundir o ceticismo dogmático dos acadêmicos, expressamente criticado por Pírron, com o ceticismo pirrônico, este sim, uma das bases filosóficas da retórica realista aqui adotada.[298]

O ceticismo pirrônico é gnoseológico e ético porque tem a mesma posição diante dos juízos prescritivos (ataraxia) e descritivos (isostenia). Aí não se confunde com a postura de Kant, por exemplo, que é cético quanto ao conhecimento, mas não o é quanto à ética, nem com o cientificismo de Luhmann, que é cético quanto à possibilidade da verdade na ética, mas

---

297. Mas na coleção *Great Books of the Western World*, editada pela mesma *Encyclopedia*, as datas do general Pyrrhus, 365? – 272 a.C., além de divergirem daquelas da *Encyclopedia*, não parecem compatíveis com o relato de ambas as fontes de que morreu em batalha, difícil de crer aos 93 anos. Em português ambos são chamados "Pirro", o que aumenta a confusão. Cf. **(The New) Enciclopaedia Britannica**. Chicago: Encyclopaedia Britannica, 1989, Micropædia v. 9, p. 826-827, e PLUTARCH. Pyrrhus, *in* PLUTARCH. **The lives of the noble Grecians and Romans** (The Dryden Translation), Col. Great Books of the Western World. Chicago: Encyclopaedia Britannica, 1990, p. 314-332.

298. RUSSELL, Bertrand. **History of Western Philosophy** – and its Connection with Political and Social Circumstances from the Earliest Times to the Present Day. London: Routledge, 1993, p. 243. V. ADEODATO, João Maurício. Pirronismo, direito e senso comum – o ceticismo construtor da tolerância, *in* ADEODATO, João Maurício. **Ética e retórica** – para uma teoria da dogmática jurídica. São Paulo: Saraiva, 5ª ed. 2012 (1ª ed. 2002), p. 407 s.

não quanto ao conhecimento. Uma quarta alternativa seria defender a existência de uma verdade tanto na gnoseologia quanto na axiologia, a opção mais completamente ontológica, como a de Nicolai Hartmann.

Por sua imprevisibilidade, o desenvolvimento histórico não admite certezas nem definições e pavimenta a mutabilidade do ambiente criado por essa liberdade humana. Daí a angústia diante do futuro, em que a razão força o ser humano a pensar. Nessa indefinição do futuro se constitui a dignidade do ser humano que vai ser defendida pelos primeiros humanistas, durante a Renascença. Os sofistas e Sócrates já tinham dado uma primeira "virada humanística", ao colocar o ser humano e a ética no centro da filosofia, desviando-se da tradição anterior. Esse humanismo antigo é herdado por romanos como Scipio Aemilianus e Cícero.

Assim define Montaigne o ceticismo pirrônico:

> Suas formas de se exprimir são as seguintes: eu nada afirmo; as coisas não são mais assim do que de outro modo ou mais uma do que a outra; eu não compreendo isso; as aparências são as mesmas em toda parte; falar a favor ou falar contra, não faz nenhuma diferença; nada parece verdadeiro que não possa parecer falso.[299]

A dúvida (devida à igual força dos argumentos) e a imperturbabilidade, trazidas pelos céticos pirrônicos como Sextus Empiricus, sob a denominação de isostenia e ataraxia, respectivamente, constituem as estratégias aqui sugeridas para o problema do discernimento ético, conforme discutido no capítulo segundo atrás e em trabalhos anteriores.[300]

---

299. MONTAIGNE, Michel de. **L'apologie de Raymond Sebond**, texte établi et annoté par Paul Porteau. Paris: Aubier, 1937, parágrafo 199: "Leurs façons de s'exprimer sont celles-ci: Je n'affirme rien; les choses ne sont pas plus ainsi qu'autrement, ou que ni l'un ni l'autre; je ne comprends pas cela; les apparences sont les mêmes partout; parler pour ou contre, c'est tout comme; rien ne me semble vrai qui ne puisse sembler faux."

300. ADEODATO, João Maurício. Pirronismo, direito e senso comum – o ceticismo construtor da tolerância, in ADEODATO, João Maurício. **Ética e retórica** – para uma teoria da dogmática jurídica. São Paulo: Saraiva, 5ª ed. 2012 (1ª ed. 2002), p. 407 s.

Se a isostenia é o caminho para o problema do conhecimento, a ataraxia é o caminho para o problema da ética:

> O caráter que os pirrônicos dão ao seu juízo – reto e inflexível, aceitando qualquer objeto sem o aceitar e sem se vincular a ele – os conduz à ataraxia, que é um modo de vida calmo, tranquilo, isento das agitações que devemos à opinião e ao conhecimento que pensamos ter das coisas; com efeito, é dessas agitações que nos vêm o medo, a cupidez, a inveja, os desejos desmedidos, a ambição, a vaidade, a superstição, o amor da novidade, a rebelião, a desobediência, a obstinação, e a maioria de nossos males corporais. E, de fato, eles evitam assim as rivalidades que a sua doutrina poderia suscitar. Pois seus debates são pouco animados, e eles não temem muito a contradição.[301]

O conceito de **dignidade da pessoa humana**, convicção que subjaz à pretensão de universalização dos direitos humanos, aparece como uma criação da Renascença, sobretudo a partir de seu centro de irradiação, a Itália da passagem do século XV para o XVI. Os humanistas passam a definir a dignidade humana como a capacidade de autodeterminação, tanto do indivíduo como da sociedade, ou seja, a liberdade de escolher constitui seu conteúdo. Quanto ao regime político, a dignidade é sempre republicana, mas pode assumir ou não a forma democrática.[302] Para os humanistas, essa dignidade sequer depende de reconhecimento por parte dos poderes constituídos, pois faz parte da própria "natureza espiritual" do ser humano.

---

301. MONTAIGNE, Michel de. **L'apologie de Raymond Sebond**, texte établi et annoté par Paul Porteau. Paris: Aubier, 1937, parágrafo 194: "Le caractère donné à leur jugement par les Pyrhonniens: droit et inflexible, acceptant tout objet sans s'y attacher et sans l'accepter, les conduit vers l'ataraxie, qui est un mode de vie paisible, tranquille, exempt des agitations que nous devons à l'opinion et à la connaissance que nous pensons avoir des choses; c'est en effet de ces agitations que nous viennent la crainte, la cupidité, l'envie, les désirs immodérés, l'ambition, l'orgueil, la superstition, l'amour de la nouveauté, la rébellion, la désobéissance, l'obstination, et la plupart de nos maux corporels. Et de fait, ils évitent ainsi les rivalités que pourrait susciter leur doctrine. Car leurs débats sont peu animés, et ils ne craignent guère la contradiction."

302. KIRSTE, Stephan. Menschenwürde und die Freiheitsrechte des Status Activus – Renaissancehumanismus und gegenwärtige Verfassungsdiskussion. *In*: GRÖSCHNER, Rolf; KIRSTE, Stephan und LEMBCKE, Oliver W. (*Hrsg*.). **Des Menschen Würde** – entdeckt und erfunden im Humanismus der italienischen Renaissance. Tübingen: J. C. B. Mohr/Paul Siebeck, 2008, S. 187-214.

A dignidade de todo ser humano é assim um corolário da liberdade. Não apenas uma liberdade "de" interferências externas (passiva), mas também uma liberdade "para" autodeterminar-se (positiva). É a dignidade humana dos humanistas renascentistas que vai se transformar na doutrina dos direitos subjetivos, com o "direito a ter direitos", mencionado muito depois por Hannah Arendt.[303]

O **humanismo** não criou o conceito de dignidade humana, mas ampliou a concepção da Patrística e da Idade Média em geral, trazendo-a para o discurso político e retirando-a do ambiente privado para a esfera pública. Os humanistas platônicos da Renascença salientam também que a dignidade do ser humano mostra-se desde logo em sua capacidade para conhecer, na medida em que a criação divina não é apenas copiada e repetida, mas o ser humano lhe acrescenta algo, modifica o ambiente posto, se autodetermina e escolhe suas atitudes.

E aqui a interessante fundamentação dos humanistas para o maior grau de confiabilidade do conhecimento das hoje chamadas ciências humanas em comparação com o conhecimento da natureza, bem diferente da visão cientificista moderna: o conhecimento daquilo que o próprio ser humano produz deve ser mais seguro do que o daqueles objetos que dele independem. Por isso, diz Salutati, o conhecimento do direito é mais seguro do que o da medicina, por exemplo.[304] A natureza é estranha e hostil ao ser humano, mas Deus, ao cuidar da criação, deixou uma parte do mundo para que o ser humano a determinasse, a criasse por força de sua liberdade de escolha e autodeterminação.

Na mesma direção vão Pico della Mirandola, Marsilio Ficino e Juan Luis Vives, concordando com a metáfora deste

---

303. ARENDT, Hannah. Es gibt nur ein einziges Menschenrecht. **Die Wandlung**, erstes Heft, vierter Jahrgang. Heidelberg: Carl Winter / Universitätsverlag, 1949, p. 755-770.

304. SALUTATI, Coluccio. **Vom Vorrang der Jurisprudenz oder der Medizin** (De nobilitate legum et medicinae). Lateinisch-Deutsche Ausgabe übersetzt und kommentiert von P. M. Schenk. München: UTB, 1990, p. 184.

último, que compara o ser humano e seu direito ao camaleão, numa antropologia em franco desacordo daquela defendida por Aristóteles, para quem a imutabilidade, e não seu contrário, aproximaria de Deus, o motor imóvel. O humanismo do Renascimento é o primeiro movimento intelectual a detectar a formação do ser humano como um Proteu da modernidade[305], um mutante individualista. Fica então patente a contradição, já detectada pelos pensadores italianos, entre a dignidade e as muitas doenças da alma humana, tais como inveja, orgulho, ira, sovinice, ambição de poder e crueldade.[306]

No século XVIII o humanismo continua forte na educação do Ocidente, inclusive do Brasil. Uma fonte importante de pesquisa na época foi a *Rhetorica ad Herennium*, que continua sendo publicada como de autoria de Cícero, ainda que muito contestada.[307] Frei Caneca, professor de retórica em Olinda e no Recife do início do século XIX, mostra a influência dessa obra e da fundamentação ética baseada no humanismo herdado do Renascimento.[308]

As características tradicionais do humanismo foram fixadas pelos estudiosos da Renascença italiana já na era moderna e seriam principalmente quatro: individualismo, a redescoberta da Antiguidade Clássica, a atenção para com o mundo terreno e o cuidado para com o ser humano, o que lhe valeu a denominação. Essa visão foi questionada por historiadores do período medieval, para os quais a Idade Média não pode ser vista como uma "idade das trevas" que justificasse um "renascimento" da cultura e do humanismo.[309] De

---

305. ADEODATO, João Maurício. **A retórica constitucional** – sobre tolerância, direitos humanos e outros fundamentos éticos do direito positivo. São Paulo: Saraiva, 2010, p. 131-132.
306. MANETTI, Giannozzo. **Über die Würde and Erhabenheit des Menschen** (De dignitate ed excellentia hominis), übersetzt von H. Leppin. Hamburg: 1990, p. 95.
307. A obra continua sendo publicada integrando as de Marco Túlio Cícero. **Retórica a Herennio**. Obras Completas de Marco Tulio Cíceron (em 16 tomos). Madrid: Librería y Casa Editorial Hernando, 1928, tomo III.
308. CANECA, Joaquim do Amor Divino. Tratado de eloquência, *in* **Obras políticas e literárias**, em 2 vols., colecionadas pelo Comendador Antonio Joaquim de Mello. Recife: Typographia Mercantil, 1875 (ed. *fac símile*).
309. KRISTELLER, Paul Oskar. The moral thought of renaissance humanism, *in* KRISTELLER, Paul Oskar. **Renaissance thought II** – papers on humanism and the arts. New York / Evanston / London: Harper Torchbooks / The Academy Library, 1965, p. 20-21.

toda forma, parece claro que a sofística já apresentava essa característica, assim como a "virada socrática" na direção da ética e do agir humano, e que o humanismo tem feito parte importante da cultura ocidental.

Mas os sucessos da ciência e dos métodos cartesianos ameaçaram e preponderaram sobre o humanismo retórico, inclusive no que concerne ao direito e seu processo de dogmatização na modernidade ocidental, com a inusitada pretensão de uma "ciência do direito" (*Rechtswissenschaft*). Talvez a ojeriza à retórica se tenha tornado ainda mais forte sob a influência do novo racionalismo moderno do que na Europa da Idade Média, apesar de impregnada pelas críticas de Platão à Sofística e pelos textos ontológicos de Aristóteles. A retórica só vai começar a recuperar parte de seu prestígio no começo do século XX, com a chamada "virada linguística" (*linguistic turn*).

Para o mundo ocidental contemporâneo, direcionado pela tecnologia e pela especialização, parece no mínimo estranha a crítica feita por Francis Bacon, já no século XVI, no sentido de que a educação dos jovens seria excessivamente humanista, muito vinculada às artes retóricas, aconselhando uma reforma para maior dedicação às "ciências naturais", como chamava a física e a biologia, por exemplo.

Defende-se aqui a tese, já exposta, de que a ligação entre retórica e ética não pode ser necessária, como queria Aristóteles, mas tampouco pode ser deixada de lado, pois é muito importante.

A retórica consiste, sim, no ornamento, na forma bela mesmo sem preocupação com a ética, no despertar e manipular emoções alheias, sem dúvida. *Ornatus* é uma qualidade que aquele que fala faz aderir a seu discurso, numa transliteração do sentido original de estar "ornado" – e não "ornamentado" – para a batalha, ou seja, munido dos devidos apetrechos de ataque e defesa.[310] Essa parte da retórica, ocupada das fi-

---

310. SKINNER, Quentin. **Reason and rhetoric in the philosophy of Hobbes**. Cambridge: Cambridge University Press, 1996, p. 49 s.

guras de linguagem e do estudo formal e taxonômico do discurso, sempre foi extremamente relevante. Mas não esgota a retórica, que também precisa de conteúdo.

Este se expressa, ao longo da evolução histórica da retórica, na tópica ou teoria retórica da argumentação (relembre-se que não se deve confundir com a teoria da argumentação racionalista de Robert Alexy, por exemplo). A análise formal da teoria das figuras separa-se de seu conteúdo argumentativo apenas para efeitos didáticos. O humanismo é uma das maneiras de ver o mundo que traz conteúdo ético para a tópica argumentativa. Aristóteles colocou os catálogos de *topoi* como conjuntos de opiniões geralmente aceitas no ambiente, os quais compõem um dos fundamentos éticos do entimema, da mesma forma que os exemplos históricos e demais tipos de paradigmas, por exemplo. Aqui a tópica é tomada como a primeira grande subdivisão da retórica, ao lado da teoria das figuras, como dito. Para outros autores, porém, tópica é sinônimo de retórica e ambas se opõem ao conceito de filosofia.[311]

Ao lado do ceticismo e do humanismo, a fundamentação ética da perspectiva retórica traz o que aqui se denomina **historicismo**. A história é claramente tida como um tipo de conhecimento retórico na Grécia clássica; foi só na modernidade que passou a ser vista como a tentativa de "descobrir" um encadeamento causal de "fatos". Para o historicismo retórico a história é constituída pelos relatos mais permanentes sobre percepções de eventos, relatos esses que propiciam exemplos para reforçar os argumentos, pois as pessoas tendem a dar mais crédito àquilo que creem ter efetivamente acontecido.

É preciso, porém, ter presente a advertência de Nietzsche, ao tratar dos limites daquilo que se pode aprender com a história: "Em que, então, é útil ao contemporâneo a consideração monumental do passado, o ocupar-se com os clássicos e os raros

---

311. VIEHWEG, Theodor. **Topik und Jurisprudenz** – Ein Beitrag zur rechtswissenschaftlichen Grundlagenforschung. München: C. H. Beck, 1974 (4. Aufl.). SCHLIEFFEN, Katharina von. Rhetorische Analyse des Rechts: Risiken, Gewinn und neue Einsichten, *in* SOUDRY, Rouven (*Hrsg*.). **Rhetorik** – Eine interdisziplinäre Einführung in die rhetorische Praxis. Heidelberg: C. F. Müller Verlag, 2006, p. 42-64.

de tempos antigos?". Depois de louvar a grandeza dos clássicos, ressalta:

> Quantas diferenças é preciso aí negligenciar, para que ela [a comparação com o passado] faça aquele efeito fortificante, com que violência é preciso meter a individualidade do passado dentro de uma forma genérica e quebrá-la em todos os ângulos agudos e linhas [de sua individualidade] em prol do acordo![312]

A retórica da fundamentação ética é contrária a toda forma de solipsismo, uma vez que é uma filosofia da linguagem. Ainda que haja uma linguagem consigo mesmo – o pensamento –, sua única forma de controle público é quando ocorre a comunicação. E comunicação demanda necessariamente algum entendimento, exige tomar em consideração os demais seres humanos circunstantes, tratá-los como pessoas.

Nada indica que haja um padrão de "verdade" ou de "justiça" para avaliar essa comunicação, que é autoconstituída, oscilante, fluida, em suma: é retórica material. Mas ela existe, ou seja, é o ambiente do ser humano, seu "mundo". E só nela, literalmente, ele existe. Mesmo quando em isolamento, esse diálogo consigo mesmo impede que perceba qualquer "coisa" além da linguagem. Quando em contato com outros seres humanos, a comunicação precisa ser controlada de alguma maneira e o direito é fator de suma importância nesse controle, ele coopera fortemente para a constituição do relato vencedor. A história dos relatos vencedores constitui assim o mundo.

A retórica da fundamentação ética leva daí a pessoa à tolerância, pois alia a necessidade de entendimento com o outro

---

312. NIETZSCHE, Friedrich. **Unzeitgemässe Betrachtungen II**, *in* NIETZSCHE, Friedrich. **Nachgelassene Schriften 1870-1873**, *in* COLLI, Giorgio – MONTINARI, Mazzino (*Hrsg.*): **Friedrich Nietzsche, Kritische Studienausgabe** – in fünfzehn Bände, vol. I. Berlin: Walter de Gruyter, 1988, § 2º, p. 260-261 (Von Nutzen und Nachteil der Historie für das Leben): „Wodurch also nützt dem Gegenwärtigen die monumentalische Betrachtung der Vergangenheit, die Beschäftigung mit den Klassischen und Seltenen früherer Zeiten?" ... „Wie viel des Verschiedenen muss, wenn sie jene kräftigende Wirking thun soll, dabei übersehen, wie gewaltsam muss die Individualität des Vergangenen in eine allgemeine Form hineingezwängt und an allen scharfen Ecken und Linien zu Gunsten der Uebereinstimmung zerbrochen werden!"

a um ceticismo diante não apenas das convicções dos demais seres humanos, mas inclusive no que se refere a suas próprias percepções e "conhecimentos". Tal ceticismo pretende-se **estritamente empírico**: só por meio de uma atitude relativista é possível compreender o ser humano e o ambiente em que se acha inserido, pois são teses aqui que os seres humanos percebem diferentemente os eventos, que eventos nunca se repetem e que essa percepção é que constrói os eventos por intermédio da linguagem.

Todo filósofo percebe que o senso comum pode se tornar grande adversário da filosofia. Se tomar como "verdade" o controle público da linguagem, que o senso comum expressa, vai-se chegar a uma espécie de adequação do significado "correto", quando outros significados não são permitidos, numa arrogância gnoseológica que seria apenas tola se ficasse nisso, mas que se torna perigosa quando transplantada para a ética. Os critérios do conhecimento científico ou de qualquer forma de conhecimento não podem ser separados da questão ética, a não ser artificialmente, para fins metodológicos de estudo. A fundamentação ética não pode se referir a objetos "idênticos" da realidade, nem tampouco a unidades significativas autônomas supostamente presentes em textos, pois não há essa identidade na percepção dos seres humanos que se comunicam. Por isso o terrorismo do conhecimento e o terrorismo da verdade[313] podem levar a consequências éticas nefastas.[314]

O direito garante, na esfera pública, a liberdade e o mútuo reconhecimento. Como ambiente ético comum, o direito da sociedade complexa precisa propiciar a tolerância e reduzir os níveis de dominação de um ser humano por outro. Por isso Sextus Empiricus diz que o direito deve ser respeitado

---

313. Expressões utilizadas por SCHMIDT, Siegfried J. Der radikale Konstruktivismus – ein neues Paradigma im interdisziplinären Diskurs, *in* SCHMIDT, Siegfried J. (Hrsg.). **Der Diskurs des radikalen Konstruktivismus**. Frankfurt am Main: Suhrkamp, 1987, p. 11-88, p. 64. É preciso enfatizar que a concepção retórica aqui defendida não é "construtivista" no sentido de Schmidt, pois ele acha ter "superado" o ceticismo, que a retórica considera incontornável (p. 74).

314. Considera mais "evoluída" a ética ocidental SALGADO, Joaquim Carlos. **A ideia de justiça no mundo contemporâneo** – fundamentação e aplicação do direito como maximum ético. Belo Horizonte: Del Rey, 2006, p. 264 s., que fala em "O maximum ético e a síntese superior da ética ocidental".

UMA TEORIA RETÓRICA DA NORMA JURÍDICA E DO DIREITO SUBJETIVO

pelos céticos e, pela mesma razão, muito céticos tendem a uma postura conservadora, fazendo com que as regras do direito substituam as regras da verdade.[315] Daí a importância da responsabilidade ética para o cético, pois a causalidade e seu corolário, o determinismo, são conceitos sem sentido para a filosofia retórica. Não é à toa que historicamente a jurisprudência nasce da retórica.

Claro que a concepção da relatividade enfraquece a fundamentação científica e a retórica analítica é o mais próximo que se pode chegar daquilo que se denomina "verdade", entendida como análise do controle público da linguagem. Apesar da importância que dá à ética, a retórica da tolerância não é uma ética ontológica, não é "a melhor". É apenas uma sugestão no nível da retórica estratégica, uma ética otimizadora e não descritiva, que pretende "racionalizar" e diminuir aborrecimentos e sofrimentos humanos em geral. Mas para os intolerantes, p. ex., ela não será a mais desejável.

Por isso a retórica da fundamentação analítica da ética procura afastar-se de toda forma de paternalismo. Claro que há limites à tolerância, como se vê no debate sobre tolerar o intolerante (paradoxo da intolerância), mas esses limites são casuísticos e serão determinados pelas vias da participação e da responsabilidade. Se a concepção causal do direito não serve, se a norma é uma ideia que controla agora o futuro, uma promessa que pode ser cumprida ou não, então os seres humanos conformam seu futuro. Por isso são necessárias participação e responsabilidade, ambas estratégias éticas que levam a uma visão democrática do meio ambiente social. A tradição da tolerância na civilização ocidental aparece claramente na luz pública somente a partir do século XVII, mas, da mesma forma que o humanismo, teve muitos precursores, como Nicolau de Cusa.[316] Desde esses humanistas o conceito

---

315. SEXTUS EMPIRICUS. **Selections from the Major Writings on Scepticism, Man & God**, edited with introduction and notes by Phillip P. Hallie, translated from the original Greek by Sanford G. Etheridge, new foreword and bibliography by Donald R. Morrison. Indianapolis-Cambridge: Hackett Publishing Co., 1985, p. 3-28. MARQUARD, Odo. **Abschied vom Prinzipiellen**. Stuttgart: Reclam, 1981.

316. BOCKEN, Inigo. Toleranz und Wahrheit bei Nikolaus von Kues. **Philosophisches Jahrbuch**, 105.

de tolerância foi sempre complexo, com pelo menos três sentidos básicos, no debate atual já multiplicados: o de mera indiferença à presença do outro, o de tolerar como suportar essa convivência e o de efetivo reconhecimento, já implicando igualdade de tratamento.

Portanto, tal como proposto aqui, no Estado democrático de direito atual a tolerância desempenha uma importante função de enfrentamento das desigualdades. Essas desigualdades podem ser classificadas em três tipos, segundo as vicissitudes da vida, chamadas sorte e azar: a genética, a ambiental e a casuística. A tolerância imuniza contra esses azares, mas não se confunde com o perdão, pois é normativa, e como tal dirigida ao futuro, ao contrário do perdão, que é dirigido ao passado; mesmo assim, a tolerância para com ações futuras enseja o perdão para com ações passadas.

> A desigualdade genética diz respeito às diferentes condições biológicas dos seres humanos: alguns têm resistência física, outros precisam de muito descanso; alguns são alegres e denodados, outros melancólicos e indolentes; para uns qualquer problema intelectual é simples, outros têm dificuldade de compreensão; em alguns se manifestam as mais terríveis doenças, outros vivem em perfeita saúde.
>
> A desigualdade ambiental ocorre em relação ao meio em que vive o indivíduo, isto é, se há condições de ter satisfeitos os constrangimentos de subsistência, saúde, abrigo, educação, estabilidade emocional etc. Como as respostas a esses constrangimentos variam em tempo e espaço da história da humanidade e de cada ser humano, o ambiente apresenta correspondente variação de oportunidades.[317]

A desigualdade casuística deve-se ao fato de que a retórica material se compõe de acontecimentos únicos, imprevisíveis, que dependem de mais variáveis do que as intempéries

---

Jahrgang / 2, 1998, p. 242-266.
317. ADEODATO, João Maurício. **A retórica constitucional** – sobre tolerância, direitos humanos e outros fundamentos éticos do direito positivo. São Paulo: Saraiva, 2010, p. 124-125.

meteorológicas. Adquirir uma doença, ser vítima de agressão ou acidente, perder entes queridos, a lista de desgraças é interminável, assim como as possibilidades de sucesso.

Para combater essas vicissitudes é que surgem as ideias de tolerância, perdão e o humanismo que as acompanha desde que surgiram as primeiras noções de igualdade. Tolerar as diferenças compensa a desigualdade, repita-se. Sem contar que o privilegiado geneticamente pode ter azares casuísticos, assim como o menos bafejado pela sorte no dia a dia pode ter uma genética mais adequada, além de outras análises combinatórias entre essas três variáveis. Por isso a vaidade e a arrogância são indesejáveis de um ponto de vista ético.

O consenso que este livro defende é o consenso temporário, autorreferente, circunstancial. É diferente tanto do que falam Alexy e Habermas, ao procurar consensos universais, racionais, fruto de desenvolvimento histórico assim ou assado, como do consenso que Luhmann considera "recurso escasso". Em comum eles pensam em um consenso estável, duradouro, no caso de Habermas até um consenso escatológico. Os consensos da retórica não são assim e as ontologias lhe são "insuportáveis":

> O que é, precisamente para mim, totalmente insuportável? A única coisa de que eu não dou conta, que me faz sufocar e desfalecer? Ar ruim! Ar ruim! Que algo malogrado chegue perto de mim; ter que cheirar as vísceras de uma alma malograda![318]

A retórica da fundamentação ética coopera assim para a humanização do mundo, na medida em que entende que é impossível conhecer "o mundo", que não vem "dado"

---

318. NIETZSCHE, Friedrich Wilhelm. **Zur Genealogie der Moral** – eine Streitschrift, in COLLI, Giorgio – MONTINARI, Mazzino (Hrsg.): **Friedrich Nietzsche, Kritische Studienausgabe** – in fünfzehn Bände, vol. 5. Berlin: Walter de Gruyter, 1988, p. 277 (Erste Abhandlung, § 12): „Was ist gerade mir ganz Unerträgliche? Das, womit ich allein nicht fertig werde, was mich ersticken und verschmachten macht? Schlechte Luft! Schlechte Luft! Das etwas Missrathenes in meine Nähe kommt; dass ich die Eingeweide einer missrathenen Seele riechen muss!"

ontologicamente, mas é possível construir o papel que o ser humano tem a desempenhar nele.

10.4. O problema da universalização de direitos subjetivos: direitos humanos e internacionalização do direito positivo

O problema semântico nesta parte é definir como relacionar o conceito de positividade (positivação) aos conceitos, mais antigos nos debates da dogmática jurídica, de validade e efetividade. Que um direito válido e efetivo é positivo é comum acordo entre positivistas e até jusnaturalistas. Mas há um debate já tradicional entre os positivistas no sentido de que se pode chamar de direito positivo um direito apenas válido e, do outro lado, que se pode chamar de direito positivo um direito apenas efetivo.

Válido é o direito elaborado de acordo com as regras. Efetivo é o direito seguido ou aquele cuja sanção se transforma em coação em caso de desobediência, tudo em uma "razoável proporção" que não pode ser rigidamente determinada. Aí aparece o problema de se há direitos subjetivos em si mesmos considerados ou se todo direito subjetivo é uma concessão do poder de dizer o direito que se expressa pelo direito objetivo. Tudo isso já foi colocado atrás.

Além da constitucionalização, no âmbito interno, a relevância ética do direito subjetivo se mostra também no âmbito da internacionalização do direito. Como o direito internacional não possui um aparato dogmaticamente organizado para que se possa falar de um ordenamento jurídico coercitivo, com validade e efetividade, os direitos subjetivos que pretendem validade intrínseca, mas não são garantidos internacionalmente, tornam-se **direitos humanos**. Para seus defensores, os direitos humanos devem não apenas prevalecer sobre os ordenamentos nacionais, mas também merecer reconhecimento universal.

Da perspectiva da retórica da fundamentação ética, a

internacionalização traz pelo menos duas questões filosóficas.

A primeira é tema central de qualquer ética e trata de como fundamentar quais escolhas devem preponderar, se há opções éticas antagônicas, ou seja, se as escolhas de alguns governos nacionais devem ser estendidas a todos. Dentro dos Estados nacionais é exatamente isso que o direito dogmaticamente organizado propicia em relação aos cidadãos: ele positiva as escolhas éticas de uns em detrimento daquelas que seriam as escolhas dos demais. Por isso o direito dogmático precisa de um Leviatã que apareça como última instância para dizer o direito. Na prática política, é o problema de as alternativas da preferência de governos nacionais ou grupos internacionais mais fortes econômica e militarmente tornarem-se obrigatórias para todos. Esses governos dos Estados centrais na geopolítica atual não parecem exemplares em coerência quanto a suas opções éticas, como mostram os descasos para com o meio ambiente e as intervenções supostamente humanitárias com notórias violações a direitos humanos.

A segunda diz respeito à retórica da igualdade: é um problema fundamentar a ideia de que determinadas normas valham para uns e não para todos, como hoje as que se referem à proteção do ambiente ou à fabricação de armamentos de destruição em massa.

No que concerne à teoria do direito, esses dois problemas vão desembocar na **globalização jurídica**, isto é, na imposição dos padrões dogmáticos de organização do direito, desenvolvidos no Ocidente, a todos os Estados que participem da comunidade internacional. Ter organizado dogmaticamente seu direito passa a ser critério crucial para incluir ou excluir um Estado no mundo globalizado, um padrão para aferição do grau de civilização de uma sociedade, que serve como pré-condição inclusive para o comércio e a atração de investimentos. Aí se inter-relacionam questões econômicas e temas éticos, como o respeito aos direitos humanos. Compreender esses padrões de pensamento jurídico é útil também para países cujo direito não é dogmaticamente positivado, seja porque pretendam dogmatizá-lo, como pode ser o caso do Brasil e da "periferia dogmática" ocidental, seja porque intencionem manter-se afastados disso, como parece ser o caso da periferia oriental.

Pode-se supor, por outro lado, que o Estado nacional se enfraquece contemporaneamente e que uma eventual globalização do direito virá eliminar essas formas de organização social sob as quais se vive, dentre as quais se sobressai, conforme visto, a dogmática jurídica. Mas também é possível supor que, ao contrário, a globalização econômica virá exigir cada vez mais uma globalização jurídica e que esta partirá, certamente, dos padrões da dogmática estabelecida nos países dominantes política e economicamente. Por tudo isso é importante, para o estudioso brasileiro, conhecer a dogmática jurídica.

Claro que o termo "globalização" deve aqui ser entendido fora dos contextos ideológicos que lhe pretendem impor o neoliberalismo da mídia e partidos políticos. O fato é que essa "sociedade global" ou "mundial" contemporânea coloca, se não uma ameaça de extinção, pelo menos um desafio concreto à democracia, constituída a partir de Estados nacionais oriundos (desde antes) da modernidade, pois, se nem todo Estado nacional contemporâneo é democrático, a experiência do Estado democrático de direito foi construída a partir de Estados nacionais. A modernização dogmática do direito exige pré-requisitos de toda ordem.

Como o direito permanece organizado em termos nacionais, a universalização dos direitos humanos passa por sua dogmatização constitucional, quer dizer, o problema tem que ser resolvido no âmbito interno. Só quando aceita pelo ordenamento nacional a regra internacional passa a valer. A constitucionalização dos direitos humanos em âmbito nacional, tornando-os direitos "fundamentais", positivados, é um bom indício do que pode acontecer com a universalização dos direitos humanos como estratégia de legitimação do direito internacional. Daí a procedência de observar a evolução da dogmática constitucional.

Num debate filosófico, ainda que dirigido ao direito constitucional, juristas discutem o conceito de direitos fundamentais diante dos critérios de matéria e forma sugeridos por Aristóteles. Para os formalistas, direitos fundamentais seriam todos aqueles direitos subjetivos insculpidos na Constituição, ou seja, que adquiriram forma constitucional. Em Estados como a Inglaterra e os Estados Unidos, nos quais a Constituição é elaborada paulatinamente, não há uma forma constitucional específica e esse critério não se pode aplicar. Daí a tese de que é necessário um conceito material de direitos fundamentais, que se aplicaria a constituições legisladas e jurisprudenciais. Isso pode levar a apontar direitos fundamentais sem forma constitucional, assim como direitos que estão na Constituição, mas não têm o *status* de direitos fundamentais.

Ora, se certos direitos não precisam estar reconhecidos nas constituições para serem definidos como fundamentais, esse caráter vem de critérios superiores àqueles positivados pelos governos nacionais e assim esses direitos podem pretendem validade internacional. A noção de direitos inatos, unicamente pela condição humana que pertence a todos, é uma revolução ideológica trazida à cultura ocidental pelos primeiros cristãos. Esse é o conteúdo básico do direito à igualdade. Os gregos e romanos falaram de direitos naturais acima da vontade dos governantes, mas estender os mesmos direitos a todos os seres humanos, incluindo pobres e mulheres, parece ser uma nova contribuição do cristianismo primitivo, logo abandonada.

Passo importante no caminho dessa universalização dos direitos humanos, já na Idade Média, a Magna Carta surge como uma de suas primeiras tentativas de positivação no Ocidente. A partir do Renascimento vão se formando o individualismo e o liberalismo, os quais, nos séculos XVII e XVIII, vão propiciar o constitucionalismo liberal que vai positivar, em textos constitucionais escritos, os primeiros direitos fundamentais, por isso mesmo chamados de direitos de primeira "geração", ou, dentro de uma controvérsia terminológica aqui ignorada, de primeira "dimensão". Nessa primeira geração, os direitos apresentam a dimensão individualista dos revolucionários da época, inspirados, sobretudo, em John Locke, correspondendo ao que hoje a dogmática constitucional denomina direitos fundamentais individuais. No que diz respeito ao desenvolvimento do direito, essas novas concepções otimistas e iluministas correspondem ao legalismo exegético dos primeiros positivistas e ao princípio da separação de poderes que faz do direito um marco regulatório da política.

O século XIX europeu e ocidental já aparece com insatisfações diante da mão invisível do liberalismo e o romantismo atinge o otimismo iluminista em cheio. As misérias causadas pelo capitalismo sem freios (*laissez faire, laissez passer*) passam a clamar por algum intervencionismo do Estado, única instituição capaz de regular as relações sociais, dentre as quais aquelas entre capital e trabalho. É com esses ingredientes que são elaboradas constituições com textos mais extensos, e daí mais regulamentadores, com listas de direitos fundamentais que vão além dos individuais anteriormente declarados. Esses são os direitos sociais, de segunda geração, direitos com caráter tutelar cujo objetivo é proteger os mais fracos contra atividades predatórias. Eles caracterizam, por isso mesmo, o chamado Estado social.

Na primeira metade do século XX duas guerras de proporções nunca vistas levam as mazelas europeias a todo o planeta. Os totalitarismos vêm trazer um novo conceito de crimes contra toda a humanidade, imprescritíveis, que demandam uma jurisdição supranacional. O rol dos direitos detalhadamente positivados nos ordenamentos jurídicos vai aumentar.

Os direitos de terceira geração são chamados difusos exatamente por buscarem proteger todos os seres humanos, não apenas o sujeito em sua dimensão individual, não apenas grupos sociais mais frágeis como trabalhadores ou enfermos. Eles precisam ser eficazes mesmo contra os interesses de Estados inteiros e passam a se vincular estreitamente ao direito internacional. É assim que o direito a um meio ambiente adequado deve estar acima dos interesses e direitos da propriedade individual e coletiva.

Depois das mútuas ameaças nucleares que marcaram a segunda metade do século XX com a chamada "Guerra Fria", começam a ser construídos os direitos de quarta geração, cujos propositores gostam de reportar-se a uma frase de Hannah Arendt para resumi-los: o direito a ter direitos. Ele compreende os direitos à participação política e à informação, o que implica o direito fundamental a essa forma especial de democracia, além de abrangerem problemas decorrentes de desenvolvimentos científicos e tecnológicos, tais como inseminações artificiais, clonagem de alimentos e de seres humanos.

Essa breve digressão historicista teve como desiderato chamar atenção para a interferência da retórica estratégica, espelhada nas sucessivas doutrinas a respeito da fundamentação ética do direito pela via dos direitos humanos, sobre o conteúdo ético desses mesmos direitos, sua retórica material. Note-se também a importância dada à positivação, à crença de que insculpir direitos em textos legais vai ensejar sua efetividade.

A internacionalização do direito sempre trouxe consigo a questão da universalização dos direitos humanos. Isso é fácil de perceber, posto que as garantias dos direitos das pessoas, fundamentadas na retórica da igualdade, vêm das regras gerais do direito objetivo.

Bem antes de qualquer pretensão de igualdade, já no conceito romano de *jus gentium*, Gaio proclamava como direito natural, válido para toda a ordem cósmica, que os seres humanos deveriam ser juridicamente tratados como pessoas, reconhecia um substrato, uma "humanidade" universal. Essa pretensão de universalidade é herdada pelo direito canônico, sempre acompanhada por pleitos no sentido da igualdade. E é justamente o interesse de Grotius pelo direito internacional que o leva a um direito natural antropológico que dispensa qualquer intermediação da Igreja, já que Deus o fixara, mas nem Deus o poderia modificar ou ignorar.[319] A "reta razão" seria capaz de reconhecer a verdade e a justiça. Com base na universalidade, a igualdade se fortalecia no espaço público.

O crescimento na importância política dessas novas formas de fundamentação do direito atendeu também a uma não menos urgente necessidade de desvincular o poder secular do poder da Igreja. Daí o apoio dado pelos governos a reformadores como Lutero, quando não foram os próprios governantes reformadores religiosos, como é o caso de Henrique VIII.

Em que pese ao desenvolvimento de relações jurídicas internacionais no mundo contemporâneo, não se pode falar num predomínio do direito internacional sobre o nacional, isto é, sobre o direito dogmaticamente organizado e monopolizado pelo Estado moderno. Certamente que a globalização é um fenômeno inusitado. Os antecedentes, como o pan-helenismo de Alexandre ou a *Pax Romana*, ou a Igreja Católica internacionalista são muito diferentes, pois se deram antes da ascensão desse Estado nacional.

Há um debate na teoria do direito internacional e comparado, que envolve a globalização: um lado define o direito internacional como um direito essencialmente diferente, baseado na cooperação, contrapondo-se ao direito concentrado no conflito e na sanção, que seria o direito dogmático estatal. Não é esta a ideia de Kant, para quem só haverá um direito globalizado – ele diz "direito dos povos", *Völkerrecht* – se presentes três fenômenos: liberdade, igualdade e um tribunal que consiga se impor coercitivamente.[320]

O direito dogmático que caracteriza a modernidade tem estado sempre atrelado ao Estado Nacional. Como será a

---

319. GROTIUS, Hugo. **O direito da guerra e da paz** (De Juri Belli ac Pacis), 2. vols. Introdução de António Manuel Hespanha, trad. Ciro Mioranza. Ijuí: Ed. Unijuí, 2004, vol. 1, p. 81.
320. KANT, Immanuel. **Zum ewigen Frieden** – ein philosophischer Entwurf. WEISCHEDEL, Wilhelm (Hrsg.). **Werkausgabe**, in zwölf Bände (em 12 vols), vol. XI. Frankfurt a. M.: Suhrkamp, 1977, p. 191-251.

dogmática jurídica com a internacionalização do direito não se pode saber. A indagação é quem será a força catalizadora que garantirá este direito além das fronteiras do Estado nacional. É de se temer que seja o grande capital especulativo multinacional, o qual parece estar comandando, inclusive, a reforma do Estado nos países periféricos como os que compõem o Mercosul.

Ver no direito internacional uma ontologia diferente, um direito cooperativo ao invés de coercitivo, por exemplo, não parece ser a melhor solução. O crucial é observar que esses direitos subjetivos que devem limitar os direitos objetivos e a opressão das instituições não estão ontologicamente fixados no "correto" ou no "justo". Quaisquer direitos, incluindo os "humanos", consistem de construções retóricas mais ou menos homogêneas e abrangentes, aceitos em determinado momento e lugar. Como já apontado, procura-se aqui a todo custo evitar a etiologia e a escatologia que subjazem a concepções que buscam transformar a historicidade dos direitos em uma ontologia "natural", o que implica encontrar um desenvolvimento inexorável para que determinadas opções éticas se tornem universais. Tortura e pena de morte são até hoje tidas como "naturais" para muitas e muitas pessoas, assim como homicídios e suicídios sem qualquer motivo ou em prol de uma guerra política santificada.

10.5. Retórica analítica como metódica jurídica. Os juristas como herdeiros dos sofistas e guardiães da democracia

As relações entre o primeiro nível da retórica, o nível material dos métodos, e o segundo nível da retórica, o nível estratégico das metodologias, é o objeto do terceiro nível da retórica, o nível analítico das metódicas. No caso do direito, a retórica metódica estuda as relações entre a prática jurídica, os diversos métodos pelos quais o direito se realiza, e a teoria dessa prática, a metodologia doutrinária que explica e molda e também faz parte desse primeiro nível retórico. Como também faz teoria, a metódica pode ser dita uma metateoria, uma descrição tentativamente neutra a valores das prescrições valorativas por intermédio das quais a doutrina tenta influir sobre as opções da retórica material, no sentido de melhorá-las, de otimizá-las.

A expressão "metódica" quer ir além da metodologia e apontar para uma atitude gnoseológica que vai ter não apenas a dita "realidade jurídica" como objeto, mas também as metodologias que agem sobre ela; em termos de hoje, estudar não apenas o direito dogmaticamente organizado, mas também a doutrina dogmática, a ciência dogmática que tem esse direito por objeto. O caráter sedutor e mesmo enganador com que a tradição platônica vê a retórica é parte dessa retórica metodológica, de segundo nível. Mas reduzir toda a retórica a isso, como o fazem seus detratores, é o mesmo que reduzir o direito às opiniões dos juristas. A retórica analítica é descritiva, pelo menos tentativamente; na linguagem de Kelsen, expressa-se por proposições jurídicas e não por normas.

É atitude diferente da argumentação presente na retórica estratégica, notadamente normativa, isto é, que prescreve condutas que devem ocorrer. A estratégia vai sempre se respaldar em condições circunstanciais de distribuição de poder, podendo ir do acordo sincero à persuasão pela autoridade e até à concordância devida a uma ameaça de violência. Vem dessa faceta estratégica da retórica sua velha fama de falaz e enganadora, pois seu objetivo não seria a verdade ou a justiça, mas sim levar o auditório ao comportamento desejado pelo orador. Esse desiderato normativo é muito importante, mas não se pode olvidar a retórica material, constitutiva da "realidade" e também com caráter normativo, e a retórica analítica, que descreve as interações da retórica estratégica (metodológica) com a retórica material (dos métodos).

Com essa dimensão filosófica integrada, a retórica constrói uma atitude fecunda para a filosofia do direito. Aí se percebe claramente a dogmática material, a "realidade jurídica" e suas relações com a dogmática estratégica, a doutrina, as quais demandam o nível analítico da retórica.

Toda linguagem constitui seu "objeto". É assim que a filosofia retórica abandona a dicotomia sujeito – objeto. Há um sentido interno próprio da linguagem, que não é subjetiva, pois há o controle público, mas esse controle tem conteúdos inteiramente relativos. A retórica é cética, mas não é subjetivista, não defende um solipsismo de sentidos. Por outro lado, o fato de as pessoas concordarem sobre a existência de bruxos e duendes nada garante de "objetivo", mas a procura dessa objetividade não é considerada importante.

Isso vale para todas as esferas do conhecimento, mas é o direito que interessa aqui. O Sol girar em torno da Terra ou a Terra girar em torno do Sol é acordo de crença, sem dúvida, mas apela a elementos empíricos e meios de prova supostamente alheios ao acordo discursivo e a esta ou aquela forma de percepção. Mas se as pessoas acordam que ciganos ou homossexuais não são seres humanos, se o direito os define como tal, eles não são seres humanos. É daí que a "realidade jurídica" depende do controle feito agora das expectativas também atuais sobre as incertezas do futuro, e é daí que a linguagem controla as incertezas; toda forma de linguagem, incluindo a jurídica, das ordálias e presságios até a dogmática jurídica.

Então todo direito faz necessariamente uma opção ética. Algumas opções triunfam diante de outras. As escolhas vencedoras são então impostas a todos, mesmo àqueles que com elas não concordam. Por isso que, diferentemente da moral, o direito vive às voltas com necessidades de legitimação.

Na perspectiva retórica aqui, analítica, não é pertinente dizer que a norma concreta é ou não é criada pelo magistrado ou pelo decididor do caso concreto, pois a decisão é constituída por um acordo linguístico (retórica material) que envolve partes, advogados, doutrinas, opiniões da mídia, acordo sobre a economia, sobre o momento histórico e um sem-número de fatores. Se o magistrado diz que decide conforme sua consciência, se diz que já tem notório saber e por isso não precisa estudar doutrina, se decide contra o sentido literal da lei e isso é confirmado pelo ambiente, então é isso mesmo.

Sendo analítica, a retórica não pode pretender uma pregação missionária pró ou contra o ativismo judicial. Não é uma filosofia prescritiva, mas sim descritiva. Dizer que uma argumentação é "correta" por ser "sincera e coerente" é prescrever, não descrever, e cada um que prescreve tem seus valores próprios.

A retórica jurídica é herdeira direta da retórica sofista e torna-se uma filosofia com a agregação de historicismo, ceticismo e humanismo, conforme visto. A relação dessa concepção filosófica com a ideia política de democracia é notória na era contemporânea, uma época em que a ideologia democrática constitui um imperativo e o problema passa a ser conciliar mutabilidade constante e necessidade de controle do próprio conceito de justiça.

A retórica realista aqui defendida combate assim correntes relevantes – e dominantes – na tradição ocidental, conforme as teses deste livro colocadas na introdução: por meio do conceito de retórica **material** este livro pretende construir uma filosofia, oferecer uma tentativa de explicação da situação humana no mundo; considerando suas **estratégias** somente uma parte da retórica, mesmo que muito importante, a retórica realista contradiz seus tradicionais adversários ontológicos, para os quais o conhecimento retórico só serve para embelezar o discurso e seduzir os incautos e menos sábios; finalmente, com o viés **analítico**, que inclui outros meios de construir discursos, como a mentira e a ameaça de violência, a retórica realista segue alguns dos sofistas e afasta-se da tradição aristotélica dominante na própria retórica, entendida somente como a sabedoria da persuasão. Ambos, ontológicos e retóricos aristotélicos, caem na mesma metonímia de reduzir a retórica a seu nível estratégico.

O desprezo pela retórica e a busca da verdade implicam decadência da democracia, da mesma forma que aconteceu na Grécia. Não importam as boas intenções dos ontólogos, suas verdades sempre levarão à intolerância.

REFERÊNCIAS

ADEODATO, João Maurício. **A retórica constitucional** – sobre tolerância, direitos humanos e outros fundamentos éticos do direito positivo. São Paulo: Saraiva, 2010 (2. ed.).

_____. **Ética e retórica** – para uma teoria da dogmática jurídica. São Paulo: Saraiva, 2012 (5. ed.).

_____. **Filosofia do direito** – uma crítica à verdade na ética e na ciência (em contraposição à ontologia de Nicolai Hartmann). São Paulo: Saraiva, 2013 (5. ed. substancialmente revista e ampliada).

_____. Brasilien. Vorstudien zu einer emanzipatorischen Legitimationstheorie für unterentwickelte Länder. **Rechtstheorie**, 22. Band, Heft 1. Berlin: Duncker & Humblot, 1991, p. 108-128.

_____. **O problema da legitimidade** – no rastro do pensamento de Hannah Arendt. Rio de Janeiro: Forense-Universitária, 1989.

AFTALIÓN, Enrique e VILANOVA, José. **Introducción al Derecho**, ed. Julio Raffo. Buenos Aires: Abeledo-Perrot, 2. ed. 1998.

ALEXANDRE Júnior, Manuel. Eficácia retórica – a palavra e a imagem. **Revista Rhêtorikê** #0, 2008, p. 1-26.

ALEXY, Robert. **Begriff und Geltung des Rechts**. Freiburg-München: Alber, 1992.

_____. **Theorie der Grundrechte**. Frankfurt a. M.: Suhrkamp, 1986.

_____. **Theorie der juristischen Argumentation** – die Theorie des rationalen Diskurses als Theorie der juristischen Begründung. Frankfurt a. M.: Suhrkamp, 1983.

ARBIB, Michael A. **Brains, machines and mathematics**. New York, San Francisco, Toronto, London: McGraw Hill, 1964.

ARENDT, Hannah. **Between past and future** – eight exercises in political thought. New York: Penguin, 1980.

_____. **Thinking (The life of the mind**, one vol. edition). New York / London: Harcourt Brace Javanovich, 1978.

_____. **Totalitarianism (The origins of totalitarianism**, v. 3). New York / London: Harcourt Brace Javanovich, 1973.

_____. Lying in politics – reflections on the Pentagon papers, *in* ARENDT, Hannah. **Crises of the Republic**. New York/London: Harcourt Brace Jovanovich, 1972, p. 1-47.

_____. **The human condition**. Chicago-London: The University of Chicago Press, 1958.

ARISTOTLE. **Rhetoric**, *in*: ARISTOTLE. **The works of Aristotle**, trad. W. Rhys Roberts, Col. Great Books of the Western World. Chicago: Encyclopaedia Britannica, 1990, vol. 8.

_____. **Posterior analytics**, *in*: ARISTOTLE. **The works of Aristotle**, trad. G. R. G. Mure, Col. Great Books of the Western World. Chicago: Encyclopaedia Britannica, 1990, vol. 7.

_____. **Topics**, *in* ARISTOTLE. **The works of Aristotle**, trad. W. A. Pickard-Cambridge, Col. Great Books of the

Western World. Chicago: Encyclopaedia Britannica, 1990, vol. 7.

_____. **Nichomachean Ethics**, *in*: ARISTOTLE. **The works of Aristotle**, trad. W. D. Ross, Col. Great Books of the Western World. Chicago: Encyclopaedia Britannica, 1990, v. 8.

ÁVILA, Humberto. **Teoria dos princípios** – da definição à aplicação dos princípios jurídicos. São Paulo: Malheiros, 2009 (10. ed.).

AZZONI, Giampaolo. *Éndoxa* e fonti del diritto, *in* FERRARI, Gianfranco; MANZIN, Maurizio. Atti delle **Giornate tridentine di retorica – 3**. Trento: Università di Trento, 24-25 giugno 2003.

BAILLY, Anatole. **Dictionnaire Grec Français** (rédigé avec le concours de E. Egger). Paris: Hachette, 2000 (27e. ed.).

BALLWEG, Ottmar. Entwurf einer analytischen Rhetorik. *In*: SCHANZE Helmut e KOPPERSCHMIDT, Joseph (*Hrsg.*). **Rhetorik und Philosophie**. München: Wilhelm Fink, 1989.

_____. Phronetik, Semiotik und Rhetorik, *in* BALLWEG, Ottmar; SEIBERT, Thomas-Michael (*Hrsg.*). **Rhetorische Rechtstheorie**. Freiburg-München: Alber, 1982, p. 27-71.

BARILLI, Renato. **Retórica**, s/trad. Lisboa: Editorial Presença, 1985.

BATTISTELLI, Luigi. **A mentira**, trad. Fernando de Miranda. São Paulo: Saraiva, 1945.

BAUER, Martin W. Análise de conteúdo clássica: uma revisão, in: BAUER, Martin W. e GASKELL, George. **Pesquisa qualitativa com texto, imagem e som** – um manual prático. Petrópolis: Vozes, 2005.

BECK, Ulrich. Uma sociedade do risco – entrevista com Ulrich Beck. **IHU On-Line** – Revista do Instituto Humanitas Unisinos, n. 181, 22 de maio de 2006. http://www.ihu.unisinos. br/index.php? option=com_noticias&Itemid=18&task=-detalhe&id=4534.Acesso em 30 de setembro de 2010.

BERKELEY, George. **Três diálogos entre Hilas e Filonous em oposição aos céticos e ateus**. Trad. Antônio Sérgio. Col. *Os Pensadores*. São Paulo: Abril Cultural, 1984, p. 45-119.

BLUMENBERG, Hans. Die Zweideutigkeit des Himmels, in BLUMENBERG, Hans. **Die Genesis der kopernikanischen Welt**, Bd. 1. Frankfurt a. M.: Suhrkamp, 1996.

_____. **Schiffbruch mit Zuschauer** – Paradigma einer Daseinsmetapher. Frankfurt a. M.: Suhrkamp, 1979.

_____. Antropologische Annäherung an die Aktualität der Rhetorik. *In*: BLUMENBERG, Hans. **Wirklichkeiten, in denen wir leben** – Aufsätze und eine Rede. Stuttgart: Philipp Reclam, 1986, p. 104-136.

BOBBIO, Norberto. **Dalla struttura alla funzione** – Nuovi studi di teoria del diritto. Milano: Edizioni di Comunità, 1977.

BOCKEN, Inigo. Toleranz und Wahrheit bei Nikolaus von Kues. **Philosophisches Jahrbuch**, 105. Jahrgang / 2, 1998, p. 242-266.

BORGES, Jorge Luis. **O livro dos sonhos**, trad. Cláudio Fornari. São Paulo: Círculo do Livro, 1976.

BORGES, José Souto Maior. **Obrigação tributária** – Uma introdução metodológica. São Paulo: Saraiva, 1984.

BOURDIEU, Pierre; PASSERON, Jean-Claude. **La reproduction** – éléments pour une théorie du système d'enseignement. Paris: Ed. de Minuit, 1970.

BRITO, Raimundo de Farias. **O mundo interior** – ensaio sobre os dados gerais da filosofia do espírito. Brasília: Senado Federal, 2006.

_____. **Finalidade do mundo** – estudos de filosofia e teleologia naturalista. Rio de Janeiro: Instituto Nacional do Livro, 1957, 3 Volumes.

BROWN, Richard Harvey. **Society as text** – essays on rhetoric, reason and reality. Chicago / London: The University of Chicago Press, 1987.

BRUGGER, Winfried. Würde, Rechte und Rechtsphilosophie im antropologischen Kreuz der Entscheidung, *in* BRUGGER, Winfried; NEUMANN, Ulfrid; KIRSTE, Stephan. **Rechtsphilosophie im 21. Jahrhundert**. Frankfurt a. M.: Suhrkamp, 2008, p. 50-71.

BUCHWALD, Delf. Die canones der Auslegung und rationale juristische Begründung. **Archiv für Rechts- und Sozialphilosophie**, vol. 79. Stuttgart: Franz Steiner, 1993, p. 16-47.

CANECA, Joaquim do Amor Divino. Tratado de eloqüência, *in* **Obras políticas e literárias**, em 2 vols., colecionadas pelo Comendador Antonio Joaquim de Mello. Recife: Typographia Mercantil, 1875 (ed. *fac símile*).

CARROLL, John. Lawyer's response to language and disadvantage before the law, in: GIBBONS, John (ed.). **Language and the law**. London / New York: Longman, 1994.

CARVALHO, Paulo de Barros. **Direito tributário, linguagem e método**. São Paulo: Noeses, 2008.

_____. Novas considerações a respeito do crédito-prêmio de IPI, *in* CARVALHO, Paulo de Barros *et alii*. **Crédito-prêmio de IPI** – novos estudos e pareceres. Barueri, SP: Manole, 2005.

CASTRO JR., Torquato. **A pragmática das nulidades e a teoria do ato jurídico inexistente**. São Paulo: Noeses, 2009.

CHURCHLAND, Patricia. **Braintrust**: What neuroscience

tells us about morality. Princeton: Princeton University Press, 2012.

CÍCERO, Marco Túlio. **Retórica a Herennio**. Obras Completas de Marco Tulio Cíceron (em 16 tomos). Madrid: Librería y Casa Editorial Hernando, 1928, tomo III.

COSSIO, Carlos. **La teoria egológica del derecho y el concepto jurídico de libertad**. Buenos Aires: Abeledo Perrot, 1964 (2. ed.).

CRUET, Jean. **A vida do direito e a inutilidade das leis**. Leme-SP: EDIJUR, s/trad., 2008.

DESCARTES, René. **Méditations métaphysiques**. (Méditation seconde: de la nature de l'esprit humain; et qu'il est plus aisé à connaître que le corps). The Project Gutenberg (EBook #13846). Release date: October 25, 2004. Character set encoding: ISO-8859-1.

DEUTSCH, Karl. **The nerves of government** – models of political communication and control (with a new introduction). New York: The Free Press / London: Collier-MacMillan, 1963.

DIVERSOS. Revista **Proceedings of the National Academy of Sciences** (2009). Fonte: http://www.bbc.co.uk/portuguese/noticias/2010/03/100330_julgamentomoralg.shtml. Acesso em 30 de março de 2010, 08:19 h (Brasília).

DWORKIN, Ronald. **Law's empire**. Oxford: Hart, 1998.

_____. **Taking rights seriously**. London: Duckworth, 1994.

DYCK, Ed. Topos and Enthymeme, *in* The International Society for the History of Rhetoric. **Rhetorica**, Volume XX, Number 2. Berkeley: University of California Press, Spring 2002.

EDELMAN, Murray. **Political language** – words that succeed and policies that fail. Chicago: University of Illinois Press,

1977.

EDWARDS, James C. **The authority of language** – Heidegger, Wittgenstein, and the threat of philosophical nihilism. Tampa: University of South Florida Press, 1990.

(The New) Enciclopaedia Britannica. Chicago: Encyclopaedia Britannica, 1989.

FARIA, José Eduardo. **O direito na economia globalizada**. São Paulo: Malheiros, 2000.

_____. **Retórica política e ideologia democrática**: a legitimação do discurso jurídico liberal. Rio de Janeiro: Graal, 1984.

_____. **Poder e legitimidade** – uma introdução à política do direito. São Paulo: Perspectiva, 1978.

FERRAZ Jr., Tercio Sampaio. **Estudos de filosofia do direito** – reflexões sobre o poder, a liberdade, a justiça e o direito. São Paulo: Atlas, 2009.

_____. **Introdução ao estudo do direito** – técnica, decisão, dominação. São Paulo: Atlas, 2008.

_____. **Direito constitucional** – liberdade de fumar, privacidade, Estado, direitos humanos e outros temas. São Paulo: Manole, 2007.

_____. **Função social da dogmática jurídica**. São Paulo: Revista dos Tribunais, 1980.

_____. **Teoria da norma jurídica** – ensaio de pragmática da comunicação normativa. Rio de Janeiro: Forense, 1978.

FIEDLER, Teja; GOERGEN, Marc. **Die Geschichte der Deutschen** – von den Germanen bis zum Mauerfall. München: der Hörverlag, 2008, CD 2.

FINER, Sam E.; SELINGER, Martin. O papel político da violência, trad. Angela Arieira. **Revista de Ciência Política**, n. 18 (2). Rio de Janeiro: abr.-jun., 1975, p. 48-67.

FRIED, Charles. **O contrato como promessa** – uma teoria da obrigação contratual., trad. S. Duarte. Rio de Janeiro: Elsevier, 2008.

GARCIA-MAYNEZ, Eduardo. **Filosofía del derecho**. Mexico: Porrúa, 1974.

GEHLEN, Arnold. **Der Mensch**. Seine Natur und seine Stellung in der Welt. Wiebelsheim: Aula-Verlag, 2009.

GILL, Rosalind. Análise de discurso, *in* BAUER, Martin W. e GASKELL, George. **Pesquisa qualitativa com texto, imagem e som** – um manual prático. Petrópolis: Vozes, 2005.

GOODRICH, Peter. Rhetoric as jurisprudence: an introduction to the politics of legal language. **Oxford Journal of Legal Studies**, vol. 4. Oxford: Oxford University Press, 1984.

GOSWAMI, Amit; REED, Richard E.; GOSWAMI, Maggie. **O universo autoconsciente** – como a consciência cria o mundo material, trad. Ruy Jungmann. São Paulo: Aleph, 2008.

GROTIUS, Hugo. **O direito da guerra e da paz** (De Juri Belli ac Pacis). Introdução de António Manuel Hespanha, trad. Ciro Mioranza. Ijuí: Ed. Unijuí, 2004, 2. vols.

GUASTINI, Riccardo. **Das fontes às normas**, trad. Edson Bini. São Paulo: Quartier Latin, 2005.

HÄBERLE, Peter. Die offene Gesellschaft der Verfassungsinterpreten, *in*: **Verfassung als öffentlicher Prozeß**. Materialien zu einer Verfassungstheorie der offenen Gesellschaft. Berlin: Duncker & Humblot, 1978, p. 155-181.

HANSEN, Frank-Peter (Hrsg.). **Philosophie von Platon bis Nietzsche** (CD Rom). Berlin: Digitale Bibliothek, 1998.

HARRIS, Sandra. Ideological exchanges in British magistrates courts, *in* GIBBONS, John (ed.). **Language and the law**. London / New York: Longman, 1994.

HARTMANN, Nicolai. **Zur Grundlegung der Ontologie**. Berlin: Walter de Gruyter, 1965.

_____. Der philosophische Gedanke und seine Geschichte, *in* HARTMANN, Nicolai. **Abhandlungen zur Philosophie-Geschichte (Kleinere Schriften**, Bd. II). Berlin: Walter de Gruyter, 1957.

_____.**Grundzüge einer Metaphysik der Erkenntnis**. Berlin: Walter de Gruyter, 1949 (vierte Auflage).

_____. **Möglichkeit und Wirklichkeit**. Berlin: Walter de Gruyter, 1966.

HOBBES, Thomas. **Leviathan** or Matter, form and power of a state ecclesiastical and civil. Col. Great Books of the Western World. Chicago: Encyclopaedia Britannica, 1990.

HOHMANN, Hans. Classical rhetoric and Roman law: reflections on a debate. **Jahrbuch Rhetorik**, Bd. 15. Tübingen: Max Niemeyer, 1996, p. 15-41.

JELLINEK, Georg. Die Entstehung der modernen Staatsidee. Vortrag gehalten im Frauenverein zu Heidelberg am 13. Februar 1894, *in* JELLINEK, Georg. **Ausgewählte Schriften und Reden**, Bd. 2. Berlin: O. Häring, 1911.

_____. **Allgemeine Staatslehre**, 2. Aufl. Berlin: O. Häring, 1905.

_____. **System der subjektiven öffentlichen Rechte**. Tübingen: Mohr (Paul Siebeck), 1905 (zweite durchgesehene und vermehrte Auflage).

JHERING, Rudolf von. **Scherz und Ernst in der Jurisprudenz** – Eine Weihnachtsgabe für das juristische Publikum (Leipzig, 1924). Darmstadt: Wissenschaftliche Buchgesellschaft, 1988.

_____. **Geist des romischen Rechts auf den verschiedenen Stüfen seiner Entwickelung.** Leipzig: Breitkopf & Härtel, Bd. III, 3. Auflage, 1907.

JORNAL DO COMMERCIO. STF – Traje de candomblé causa constrangimento. Recife: **Jornal do Commercio**, 6 de março de 2010.

JUST, Gustavo. **Interpréter les théories de l'interprétation.** Paris: L'Harmattan, 2005.

KANT, Immanuel. **Zum ewigen Frieden** – ein philosophischer Entwurf. WEISCHEDEL, Wilhelm (*Hrsg.*). **Werkausgabe,** in zwölf Bände (em 12 vols), vol. XI. Frankfurt a. M.: Suhrkamp, 1977, p. 191-251.

_____. **Logik** – ein Handbuch zu Vorlesungen, *in* WEISCHEDEL, Wilhelm (*Hrsg.*). KANT, Immanuel. **Schriften zur Metaphysik und Logik II.** Werkausgabe – in zwölf Bände. Frankfurt a.M.: Suhrkamp, 1977. vol. VI.

_____. **Kritik der reinen Vernunft,** *in* WEISCHEDEL, Wilhelm (*Hrsg.*). KANT, Immanuel. **Werkausgabe** – in zwölf Bände. Frankfurt a.M.: Suhrkamp, 1977, vol. III-IV.

_____. Über den Gemeinspruch: das mag in der Theorie richtig sein, taugt aber nicht für die Praxis, *in* KANT, Immanuel. **Schriften zur Anthropologie, Geschichtsphilosophie, Politik und Pädagogik 1.** Werkausgabe in zwölf Bände, hrsg. Wilhelm Weischedel. Frankfurt a. M.: Suhrkamp, 1977, Bd. XI, p. 125-172.

KELSEN, Hans. **Reine Rechtslehre.** Wien: Verlag Österreich, 2000.

_____. **Allgemeine Staatslehre.** Wien: Österreichische Staatsdruckerei, 1993.

_____. **Allgemeine Theorie der Normen.** Wien:

Manz-Verlag, 1990.

_____. **A Justiça e o Direito Natural** (Apêndice à 2. ed. da **Teoria Pura do Direito**, 1960), publicado separadamente com tradução de J. B. Machado. Coimbra: Arménio Amado, 1976.

KIRCHMANN, Julius Hermann von. **Die Wertlosigkeit der Jurisprudenz als Wissenschaft** – Vortrag gehalten in der Juristischen Gesellschaft zur Berlin (1848). Darmstadt: Wissenschaftliche Buchgesellschaft, 1966.

KIRSTE, Stephan. Menschenwürde und die Freiheitsrechte des Status Activus – Renaissancehumanismus und gegenwärtige Verfassungsdiskussion. *In*: GRÖSCHNER, Rolf; KIRSTE, Stephan und LEMBCKE, Oliver W. (Hrsg.). **Des Menschen Würde** – entdeckt und erfunden im Humanismus der italienischen Renaissance. Tübingen: Mohr Siebeck, 2008, p. 187-214.

_____. O direito como memória cultural. **Revista do Mestrado em Direito** – Direitos Humanos Fundamentais, ano 8, n. 2. São Paulo: Unifieo, 2008, p. 125-143. Tradução de João Maurício Adeodato a partir de KIRSTE, Stephan. Der Beitrag des Rechts zum kulturellen Gedächtnis. **Archiv für Rechts - und Sozialphilosophie**, 94 (2008), Heft 1, S. 47-69.

_____. Constituição como início do direito positivo – a estrutura temporal das constituições, trad. João Maurício Adeodato, Torquato Castro Jr. e Graziela Bacchi Hora. **Anuário dos Cursos de Pós-Graduação em Direito** n. 13. Recife: Editora Universitária da Universidade Federal de Pernambuco, 2004, p. 111-165.

KLYUKANOV, Igor E. Review essay on WILEY, Norbert. The semiotic self. **The American Journal of Semiotics**. The body as sign and embodiment, vol. 17, Number 4. Carbondale, Illinois: Winter 2001, p. 343-357.

KRAMER, Olaf. Konflikt statt Konsens? Die Debatte als Medium politischer Kommunikation und das universalpragmatische Ideal der rationalen Verständigung. **Jahrbuch Rhetorik**, Bd. 25. Tübingen: Max Niemeyer, 2006, p. 68-82.

KRISTELLER, Paul Oskar. **Renaissance thought II** – papers on humanism and the arts. New York / Evanston / London: Harper Torchbooks / The Academy Library, 1965.

KRONMAN, Anthony. **Max Weber**, trad. John Milton e Paula Della Nina Esperança. São Paulo : Elsevier, 2009.

LAFER, Celso. **A reconstrução dos direitos humanos** – um diálogo com o pensamento de Hannah Arendt. São Paulo: Companhia das Letras, 1988.

LANIGAN, Richard L. From enthymeme to abduction: the classical law of logic and the postmodern rule of rhetoric, *in* LANGSDORF, Lenore; SMITH, Andrew R. **Recovering pragmatism's voice**: the classical tradition, Rorty and the philosophy of communication. New York: State University of New York, 1995, p. 49-70.

LAUSBERG, Heinrich. **Elementos de retórica literária**, trad. R. M. Rosado Fernandes. Lisboa: Fundação Calouste Gulbenkian, 2004 (5. ed.).

LEACH, John. Análise retórica, *in* BAUER, Martin W. e GASKELL, George. **Pesquisa qualitativa com texto, imagem e som** – um manual prático. Petrópolis: Vozes, 2005.

LIAKOPOULOS, Miltos. Análise argumentativa, *in* BAUER, Martin W. e GASKELL, George. **Pesquisa qualitativa com texto, imagem e som** – um manual prático. Petrópolis: Vozes, 2005, p. 218-243.

LIDDEL, Henry George e SCOTT, Robert (comp.). **A Greek-English Lexicon**. Oxford: Clarendon Press, 1996.

LIMA, Alexandre José Costa. Como reconhecer um herege: a

epistemologia do fanatismo e os fundamentos da tolerância. **Revista da Faculdade de Direito de Caruaru**, vol. 37, n. 1, jan/dez 2006, p. 33-52.

LIMA, Pedro Parini Marques de. **A metáfora do direito e a retórica da ironia no pensamento jurídico**. Recife: UFPE, 2013 (tese de doutorado).

LOCKE, John. **An essay concerning human understanding**. Col. Great Books of the Western World, vol. 33. Chicago: Encyclopaedia Britannica, 1993.

LUHMANN, Niklas. **Legitimation durch Verfahren**. Frankfurt a.M.: Suhrkamp, 1983.

_____. **Rechtssoziologie**. Reinbeck bei Hamburg: Rowohlt, 1972.

_____. Wahrheit und Ideologie, *in* LUHMANN, Niklas. **Soziologische Aufklärung**, Bd. I. Opladen, 1970.

LUHMANN, Niklas; DE GIORGI, Raffaele. **Teoria della società**. Milano: Franco Angeli, 1995.

MACHIAVELLI, Niccoló. **Il Principe** e pagine dei Discorsi e delle Istorie, a cura di Luigi Russo, traduzione in italiano moderno di Giuseppe Bonghi. Firenze: Sansoni editore, 1967 (13. ed.).

MANETTI, Giannozzo. **Über die Würde and Erhabenheit des Menschen** (De dignitate ed excellentia hominis), übersetzt von H. Leppin. Hamburg: 1990.

MARQUARD, Odo. **Abschied vom Prinzipiellen**. Stuttgart: Reclam, 1981.

MARQUES, Regina. Retórica e argumentação: origens e territórios de acção. **Rhêtorikê** # 0, 2009, p. 1-23.

MATURANA, Humberto. **A ontologia da realidade**, trad. Cristina Magro, Miriam Graciano e Nelson Vaz (orgs.).

Belo Horizonte: Editora da Universidade Federal de Minas Gerais, 1997.

MAUS, Ingeborg. O judiciário como superego da sociedade – sobre o papel da atividade jurisprudencial na "sociedade órfã", trad. Martonio Mont'Alverne Barreto Lima e Paulo Antonio de Menezes Albuquerque. **Anuário dos Cursos de Pós-Graduação em Direito**, n. 11. Recife: Editora Universitária da UFPE, p. 125-156.

MAXIMILIANO, Carlos. **Hermenêutica e aplicação do direito**. Rio de Janeiro / São Paulo: Freitas Bastos, 1957.

MILL, John Stuart. **On liberty**. Great Books of the Western World, vol. 40. Chicago: Encyclopaedia Britannica, 1993, p. 267-323.

MONTAIGNE, Michel de. **L'apologie de Raymond Sebond**, texte établi et annoté par Paul Porteau. Paris: Aubier, 1937.

MÜLLER, Friedrich. **Métodos de trabalho em direito constitucional**, trad. Peter Naumann. Rio de Janeiro: Renovar, 2009.

_____. **Teoria estruturante do direito**, vol. 1. São Paulo: Revista dos Tribunais, 2009.

_____. **Juristische Methodik**. Berlin: Duncker & Humblot, 1997.

_____. **Strukturierende Rechtslehre**. Berlin: Duncker & Humblot, 1994.

NIETZSCHE, Friedrich Wilhelm. **Götzen-Dämmerung** – oder Wie man mit dem Hammer philosophirt, *in* COLLI, Giorgio – MONTINARI, Mazzino (*Hrsg.*): **Friedrich Nietzsche, Kritische Studienausgabe** – in fünfzehn Bände, vol. 6. Berlin: Walter de Gruyter, 1988.

_____. **Der Antichrist** – Fluch auf das Christenthum, *in* COLLI, Giorgio – MONTINARI, Mazzino (*Hrsg.*): **Friedrich Nietzsche, Kritische Studienausgabe** – in fünfzehn

Bände, vol. 6. Berlin: Walter de Gruyter, 1988.

_____. **Jenseits von Gut und Böse** – Vorspiel einer Philosophie der Zukunft, *in* COLLI, Giorgio – MONTINARI, Mazzino (*Hrsg.*): **Friedrich Nietzsche, Kritische Studienausgabe** – in fünfzehn Bände, vol. 5. Berlin: Walter de Gruyter, 1988.

_____. **Zur Genealogie der Moral** – eine Streitschrift, *in* COLLI, Giorgio – MONTINARI, Mazzino (*Hrsg.*): **Friedrich Nietzsche, Kritische Studienausgabe** – in fünfzehn Bände, vol. 5. Berlin: Walter de Gruyter, 1988.

_____. **Also sprach Zaratustra** – ein Buch für alle und keinen, *in* COLLI, Giorgio – MONTINARI, Mazzino (*Hrsg.*): **Friedrich Nietzsche, Kritische Studienausgabe** – in fünfzehn Bände, vol. 4. Berlin: Walter de Gruyter, 1988.

_____. **Unzeitgemässe Betrachtungen II**, *in* COLLI, Giorgio – MONTINARI, Mazzino (*Hrsg.*): **Friedrich Nietzsche, Kritische Studienausgabe** – in fünfzehn Bände, vol. I. Berlin: Walter de Gruyter, 1988.

_____. Die Philosophie im tragischen Zeitalter der Griechen, *in* NIETZSCHE, Friedrich. **Nachgelassene Schriften 1870-1873**, *in* COLLI, Giorgio – MONTINARI, Mazzino (*Hrsg.*): **Friedrich Nietzsche, Kritische Studienausgabe** – in fünfzehn Bände, vol. 1. Berlin: Walter de Gruyter, 1988.

_____. Über Wahrheit und Lüge im außermoralischen Sinne, *in* NIETZSCHE, Friedrich. **Nachgelassene Schriften 1870-1873**, *in* COLLI, Giorgio – MONTINARI, Mazzino (*Hrsg.*). **Kritische Studienausgabe** – in fünfzehn Bände, Bd. I. Berlin: Walter de Gruyter, 1988.

_____. **Rhetorik** (Darstellung der antiken Rhetorik; Vorlesung Sommer 1874, dreistündig). **Gesammelte Werke**, fünfter Band. München: Musarion Verlag, 1922.

OLIVECRONA, Karl. **Linguaje jurídica y realidade**, trad. Ernesto Garzón Valdés. México: Fontamara, 1995.

OLIVEIRA, Luciano. Sua excelência o comissário – a polícia enquanto "justiça informal" das classes populares no Grande Recife, *in* OLIVEIRA, Luciano. **Sua excelência o comissário** – e outros ensaios de sociologia jurídica. Rio de Janeiro: Letra Legal, 2004, p. 19-53.

OLSON, David R. What writing does to the mind, in AMSEL, Eric & BYNES, James P. (eds.). **Language, literacy and cognitive development and consequences of symbolic communication**. Mahwah (New Jersey) – London: Lawrence Erlbaum Associates, 2002, p. 153-165.

ORTEGA Y GASSET, José. "¿Qué son los valores?", *in* ORTEGA Y GASSET, José. **Las etapas del cristianismo al racionalismo y otros ensayos**. Santiago: Pax, 1936.

PASCAL, Blaise. **Pensées**. Paris: éd. Lefrève, 1839.

PATZELT, Werner J. **Grundlagen der Ethnometodologie** – Theorie, Empirie und politikwissenschaftlicher Nutzen einer Soziologie des Alltags. München: Wilhelm Fink, 1987.

PEIRCE, Charles Sanders. Deduction, induction and hypothesis, *in* PEIRCE, Charles Sanders. **The collected papers**. Editorial Introduction by John Deely. Electronic edition of the original Cambridge: Harvard University Press, vols. I-VI ed. Charles Hartshorne and Paul Weiss, 1931-1935, vols. VII-VIII ed. Arthur W. Burks, 1958.

PELLEGRIN, Pierre. **Le Vocabulaire d'Aristote**. Paris: Ellipses, 2001.

PFORDTEN, Dietmar von der. Was ist Recht? Eine philosophische Perspektive, *in*: BRUGGER, Winfried; NEUMANN, Ulfrid; KIRSTE, Stephan. **Rechtsphilosophie im 21. Jahrhundert**. Frankfurt a. M.: Suhrkamp, 2008, p. 261-285.

PLATO. **Protagoras**, *in*: PLATO. **The works of Plato**, trad. J. Harward, Col. Great Books of the Western World. Chicago: Encyclopaedia Britannica, 1990, vol. 6.

PLUTARCH. **The lives of the noble Grecians and Romans** (The Dryden Translation), Col. Great Books of the Western World. Chicago: Encyclopaedia Britannica, 1990.

POULAIN, Jacques. **La condition démocratique** – justice, exclusion et vérité. Paris: L'Harmattan, 1998.

POUND, Roscoe. Law and morals – jurisprudence and ethics. **North Carolina Law Review**, vol. 23, 1945, p. 185-222.

QUINTILIANUS, Marcus Fabius. **Institutionis oratoriae**, Liber V, 14, 1. Edição bilíngue de Helmut Rahn (*Hrsg.*). **Ausbildung des Redners**, em 2 vols. Darmstadt: Wissenschaftliche Buchgesellschaft, 1988.

REALE, Miguel. **Filosofia do direito**. São Paulo: Saraiva, 2002 (20. ed.).

_____. Invariantes Axiológicas. **Estudos Avançados** n. 5 (13). Rio de Janeiro: 1991.

_____. **O direito como experiência** – introdução à epistemologia jurídica. São Paulo: Saraiva, 1968.

RITTER, Joachim e GRÜNDER, Karlfried (*Hrsg.*). **Historisches Wörterbuch der Philosophie**, em 10 vols. Basel – Stuttgart, Schwabe & Co., 1972-1998.

ROBLES, Gregorio. **Teoria del derecho** – fundamentos de teoria comunicacional del derecho, vol. I. Madrid: Civitas, 1998, p. 116.ROSS, Alf. **Tû-Tû**, trad. Genaro R. Carrió. Buenos Aires: Abeledo-Perrot, 1976.

ROTH, Gerhard. Erkenntnis und Realität: das reale Gehirn und seine Wirklichkeit, *in* SCHMIDT, Siegfried J. **Der Diskurs des radikalen Konstruktivismus**. Frankfurt a.M.: Suhrkamp, 1987, p. 229-255.

ROUSSEAU, Jean-Jacques. **Du contract social** ou principes du droit politique. Amsterdam: chez Marc Michel Rey, 1762.

RUIZ DE LA CIERVA, María del Carmen. Los géneros retóricos desde sus orígenes hasta la actualidad. **Revista Rhêtorikê** #0, 2007, p. 1-40.

RUNGGALDIER, Edmund. **Analytische Sprachphilosophie**. Stuttgart / Berlin / Köln: Kohlhammer, 1990.

RUSSELL, Bertrand. **History of Western Philosophy** – and its Connection with Political and Social Circumstances from the Earliest Times to the Present Day. London: Routledge, 1993.

SALGADO. Joaquim Carlos. **A ideia de justiça no mundo contemporâneo** – fundamentação e aplicação do direito como *maximum* ético. Belo Horizonte: Del Rey, 2006.

SALUTATI, Coluccio. **Vom Vorrang der Jurisprudenz oder der Medizin** (De nobilitate legum et medicinae). Lateinisch-Deutsche Ausgabe übersetzt und kommentiert von P. M. Schenk. München: UTB, 1990.

SANTO AGOSTINHO. **De magistro** (Do mestre). Trad. Angelo Ricci, Coleção *Os Pensadores*. São Paulo: Abril Cultural, 1973.

_____. **As confissões**, trad. Frederico Ozanam Pessoa de Barros. Rio de Janeiro: Editora das Américas, 1968.

SARRA, Claudio. **Metafora e diritto** (2006). Centro di Ricerche sulla Metodologia Giuridica. http://www.cermeg.it/2006/04/06/metafora-e-diritto/, acesso em 20.8.2010.

SAVIGNY, Friedrich Carl von. **System des heutigen Römischen Rechts**. Berlin: Veit, 1840.

SCHAUER, Frederick. **Playing by the rules** – a philosophical examination of rule-based decision-making in law and in life. Oxford: Clarendon Press, 1998.

SCHLIEFFEN, Katharina von. Rhetorische Analyse des

Rechts: Risiken, Gewinn und neue Einsichten, *in* SOU-DRY, Rouven (*Hrsg.*). **Rhetorik** – Eine interdisziplinäre Einführung in die rhetorische Praxis. Heidelberg: C. F. Muller Verlag, 2006, p. 42-64.

SCHLIEFFEN, Katharina von; MICHAELIS, Lars Oliver. Schlüsselqualifikation Rhetorik. **Juristische Arbeitsblätter** Heft 8/9, Juni 2003, p. 718-725.

SCHMIDINGER, Heinrich (*Hrsg.*). **Wege zur Toleranz** – Geschichte einer europäischen Idee in Quellen. Darmstadt: Wissenschaftliche Buchgesellschaft, 2002.

SCHMIDT, Siegfried J. Der radikale Konstruktivismus – ein neues Paradigma im interdisziplinären Diskurs, *in* SCHMIDT, Siegfried J. (*Hrsg.*). **Der Diskurs des radikalen Konstruktivismus**. Frankfurt am Main: Suhrkamp, 1987.

SCHOPENHAUER, Arthur. **Eristische Dialektik** (oder die Kunst, Recht zu behalten), *in* Paul Deussen (Hrsg.). **Arthur Schpenhauers sämtliche Werke**, 6. Band. München: R. Piper & Co., p. 391-428.

SCHULZ, Lorenz. Pragmatismus und Paternalismus, *in* ANDERHEIDEN, Michael; BÜRKLI, Peter; HEINIG, Hans Michael; KIRSTE, Stephan; SEELMANN, Kurt. **Paternalismus und Recht**. Tübingen: Mohr Siebeck, 2006, p. 69-92.

SCHWANITZ, Dietrich. **Bildung** – alles, was man wissen muss (Die Höredition). Eichborn: Lido, 2002, CD 10, 3.

SEMAMA, Paolo. **Linguagem e poder**, trad. Wamberto Hudson Ferreira. Brasília: Editora Universidade de Brasília, 1984.

SEXTUS EMPIRICUS. **Grundriß der pyrrhonischen Skepsis** (*Pyrrhonian Hipotiposes*), eingeleitet und übersetzt von Malte Hossenfelder. Frankfurt a. M.: Suhrkamp, 1985.

_____. **Selections from the Major Writings on Scepticism, Man & God**, edited with introduction and notes by Phillip P. Hallie, translated from the original Greek by Sanford G. Etheridge, new foreword and bibliography by Donald R. Morrison. Indianapolis-Cambridge: Hackett Publishing Co., 1985.

SILVA, José Afonso da. **Aplicabilidade das normas constitucionais**. São Paulo: Malheiros, 1998.

SKINNER, Quentin. **Reason and rhetoric in the philosophy of Hobbes**. Cambridge: Cambridge University Press, 1996.

SOBOTA, Katharina. Rhetorisches Seismogramm – eine neue Methode in der Rechtswissenschaft. **Juristenzeitung**, vol. 47, Issue 5. Digizeitschriften, 1992.

_____. Don't mention the norm! **International Journal for the Semiotics of Law**, vol. 4, fasc. 10, 1991, p. 45-60, trad. João Maurício Adeodato: Não mencione a norma! **Anuário dos Cursos de Pós Graduação em Direito**, n. 7. Recife: Universitária da UFPE, 1996, p. 80-93.

SOKAL, Alan & BRICMONT, Jean. **Imposturas intelectuais** – o abuso da ciência pelos filósofos pós-modernos, trad. Max Altman. Rio de Janeiro e São Paulo: Record, 1999.

SOREL, Georges. **Réflexions sur la violence**. Paris: Marcel Rivière, 1919.

SPRUTE, Jürgen. **Die Enthymemtheorie der aristotelischen Rhetorik**. Göttingen: Vandenhoeck & Ruprecht, 1982.

STOHL, Michael; MELO, José Luiz. Teoria e método em estudos sobre a relação entre conflito e violência doméstica e externa, trad. Pedro Maligo e Eli de Fátima de Lima. **Revista de Ciência Política**, n. 19 (1). Rio de Janeiro: jan.-mar., 1976, p. 25-59.

STOYANOVITCH, Konstantin. **Le domaine du droit**. Paris:

Librairie Génerale de Droit et de Jurisprudence, 1967.

STRECK, Lenio Luiz. **O que é isto – Decido conforme minha consciência?** Porto Alegre: Livraria do Advogado, 2010.

_____. **Verdade e consenso**. Constituição, hermenêutica e teorias discursivas – da possibilidade à necessidade de respostas corretas em direito. Rio de Janeiro: Lumen Juris, 2009, 3. ed. (revista, ampliada e com posfácio).

STRUCHINER, Noel. **Direito e linguagem** – uma análise da textura aberta da linguagem e sua aplicação no direito. Rio de Janeiro / São Paulo: Renovar, 2002.

TORRES, Heleno Taveira. **Segurança jurídica do sistema constitucional tributário** (Tese de Titularidade). São Paulo: Faculdade de Direito da Universidade de São Paulo, 2009.

UEDING, Gert (*Hrsg.*). **Historisches Wörterbuch der Rhetorik**, em 10 vols. Darmstadt: Wissenschaftliche Buchgesellschaft, 1994-2010.

VERNENGO, Roberto José. **Curso de teoría general del derecho**. Buenos Aires: Depalma, 1995.

VERÓN, Eliseo. **A produção de sentido**, trad. Alceu Dias Lima *et alii*. São Paulo: Cultrix / Universidade de São Paulo, 1980.

VIEHWEG, Theodor. **Topica y filosofia del derecho**, trad. Jorge M. Seña. Barcelona: Gedisa, 1991.

_____. Notizen zu einer rhetorischen Argumentationstheorie der Rechtsdisziplin, *in* **Rechtsphilosophie oder Rechtstheorie?** Darmstadt: Wissenschaftliche Buchgesellschaft, 1985, p. 315-326.

_____. **Topik und Jurisprudenz** – Ein Beitrag zur rechtswissenschaftlichen Grundlagenforschung. München: C. H. Beck, 1974 (4. Aufl.).

VILANOVA, Lourival. **As estruturas lógicas e o sistema do direito positivo.** São Paulo: Revista dos Tribunais, 1977.

_____. **Lógica jurídica.** São Paulo: Bushatsky, 1976.

VILLAFAÑE, Emilio Serrano. La violencia y el odio y su papel en la politica del mundo actual, *in* Diversos Autores. **El odio en el mundo actual.** Madrid: Alianza Editorial, 1973, p. 75-105.

WARAT, Luiz Alberto. Do postulado da pureza metódica ao princípio da heteronímia significativa. Revista **Sequência** n. 7. Florianópolis: CPGD – Universidade Federal de Santa Catarina, 1983, p. 28-34.

WEBER, Max. **Wirtschaft und Gesellschaft** – Grundriss der verstehenden Soziologie, Johannes Winckelmann (*Hrsg.*). Tübingen: Mohr-Siebeck, 1985.

WINDSCHEID, Bernhard: **Lehrbuch des Pandektenrechts.** Frankfurt a. M.: Rutten & Loening, 1891.

WINTER, Steven L. Transcendental nonsense, metaphoric reasoning, and the cognitive stakes for Law. 137 **University of Pennsylvania Law Review** 11. Pittsburg: University of Pennsylvania, april 1989.

WÖRNER, Markus. Enthymeme – ein Rückgriff auf Aristoteles in systematischer Absicht", *in* BALLWEG, Ottmar; SEIBERT, Thomas-Michael (*Hrsg.*). **Rhetorische Rechtstheorie.** Freiburg – München: Alber, 1982, p. 73-98.

ZAK, Paul J. **The moral molecule**: the source of love and prosperity. London: Penguin, 2012.

ÍNDICE DE NOMES (ONOMÁSTICO)

A

ADEODATO, João Maurício – XXIII-XXV, XXVII, 16, 51, 54, 59, 68, 79, 111, 119, 137, 154, 159, 252, 269, 307, 318, 346-347, 350 e 356.

AFTALIÓN, Enrique – 214.

AGOSTINHO – 41, 47, 86-87, 107, 137, 186 e 207.

ALEXANDRE, o Grande – 346 e 364.

ALEXANDRE JÚNIOR, Manuel – 267.

ALEXY, Robert – 36, 95, 176, 195, 244-245, 257-258, 260-263, 306-307, 352 e 357.

AMSEL, Eric – 227.

ANAXIMANDRO – 37.

ANAXÍMENES – 319.

ANDERHEIDEN, Michael – 329 e 335.

AQUINO, Tomás de – 83, 87 e 90.

ARBIB, Michael A. – 64.

ARCESILAU – 315.

ARENDT, Hannah – 30, 47, 88, 102-103, 107, 188, 198, 244, 257, 270, 273-274, 333, 338, 349 e 363.

ARISTÓTELES – XXI, 87, 90, 108, 118, 166, 203, 236, 266-268, 302,

304-305, 310-327, 329, 350-352 e 361.

ÁVILA, Humberto – 176.

AZZONI, Giampaolo – 322.

B

BACON, Francis – 120 e 351.

BAILLY, Anatole – 311.

BALLWEG, Ottmar – XXI, 3, 5, 7, 16, 47, 123-125, 129 e 319.

BALZAC, Honoré de – 106.

BARBOSA, Ruy – 121.

BARILLI, Renato – 315.

BATTISTELLI, Luigi – 273.

BAUER, Martin W. – 113, 116-117, 128 e 308.

BECK, Ulrich – 299.

BERCOVICI, Gilberto – 276.

BERKELEY, George – 38 e 104-105.

BLUMENBERG, Hans – 5-6, 8, 10, 30, 53, 63, 114, 140, 152, 187, 199, 201 e 316.

BOBBIO, Norberto – 56-58 e 182.

BOCKEN, Inigo – 355.

BONAPARTE, Napoleão – 57.

BORGES, Jorge Luis – 5.

BORGES, José Souto Maior – 74.

BOURDIEU, Pierre – 281-282.

BRICMONT, Jean – 7, 105 e 155.

BROWN, Richard Harvey – 204.

BRUGGER, Winfried – 111 e 247.

BUCHWALD, Delf – 272.

BÜRKLI, Peter – 329 e 335.

BYNES, James P. – 227.

C

CANECA, Frei Joaquim do Amor Divino – 148, 308 e 350.

CARNÉADES – 316.

CARROLL, John – 290.

CARVALHO, Paulo de Barros – IX, 75, 174-175, 181, 183, 228 e 295.

CASTRO JUNIOR, Torquato –119.

CÉSAR, Júlio – 22.

CHURCHLAND, Patricia – 71.

CÍCERO, Marco Túlio – 83, 119, 318, 347 e 350.

CLITÔMACO – 316.

COPÉRNICO, Nicolau – 53.

CÓRAX – 4, 267 e 305.

COSSIO, Carlos – XXVII, 3, 143, 145, 174, 179-181, 225, 247, 265 e 333.

CRONOS – 191.

CRUET, Jean – 275-276.

CUSA, Nicolau de – 355.

D

DEELY, John – 329.

DE GIORGI, Raffaele – 170.

DEL VECCHIO, Giorgio – 72.

DEMÓCRITO – 39.

DESCARTES, René – 36, 48, 63, 104, 134, 140, 158-159 e 269.

DEUTSCH, Karl – 343.

DEWEY, John – 22-23

DICKENS, Charles – 298.

DILTHEY, Wilhelm – 28.

DIONÍSIO – 326.

DURKHEIM, Émile – 196.

DWORKIN, Ronald – 36, 95, 176, 260-261 e 306-307.

DYCK, Ed – 326.

E

EDELMAN, Murray – 248.

EDWARDS, James C. – 203.

EGGER, E. – 311.

EIFLER, M. – 108.

EINSTEIN, Albert – 165.

EPITETO – 333.

F

FARIA, José Eduardo – 62, 251 e 297.

FARIAS BRITO, Raimundo de – 70 e 72.

FERRARI, Gianfranco – 322.

FERRAZ Jr., Tercio – VII, XI, XXI, XXVII, 25, 123-125, 174, 232, 245 e 338.

FICINO, Marsilio – 205 e 349.

FIEDLER, Teja – 88.

FINER, Sam E. – 246.

FOUCAULT, Michel – XXIII, 281 e 298.

FRIED, Charles – 170.

G

GADAMER, Hans-Georg – 283.

GAIO – 217 e 363.

GAMA, Tácio Lacerda – IX.

GARCIA MAYNEZ, Eduardo – 3 e 180.

GASKELL, George – 113, 116-117, 128 e 308.

GEHLEN, Arnold – 5-6, 8-10 e 30.

GIBBONS, John – 212 e 290.

GILL, Rosalind – 113.

GOERGEN, Marc – 88.

GOODRICH, Peter – 305.

GÓRGIAS – XXIV e 223.

GOSWAMI, Amit – 70.

GOSWAMI, Maggie – 70.

GRÖSCHNER, Rolf – 205 e 348.

GROTIUS, Hugo – 88, 90 e 363-364.

GRÜNDER, Karlfried – 40, 103, 108 e 319.

GUASTINI, Riccardo – 19, 173 e 205-206.

H

HÄBERLE, Peter – 20 e 129.

HABERMAS, Jürgen – 164, 195 e 357.

HANSEN, Frank-Peter – 37.

HARRIS, Sandra – 212.

HARTMANN, Nicolai – 3, 9, 28, 45, 50-51, 69, 72, 142-143, 152, 156, 182, 185, 225, 286 e 347.

HEGEL, Georg Wilhelm Friedrich – 50, 143, 159-160, 171 e 225.

HEINIG, Hans Michael – 329 e 335.

HERÁCLITO – 5, 36-39, 134, 136-137 e 205-206.

HOBBES, Thomas – 57, 90-93, 98, 100, 134 e 253.

HOHMANN, Hans – 291.

HUME, David – 16, 18, 38, 140 e 331.

HUSSERL, Edmund – 63, 143, 225 e 269.

I

ISÓCRATES – 319.

J

JAMES, William – 165.

JELLINEK, Georg – 55-57, 100 e 233.

JESUS DE NAZARÉ – 188.

JHERING, Rudolf von – 34, 99-100, 106 e 174.

JUST, Gustavo – 283.

K

KANT, Immanuel – XXV, 16-17, 21, 39, 48, 69, 72, 80, 106, 113, 134, 136-139, 142, 155-157, 160-161, 165, 171, 174, 181, 184, 191, 337-338, 344, 346 e 364.

KELSEN, Hans – XXVII, 15-19, 25, 28, 58-59, 69, 72, 80-81, 89-90, 94-96, 100, 120, 174-175, 178, 180-182, 186, 261-263 e 266.

KIRCHMANN, Julius Hermann von – 275.

KIRSTE, Stephan – 111, 119, 205, 247, 329, 335 e 348.

KLYUKANOV, Igor E. – 294.

KOPPERSCHMIDT, Joseph – 3.

KRAMER, Olaf – 279.

KRISTELLER, Paul Oskar – 350.

KRONMAN, Anthony – 343.

L

LAFER, Celso – 341.

LANGSDORF, Lenore – 328.

LANIGAN, Richard L. – 328.

LAUSBERG, Heinrich – 244 e 296.

LEACH, John – 117.

LEIBNIZ, Gottfried Wilhelm – 70.

LEMBCKE, Oliver W. – 205 e 348.

LIAKOPOULOS, Miltos – 128 e 308.

LIDDEL, Henry George – 311.

LIMA, Alexandre José Costa – 77.

LIMA, Pedro Parini Marques de – 244.

LOCKE, John – 38, 57, 90, 93, 104-105, 134 e 362.

LUHMANN, Niklas – 58, 62, 83, 123, 170, 184-186, 191, 195-196, 341, 346 e 357.

LUTERO, Martinho – 88 e 364.

M

MACHIAVELLI, Nicolò – 56 e 91.

MANETTI, Giannozzo – 350.

MANZIN, Maurizio – 322.

MARQUARD, Odo – 355.

MARQUES, Regina – 303.

MARX, Karl – XXII, 257, 274 e 282.

MATURANA, Humberto – 62, 148, 162, 184 e 197-198.

MAUS, INGEBORG – 259-260 e 276.

MAXIMILIANO, CARLOS – 94 e 283.

MELO, JOSÉ LUIZ – 246.

MENEZES, TOBIAS BARRETO DE – 34.

MERKL, ADOLF JULIUS – 58.

MICHAELIS, LARS OLIVER – 220.

MILL, JOHN STUART – 269, 336-337 e 339-340.

MODESTINO – 217.

MONTAIGNE, MICHEL EYQUEM DE – 347-348.

MONTESQUIEU, CHARLES LOUIS DE SECONDAT – 94, 216, 260 e 275.

MOORE, Michael – 283.

MORRIS, Charles William – 162.

MÜLLER, Friedrich – 20, 94, 125-126, 129, 206, 215, 239 e 241-242.

N

NEUMANN, Ulfrid – 111 e 247.

NIETZSCHE, Friedrich – XXI, 7-8, 16, 36-37, 47, 49, 55, 58, 76, 109, 119, 139-140, 142, 149, 159-160, 181, 202, 315, 345, 352-353 e 357.

O

ODISSEU – 335.

OLBRECHTS-TYTECA, Lucy – 298.

OLIVECRONA, Karl – 250.

OLIVEIRA, Luciano – 217.

OLSON, David R. – 227.

ORTEGA Y GASSET, José – 69.

P

PAPINIANO – 217.

PARMÊNIDES – 5, 36, 38-39, 133, 136-137 e 205-206.

PARSONS, Talcott – 184.

PASCAL, Blaise – 277.

PASSERON, Jean-Claude – 281-282.

PATZELT, Werner J. – 52, 202 e 243.

PAULO – 217.

PAULO DE TARSO – 333.

PAVLOV, Ivan Petrovich – 43.

PEIRCE, Charles Sanders – 328-329.

PELLEGRIN, Pierre – 311.

PERELMAN, Chaîm – 2 e 298.

PFORDTEN, Dietmar von der – 247.

PIAGET, Jean William Fritz – 226.

PICO DELLA MIRANDOLA, Giovanni – 349.

PIRRO (PYRRHUS) – 346.

PÍRRON (PYRRHON, PYRRHO) – 14 e 345-348.

PISÍSTRATO – 326.

PLATÃO – XXIV, 36-39, 41, 47, 49, 85, 104, 133, 135, 205, 286, 302, 305, 314-316, 322, 325, 340, 351 e 366.

PLUTARCO – 346.

POULAIN, Jacques – 344.

POUND, Roscoe – 236.

PROTEU – 350.

PTOLOMEU – 171.

PUFENDORF, Samuel – 179.

Q

QUINTILIANUS, Marcus Fabius – XXIV, 308, 318-319 e 321.

R

REALE, Miguel – 3-4, 69, 72, 75 e 190.

REED, Richard E. – 70.

REGELSBERGER, Ferdinand Aloys Friedrich Woldemar – 100.

RITTER, Joachim – 40, 103, 108 e 319.

ROBLES, Gregorio – 81.

RORTY, Richard – 275.

ROSS, Alf – 249.

ROTH, Gerhard – 44 e 46.

ROUSSEAU, Jean-Jacques – 60, 90 e 98.

RUIZ DE LA CIERVA, María del Carmen – 267.

RUNGGALDIER, Edmund – 285.

RUSSELL, Bertrand – V, 22-23, 87, 134, 165 e 346.

S

SALGADO, Joaquim Carlos – 354.

SALUTATI, Coluccio – 349.

SARRA, Claudio – 298.

SAUSSURE, Ferdinand de – XXVI e 282.

SAVIGNY, Friedrich Carl von – 99-100 e 260.

SCHANZE Helmut – 3, 16 e 124.

SCHAUER, Frederick – 286.

SCHELER, Max – 69.

SCHLIEFFEN, Katharina von (SOBOTA, Katharina) – 220, 247, 318 e 352.

SCHMIDINGER, Heinrich – 7.

SCHMIDT, Siegfried J. – 44, 46, 62 e 354.

SCHOPENHAUER, Arthur – XXI, XXIII, 165-167 e 181.

SCHULZ, Lorenz – 329.

SCHWANITZ, Dietrich – 204.

SCIPIO AEMILIANUS – 347.

SCOTT, Robert – 311.

SEELMANN, Kurt – 329 e 335.

SEIBERT, Thomas-Michael – 5, 7 e 319.

SELINGER, Martin – 246.

SEMAMA, Paolo – 248.

SEXTUS EMPIRICUS – XIX|, 14, 54, 77, 316, 345, 347 e 354-355.

SILVA, José Afonso da – 230.

SKINNER, Quentin – 351.

SMITH, Andrew R. – 328.

SÓCRATES – 4, 47-48, 315, 323 e 347.

SÓFOCLES – 83 e 85.

SOKAL, Alan – 7, 105 e 155.

SOREL, Georges – 210 e 246.

SOUDRY, Rouven – 352.

SPRUTE, Jürgen – 319.

STAMMLER, Rudolf – 184.

STOHL, Michael – 246.

STOYANOVITCH, Konstantin – 274.

STRECK, Lenio Luiz – 36, 144, 219, 268-269 e 276.

STRUCHINER, Noel – 286.

T

TEÁGENES – 327.

THOMASIUS, Christian – 179.

TÍSIAS – 267 e 305.

TORRES, Heleno Taveira – 182.

TROPER, Michel – 283.

U

UEDING, Gert – 314.

ULPIANO – 217.

V

VARELA, Francisco – 62.

VERNENGO, Roberto José – 264.

VERÓN, Eliseo – 282.

VIEHWEG, Theodor – 25, 50, 123-125, 261-262 e 352.

VILANOVA, José – 214.

VILANOVA, Lourival – 74, 113 e 181.

VILLAFAÑE, Emilio Serrano – 246.

VIVES, Juan Luis – 349.

W

WARAT, Luiz Alberto – 293.

WEBER, Max – 6, 13, 48-49, 196, 243, 263 e 341-343.

WIENER, Norbert – 63.

WILEY, Norbert – 294.

WINDSCHEID, Bernhard – 100.

WINTER, Steven L. – 119.

WÖRNER, Markus – 319.

Z

ZAK, Paul J, – 72.

ZEUS – 191.

ÍNDICE DE CONCEITOS BÁSICOS
(ANALÍTICO E REMISSIVO)

A

Abdução – 301, 316 e 328-329.

Ação – 2-5, 8, 10, 23, 49, 67, 72-74, 82, 98, 114, 129, 141, 188, 196, 265, 273-274, 279-280, 303, 312, 328 e 333.

Acaso (ocasional) – 79 e 165.

Acordo (desacordo) – 6, 10, 14, 17, 20, 22-24, 29, 32, 38-39, 44-46, 61, 65-66, 75-76, 78, 80, 84-86, 89, 91-92, 94-95, 105, 110, 112, 129-130, 136-137, 154, 157, 159, 161, 163, 169-170, 176-177, 179, 194, 202, 211, 214-216, 223-224, 230-231, 258, 278, 280-281, 289, 291-292, 299, 306, 308-309, 318-319, 326-327, 358 e 366-367.

Adaptação (capacidade de) – 10, 30, 59, 81, 148 e 276.

Adequação (inadequação) – 11, 41, 48, 51, 95, 122, 135, 193, 243, 282, 307 e 354.

Agnosticismo – 5.

Agonística – 325.

Alcance – 86, 97, 127, 164, 209-210, 251, 287-289, 292-293, 297, 304, 311 e 318.

Alegoria – 327.

Alienação – 282.

Alma – XXIII, 26, 86, 149, 179, 314, 315, 350 e 357.

Alteridade – 188.

Ambiguidade – 53, 96, 106, 127, 145, 209-210, 212, 249, 270, 283, 286-290, 292-293, 296, 303, 305, 308-310 e 314.

Ameaça de violência (força) – 77, 92, 151, 153, 188-189, 192, 243-245, 272, 304, 325, 341-342, 366 e 368.

Análise (do discurso, suas estratégias) – 32, 48, 51, 98, 109-111, 114-117, 119, 121, 128, 130, 136, 163, 165, 175, 178, 182-183, 252,

286, 305, 307-309, 318-319, 323, 352, 355 e 357.

Angústia – XXIII, 32, 186 e 347.

Antinomia – 127, 214-215 e 261.

Antropologia (carente, autista, realista, otimista, iluminista, solipsista) – XX, 6, 8-9, 30, 37, 40, 47, 53, 92, 95, 97, 111, 134, 147, 152, 198, 213, 273, 279 e 350.

Antropomorfismo – 64 e 149.

Aparência – 7, 34, 36, 321-323 e 347.

Apodítico – 134, 261, 317 e 321-325.

Arbitrariedade – 21, 44, 69, 85, 98, 154, 156, 164-165, 202, 204, 221, 241, 262, 268, 275, 299 e 333.

Argumentação – XIX, XXVI-XXVII, 24, 33, 95, 107-108, 116, 123, 125-127, 129, 130, 172, 191, 194-195, 211, 214, 220, 222, 224, 228-230, 232, 238, 261-262, 264, 267, 272-273, 279-280, 290, 299, 301-308, 314-329, 337, 352, 366 e 368.

Aristotélica, tradição – XIX, XXI, XXV, 2-3, 20, 85, 117, 167, 266, 314, 316 e 368.

Assertividade garantida – 22-23.

Assimetria – 255 e 334.

Ataraxia (imperturbabilidade) – 76, 78, 331, 336 e 346-348.

Atavismo – 7, 76-77, 152 e 294.

Ativismo judicial – 238, 265, 268, 270, 276 e 368.

Auditório – 117-119, 122, 127, 310, 326 e 366.

Autismo (filosófico) – 23, 152 e 344.

Autodeterminação – 14, 303, 334, 337-338 e 348-349.

Autoridade – XXIV, 60, 66, 82, 87, 111, 126, 153, 164, 218, 230, 243-245, 249, 276, 290, 295, 309, 320, 332, 342 e 366.

Autorreferência (autopoiese) – 6, 12, 15, 22, 46, 58, 62, 66, 95-97, 128, 149, 156, 164, 182, 197, 253, 255, 258, 291, 299 e 357.

Axiologia (teoria dos valores) – 3-5, 69, 75, 78, 84 e 347.

Azar – 79-80 e 356-357.

B

Beleza – 2, 29, 195, 289, 302, 313 e 368.

Biologia (neurobiologia, neurofisiologia) – XX-XXI, 4, 8-9, 16, 24, 30, 42, 52, 58, 64, 71-72, 79, 81, 84, 147-148, 158, 184, 198, 213, 226, 273, 316, 351 e 356.

Biologismo moral – 8 e 71-72.

Burocracia (burocrata) – 30, 95, 126 e 343.

C

Cânones (de análise) – 117-119, 129, 233, 246 e 272.

Caso – 7, 13, 18, 24, 32, 36, 41, 61, 71,

93-97, 107, 121, 123-124, 126-130, 138, 142-143, 170, 172-173, 206, 211, 214-215, 221, 229-231, 235, 239-242, 247, 252, 258-259, 261-263, 268, 272, 276, 280-282, 290-293, 306-307, 317, 319, 328-329, 335, 340 e 367.

Casual (casualidade) – 77 e 327.

Casuísmo judicial – 62, 268 e 270.

Catolicismo (filosofia católica) – 57, 87-88 e 364.

Causa (causalidade) – 4, 7, 9, 43, 53-54, 71, 73, 81, 109, 137, 140-141, 154-155, 196, 213, 238-239, 299, 326-328, 331-332, 352 e 355.

Cérebro – 42-44, 46, 64, 72-73, 144 e 226-227.

Ceticismo (pirronismo) – XIX, XXI-XXIII, XXV, 5, 7, 14, 34, 37-38, 54, 71, 77-78, 97, 105, 113, 141, 151, 158, 162, 263, 283, 296, 315-316, 332, 336, 345-347, 352, 254-355 e 367-368.

Cibernética – 63 e 227.

Ciência (cientificidade) – XIX -XXII, 7, 12, 16, 18-19, 22, 24-25, 27-29, 34, 38, 44, 48, 50, 53, 55, 58-59, 65, 70, 80-81, 95, 98, 101, 103, 105-106, 109-110, 113, 119-123, 138, 141, 151, 154-155, 158, 163-164, 166, 170, 174-175, 194, 219, 220-221, 223, 228-229, 238, 246-247, 249, 254, 264-265, 271, 273-275, 277-279, 281, 289, 293, 298, 303, 306, 315-316, 321, 325, 332, 334, 346, 349, 351, 354-355, 363 e 366.

Coação – 339, 341-343 e 358.

Código (codificação) – 41, 121, 126, 153-154, 160, 197, 224, 229, 242, 245, 280, 282, 291-294 e 306.

Coercitividade – 91, 188, 244-245, 255 e 272.

Coisa em si – 35, 39, 70, 113, 137, 155-157 e 160-161.

Coletivo (coletividade, coletivismo) – 23, 311, 316, 335-336 e 363.

Comando – 18, 174, 211, 237, 243, 258-259, 264, 299 e 342.

Competência – 6-7, 13, 60, 63, 66, 76, 82, 91, 94-95, 214, 230, 263, 267, 288, 294-296, 337 e 344.

Competição – 197-199, 203, 253, 290 e 304.

Conciliação (mediação, arbitragem) – 59, 221 e 263.

Complexidade (social) – 13, 22, 29, 39, 61, 65-66, 72, 80, 83, 85, 90, 93, 126, 155, 170, 179, 183-184, 189-191, 193-197, 224, 226, 238, 246, 255-256, 259, 261, 269, 277, 289, 303, 312 e 317.

Comunicação – XXIV, XXVI, 11-12, 22, 32, 39, 41-42, 47-48, 63, 66, 81, 97, 99, 102-105, 111, 117, 126, 130, 141-145, 151-152, 154, 157, 162, 164-165, 171, 175, 177-178, 184-185, 188-189, 192, 197-199, 202, 205-206, 208-212, 218, 223-227, 233, 239, 240, 243-245, 248, 250-251, 256, 268, 278, 281-286, 288, 291, 298, 303-304, 308, 311, 318, 332, 340 e 353-354.

Concretização (normativa) – 127, 206, 220, 229-230, 238-242, 280,

409

302 e 340-341.

Conflito – 11, 19, 25, 31-32, 45, 61-63, 66, 68, 78, 80, 111, 123=124, 126, 129-131, 151, 153, 155, 173, 179, 190, 193-194, 197, 211, 213-214, 216, 218, 221-222, 238, 246, 248-249, 256, 278, 290-291, 294, 303, 334, 339-340 e 343-344.

Conhecimento (reconhecimento, cognição) – XXI-XXII, 3-7, 10-18, 20-21, 24, 26-27, 29-31, 34-42, 45-46, 48-51, 56, 62, 64, 69, 74, 77-79, 85-87, 89, 103-105, 107-108, 112-113, 116, 120, 122, 128, 133-139, 141-142, 146-147, 149, 151-153, 155, 158-161, 164-165, 170-171, 177-178, 190, 194, 196, 201-202, 205, 209-212, 219, 221-222, 224, 227-228, 238, 240, 244-247, 249, 251-253, 255, 264-266, 271, 277-278, 281-282, 285, 291-292, 294-296, 299, 302, 305-306, 312-313, 315-316, 319, 321-322, 328-329, 336, 341, 343-344, 346-349, 352-354, 356-358, 360-361, 363-364 e 367-368.

Conotação – XXVI, 49, 110-111, 146, 208, 285, 287 e 308.

Consenso (consensualismo) – 20, 75, 121, 151, 153, 162, 164-165, 187, 197, 199, 264 e 357.

Constitucionalismo (constitucionalistas) – 93, 100, 203, 334 e 361.

Constituição (constitucionalidade, constituinte) – XXVI, 11, 14, 62, 76, 92, 97, 111, 129, 172, 212, 240, 246, 255, 257, 262-264, 288, 294-295, 308, 337-339, 358 e 360-362.

Constrangimento – 111, 124-127, 129-130, 184, 202, 223, 225, 239, 244, 246, 262, 268, 270, 321, 333, 241 e 356.

Construtivismo radical – 8 e 62-63.

Conteúdo (ético) – 11-12, 14, 60, 67-68, 75-76, 82, 84, 91, 94, 98, 134, 155, 213-214, 229-230, 242-243, 245, 255, 257-258, 263-265, 298, 302, 307, 318, 322, 342-344, 348, 352, 361, 363 e 367.

Contingência – 38, 41, 49, 54, 78, 83, 141-142, 146, 156, 184-185, 190-191, 256, 287, 289, 303, 327 e 331-333.

Contrato (jurídico, social) – 11, 19, 32, 90, 92-93, 97-98, 129, 170, 172, 213, 215, 218-219, 242 e 292.

Controle (público da linguagem) – 9-10, 21, 24, 30-31, 33, 40, 45-46, 62-65, 103, 107, 119, 151, 154-155, 162-163, 178-179, 184, 188-189, 192, 202, 208, 215, 224, 246, 248-249, 256, 260272, 291, 296, 298-299, 308, 313, 322, 332, 353-355 e 367-368.

Convenção (da linguagem) – 27, 202, 204-205 e 296-297.

Corpus Juris Civilis – 217-218.

Correspondência (com a realidade) – 12, 32, 39-40, 42, 45, 49, 61, 63, 75, 82, 113, 142, 145-146, 177, 180, 185, 189, 207, 223, 229, 241, 249-250, 286, 296 e 322-323.

Costume (convenção social) – 19, 38, 58, 76, 85, 97, 103, 165, 172, 216-218, 254, 276, 293, 297, 311 e 341.

Credibilidade (crença) – 3, 22, 57, 61, 80, 82, 108, 110, 138, 151, 154-155, 166-167, 179, 274, 282, 309-310, 317-318, 321, 342-343, 363 e 367.

Criação (do direito) – 11, 60, 84, 93-96,106, 125, 142, 172, 216-217, 230, 236, 259, 261, 270 e 275-276.

Crise – 254, 256-257 e 271.

D

Decepção – 54, 187, 188, 191 e 196.

Decisão – 24, 27, 32, 37, 42, 44, 48, 64, 69, 72, 73, 76-77, 84, 91-92, 97, 98, 100, 104, 116, 118-120, 132-135, 137, 139, 161, 172, 174, 192, 194, 197, 206, 211, 213, 215, 216, 218, 220, 222, 224-225, 227, 229-230, 232, 235-239, 241-244, 246-249, 251, 252, 255, 257, 269, 272, 277, 278, 280, 291, 316, 317, 324, 335, 336, 341 e 368.

Decisionismo – 62, 260, 261, 263, 265, 270 e 276.

Dedução – 27, 29, 63-64, 102-103, 127, 144-239, 261-262, 264, 306, 317, 320 e 328-329.

Definição (indefinição) – 17, 19, 21, 25-26, 32-33, 40, 47, 49, 51, 59, 61-62, 74, 83, 85, 90-91, 107, 111, 117, 119, 123, 129, 133, 142, 150, 154, 157, 173, 180, 198, 208, 215, 216, 228, 242, 248, 251-253, 256, 271, 281-283, 286, 290-291, 293, 299, 305, 309-310, 314, 317-321, 325, 334, 347-348, 358, 361, 364 e 367.

Deleite – 268.

Democracia (Estado democrático) – 45, 68-69, 73, 96-97, 100, 169, 239, 241, 255-256, 260-261, 263, 305, 331, 344, 348, 356, 360, 363, 366 e 368.

Demonstração – 35, 59, 75, 88, 132, 284, 317, 320-321 e 324-325.

Denotação – 154, 155, 204, 208, 228, 250, 286 e 288.

Desconstrução (desconstrutivismo) – 115.

Determinismo (indeterminação) – 20, 39, 49, 55, 57, 64, 75, 82, 88, 98, 113, 122-123, 144-145, 147, 149, 187, 189, 238, 288, 293, 331-332 e 355.

Deus (Divindade) – 64-65, 68, 92-97, 113, 164, 181, 205, 213, 264, 349-360 e 364.

Dever (ser) – 20-21, 29-31, 36-39, 64, 79-81, 85, 88-89, 131, 156, 178, 182-183, 195-196, 214, 228, 235, 244, 247, 251, 253, 255, 281, 306, 308, 334, 336, 339, 341 e 359.

Dialética – 62, 116, 145, 302, 316-317, 320-322, 324-325 e 328.

Dialética erística – 166.

Dignidade (da pessoa humana) – 302, 305, 337-338 e 347-350.

Diferenciação (indiferenciação) – 18, 40, 67-83, 85-86, 97-182, 197, 211, 212, 221, 238, 242, 259, 289, 321 e 344.

411

Direito dogmático (dogmática jurídica) – 32, 35-37, 41, 45, 47, 61, 67, 71-73, 87, 100, 104, 109, 111-124, 126, 128, 129, 156, 158, 161, 176, 123, 195, 198, 201, 211-217, 219-220, 222, 229-230, 232-233, 238, 241, 246, 248, 249, 251, 256, 258, 259, 263, 264, 266, 268, 271, 243, 278, 282, 290-292, 295, 297, 302-303, 315, 331, 340-341 e 346.

Direito natural (da natureza) – 26, 28, 38-40, 56, 71, 89-104, 105-108, 114, 168, 275, 283, 334, 344, 358, 361 e 364.

Direito positivo – 17, 25-28, 38, 43, 45, 66, 70-72, 77, 79-80, 84-85, 89-97, 100, 104-108, 111, 121, 131, 133-134, 161, 178, 203, 212-213, 215, 219-220, 224, 229, 232-233, 238, 240, 251-252, 255-257, 261-264, 278-280, 302, 331, 334-335, 337, 338, 344, 358-359 e 361-363.

Direito subjetivo – 17, 24-25, 27, 39, 79, 104-108, 284 e 358-359.

Direitos fundamentais – 108, 168 e 361-362.

Direitos humanos – 45, 331 e 358-363.

Discernimento (ético) – 42, 79, 111, 262 e 347.

Discurso – 18, 24, 32, 36, 38, 59, 64, 76, 84, 113, 117-119, 123-127, 130-135, 139, 163, 168-169, 173, 175, 196, 210-211, 224, 229, 243, 249, 260, 268, 278-279, 282, 287, 291, 293, 297, 299, 302-303, 305, 307-310, 312-313, 315, 317-319, 321, 325, 340, 349 e 351-352.

Disjunção (normativa) – 177, 183 e 228.

Disponibilidade (ética) – 25, 27, 42, 71, 79, 80, 89, 235, 250 e 255.

Disposição (normativa) – 126-127 e 175-176.

Dispositio – 127.

Dogma – 132, 135, 298-299 e 368.

Dominação – 249, 341-343 e 355.

Doutrina – 17, 23, 32-33, 90, 97-98, 115, 117, 130, 176, 183, 195, 210, 213, 217-220, 222, 228, 230, 238, 241, 246, 253, 261, 271, 276, 282, 312, 348-349 e 366-368.

Doxa (endoxa) – 37, 314 e 321-322.

Dualismos – 21-22, 30, 70, 79, 184, 269 e 314.

Dúvida – 23, 87, 111, 210, 288, 293, 314 e 347.

E

Ecletismo (teoria eclética) – 24 e 107.

Economia – 60, 252 e 368.

Educação (ensino) – 76, 86, 196, 198, 218, 220-221, 254, 257, 278, 280, 282, 294-295, 308, 315, 322, 338, 350-351 e 357.

Efetividade (eficácia social) – 44, 141-142, 155, 186, 232-233, 235,

237, 242, 247, 265, 359 e 363.

Eficácia (jurídica, simbólica) – 84, 117, 196, 203, 215, 230-231, 267, 268 e 296.

Eficiência – 23, 41, 103, 118, 200, 223, 243, 258, 266, 280, 307, 309-310, 320, 327 e 344.

Egologia – 151, 153 e 225.

Elocutio – 127.

Emissor – 226, 243-244, 281 e 318.

Emoção – 24, 59, 149, 155, 302 e 312.

Empirismo (empiria) – 25, 28, 29, 40, 43, 48, 50-51, 53-54, 57-58, 61, 71, 75, 90, 93, 106, 112-114, 118, 131, 141, 144, 146, 149, 156, 169-170, 173, 175, 182, 205-206, 211, 213, 223, 226, 241, 257, 265, 296 e 354.

Engodo – 121-122, 159, 186, 189, 235, 242-244, 262, 273, 275, 304, 323 e 326.

Entimema – 35, 114, 189, 224, 243, 307, 317-321, 323-330 e 352.

Épagogé (apagogé) – 326, 328 e 330.

Epifonema – 319.

Equidade – 118, 253-254 e 310.

Erisma (erística) – 189, 244, 317, 322-325 e 328.

Escatologia – 38, 47, 64-66, 74,89-90, 117, 164, 245, 268, 357 e 365.

Escola da Exegese – 28, 71-72, 102, 118, 171, 174, 205, 216, 261, 263, 275, 316-317 e 362.

Escola do Direito Livre – 171, 174 e 217.

Escola Histórica – 106 e 174.

Espaço – 81, 82, 86, 91-92, 130, 146-147, 162, 165-166, 181, 185, 192, 198, 200, 225, 227, 254, 266, 278, 285, 324, 332-333, 339, 357 e 364.

Espírito – 48, 82, 88, 122, 151, 159, 163, 165, 213, 310 e 346.

Essência – 30, 38-39, 49, 51, 53, 59, 61, 81-83, 94, 103, 112, 118, 136, 138, 146, 180, 189, 190, 204, 297, 298, 333 e 364

Estado – 28, 45, 67-70, 73, 95, 97, 99-100, 105-106, 137, 174, 233, 239, 241, 252-253, 256, 258, 260-261, 263, 268, 334-335, 338, 344, 356 e 359-365.

Estética – 61, 146, 167 e 267.

Estratégia (ação estratégica) – XXI, 7, 14-15, 21, 24, 26-27, 31, 35, 48-52, 55, 59, 67, 74-76, 80-81, 107-112, 114, 116-117, 120-121, 128, 134, 145, 166, 183, 186, 192, 194-195, 197, 199, 201, 215, 219-220, 243-244, 262, 264, 267, 275-278, 286, 289, 304-305, 307-310, 313-314, 316, 320, 323-325, 327, 335, 347, 355, 360, 366 e 368.

Estrutura – 30, 43, 69, 70, 75, 113, 121, 153, 156, 171-172, 177, 180-185, 192, 211, 220, 228, 252, 257, 274, 282, 307, 316, 323, 325, 328, 329 e 340.

Esvaziamento (de conteúdo ético, de significado) – 26, 66, 71, 79, 89-, 90, 255, 264, 331, 340 e 344.

Ethos – 125, 127, 224, 243, 246, 281, 301, 303-304, 310-312, 318, 320 e 323.

Ética – 17-18, 20-21, 24-28, 30, 34, 39-40, 42-44, 47, 52, 61, 70-72, 76-77, 79-91, 96-97, 101-102, 106, 108-109, 131, 149, 156, 158, 161, 170, 198, 214, 219, 224, 235, 239, 250, 253-255, 257-259, 261, 263-264, 299, 303-305, 308, 310-313, 315-316, 318-319, 322, 326, 331-336, 345-348, 350-359, 363, 365 e 367.

Etiologia – 38, 47, 64-66, 74, 89-90, 117, 149, 162, 197, 214 e 365.

Etnometodologia – 47, 62-64, 186, 189-190, 235, 242-243, 304, 310 e 332.

Evento – 25, 118, 34, 36-38, 42-44, 47, 50-51, 53-56, 60-61, 66, 75, 83, 87, 89-90, 98, 104, 118, 136-139, 141, 145-159, 161, 163-164, 167-169, 176, 179-180, 185-188, 191-193, 195, 198, 200, 205-209, 211, 223, 226, 230, 232, 235, 237, 242-244, 246-249, 269, 273, 280, 283-287, 291, 297, 300, 303, 306, 309, 323-324, 327-328, 337, 340, 352 e 354.

Evidência – 63, 118, 136, 188, 209, 290, 299, 309, 313, 319 e 324.

Expectativa – 76, 87, 100, 120, 177, 185, 187-191, 193, 195-197, 215, 224, 244, 292-293, 308, 327, 341-343 e 367.

Experiência – 53-54, 56-58, 75, 103, 112-113, 120, 123, 142-147, 149 151-152, 155, 157, 170, 191, 206, 212, 227, 241, 249, 281, 320, 328 e 360.

Expressão simbólica – 43, 138, 153, 201, 206, 224-225, 227 e 237.

F

Fábula – 327.

Fato (fato jurídico) – 25, 43, 50, 54, 60, 64-65, 75, 82-83, 85-86, 89, 101, 118, 123, 136, 139, 141, 143, 146-147, 152-153, 155-156, 160-162, 165, 168-169, 173, 176-177, 180, 182, 186-188, 190, 205, 211, 217-218, 240-241, 243, 248, 257, 274, 283, 290-291, 309, 327, 329, 345 e 352.

Fenômeno – 25-26, 28, 34, 53, 56-57, 60, 64-66, 68, 72, 76-77, 82, 103-104, 106, 115, 123, 129, 131-132, 143, 149, 152, 156, 161, 166, 168-169, 179, 211, 231-232, 239, 248, 251, 254-255, 259, 261, 264, 268-269, 275, 284, 287, 333 e 364.

Figuras (de linguagem, retóricas) – 117, 128, 154, 163, 180, 196, 289-301, 302, 307 e 352.

Filmagens (meio de prova) – 150.

Filosofia (da natureza, do direito, retórica) – 17-25, 27, 29, 31, 33, 36, 38-41, 44-45, 47, 48, 50, 52, 54, 56-57, 62, 63, 65-66, 70-72, 75, 79-83, 87, 89-90, 92, 95, 97-98, 100, 103-104, 111-112, 114-115, 124, 129, 131, 133, 142, 148-149, 156, 158, 160, 162-164, 166, 173, 176, 180, 184, 213, 215, 238, 251, 253, 259, 261-263, 265, 268-269, 271, 275, 279-281, 283, 302-303, 305, 312, 314-316, 319, 323, 325, 331, 334-336, 340, 345, 347, 352-355, 359, 361 e 367-368.

Física – 20, 43, 51, 82, 88, 115, 226, 275, 305 e 351.

Física quântica – 38, 70 e 165.

Fisiologia (neurofisiologia, eletrofisiologia) – 55 e 269.

Finalidade (teleologia) – 34, 60, 66, 106, 116, 195, 197, 251, 278, 303, 305 e 314.

Forma (formal) – 18-19, 23, 26-28, 30, 32, 48, 51, 61, 72-74, 84-85, 87, 107, 113, 127, 131, 142, 144-147, 150, 162, 165-167, 174, 176, 184-185, 201, 212-219, 229-230, 242, 267, 272-273, 280-281, 288-289, 296, 302, 307, 314, 317-319, 322, 328, 351-352 e 361.

Formalização – 26, 47, 73, 77, 97, 214, 255, 265 e 344.

Formas puras – 146-147, 162 e 165-167.

Fontes do direito (formais, materiais, primárias, secundárias) – 25-26, 32, 36, 42-44, 70, 85, 100, 102-104, 116, 120, 134-135, 137-138, 146, 181, 184, 201, 211-218, 220-222, 224, 226-229, 231, 272, 278, 280, 292, 296-297, 302, 304 e 314.

Função (disfunção) – 30, 33, 35, 37, 40, 43-44, 74, 88, 91, 112, 171, 177, 180, 184-185, 187-188, 190, 193-196, 207, 209, 212, 219, 227, 243, 249, 261, 272, 273, 279, 284, 304, 305, 308, 310, 219, 227, 243, 249, 261, 272-273, 279, 284, 304-305, 308, 310, 321-322, 345 e 356.

Functor (deôntico) – 182 e 183.

Fundamentos (filosóficos do direito) – 17, 26-27, 30, 35, 39, 44, 61, 66, 71, 79-80, 89-90, 92-94, 99, 104-108, 118, 125, 133-134, 136-139, 163, 167, 172, 191-192, 213, 229-230, 232, 255, 261, 267, 271, 283, 291-292, 301, 304, 307, 310, 317, 319, 331-332, 338, 340-343, 345, 349-350, 352-355, 358-359 e 363-364.

Futuro – 24, 33, 35, 43-44, 65-66, 76, 86-89, 117, 120, 126, 138, 160, 169, 172-173, 182, 185-197, 215, 236-237, 244, 258, 268, 272-273, 281, 305, 308, 312, 327-328, 331, 343, 347, 356 e 367.

G

Garantias – 33, 104, 158, 194 e 337.

Generalidade (da lei, da norma) – 51, 102-103, 154, 178, 201, 206, 209, 260, 265, 283-284 e 343.

Generalização – 51-53, 60-61, 124, 148, 176, 197, 243, 249, 263, 271, 283, 285-287, 320 e 368.

Genética – 159, 165, 241, 253 e 356-357.

Gestualidade – 24-26, 43, 54, 117, 126, 151, 153, 180, 202, 204, 211, 225-226 e 281.

Globalização – 73, 76, 250, 252, 254, 256, 299, 360 e 364-365.

Gnoseologia (teoria do conhecimento) – 17, 19-21, 23-31, 33-34, 36, 38-43, 45, 47-50, 52-54, 56-60, 62, 64, 75, 83-84, 87, 90, 92, 96, 109, 111-113, 115-116, 120-121, 124, 129, 137, 141-147, 149-150, 152-153, 156, 158, 160, 162-167, 169, 184, 201, 205, 209-211, 219,

221-222, 224, 227, 238, 240, 245-246, 248, 251-254, 264-265, 271-272, 277-278, 281-282, 284-286, 291-292, 294, 296, 299, 305, 309-310, 312-313, 315-316, 319, 321, 329, 335-336, 345-346, 348-349, 352, 354, 358, 360 e 366-367.

H

Hermenêutica (filosófica e jurídica) – 44-45, 48, 101-102, 119, 124, 136, 152, 159, 168, 169, 174, 220, 239, 241, 258-260, 269, 272, 275, 279-280, 283-284, 289, 291, 293, 294, 297, 301, 303, 320 e 324.

Heteronímia – 293 e 294.

Heteronomia – 190.

Heurística – 63 e 296.

Hipótese – 26, 54, 88, 182, 186, 228, 273 e 328.

História (historicismo) – 26, 40, 47-48, 61, 63-67, 71, 73-74, 80-81, 83, 86, 90-91, 95, 106, 117-118, 121, 130, 158, 164, 167-168, 170-174, 176, 205-206, 210, 213-214, 245, 248, 251, 255-256, 267, 269, 275, 289, 303, 307, 314, 324, 327-328, 331-332, 336, 344-345, 347, 350, 352-355, 357, 363, 365 e 368.

Holística – 63 e 250.

Humanismo – 45, 65, 129, 158, 167, 205, 331, 336, 345, 347, 352, 356-357 e 368.

I

Ideia (no ato de conhecimento) – 25, 28, 43-44, 47-48, 50-54, 56-57, 60-62, 76, 112-113, 138-139, 141, 146, 149, 151-155, 161-162, 164-165, 171-172, 175-177, 179-180, 182, 184, 187, 190-191, 194-195, 203, 205-208, 211, 224-227, 232, 237, 243, 267, 284-286 e 290.

Ideologia – 61, 95, 108, 119, 156, 213, 214, 218-219, 238, 274, 282, 309, 360-361 e 368.

Igualdade (desigualdade) – 68, 96-97, 247, 255, 257, 262, 303, 306, 332, 335, 337-338, 656-357, 359, 361 e 363-365.

Imagem (imaginação) – 24, 51, 54, 57, 124, 126, 48, 164, 175, 179-181, 190-191, 201, 212, 226, 249 e 294.

Imposição – 35, 68, 92, 251, 253-254, 264, 282, 336, 360 e 367.

Impossibilidade – 55, 75, 113, 130, 163, 181, 185-186, 208, 222-223, 227, 239, 254, 257, 289, 305, 316-317 e 358.

Imprecisão (da linguagem) – 35, 44, 76, 135-136, 166, 179, 211, 249, 271, 282, 287-290, 297, 303, 308 e 318.

Imprevisibilidade – 35, 75, 116, 118, 188-189, 249, 347 e 357.

Indicadores – 154-155, 206-209 e 284-288.

Indício – 114, 317-319, 326-328 e 361.

Individual (individualismo) – 24, 43, 51-53, 60, 76, 99, 104, 131, 141-142, 146-147, 149, 150, 154-155, 159, 161-162, 168, 180, 189, 194, 201, 206-209, 235, 264, 274, 284-286, 311, 316, 334, 336, 339, 350, 353 e 362-363.

Indução – 27, 102, 104, 127, 149, 243, 261, 263, 306, 317, 326, 328-330 e 346.

Informação – 33, 37, 127, 149, 160-161, 193, 197, 202, 204, 208, 210, 223, 227, 250-254, 266, 278, 282, 334-336, 339 e 363.

Instituição – 64, 239, 260, 293 e 362.

Instrumento – 23, 50, 69, 100, 177, 199, 227, 249, 265, 273-274, 276, 304 e 315.

Interesse – 20, 23, 27, 73, 80, 100, 106-107, 159, 172, 174, 219-220, 223, 236, 248, 256-257, 274, 295, 341, 343 e 363-364.

Internacionalização (do direito, da ética) – 45, 218, 252, 254, 257-258, 268, 331, 341, 358-361 e 363-365.

Interpretação – 26, 36, 44, 56, 64, 75, 87, 101-104, 111, 116, 132-135, 138-139, 152-153, 159, 175-176, 206, 215, 222, 224, 228-230, 241, 248, 257, 260, 267, 271-272, 275, 276, 278-285, 288, 292, 294, 296-304, 309, 315, 321 e 323.

Intersubjetividade – 23, 59, 86, 113, 153, 158, 160, 169-170, 181-182, 196, 199 e 339.

Intimidação – 199-200.

Intuição – 24, 93, 144, 146, 147, 151, 162, 166 e 240.

Inventio – 126 e 296.

Ironia – 244-272.

Irracionalismo (irracionalidade) – 43, 51, 62, 86, 93, 141, 147, 149-150, 179, 208, 263, 286, 306 e 346.

Isolamento (solidão) – 42, 59, 73, 109-110, 115, 254, 312, 333 e 353.

Isostenia (*dissoi logoi*) – 79, 85, 87-88, 104, 314, 325, 336 e 346-348.

J

Juiz (juízo, judiciário) – 33, 41, 44, 64, 72-73, 83, 100-103, 107, 124, 137, 212, 216, 219-220, 235-238, 251, 256, 258-261, 263-264, 266-268, 275-277, 290, 308-309 e 316.

Juízo (*a priori, a posteriori*, analítico, sintético) – 31, 87, 90, 141-142, 144-145, 177, 214, 228, 239, 325, 329, 346 e 348.

Jurisdição (constitucional) – 70, 83, 214, 260, 268 e 363.

Jurisprudência – 32, 72, 104, 174, 213, 216-218, 220, 231, 241, 260, 276-277, 355 e 361.

Jusnaturalismo – 38-39, 66, 71, 89-94, 96-98, 104-105, 168, 283, 334, 344 e 358.

Justiça – 23-24, 33, 91-92, 94-95, 99, 119, 154, 219, 221, 244, 257, 260, 265, 277, 297, 308-309, 364 e 367-368.

K

Kairos – 119.

L

Lacuna – 118, 136, 211 e 261.

Legalidade (legalismo) – 24, 28, 89, 101, 138, 212, 216-217, 231, 238, 253, 257, 261-262, 275, 317, 338, 343-344 e 362.

Legitimidade (legitimação) – 27, 44, 68-69, 79, 89-90, 94, 97, 100, 106, 120, 133, 138, 148, 196-197, 213, 216, 219, 257-260, 273, 320, 331-332, 336-337, 340- 344, 361 e 367.

Leviatã – 47, 67-70, 76, 99, 105-106, 252 e 259.

Liberal (liberalismo) – 73, 252, 360 e 362.

Liberdade (livre arbítrio) – 67-68, 81-82, 136, 138, 146, 172, 202, 236, 255, 261, 266, 268, 273-274, 303, 332-333, 336-341, 346-349, 355 e 365.

Liberdade (burguesa, política) – 18, 20, 22-23, 26, 30-37, 39, 41, 43-44, 48, 51-55, 57-59, 62-63, 68-69, 73-74, 76-77, 83-85, 111, 113-115, 117, 120-121, 123-126, 128-129, 135-136, 141, 147-148, 152-162, 164, 166-168, 170-171, 174-175, 177, 181, 184, 189-191, 196, 198-199, 202-207, 209, 211-212, 222-224, 226, 239-240, 244, 247-249, 265, 271, 274-275, 278, 282-290, 292, 294, 298-299, 301-302, 304, 308, 312-314, 323, 332, 340, 352-355 e 367.

Linguagem (língua, metalinguagem) – 2, 3, 6-7, 8, 9, 10, 11, 13-17, 18, 19-20, 21-22, 23-24, 25-27, 28, 29, 30-32, 33-36, 38, 39, 40-41, 42-43, 45, 46, 47, 50, 52, 57-61, 62, 63, 65, 74, 75, 81, 103-105, 106-107, 108, 112-113, 114-116, 119-127, 139, 140, 144-145, 46-147, 148-149, 150, 152, 153, 154, 155, 156, 157, 159, 161, 162-163, 165, 169, 173, 174-175, 178, 179, 181-183, 188, 189-190, 195, 197, 198, 202-204, 205-206, 207, 208, 209, 210, 211-212, 222-223, 224, 226, 228, 239, 240, 244, 247, 248-249, 265, 271-274, 277, 282-283, 284, 285, 286-287, 288, 289-290, 291, 293, 294, 298-290, 291, 293, 294, 298-290, 291, 293, 294, 298-299, 302-308, 312-314, 323, 328, 332, 340, 352, 353-354, 355, 356 e 367.

Lógica – 19, 24, 61, 93-94, 116, 121, 143-144, 149-150, 164, 183, 209, 254, 262, 267, 304, 310, 313-314, 317-318, 322-324 e 328.

Logos – 38, 125, 127, 224, 243, 246, 281, 301-304, 310-311, 313-314, 318 e 324.

Lugar-comum (*topos*, *topoi*) – 117, 171, 195, 223-224, 275, 283, 308-309, 318-319, 325-326, 328, 332, 352 e 368.

M

Manipulação – 111, 199, 253, 282, 313, 316 e 351.

Marco teórico – 29, 33 e 58.

Matemática – 36, 56-57, 75, 143, 149-150, 162, 289, 305 e 316.

Matéria (material) – 38, 82, 85, 92, 113, 118, 144, 156, 164-165, 215, 240-241, 265, 268, 314, 318-319, 343 e 361.

Medida provisória – 114 e 174.

Memória – 126-127, 163, 222, 227, 296 e 303.

Mente – 26, 38, 39, 41, 47, 58 e 104-177.

Mentira (trapaça) – 18, 70, 122, 123, 163, 189, 199-200, 271, 273-275, 282, 323-324 e 327.

Metafísica – 40, 53, 61, 96, 106, 116, 144-145, 159, 302 e 333.

Metáfora – 25, 32, 50, 69-70, 79, 85, 88, 91, 123, 128, 148-149, 156, 159, 161, 204, 212, 216, 260, 289, 311 e 350.

Metarregras – 101, 135, 221-222, 279-280, 291 e 294.

Metódica – 17, 29, 36-37, 39, 84, 109, 118, 120-122, 126, 128-129, 134, 168, 180, 239-240, 293, 331 e 366.

Método – 17, 24, 29, 36-37, 43, 70, 83-84, 109, 111, 115-117, 121-122, 126, 128-130, 138, 141, 155, 161, 163, 195-196, 200, 222, 241, 265, 312, 351 e 366-367.

Metodologia – 17, 19, 21-22, 28-29, 35-38, 40, 42, 44, 47, 59-61, 63-64, 79, 83-85, 109, 115-117, 119-122, 124-126, 128-130, 138, 163, 171, 184, 195-196, 219-220, 222, 237, 243-245, 262, 265, 272, 276, 295, 303, 312, 315, 326, 343, 354, e 366-367.

Metonímia – 224, 228, 289 e 313.

Mito – 161 e 165.

Moderno (modernidade, pós-modernidade) – 28-29, 42, 47, 65, 67-68, 70-71, 73, 95-96, 99-100, 109, 111-112, 114, 117, 119, 131, 142, 152, 163, 174, 176, 197, 213, 217, 226, 233, 235, 246, 252, 255, 258, 266, 268, 272, 275-276, 303, 308, 314, 316, 344, 349-352, 360 e 364-365.

Moldura (teoria da) – 101-104, 225, 261-263, 306 e 316.

Molécula moral – 72.

Monarquia – 67-68 e 174.

Monismo – 79, 81-82, 88 e 107.

Monoteísmo – 88 e 334.

Moral – 24, 26, 30, 70, 76, 83-84, 90, 172, 181, 183, 198, 255, 259-260, 263, 273, 276, 304-305, 310, 334, 337, 340 e 367.

Mutabilidade – 22, 35, 48-50, 72, 91, 95, 141-142, 155, 166, 168, 181, 275-280, 285, 317, 347, 350 e 368.

N

Nação (nacionalidade) – 67, 69, 73, 114, 129, 360-361 e 364-365.

Necessidade (obrigatoriedade) – 23, 38, 57, 60-61, 90, 93, 103, 123, 133, 137, 142-145, 147, 149, 152-153, 163, 165, 172, 193, 208, 211,

419

225-226, 236-237, 241, 244, 257, 261, 271, 279-280, 282, 286, 288, 303, 304, 307, 313, 316, 322-323, 325-327, 342, 346, 351 e 367.

Neutralidade – 28, 38, 60-61, 64, 101, 103, 113, 122, 128, 130, 228, 264-265, 271, 274, 276 e 366.

Niilismo – 21, 149 e 332.

Nominalismo – 21 e 112.

Norma – 17, 20-21, 24-28, 31-33, 38-45, 69-72, 76, 79, 84-85, 88-89, 98, 100-104, 109, 120, 122-123, 128, 131-134, 136-139, 146, 171-188, 190-198, 200-202, 205-206, 211-218, 220, 222, 224-225, 227-233, 235, 237, 239-244, 246-247, 251, 255, 260, 262-264, 271-273, 279-283, 286, 288, 290-291, 293, 305, 317, 333-335, 344, 356, 359 e 366-368.

Normalidade – 57-58, 63, 186 e 191.

Normativismo (normativista) – 28, 262 e 317.

O

Obediência (desobediência) – 68, 98, 178, 183, 193, 232-233, 243, 340-343, 348 e 358.

Objetivismo – 81, 83, 91, 142, 168 e 170.

Objeto (formal, material) – 19-20, 23, 27-28, 31-32, 34, 36, 38-40, 42, 50, 53, 55, 57, 60-62, 70, 74, 81, 83, 113, 116-117, 121-123, 130, 141-142, 144-147, 151-153, 155, 158, 163, 170, 175, 179-182, 202, 204, 206-209, 213-214, 219,

226, 249-250, 269, 273, 277-280, 282, 284-286, 288, 294, 299, 311-312, 316, 322, 325, 332, 348-349, 354 e 366-367.

Ocultação – 24, 118, 125, 146, 157, 274, 276 e 282.

Omnicompreensão – 47, 59, 61 e 248.

Ontologia (ontológico, ontologismo) – 18-23, 28, 32-33, 38-40, 53, 56-58, 60, 65, 74, 80, 84, 92, 96, 121-122, 146-147, 149-151, 156, 158-160, 164-166, 168-170, 184, 186, 191, 199, 201-202, 204-205, 208-209, 211-212, 238, 249, 283, 333, 346-347, 351, 355, 357-358, 365 e 368.

Orador – 23, 59, 119, 126-127, 130-131, 136, 173, 210, 267, 282, 285, 292, 296, 298, 301, 307-312, 321-, 322 e 367.

Ordenamento jurídico (ordem jurídica) – 45, 84-85, 89-90, 92-93, 107, 134-135, 146, 175, 184-185, 215, 222, 224, 229, 231, 240, 262, 265, 268, 278-280, 290, 294, 302, 333-334, 341, 359, 361 e 363.

Ornamento – 18, 33, 120-121, 196, 267, 305 e 351.

Otimismo – 40, 65, 162, 179, 199, 245 e 362.

Ouvinte – 118, 128, 166, 296-297, 302, 308, 311-312 e 322.

P

Paradoxo – 53, 62, 65, 68, 192, 209, 238, 256, 286, 316, 323 e 355.

Parecer (jurídico) – 124 e 219.

Passado – 43, 65, 88, 117, 120, 126, 149, 152, 157, 160, 169, 172, 189, 191-193, 196, 215, 223, 236-237, 268, 273, 281, 309, 326-327, 331, 353 e 356.

Paternalismo – 28, 45, 194, 198, 331, 333-340 e 355.

Patética – 304, 310 e 313.

Pathos – 125, 127, 224, 246, 281, 301-304, 310-313 e 318.

Pedagogia – 195, 218, 281 e 295.

Perdão – 123, 189 e 356-357.

Perspectiva descritiva – 17, 22, 29, 31-33, 37-38, 80, 89, 118, 122, 128, 130-131, 156, 219, 228, 239, 246, 271-272, 286, 305, 346, 355, 366 e 368.

Perspectiva prescritiva – 29-34, 37-38, 80, 89, 121, 177-178, 182, 228, 239, 246, 272, 286, 346 e 368.

Persuasão – 19, 33, 75, 120-122, 125-126, 159, 163, 198, 200, 235, 242-244, 257, 267, 302, 304, 310, 318, 320, 325-326, 332, 337, 343 e 366.

Pertinência – 228-229.

Pessimismo – 99 e 344-345.

Pluralidade (pluralismo) – 88, 109-110, 189 e 253.

Pobreza da linguagem – 63.

Pobreza de instintos – XX, 9, 10 e 30.

Poder – 23, 25-27, 31, 41, 45, 61, 67-69, 79, 85, 91-95, 97, 99-101, 104, 107, 119, 125, 159, 189-190, 198, 213, 216, 244-245, 247-248, 252-253, 255, 257-263, 272, 296, 299, 310, 317, 320, 334, 336, 340-344, 349-350, 358, 362, 364 e 366.

Poder judiciário – 44, 64, 72-73, 100-102, 171, 216, 235-236, 238, 251, 256, 258-261, 263-268, 277-278, 281, 308 e 368.

Poder legislativo – 16-73, 101-102, 171, 173-174, 216, 231, 236, 241, 258-260 e 268.

Política (*Polis*) – 41, 45, 67-68, 70, 73, 84, 90-91, 94-100, 110, 126, 189, 193, 198-200, 213, 216, 247, 251, 255-256, 259-260, 263, 266, 273-274, 295, 297, 299, 304, 305, 315-316, 318, 325, 332-333, 341, 344-345, 348-349, 359-360, 362-365 e 368.

Porosidade – 166, 171, 206, 209-211, 271, 283, 287-289, 303, 304, 311, 314 e 332.

Positivação (dogmatização) – 38, 43, 45, 85, 91, 100, 107-108, 133-134, 178, 203, 212, 215, 229, 240, 255, 262-263, 278, 280, 334-335, 337-338, 344, 358-359 e 361-363.

Positivismo jurídico – 21, 26-28, 31, 38, 70-71, 79, 89-91, 97-101, 104, 106, 115, 118, 138, 174, 213, 216-217, 238, 262-263, 266, 268, 316, 358 e 362.

Pragmatismo (pragmática) – 21, 31, 94, 116, 128, 168, 172-173, 176-177, 213, 223, 261, 272, 284, 292-293, 301, 316, 322, 326, 328-330 e 336.

Preconceito – 27, 114, 146, 149, 162,

421

191, 204-205, 223, 226 e 294.

Predicadores – 154-155, 206-209 e 284-288.

Preferências (éticas) – 28, 79, 108, 308 e 359.

Presente – 43, 65-66, 117, 126, 151-152, 172, 186, 188, 190, 192, 195, 215, 237, 253, 258, 298 e 342.

Prestação – 137, 182-183, 191 e 228.

Princípio(s) – 61, 72, 91, 97, 100-101, 114, 132, 143, 147, 149, 178-179, 258, 261, 293, 334, 336-338, 362 e 365.

Privado (espaço) – 71, 135, 251, 253-254, 256, 336, 338 e 349.

Privatização (da ética) – 47, 70 e 252.

Probabilidade – 75, 115, 191, 317-319, 324-325, 327-329 e 342-343.

Problemas (problematização) – 17-18, 21, 24-27, 29-30, 34, 37-42, 44-45, 47, 51, 53, 57, 62-63, 69, 75, 79-80, 90, 96, 100-101, 104, 109, 111, 125, 128-131, 133, 142, 144, 150, 155, 158, 169, 173, 175, 177-179, 181, 190, 198, 201, 207-209, 212-213, 215-216, 219-220, 223, 231, 237, 240-241, 247-248, 253-254, 256, 258-261, 263, 266, 271, 281, 283-285, 288, 293, 295-296, 307, 313, 321, 331, 333-334, 338-341, 347-348, 356, 358-361, 363 e 368.

Procedimentalização (procedimento) – 26, 28, 36, 44, 47, 72-73, 77, 84-85, 91, 97-98, 103-104, 116, 133, 136-137, 139, 158, 191, 197, 212, 214-215, 220, 226, 229, 231, 238, 240, 244, 249, 255, 259, 262-263, 268, 272, 290-291, 296, 301-302, 306, 316 e 341.

Promessa – 33, 43-44, 88, 138-139, 171-173, 175, 184, 186, 188-191, 193, 197, 215, 237, 272-273, 305, 312 e 356.

Proposição (normativa) – 33, 142, 145 e 175.

Protestantismo – 68, 95 e 364.

Prudência – 247 e 333.

Psicologia – 51, 54, 181, 213, 246, 269, 274, 280, 282, 318 e 334-335.

Público (espaço) – 86, 105, 135, 158, 189, 198, 254-255, 266, 268, 305, 322, 332-333, 335-336 e 364.

Pulverização (da ética) – 47, 70-72, 76, 88, 100, 224, 254-256, 259, 261, 331 e 340.

Q

Química – 20, 82 e 88.

R

Racionalismo (racionalidade) – 22, 24, 27-28, 33, 39, 48, 75-76, 81, 93, 97, 103, 141, 144, 153, 155, 164, 170, 186, 191, 194, 196, 201, 204, 207- 209, 215, 223, 245-246, 255, 262-263, 280, 285-286, 303, 306, 313, 351 e 355.

Razão – 22, 25, 29-30, 43, 48, 50-51, 53-54, 56, 59-60, 64, 76, 89, 93, 95-96, 103-104, 146, 149-151, 157, 161-162, 164-165, 179-180, 184, 186, 189, 190, 192-193, 206,

227, 262, 264, 286, 303, 313, 317, 338, 347 e 364.

Reação – 122, 192 e 297.

Realidade – 32, 34-35, 38-39, 43, 47, 50, 53-54, 56-60, 64, 68, 74-77, 82, 92, 98, 103, 109-113, 115, 118, 121, 125, 139, 146, 149-151, 153-156, 158-161, 167, 170, 175, 181, 186, 190-192, 195, 200, 203-204, 211-212, 222, 228, 243, 247-248, 251, 254, 261, 265, 267-268, 272-273, 276, 278, 281, 284, 286-287, 305, 307, 332, 346, 354 e 366-367.

Realismo – 28, 39, 98-99, 102, 104, 113-114, 123, 170-171, 199, 204, 261, 283 e 317.

Receptor – 55, 59, 187, 226, 243-244, 281 e 318-319.

Recursividade – 205

Regra – 28, 35, 38, 64, 72, 77, 84-85, 92, 95, 97, 100-101, 104, 107, 112, 116, 120, 131-134, 164, 178-179, 186-187, 196-197, 202, 211, 215, 221-222, 227-230, 232-233, 236, 239, 244, 253-256, 258, 260-263, 272, 276, 278-280, 282, 287-288, 290-292, 295-296, 306, 314, 328-329, 334-335, 338-339, 344, 355, 358, 361 e 363.

Regularidades – 23, 35 e 138.

Relativismo (relativista) – 34, 104, 304 e 354.

Relato vencedor – 17, 25, 33-34, 42, 50, 53, 59, 75-76, 83-84, 86, 117, 139, 141, 155-162, 167-168, 193, 195, 197, 219, 225, 232, 237, 240, 242, 248, 269, 272, 274, 280, 283, 291, 297, 309, 323-324, 326-327, 352 e 354.

Religião – 23, 26, 65, 70, 76, 84, 90, 94, 113, 132, 161, 183, 198, 213, 248, 255, 273, 334, 340 e 364.

Renascimento (Renascença) – 205, 264, 347-351 e 362.

Representação – 51, 65, 70, 82, 100, 119, 124, 130, 163, 166, 191, 201, 203, 226-227 e 294.

Responsabilidade (irresponsabilidade) – 27, 89, 101-102, 149, 253, 299, 331-333 e 355-356.

Retórica analítica (epistemológica) – 36-38, 84, 109, 113, 120, 125-126, 128-130, 185, 228, 246, 280, 302, 307-309, 312, 331, 355 e 366-367.

Retórica estratégica (prática, técnica) – 19, 36-37, 44-45, 76, 79, 83-84, 119, 125-126, 128, 185, 189, 192, 195-196, 200, 238, 246, 272, 278, 289-290, 301, 303, 305, 311-312, , 355, 363 e 366-367.

Retórica filosófica – 18, 52 e 160.

Retórica material (existencial, dinâmica) – 34-38, 42, 47, 54, 57-58, 63, 74-77, 79, 83, 86, 109, 111, 116, 118, 121, 123, 125, 128, 130, 135, 138, 158-162, 166,168, 173, 181, 185, 188, 191-193, 195, 197, 200, 202, 211, 216, 232, 237, 246, 248, 262-264, 267, 281-282, 287, 289-291, 300, 303, 306, 311, 323-324, 327, 332, 346, 353, 357, 363 e 366-368.

Retórica realista – XIX, XX, XXIII, 39, 40, 63 ,81, 82, 150, 151, 165-166, 167-186, 269, 346 e 368.

Risco – 187-188, 193, 195, 289, 299 e 336.

423

Rito – 72, 77, 89, 97, 134, 215, 229 e 344.

S

Sanção – 182-183, 191, 231, 252, 358 e 365.

Sedução – 18, 56, 120, 122 e 305.

Semântica – 31, 59, 84, 223, 225, 228, 272, 292, 298 e 358.

Semiótica – 117, 167, 173, 204, 282 e 312.

Sentença – 64, 102-103, 123, 174, 177, 194, 215-216, 231, 235, 265-266 e 319.

Sentido – 25, 31-32, 39, 43-44, 59, 61, 84, 104, 112, 115, 122, 125, 135-136, 138-139, 150-154, 160, 164, 169, 172-174, 176, 179, 186-187, 195, 198, 202, 204, 206, 209-210, 216, 219-220, 224-225, 230, 232, 235, 237, 243-246, 271, 275, 285, 288-294, 296-297, 302, 304, 311-314, 316-318, 324-325, 340, 351, 356 e 367-368.

Ser (dever ser, intransponibilidade) – 30, 79, 81, 85, 88-89, 184 e 192.

Significado – 25-26, 36, 42-44, 47-48, 53-54, 56, 60-63, 75, 77, 100-101, 103-104, 112, 115-116, 130, 133, 135-139, 146, 152-155, 158, 170-173, 175-177, 179-180, 184, 195, 201-211, 215, 223-228, 232-233, 237, 239, 241, 247, 249, 254, 256, 258, 261, 271-272, 278, 280-286, 288-294, 297-298, 303-304, 308-312, 314, 316, 323, 326, 340 e 354.

Significante (signo, símbolo, sinal) – 24-26, 34, 36, 42-44, 47-48, 53-54, 65, 60-61, 63-64, 72, 75, 77, 85, 100-101, 103-104, 112, 116, 133, 136, 138, 146, 151-155, 167, 171-172, 175-176, 179-180, 184, 186, 194, 201-212, 215, 220-229, 232-233, 237, 239-241, 243, 247, 256, 258, 261, 278, 280-294, 297, 301, 303-304, 308, 316, 323 e 340.

Silêncio – 59, 110, 118, 125, 223, 307-308, 317 e 319.

Silogismo – 244, 261, 301, 307, 316-325 e 328.

Simulação (dissimulação) – 248, 254, 273, 276 e 282.

Sintática (sintaxe) – 30-31, 225, 272 e 292.

Sísifo (mito de) – 47, 64-65 e 89.

Sistema – 44-45, 56, 62-63, 70, 74, 76, 84, 89, 97, 101, 132-137, 160, 171-172, 174, 184-188, 193, 196-198, 212, 214-216, 219-220, 227, 229-230, 232, 238, 240, 252, 255-256, 258, 260, 262, 264, 266, 272, 276, 279-280, 282-283, 302, 313, 335-336, 338 e 344.

Sobrecarga (do direito, da decisão, do judiciário) – 44, 71, 77, 198, 224, 235, 250-251, 258, 266, 268 e 299.

Sociobiologia – 71 e 72.

Sociologia (compreensiva) – 26, 41, 47, 60-61, 63, 67, 171, 175, 185, 217, 237-238, 247, 280 e 344.

Sofística (sofista) – 20-21, 302, 304-305, 313-315, 319-320, 322, 325, 331, 345, 351, 366 e 368.

Solidariedade – 98, 169, 257 e 334.

Solipsismo – 35, 52, 115, 169, 268-269, 292, 353 e 367.

Subjetivismo – 81, 83, 141-142, 164, 168, 170 e 267.

T

Técnica – 44, 124, 193, 232, 239, 241, 248, 253, 259, 301-303, 307 e 316.

Tecnologia – 35, 40, 129, 250-253, 257, 274, 351 e 363.

Tempo (temporalidade, subjetividade do) – 21, 23, 33-34, 43, 76, 81, 90-91, 119, 126, 130, 144, 146-147, 150, 152, 162,165-166, 168-, 169, 181, 185, 189, 192, 206, 231, 278, 285, 289 e 357.

Teorias escatológicas (cientificistas) – XX e 105.

Terrorismo – 257 e 354.

Teses (deste livro) – 17-19, 21, 25-27, 29, 31, 33, 38, 41-42, 47, 59, 71, 79-81, 101-104, 112, 118, 120, 125, 130, 136, 149, 153, 155, 170, 177, 184, 204, 209, 225, 227, 235, 237, 239, 284, 286, 297, 307, 322, 332, 345 e 351.

Textualidade – 25, 119, 125, 152-153, 204, 210, 212, 223, 225-227 e 260.

Textura – 287.

Tipos ideais – 22, 26, 47, 59-62, 80, 243, 259, 262, 268-269, 335 e 343-344.

Tolerância (intolerância) – 28, 73, 79, 85-86, 88, 264, 335, 340, 354-357 e 368.

Tópica – 64, 117, 196, 224, 243, 261, 263, 301, 306-308, 317, 322, 324 e 352.

Totalitarismo – 362.

Tradição – 19, 21, 23, 26-27, 29, 32-34, 39, 44, 47-48, 50, 59, 72, 76, 84-85, 120, 122-123, 125-126, 128, 141-142, 144-146, 149, 159, 164, 190, 194, 197, 217, 225-226, 237, 239, 248, 255, 271, 274, 282-284, 287, 291, 294, 303-305, 308, 317, 320, 325, 329, 332, 334, 340-341, 343-344, 347, 350, 356, 358 e 366.

Tradução – 95, 190 e 288.

Transcendental – 19, 144-146 e 167.

Tribunais – 38, 71, 126, 137-138, 158, 194, 212, 217, 219-220, 235, 239-240, 259, 263, 265-266, 277-278, 288-289, 295, 297-298 e 365.

U

Unidade (unicidade) – 55, 67-68, 130, 137-138, 151, 184, 249, 284, 307 e 354.

Universalização (ética) – 27, 45, 51, 257-258, 331, 358 e 361-363.

Universidade (pesquisa em direito) – 40, 54-55, 118-119, 125, 129-131, 237, 253, 289, 294, 296, 307-309 e 350.

425

V

Vagueza – 103, 114, 119, 135, 154, 209, 211, 249, 271, 283, 287-289, 291-293, 297, 303-304, 308-309 e 314.

Validade – 38, 72, 84-85, 88-89, 130, 135, 188, 201, 215-216, 228-233, 247, 255, 321, 358-359 e 361.

Vantagem (desvantagem) – 75, 123, 156, 199, 229, 273 e 342.

Verdade – 18, 21, 23-24, 28, 31, 33, 56, 61-62, 77, 82, 86-88, 114, 116, 118, 124-125, 146, 156-158, 161, 163, 166-167, 169, 192, 197, 211, 238, 243, 245, 263, 265, 273-275, 277, 290, 297, 303, 305, 307, 309, 314, 316, 321-322, 324-326, 334, 345-347, 353-355, 364 e 373-368.

Verossimilhança – 187-303 e 326.

Vigência – 134, 215, 220, 228-232, 290 e 295.

Violência (simbólica) – 98, 159, 190, 193, 198, 200, 235, 242-246, 272, 281-282, 326, 341-342, 344, 353 e 366.

Virada (linguística) – 113-114, 146, 202 e 351.

Virtude – 98, 276, 304 e 313.

Vontade (voluntarismo) – 21, 27, 30, 71-72, 81, 89, 91, 95, 97-98, 100, 103, 104, 106-107, 152, 184, 262, 332-334, 336, 342 e 361.

Zoologia – 9.

Z

Zetética – 37, 213 e 280.

Tel.: (11) 2225-8383
WWW.MARKPRESS.COM.BR